筑苑·江右非遗
——建筑上梁文与上梁仪式

022

许飞进 著

中国建材工业出版社

图书在版编目（CIP）数据

江右非遗：建筑上梁文与上梁仪式／许飞进著．--北京：中国建材工业出版社，2024.12

（筑苑）

ISBN 978-7-5160-4012-6

Ⅰ．①江… Ⅱ．①许… Ⅲ．①民居－风俗习惯－研究－江西 Ⅳ．① K892.25

中国国家版本馆 CIP 数据核字（2023）第 253144 号

江右非遗——建筑上梁文与上梁仪式
JIANGYOU FEIYI—JIANZHU SHANGLIANGWEN YU SHANGLIANG YISHI
许飞进　著

出版发行：中国建材工业出版社
地　　址：北京市西城区白纸坊东街 2 号院 6 号楼
邮政编码：100054
经　　销：全国各地新华书店
印　　刷：北京印刷集团有限责任公司
开　　本：710mm×1000mm　1/16
印　　张：24.25
字　　数：300 千字
版　　次：2024 年 12 月第 1 版
印　　次：2024 年 12 月第 1 次
定　　价：148.00 元

本社网址：www.jskjcbs.com　微信公众号：zgjskjcbs
请选用正版图书，采购、销售盗版图书属违法行为
版权专有，盗版必究。 本社法律顾问：北京天驰君泰律师事务所，张杰律师
举报信箱：zhangjie@tiantailaw.com　举报电话：（010）63567684
本书如有印装质量问题，由我社事业发展中心负责调换，联系电话：（010）63567692

以心作苑 天人筑闲

筑苑丛书雅存 丁酉端午
孟兆祯

孟兆祯 先生题字
中国工程院院士、北京林业大学教授

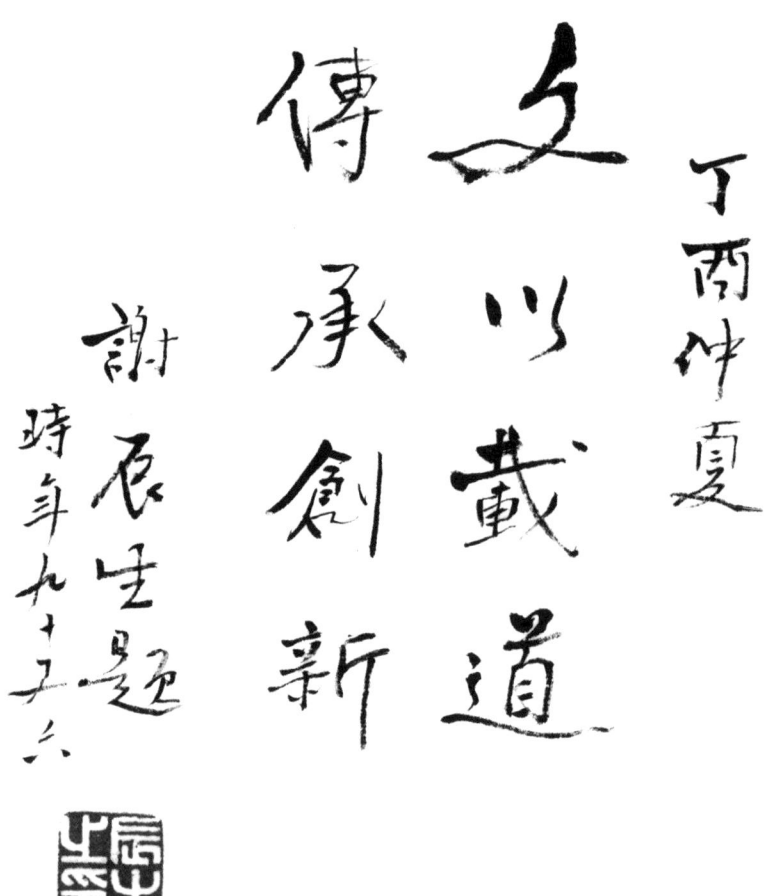

谢辰生 先生题字
国家文物局顾问

《筑苑》丛书

主办单位
中国建设科技出版社有限责任公司
扬州意匠轩园林古建筑营造股份有限公司

荣誉顾问
孟兆祯　孙大章　刘秀晨

顾问总编
陆元鼎　刘叙杰　路秉杰　单德启　姚　兵　张　柏

特邀顾问
商自福

编委会主任
陆　琦

编委会副主任
梁宝富　张兴军

编委（按姓氏笔画排序）

马扎·索南周扎	王乃海	王少少	王向荣	王　军	王劲韬	王罗进
王栋民	王香春	王　路	韦　一	车震宇	龙　彬	朱宇晖	刘庭风
闫　荣	关瑞明	许飞进	许　浩	苏　锰	杜炜怿	杜智慧	李　卫
李寿仁	李　渼	李晓峰	李梦为	杨大禹	杨永伦	杨莽华	吴世雄
吴燕生	邹春雷	沈　阳	沈　雷	宋桂杰	宋　辉	张玉坤	张秉坚
张　欣	张　勇	张爱民	陆文祥	陆群芳	陈志华	陈春红	陈　薇
范霄鹏	罗德胤	周立军	周向频	郑东军	郑　先	孟祥武	赵玉春
赵　逵	段德罡	姚　慧	姚　糖	贺　勇	秦建明	袁　强	贾少禹
徐怡芳	郭晓民	唐孝祥	宾慧中	黄列坚	黄亦工	曹　伟	龚　晨
崔文军	韩丽莉	辜少成	傅春燕	廖金杰	潘　莹	潘　曦	戴志坚

青年编委（按姓氏笔画排序）
马全宝　乔国栋　刘国维　刘珊珊　孙　露　李　果　张文波　袁　琨
高　伟　郭　湧　黄　续　曹振伟　程　霏　曾　怡　熊　炜

本卷著者
许飞进

策划编辑
王天恒　时苏虹　杨烜子　刘　浩

版式设计
汇彩设计

筑苑微信公众号

《筑苑》工作委员会

主　　任： 佟令玫
执行主任： 商自福
执行副主任： 张兴军
副　主　任：（按姓氏笔画排序）
马扎·索南周扎　吴燕生　沈　雷　张志强　张炎良　张爱民
陈志华　袁　强　郭晓民　崔文军　梁宝富　梁惠雄　傅春燕

秘　书　长： 王天恒
副秘书长： 杨烜子　时苏虹
秘　书　处： 王天恒　杨烜子　时苏虹　刘　浩

副主任单位：
扬州意匠轩园林古建筑营造股份有限公司
广州市园林建设集团有限公司
常熟古建园林股份有限公司
杭州市园林绿化股份有限公司
青海明轮藏建建筑设计有限公司
江阴市建筑新技术工程有限公司
浙江天姿园林建设有限公司
朗迪景观建造（深圳）有限公司
杭州金星铜工程有限公司
金庐生态建设有限公司
北京顺景园林有限公司
秦皇岛华文环境艺术工程有限公司
深圳市绿雅生态发展有限公司

委员单位：
陕西省文化遗产研究院
天堂鸟建设集团有限公司
江西绿巨人生态环境股份有限公司
成都环美园林生态股份有限公司
深圳市绿奥环境建设有限公司
裕丰园林建设集团有限公司
深圳市南山园林绿化有限公司
湖州天明园艺工程有限公司
皖建生态环境建设有限公司
沧州市大斤石材工程有限公司
中国矿业大学（北京）混凝土与环境材料研究院
盛景国信（北京）生态园林有限公司
福建坤加建设有限公司
济南城建集团有限公司
福建艺景生态建设集团有限公司
福建西景市政园林建设有限公司
中建八局第二建设有限公司

国家自然科学基金项目（51568047）

国家社科基金艺术学一般项目（22BG115）

江西省社科"十四五"规划项目（23YS09）

江西省社科"十三五"规划重点项目（17YS02）

江西省高校人文社科重点研究基地项目（JD21096）

江西省高校人文社科青年项目（JC23226）

作者简介

许飞进

　　许飞进，男，汉族，教授，南昌工程学院硕士生导师。自1997年以来，一直致力于江西水文化、江西乡土聚落以及物质与非物质文化遗产研究。现为中国建筑学会建筑史分会理事、中国建筑学会民居建筑学术委员会委员，江西省住建厅历史文化名城名镇名村与传统村落专家、江西城市更新专业委员会常委、江西建筑文化遗产保护学会理事、江西省传统建筑文化研究发展促进会理事。主持并参与国家自然科学基金、国家社科基金多项，主持省级纵横向课题30余项，主编教材1部，独著学术著作4部，参与编写著作2部，发表论文50余篇。带领学生参与大学生挑战杯课外学术科技作品主赛道竞赛，获国家级奖励7次、获省级奖励11次。主持规划与建筑设计项目30余项。

目 录

1 绪论 / 1
    1.1 选题背景 /1
    1.2 相关概念界定 /3
    1.3 调查研究范围 /6

2 《四库全书》上梁文的整理 / 7
    2.1 非江西籍作者上梁文统计 /7
    2.2 江西籍作者上梁文统计 /15
    2.3 江西籍作者上梁文在全国的比例 /18
    2.4 结语 /19

3 江西古代与近现代上梁文研究 / 21
    3.1 江西古代文人上梁文研究——以《四库全书》为主 /21
    3.2 江西近现代上梁文研究 /36
    3.3 结语 /46

4 江西传统聚落建房与上梁仪式的田野调查 / 47
    4.1 江西传统聚落建房仪式 /47
    4.2 江西传统聚落上梁仪式 /70
    4.3 结语 /75

5 上梁文与上梁仪式的地方运用 / 79
    5.1 传播学视野下环鄱阳湖地区传统聚落民居建房仪式与上梁文初探 /79
    5.2 江西赣中吉安地区建筑上梁文的发展与演变 /89
    5.3 江西赣中抚河流域建筑上梁文与上梁仪式初探 /99

5.4　江西赣南客家民居建房上梁文与上梁仪式 /112

　　5.5　宋代江西文人上梁文创作与园林营造的互动——以江西赣东北鄱阳洪适《盘洲文集》为例 /121

　　5.6　江西赣西北地区建筑上梁文与上梁仪式初探 /130

　　5.7　结语 /159

6　非遗视野下江西上梁文与上梁仪式的保护与发展 / 160

　　6.1　江西上梁文现状与保护 /160

　　6.2　江西上梁仪式现状与保护 /166

　　6.3　结语 /172

7　文献记载中的上梁文 / 175

　　7.1　《四库全书》江西籍作者上梁文 /175

　　7.2　江西文集上梁文 /228

　　7.3　江西地方志上梁文 /246

　　7.4　江西族谱上梁文 /260

　　7.5　江西碑记上梁文 /263

　　7.6　江西工匠手札上梁文 /264

8　附件 / 347

　　8.1　江西府县志上梁文统计 /347

　　8.2　江西族谱上梁文统计 /358

后记 / 363

插图 / 365

1 绪论

1.1 选题背景

（1）全球化的冲击与地区化的应对

随着全球经济竞争及交流不断深化，全球化已在所难免。一方面，发达国家通过科学技术发展形成的强势文化对发展中国家的弱势文化形成冲击；另一方面，科学技术的发展又使得人们生活有所改观，从而影响人们对各种文化的选择。由此，如何在全球化大背景下，保护地区文化特色，是人们亟待解决的问题。

（2）城市化的加速与传统文化的逐渐消失

在城市化的进程中，一些城市的新建设盲目趋同，加之部分政绩工程建设，严重违反了事物发展规律，致使我国很多地区建筑及其文化失去原有特色。同时，城乡一体化也使得许多农村匠人到城市定居，城市的平顶建筑使古建筑的文化土壤逐渐解体，乃至消亡。其中典型的代表，如本书研究对象的上梁文与上梁仪式。人们还未来得及总结传统聚落的文化基因，未能很好地研究总结并加以推广，部分文化已濒临失传。

（3）文化虚无主义与民族文化的认同

当前，中国城乡二元结构的特征十分显著，在文化方面的差距特别突出。此外，贫富差距的加大，也使得社会精英阶层与大众阶层在文化认同上出现裂痕。文化虚无主义一直弥漫在缺乏知识信仰的阶层当中。随着中国进一步对外开放，文化虚无主义蔓延至否定传统文化的方方面面，其中更有一部分文化自卑者认为，西方文化优越于中国文化，其表现就是以西方的所谓的"普世价值观"作为价值追求目标。英国著名哲学家罗素曾说："中国与其说是一个政治实体，还不如说是一个文明实体。"可见,中华民族文化是中国各民族文化的集合,这一文化是在中华各民族长期历史发展中成长和形成的。中华民族是一个具有强大凝聚力和向心力的民族,这种凝聚力和向心力在很大程度上源于中华民族对中华传统文化的高度认同,亟须强化,以形成文化软实力。

(4) 建立中国气派、中国特色文化体系的需要

党的十九届六中全会审议通过的《中共中央关于党的百年奋斗重大成就和历史经验的决议》(以下简称《决议》),将"坚持理论创新"作为党的百年奋斗的历史经验之一。这一历史经验强调"坚持把马克思主义基本原理同中国具体实际相结合、同中华优秀传统文化相结合"的重大理论观点。全面准确理解"两个结合",有助于更好地学习贯彻《决议》精神,更加自觉地做习近平新时代中国特色社会主义思想这一当代中国马克思主义、21世纪马克思主义的坚定信仰者和忠实实践者。党的百年奋斗之路是马克思主义基本原理不断同中国具体实践相结合的道路。党的百年奋斗历程表明,马克思主义之所以能在中国取得伟大胜利,关键在于深深扎根于中国大地,密码在于具有了中国特性、中国作风和中国气派。

(5) 多学科的最新进展与国家大战略的推进

从总体上来讲,聚落的建筑、文化及景观等系列的研究,最终表现为一种探索人、社会、自然的关系的研究。因此,该研究必将走向一种由多学科共同参与、以探索理想与和谐的人居环境空间为主题的崭新之路。以清华大学吴良镛先生为首创立的人居环境科学理论在这些方面做了有益的探索,给人们以"求真、求美"的信念。而在道德观上,以强调自然伦理尊严的生态伦理也应运而生,给人们以"求善"的勇气。可以说目前学术界运用哲学、伦理学、地理学、人类学、民俗学、历史学、建筑学、规划学、景观学及思想史的多学科知识进行聚落研究已基本成熟。目前,方法论的运用在学术界已成为显学,相关成果较为丰富,有利于本课题的研究和借鉴。此外,"一带一路"倡议是国家构建人类命运共同体的重大战略,未来将敦煌莫高窟发现的上梁文与西域诸国以及欧洲的柱梁文化研究相结合,必将推动丝绸之路经济带的研究与合作的深入。

1.2 相关概念界定

（1）传统聚落

所谓聚落，就是人类各种居住地的总和，由各种建筑物、构筑物、道路、绿地、水源地等物质要素组成。《辞海》对聚落的解释是"人聚居的地方"，进一步讲，聚落是一定人群相互依靠，共同生活的场所。村落、集镇和城市都是聚落的具体形式。

所谓传统聚落是指形成较早，拥有较为丰富的物质和非物质文化遗产，具备一定历史、文化、科学、艺术、社会和经济价值，具有地域文化特色或者传统风貌的城市、集镇和村落。

（2）上梁文与栋梁

上梁文是一种与中国古代建筑营造方式密切相关的实用性文体。明代徐师曾在《文体明辨序说》（罗根泽编）中说："上梁文者，工师上梁之致语也。世俗营构宫室，必择吉上梁，亲宾裹面，杂他物称庆，而因以犒匠人。于是匠人之长，以面抛梁而诵此文以祝之。其文首尾皆用俪语，而中陈六诗。诗各三句，以按四方上下，盖俗体也。"这是对宋代成熟化上梁文的高度概括。

上梁文与梁相关，那到底是上哪根梁？一般是指上栋梁。互联网资料中，360百科词条显示栋梁是屋顶最高处的水平木梁，支承着椽子的上端。此语如果放在江西地区则不一定妥当。江西地区民居可分以下几种情况：对于穿斗民居，一是有栋柱存在且为彻上露明造情况下，那栋梁则是栋柱上的顶端的主梁，一般比较粗大，不是最高梁，其顶端上面还有一根伴檩，主要用于直接支承着椽子的上端；[1] 另外，在南昌安义吉安一带，经济条件较好的古代民居常设计为彻上不露明，内部为草栿，最高梁为前大金童柱上端的梁，但这根梁不能称栋梁，前后大金童柱之间的柱子称栋柱，其上最高梁称栋梁（图1-1，1-2，1-3，1-4，1-5）。可见，江西的穿斗建筑中，栋梁一般指最长落地柱子上端的主梁。在没

---

[1] 黄浩称栋梁两侧由莲花撑依托的两根梁为伴梁，江西乐平一带将栋柱顶端上面还有的一根檩称为伴梁檩条。此处为了避免用同一术语，将伴梁檩条称为伴檩，也可沿用北方的名称为扶脊木，此时栋梁为扶脊木之下的那根梁。图1-1所示栋梁为特例，一般栋梁上还有一根扶脊木。

有栋柱情况下，如果是在客家民居中，两侧为土坯墙或者砖墙，屋顶最高处伴檩下的那根主梁称为栋梁，如无伴檩则最高梁一般为栋梁。（图1-8）抬梁式民居或者抬斗式民居如为彻上露明造，则最高梁一般为栋梁。（图1-7）还有一种情况，如栋柱上最高二根梁间有垫板相连的，则低的一根梁为栋梁。（图1-6）。

（3）仪式

一般指典礼的秩序形式，也有仪态之意，也可指测定历日的法式制度。罗伊·A·拉帕波特认为仪式主要是种一交流方式，它表达个人和群体在生理、心理和社会学方面的信息。罗伯特·F·墨菲认为仪式是每次都要按标准礼节举行的阶段性事件，因为参与者要从事接近神圣之物的危险行动，为此，他们自己必须处在转化和神圣的状态中。郭于华认为仪式通常定义为象征性的、表演性的，由文化传统所规定的一整套行为方式，它可以是神圣的也可以是凡俗的活动。邵陆则认为上述学者的论断稍显不足，将仪式概括成持械立杖挂物地表演象征性规定套路以尚法度。[1] 笔者田野调查江西民居营建后认为，仪式是指由个人或多人持物、多人共同协同完成的具有表演象征性的规定套路，以尚法度。在上梁仪式当中，主要由木匠、泥水匠、铁匠等参与仪式活动，协同完成上梁仪式。其中敬梁一般为个人，上梁为二人，祭梁为多人参与。

（4）建房仪式与上梁仪式

建房仪式是指建筑营造全部过程中多人共同完成的具有表演性、象征性规定套路且尚法度的内容。笔者通过田野调查认为，建房仪式包含在宅基选址、估算工料、选栋建材、择日动土、制梁立柱、吉日上梁、屋面盖顶、砌筑外墙、榨楼板、吃归屋酒的10个过程当中。其中，上梁仪式是中国古建筑建造中最为隆重的环节[2]，因为梁承接着整个房屋，梁的稳固可靠关系着主人一家将来的兴旺发达。通过大量

---

[1] 邵陆.住屋与仪式（HOUSE&RITUAL）：中国传统居俗的建筑人类学分析[D].上海同济大学，2004.
[2] 现在大多数民居为砖头和混凝土结合的二三层楼房，平顶形式，无梁可上。但是在浇筑最高一层楼面时，在楼面下方置一根木梁，象征房子主体工程完工的日子也叫上梁，也会办上梁酒席。

的田野调查及民间人物访谈,笔者总结出了上梁仪式的重要程式,包括:选梁、伐梁、截梁、暖梁、缠梁、画梁、敬梁、祭梁、上梁、抛梁、兜梁、喝上梁酒。当然,根据屋主的财力情况,仪式会有所增减。不同地区的上梁仪式因地域文化的差异会有所不同,因而上梁仪式的研究,对继承地域文化和保护非物质文化遗产具有重要意义。

(5)非物质文化遗产

非物质文化遗产,在联合国教科文组织《保护非物质文化遗产公约》(以下简称《公约》)中定义为被各社区、群体,有时个人,视为其文化遗产组成部分的各种社会实践、观念表述、表现形式、知识、技能及相关的工具、实物、手工艺品和文化场所。

无形文化遗产,即指无形的文化遗产,诸如语言、戏剧、音乐、舞蹈、宗教、神话、礼仪、习惯、风俗、节庆、手工艺等不能够固化的人类财富。王文章等认为"无形文化遗产"这一概念最早由日本提出,即"无形文化财",而日本也是最早以法律形式对"无形文化遗产"实行保护措施的国家,其对"无形文化遗产"的界定推动了人类对遗产的认知进程。联合国教科文组织正是受日本的影响,于1992年将其非物质遗产部门改为无形遗产部门。[1]

本研究认可王文章的观点,即依据联合国教科文组织正式公布的中文文本,仍用非物质文化遗产来对应无形文化遗产。我国国务院及相关官方文件,也与联合国教科文组织的中文文本一致。根据《公约》表述,非物质文化遗产所涵盖的范围应包括以下5个方面:

①口头传统和表现形式,包括作为非物质文化遗产媒介的语言;

②表演艺术;

③社会实践、仪式、节庆活动;

④有关自然界和宇宙的知识和实践;

⑤传统手工艺。

2005年3月,国务院办公厅公布的《国家级非物质文化遗产代表作申报评定暂行办法》中,将非物质文化遗产界定为"指各族人民世代相承的、

---

1 王文章.非物质文化遗产概论[M].修订版.北京:教育科学出版社,2013.

与群众生活密切相关的各种传统文化表现形式（如民俗活动、表演艺术、传统知识和技能，以及与之相关的器具、实物和手工制品等）和文化空间"。

由上述分析可知，上梁文是对口头语言的记录，属非遗中的第一部分内容，而上梁仪式属于非遗中的第三部分内容。

1.3　调查研究范围

著作名写江右非遗，其中江右是一个常用的地理方位名词，属地理泛称，并非行政上的概念，而是地理、文化和民系上的概念。江右人是汉族的一个民系，主要分布于江西大部、湖南东北部、湖北东南部、安徽西南部、福建西北部等地。江右旧时也指江西。

本研究主要对江西上梁文和上梁仪式进行调研，以发掘具有地方特色的地域文化。本课题研究区域即为江西所辖各市至今仍然保存的上梁文和上梁仪式。江西省所辖市县乡数量过多且地域宽广、幅员辽阔，再加上时间和财力所限，课题组只能对其中有代表性的地点进行田野调查（表1-1）。

表1-1　上梁文及上梁仪式田野调查地点

地级市	具体地点
吉安市	富滩镇、青原区渼陂村；新干县三湖镇莲湖朱家村、三湖镇郑家村、刘家坊滩头村、荷浦乡沂上村、七琴镇燥石村；吉水县
上饶市	婺源县城、婺源县镇头镇游山村、婺源县段莘乡庆源村；横峰县港边乡棕树垮村；德兴市新岗山镇占才村、德兴市李宅乡宗儒村；鄱阳县油墩街镇蔡家村；铅山县陈坊乡
景德镇市	浮梁县瑶里镇、乐平市涌山镇涌山村、乐平市双田镇横路村
南昌市	南昌县、进贤县曹家村、安义县
九江市	九江市港口街镇港口村、都昌县苏山乡鹤舍村
宜春市	丰城市淘沙镇后坊村、丰城市段潭乡湖茫村、宜丰县、高安市伍桥镇伍桥村、奉新县、高安市、上高县
赣州市	赣州市南康区、赣县区、宁都县田埠乡东龙村、兴国县、信丰县、会昌县、石城市
新余市	渝水区水西镇、人和乡
抚州市	东乡区黎圩镇、东乡区黎圩镇上池村、崇仁县、金溪县何源村、南丰县白舍镇古竹村
萍乡市	卜栗具杨岐乡、萍乡市区
鹰潭市	贵溪市

2 《四库全书》上梁文的整理

2.1 非江西籍作者上梁文统计

经统计,《四库全书》中非江西籍上梁文的作者共 86 人,总计撰写上梁文 156 篇;其中宋朝 49 人计 96 篇(北宋 12 人,16 篇;南宋 37 人,80 篇),金朝 4 人计 9 篇,元朝 20 人计 33 篇,明朝 12 人计 17 篇,清 1 人计 1 篇。其中上梁文数量最多的省份是江西,其次是浙江、福建与江苏。

详见表 2-1、表 2-4。

表 2-1 非江西籍作者上梁文统计表

作者	籍贯	朝代	名称	文集名、卷数及其他
王禹偁	山东济宁	北宋	单州行宫上梁文	字元之。《五百家播芳大全文粹》卷九十二
杨亿	福建浦城	北宋	开封府上梁文	字大年。《宋文鉴》卷一百二十九;《汴京遗迹志》卷十八
胡宿	江苏常州	北宋	醴泉观涵清殿上梁文	字武平。《文恭集》卷二十八
			集禧观大殿上梁文	
			修盖睦亲宅吴王院神御堂上梁文	
石介	山东泰安	北宋	南京夫子庙上梁文	字守道。《徂徕集》卷二十
苏轼	四川眉山	北宋	白鹤新居上梁文	字子瞻。《五百家播芳大全文粹》卷九十二
郑侠	福建福清	北宋	一拂先生祠(上梁文)	字介夫。《西塘集·附录本传》
黄裳	福建南平	北宋	三清殿上梁文	字勉仲。《演山集》卷三十五
陈师道	江苏徐州	北宋	披云楼上梁文	字履常,一字无己,号后山居士。《后山集》卷十七《宋文鉴》卷一百二十九《文章辨体汇选》卷三十九《五百家播芳大全文粹》卷九十二

续表

作者	籍贯	朝代	名称	文集名、卷数及其他
崔鶠	河南杞县	北宋	巨舰上梁文	字德符。《五百家播芳大全文粹》卷九十二。其中巨舰篇未标明作者，现据《全宋文》补充。
			筠州新堂上梁文	
邹浩	江苏常州	北宋	上梁文	字志完，号道乡居士。《道乡集》卷三十一
傅察	河南济源	北宋	槐堂上梁文	字公晦。《忠肃集》卷下
程俱	浙江衢州	北宋	常州华严教院上梁文	字致道，号北山。《北山集》卷十七
			山居上梁文	
李纲	福建邵武	南宋	中隐堂上梁文	字伯纪，号梁溪居士。《梁溪集》卷一百五十六
			桂斋上梁文	
孙觌	江苏武进	南宋	马迹上梁文	字仲益，号鸿庆居士。《鸿庆居士集》卷二十八，其中资圣上梁文中缺"寺"字。五百家播芳大全文粹》卷九十三卷中有"寺"字
			西徐上梁文	
			金山大殿上梁文	
			资圣寺上梁文	
陈克	浙江会稽	南宋	建康府行宫上梁文	字子高，自号赤城居士。《五百家播芳大全文粹》卷九十二
			建康行宫大殿上梁文	
			皇子嘉王府第上梁文	
			平江府谯楼门上梁文	《吴都文粹续集》卷八，《五百家播芳大全文粹》卷九十二中无"楼"字
陈之茂	江苏无锡	南宋	大成殿上梁文	字阜卿。《五百家播芳大全文粹》卷九十二
			明伦堂上梁文	
周紫芝	安徽宣城	南宋	草庐（上梁文）	字少隐，号竹坡居士。《太仓稊米集》卷六十二。括号内为笔者补充，以下同。
			万波亭（上梁文）	
			九江新居（上梁文）	
			二妙堂（上梁文）	
			负暄亭（上梁文）	
张守	江苏常州	南宋	倦飞亭上梁文	字全真，一字子固。《毗陵集》卷十
王洋	不详	南宋	州治重建鼓楼上梁文	字元渤。《五百家播芳大全文粹》卷九十二
李弥逊	江苏苏州	南宋	漳州移学上梁文	字似之，号筠西翁、筠溪居士、普现居士。《筠溪集》卷二十一

续表

作者	籍贯	朝代	名称	文集名、卷数及其他
胡寅	福建武夷山	南宋	永州谯门上梁文	字明仲,又字仲虎、仲刚,号仲冈,人称致堂先生。《斐然集》卷三十
吕贵克	不详	南宋	博见楼上梁文 天庆观上梁文	《五百家播芳大全文粹》卷九十二、卷九十三
刘子翚	福建武夷山	南宋	修祖居上梁文 屏山新居上梁文	字彦冲、文平。《屏山集》卷六
程敦厚	四川眉山	南宋	北岳景贶门上梁文	字子山。《五百家播芳大全文粹》卷九十二
胡宏	福建崇安	南宋	文定书堂上梁文 碧泉书院上梁文	字仁仲,号五峰,人称五峰先生;《五峰集》卷三。
史浩	浙江宁波	南宋	四明新第上梁文 明良庆会阁上梁文 竹院上梁文	字直翁。《鄮峰真隐漫录》卷三十九
葛谦白	不详	南宋	小楼上梁文	《五百家播芳大全文粹》卷九十三
熊克	福建南平	南宋	独善堂上梁文 玉仙堂上梁文	字子复。《五百家播芳大全文粹》卷九十三
张栻	四川绵竹	南宋	春风楼上梁文	字敬夫,改字钦夫,乐斋,号南轩。《五百家播芳大全文粹》卷九十二
陈造	江苏高邮	南宋	怀莒堂上梁文 定海县厅事上梁文 激犒库上梁文 临泽常住院上梁文	字唐卿。《江湖长翁集》卷四十
罗愿	安徽黄山	南宋	爱莲堂上梁文	字端良,号存斋。《罗鄂州小集》卷四
林亦之	福建福清	南宋	海口夫子庙(上梁文)	字学可。《网山集》卷八
陈傅良	浙江温州	南宋	瑞安县学上梁文	字君举,号止斋。《止斋集》卷四十四
龚颐正	浙江遂昌	南宋	寥阳殿上梁文	字养正。《吴都文粹》卷七
辛弃疾	山东济南	南宋	新居上梁文	原字坦夫,后改字幼安,号稼轩。《五百家播芳大全文粹》卷九十三

续表

作者	籍贯	朝代	名称	文集名、卷数及其他
黄定	福建福清	南宋	溪东祠宫上梁文	字泰之，号龙屿，晚号巩溪居士。《五百家播芳大全文粹》卷九十三
			龙溪桥上梁文	
程珌	安徽休宁	南宋	云溪上梁	字怀古，号洺水遗民。《洺水集》卷十九
			王枢上梁	
			万卷堂上梁文	
释居简	四川三台	南宋	彰教法堂上梁文	字敬叟，号北涧。《北涧集》卷九
			大梅护圣僧堂上梁文	
			哀金新之上梁文	
			华亭杨木浦朱寺法堂上梁文	
			碧云藏殿上梁文	
			下天竺造僧堂上梁文	
			丘运使后堂上梁文	
			慧日僧堂上梁文	
刘学箕	福建武夷山	南宋	耕隐上梁文	字习之，刘子翚孙。《方是闲居士小稿》卷下
			五峰新居上梁文	
刘克庄	福建莆田	南宋	慈济殿上梁文	初名灼，字潜夫，号后村。《后村集》卷二十九
			建阳县西斋上梁文	
			徐潭草堂上梁文	
李曾伯	河南沁阳	南宋	淮东制府金厅议堂（上梁文）	字长孺，号可斋。南宋中晚期名臣、词人，太宰李邦彦之后。《可斋杂稿》卷二十三
			江陵府学讲堂上梁文	《可斋杂稿续稿》前卷五
方岳	安徽祁门	南宋	淮东制司仪门上梁	字巨山，号秋崖。《秋崖集》卷三十四
			招信军谯楼上梁	
			工部草堂上梁	
			福星门上梁	
			归来馆上梁	
			茧窝上梁	
			秋崖新居上梁文	《新安文献志》卷四十三
柴望	浙江江山	南宋	崧山书院上梁文	字仲山，号秋堂。《秋堂集》卷二

续表

作者	籍贯	朝代	名称	文集名、卷数及其他
陈著	浙江宁波	南宋	建里域三石祠上梁文	小名祥孙，小字谦之，字子微，号本堂，晚年号嵩溪遗耄。《本堂集》卷九十二
			代庆元府天宁寺起大殿上梁文	
方逢辰	浙江淳安	南宋	上梁文	原名梦魁，字君锡，号蛟峰。《蛟峰文集》卷六
牟巘	四川井研	南宋	七先生祠（上梁文）	字献甫，一字献之，学者称陵阳先生。宋末井研（今属四川）人，徙居湖州（今属浙江）。《牟氏陵阳集》卷二十三
陆维之	浙江杭州	南宋	洞霄宫昊天殿上梁文	字永仲，一名凝之，字子才。《洞霄图志》卷六
熊禾	福建建阳	南宋	书坊同文书院上梁文	字位辛，一字去非，号勿轩，晚号退斋。《勿轩集》卷四
			莲社上梁文	
南胜	不详	南宋	重修园池披锦亭上梁文	《陕西通志》卷九十四
李俊民	山西晋城	金	高平县宣圣庙上梁文	字用章，自号鹤鸣老人。卒谥庄靖。《庄靖集》卷十。僧圆胜、邰志渊上梁文均载自该文集。
			汤庙上梁文	
			神霄宫上梁文	
			锦堂上梁文	
僧圆胜	不详	金	崇安寺重修三门上梁文	
邰志渊	不详	金	高平显真观三门上梁文	
元好问	山西忻州	金	南宫庙学大成殿上梁文	字裕之，号遗山。《遗山集》卷四十
			南阳廨署上梁文	
			外家别业上梁文	
耶律楚材	北京	元	万寿寺创建厨室上梁文	字晋卿，号玉泉老人，法号湛然居士。《湛然居士集》卷十三
			和林城建行宫上梁文	
王磐	河北永年	元	太庙上梁文	字文炳，号鹿庵。《元文类》卷四十七
徐世隆	河南周口	元	广寒殿上梁文	字威卿。《元文类》卷四十七
阎复	山东聊城	元	尚书省上梁文	字子靖，号静轩。《元文类》卷四十七
戴表元	浙江班溪	元	榆林瓦岭庙上梁文	字帅初，一字曾伯，号剡源。《剡源文集》卷二十三

续表

作者	籍贯	朝代	名称	文集名、卷数及其他
任士林	浙江奉化	元	宗阳宫三清殿上梁文	字叔实，号松乡。《松乡集》卷十
			四圣延祥观上梁文	
			宗阳宫讲堂上梁文	
卢挚	河北保定	元	东宫正殿上梁文	字处道，一字莘老，号疏斋，又号嵩翁。《元文类》卷四十七
薛友谅	陕西	元	九先生祠上梁文	《元文类》卷四十七
蒲道源	四川眉州	元	崇文阁上梁文	字得之，号顺济。《闲居丛稿》卷十一
袁桷	浙江庆元	元	兴圣宫上梁文	字伯长，号清容居士。《清容居士集》卷三十五
			皇太后寝殿上梁文	
			楠木殿上梁文	
			普庆寺后殿上梁文	
			天庆寺佛殿上梁文	
			东岳殿上梁文	《清容居士集》卷四十四
唐元	安徽歙县	元	大成殿上梁文	字长孺。《筠轩集》卷十三
			徽州府儒学大成殿上梁文	《新安文献志》卷四十三
张养浩	山东济南	元	绰然亭上梁文	字希孟，号云庄。《归田类稿》卷八
虞集	四川眉山	元	大龙翔集庆寺正殿小上梁文	字伯生，号道园，世称邵庵先生、青城樵者、芝亭老人。《道园学古录》卷二十六
			吾殿小上梁文	
			大龙翔集庆寺正殿上梁文	
			吾殿上梁文	
宋本	北京	元	太次殿上梁文	字诚夫。《元文类》卷四十七
许有壬	河南汤阴	元	武昌新居上梁文	字可用。《圭塘小藁》卷十二
宋褧	北京	元	肃雍堂上梁文（太禧宗禋院厅事）	字显夫。《燕石集》卷十一。括号内容为副标题。
谢应芳	江苏常州	元	昆山州学讲堂上梁文	字子兰，号龟巢。《龟巢稿》卷十
唐桂芳	安徽歙县	元	紫阳书院上梁文	一名仲，字仲实，号白云，又号三峰。《白云集》卷七
舒頔	安徽绩溪	元	绩溪县上梁文（辛亥八月十日庚寅）	字道原。《贞素斋集》卷三。括号内容为副标题。

续表

作者	籍贯	朝代	名称	文集名、卷数及其他
殷奎	江苏昆山	元	昆山县鼓角楼上梁文 苏州府养济院上梁文	字孝章,一字孝伯,号强斋。《强斋集》卷六
林弼	福建龙溪	明	东冈洲定光堂上梁文	一名唐臣,字元凯。后任登州知府。《林登州集》卷二十二
苏伯衡	浙江金华	明	康都督府上梁文 张都督府上梁文	字平仲。《苏平仲文集》卷十一
倪谦	浙江杭州	明	应天府学门上梁文	字克让,号静存。《倪文僖集》卷二十五
郑纪	福建仙游	明	御书阁上梁文（屏山） 玉音楼上梁文	字廷纲,号东园。《东园文集》卷十三。括号内容为副标题。
吴宽	江苏苏州	明	张氏建楼上梁文	字原博,号匏庵、玉亭主,世称匏庵先生。《家藏集》卷五十七
史鉴	江苏苏州	明	吴江县三里仓上梁文	字明古,号西村,别署西村逸史。《西村集》卷八
顾清	上海松江	明	新居上梁文 宝善堂上梁文	字士廉。《东江家藏集》卷二十三
孙承恩	上海松江	明	上梁文	字贞文。《文简集》卷三十九
朱淛	福建莆田	明	自构（上梁文） 代洪西渟作（上梁文） 代王笔峰作（上梁文）	字必东,号损庵。《天马山房遗稿》卷六。括号内文字为笔者加。
沈炼	浙江绍兴	明	三忠祠上梁文	字纯甫。《青霞集》卷二
姚镆	浙江慈溪	明	重修宣成书院上梁文	字英之,号东泉。《粤西文载》卷六十一
孙志元	湖北武昌	明	香林书院上梁文	《粤西文载》卷六十一
吴绮	江苏扬州	清	黟县启圣祠上梁文	字蘭次,一字丰南,号绮园,又号听翁。《林蕙堂全集》卷十二

【注1】虞集上梁文数量,元朝版《元文类》未载虞集上梁文作品,仅载卢挚《东宫正殿上梁文》。全文如下:

《东宫正殿上梁文》〔元〕卢挚

玉册金文,既正重离之位;桂宫兰殿,载新涤震之居。盖将别冢嫡以系人心,所以敞储闱而贰宸极。恭惟皇帝陛下,统垂万世,德冠百王，以不世之英姿，修旷古之坠典。顷因定鼎，爰用正朝，固非逸豫之期，率皆社稷之计，每穆然思隆万世之本，其必也耸四方之观。乃眷春宫，式崇丕构。敬惟皇太子殿下，温文日就，岐嶷生知，趋朝回驰道之车，侍幄辨南阳之牍。然不有师宾接见之所，则何以示轨范；不有卫率环列之所，则何以明等威？<u>于是少府献图，冬官督役；顾（雇）僦尽出内帑，经费不烦大农；萃橺枏豫章之材，罄般输梓工之技；规模素定，斤筑隆施。绣栭华榱，拱星辰于阊阖；飞桥复道，接云气于蓬莱。</u>允叶龟谋，共扶虹栋。敢申善颂，以相欢谣。

　　抛梁东！太掖沧波与海通，玉殿问安仙仗晓，郁葱浮动广寒宫；

　　抛梁西！京观巍峨太白低，少海旌旗葱岭捷，至今威信彻羌氐；

　　抛梁南！天策元勋自可参，铅椠小才萧统辈，痴儿官事竟何堪；

　　抛梁北！勿谓天高人叵测，居卿半夜望前星，辉耀晶荧拱辰极；

　　抛梁上！万国欢欣睹明两，金相玉裕德无疵，主鬯承祧神自享；

　　抛梁下！翼翼青宫崇广厦，横经问道重师儒，却笑瀛洲非大雅。

　　伏愿抛梁之后，殿下端居鹤禁，诞荷鸿休，得保傅若二疏，有宾客如四皓。问安视膳，克尽两官之欢；监国抚军，大慰兆民之望。

　　按：卢挚（1242—1314），字处道，一字莘老，号疏斋，又号嵩翁。元代涿郡（今河北省涿州市）人。至元5年（1268）进士，任过廉访使、翰林学士。官位显达，旧学深厚，文学负有盛名。

　　虞集（1272—1348），字伯生，号道园，世称邵庵先生、青城樵者、芝亭老人。祖籍成都仁寿（今四川省眉山市仁寿县），临川崇仁（今江西省抚州市崇仁县）人。元朝官员、学者、诗人，南宋左丞相虞允文五世孙。

　　《元文类》是元朝诗文选集。本名《国朝文类》。元苏天爵编，七十卷。苏天爵（1294—1352）元代文学家，字伯修。真定（今河北正定）人。少时从安熙学习，后又以吴澄、虞集等为师，熟悉虞集的作品，与卢挚相隔时间也不远，由此可判断《元文类》所载《东宫正殿上梁文》应该为卢挚所写可能性更大。

　　另，虞集《道园学古录》是元代虞集所撰的别集。是至正元年（1341）由虞集的幼子翁归及门人李本等人搜集整理，由虞集亲自审订类目编定而成并交付福建廉访副使斡玉伦徒刊刻的,书名亦为其亲题。是集分在朝稿 20 卷、应制录 6 卷、归田稿 18 卷、方外稿 6 卷,共计 50 卷。该书记载上梁文共四篇《大龙翔集庆寺正殿小上梁文》《大龙翔集庆寺正殿上梁文》《吾殿小上梁文》《吾殿上梁文》,无《东宫正殿上梁文》。

而清《御定渊鉴类函》卷三百四十二载徐世隆《广寒殿上梁文》和虞集《东宫正殿上梁文》,其中虞集《东宫正殿上梁文》如下:

《东宫正殿上梁文》〔元〕虞集

玉册金文,既正重离之位;桂宫兰殿,载新渳霞之居。盖将别家嫡以系人心,所以敞储闱而贰宸极。于是少府献图,冬官督役;雇僦尽出内帑,经费不烦大农;萃梗柟豫章之材,罄般输梓匠之技;规模素定,斤筑隆施。绣桷华榱,拱星辰于阊阖;飞桥复道,接云气于蓬莱。(辑自《全元文》第 27 册,第 724 页)

经比较可知,虞集《东宫正殿上梁文》仅是卢挚同名上梁文的下划线部分。由此可以判断二文应该是同一作者卢挚所写,且为同一篇文章。

【注 2】王兆鹏等学者在《两宋词人丛考》中,认为吕胜己,字季克,号渭川居士,福建建阳人,移居邵武。宋魏齐贤、叶棻编《五百家播芳大全文粹》载有"吕贵克"《博见楼上梁文》,当是吕季克之误。见王兆鹏,王可喜,方星移《两宋词人丛考》[M],南京:凤凰出版社,2007:61. 此处暂存四库全书原文。

2.2 江西籍作者上梁文统计

经统计,《四库全书》中收录的江西籍上梁文作者共有 21 人,58 篇。其中北宋 3 人计 3 篇,南宋 12 人计 36 篇,元朝 4 人计 5 篇,明朝 2 人计 14 篇。而在江西籍作者上梁文统计中又以吉安上梁文数量最多。

见表 2-2、表 2-3。

表 2-2　江西籍作者上梁文统计

作者	作者籍贯	朝代	上梁文名	文集及卷名
欧阳修	吉安市永丰县	北宋	醴泉观本观三门上梁文（至和二年七月二十一日）	字永叔，号醉翁，晚号六一居士。《文忠集》卷八十三；《文章辨体汇选》卷三十九；《五百家播芳大全文粹》卷九十三（标题无本观二字）
王安石	抚州市临川区	北宋	景灵宫修盖英宗皇帝神御殿上梁文	字介甫，号半山。《汴京遗迹志》卷十八标题无皇帝二字；《临川文集》卷三十八；《文章辨体汇选》卷三十九；《宋文鉴》卷一百二十九记录为"英宗殿上梁文"；《五百家播芳大全文粹》卷九十二记录为"英德殿上梁文"
黄庭坚	九江市修水县	北宋	靖武门上梁文	字鲁直，自号山谷道人，晚号涪翁。《山谷集外集》卷十；《五百家播芳大全文粹》卷九十二
王庭珪	吉安市安福县	南宋	卢溪读书堂上梁文	字民瞻，自号泸溪老人、泸溪真逸。《卢溪文集》卷四十
			安福县厅上梁文	
			安福县学上梁文	
洪适	上饶市鄱阳县	南宋	东湖上梁文	字景伯，又字温伯、景温，号盘州。《盘洲文集》卷六十八；《五百家播芳大全文粹》卷九十三
			广州缓带堂上梁文	
			澹津卜筑上梁文	
			楚望楼上梁文	
			花信亭上梁文	
			容膝斋上梁文	
			聚萤斋上梁文	
周必大	吉安市吉安县	南宋	修盖射殿门上梁文（淳熙二年十二月二十二日）	字子充，一字弘道，自号省斋居士、青原野夫、平原老叟。谥号文忠。《文忠集》卷一百一十八。淳熙二年及六年为笔者加。
			后殿上梁文（淳熙六年六月二十九日）	
杨万里	吉安市吉水县	南宋	南溪上梁文	字廷秀，号诚斋，自号诚斋野客。《诚斋集》卷一百四
			施参政信州府第上梁文	
朱熹	上饶市婺源县	南宋	同安县学经史阁上梁文	字元晦，一字仲晦，号晦庵，又号紫阳。《晦庵集》卷八十五

续表

作者	作者籍贯	朝代	上梁文名	文集及卷名
刘过	吉安市泰和县	南宋	为吴县尉俞灏商卿作排青轩上梁文	字改之,号龙洲道人。《龙洲集》卷十四
聂子述	抚州市南城县	南宋	重建郁孤台上梁文(宝庆三年)	字善之。《隐居通议》卷二十三转载
			新居上梁文(嘉定间)	
			东宅上梁文	
			岁寒堂上梁文	
			水月观上梁文	
			杰阁上梁文(嘉熙庚子岁四年)	
徐经孙	宜春市丰城市	南宋	新堂梁文	字仲立,初名子柔。《矩山存稿》卷三
			吴塘勉仲建厅梁文	
释道璨	南昌市	南宋	荐福法堂上梁文	《柳塘外集》卷三
			感山依云阁上梁文	
姚勉	宜春市宜丰县	南宋	西涧书院换新梁文(壬子)	字述之,一字成一,号蕡卿、飞卿、雪坡。《雪坡集》卷四十三;括号内容为副标题。
			惠政桥上梁文(壬子)	
			桂殿上梁文(乙卯)	
			天香阁上梁文	
			赋梅楼上梁文	
			秋山上梁文(为谢飞卿作)	
文天祥	吉安市青原区富田镇	南宋	山中堂屋上梁文	初名云孙,字宋瑞,又字履善。自号浮休道人、文山。《文山集》卷十七
			山中厅屋上梁文	
			代曾衢教秀峰上梁文	
周应合	九江市武宁县	南宋	上梁文	字淳叟,号洪崖,又号溪园。《景定建康志》卷三十一
胡炳文	上饶市婺源县	元	明经书院大成殿上梁文(至大庚戌十一月八日)	字仲虎,号云峰。《云峰集》卷六
王炎午	吉安市安福县	元	延祐乙卯八月为族孙智则修居梁文	初名应梅,字鼎翁,号梅边。《吾汶藁》卷七
			本宅泸边起居梁文	
戴煟	上饶市婺源县	元	明经书院上梁文	字晋翁,号瑶山。《新安文献志》卷四十三
傅若金	新余市	元	湖南郡学造大成殿上梁文	字与砺。《傅与砺诗文集》卷十一

续表

作者	作者籍贯	朝代	上梁文名	文集及卷名
张宇初	鹰潭市贵溪县	明	三清殿上梁文	字子璇，别号耆山。《岘泉集》卷四
			勅建祖师殿上梁文	
			三门上梁文	
			正堂上梁文	
			后堂楼上梁文	
罗洪先	吉安市吉水县	明	橙溪嘉会堂上梁文	字达夫，号念庵。《念菴文集》卷十八
			玄潭雪浪阁上梁文	
			秀川罗氏大时冈重建祠堂上梁文	
			同江水次仓上梁文	
			松原新居上梁文	
			石莲洞正学堂上梁文	
			大安重建祠堂上梁文	
			谌冈里社上梁文	
			塘东一经堂上梁文	

表 2-3 江西籍作者人数及上梁文篇数统计

地级市	作者人数	上梁文篇数	篇数占比	人数占比
吉安	8	23	39.66%	38.10%
宜春	2	8	13.79%	9.52%
鹰潭	1	5	8.62%	4.76%
南昌	1	2	3.45%	4.76%
九江	2	2	3.45%	9.52%
上饶	4	10	17.24%	19.05%
抚州	2	7	12.07%	9.52%
新余	1	1	1.72%	4.76%
总计	21	58	100%	100%

2.3 江西籍作者上梁文在全国的比例

由表 2-4 可知，《四库全书》所收录的 107 人共计上梁文 214 篇，其中江西籍作者写作上梁文 58 篇，占全国上梁文的 27.10%，数量居全国首位。参与写作的人数为 21 人，占全国上梁文写作人数的 19.63%，同样居全国首位。江西籍作者及写作的上梁文数量均在全国排名第一，充分体现了古代江西浓厚的人文气息和悠久的历史传统。因此，从某种程度上说，了解了江西上梁文的发展与演变也就了解了全国的上梁文特点。

表 2-4　上梁文数量及作者人数全国分布一览表

省份	作者人数	文章篇数	篇数占比	人数占比
江西	21	58	27.10%	19.63%
浙江	16	31	14.49%	14.95%
福建	16	28	13.08%	14.95%
安徽	7	20	9.35%	6.54%
江苏	13	23	10.75%	12.15%
四川	7	17	7.94%	6.54%
河南	5	7	3.27%	4.67%
山西	2	7	3.27%	1.87%
山东	5	5	2.34%	4.67%
河北	2	2	0.93%	1.87%
湖北	1	1	0.47%	0.93%
北京	3	4	1.87%	2.80%
上海	2	3	1.40%	1.87%
陕西	1	1	0.47%	0.93%
不详	6	7	3.27%	5.61%
统计	107	214	100.00%	100.00%

2.4　结语

自宋以来，中国古代上梁文呈现以下几个特点：

1. 北宋为上梁文奠基期，南宋为高峰期，此后上梁文写作数量在下降。北宋共 15 人，撰写上梁文 19 篇；南宋共 49 人，撰写上梁文 116 篇；金朝 4 人，撰写 9 篇；元朝 24 人，撰写 38 篇；明朝 14 人，撰写 31 篇；清朝 1 人，撰写 1 篇。此时，江西元朝上梁文 5 篇，明朝 14 篇，与整个趋势略有区别，值得进一步研究。

2.长江流域一带上梁文数量多于北方。长江流域上梁文总数 153 篇，作者 67 人。如是长江流域及以南，则包含福建，上梁文总数 181 篇，作者 95 人。这样长江流域以南上梁数量占全国总数量的 84.6%，作者数占全国 88.8%，可见主要是长江以南作者在从事上梁文写作，上梁文文化中心主要在南方。

3.由表 2-4 还可知，古代上梁文主要分布在中国的东部及中部地区，仅江西、浙江、安徽、江苏、福建共有 73 人参与上梁文写作，占全国总数 68.22%，共写作 160 篇上梁文，占全国总数的 74.77%。西部仅四川省有少量上梁文，这也和当时地方的经济发展水平及文化水平密切相关。

3 江西古代与近现代上梁文研究

3.1 江西古代文人上梁文研究——以《四库全书》为主

古代营建房屋，上梁是其中重要的环节之一，在上栋梁之前，人们相应要举行一种隆重的诵唱"上梁文"仪式，因此上梁文来源于古代民间建房风俗，从起工到上梁竣工各个阶段，都要占卜求得吉兆，还要举行仪式并致喝彩祝颂之辞，上梁文也随之产生。[1] 人们诵唱上梁文，主要是表达建成新居的欢愉心情，以及对社稷、对未来、对生活的美好祝愿，以颂祝吉祥。上梁文属于口承语言民俗，近年来，对于上梁文化或者上梁文化产生的历史价值以及文学价值研究取得了长足的进展。以往学者侧重于时间上的探究，如学者路成文认为上梁文首见于北魏至北齐时期文人温子升，唐朝至五代时期上梁文主要流行于敦煌民间，北宋时期经过文人王禹偁、杨亿等改造，逐渐成为当时较为重要的文体。早期上梁文具有模式化倾向，后期具有个性化倾向。[2] 谷曙光认为宋代是上梁文最为繁盛发达的时期，作品最多，艺术成就最高。[3] 张慕华认为宋体上梁文成为文人构建政治、文化及个人生活的性情文章。[4] 解为则认为宋以后上梁文保留了祝文特点，但也在一定程度上改革了格式。[5]

---

[1] 许飞进. 环鄱阳湖地区建筑上梁仪式初探 [J]. 老区建设，2014(24): 40-41.
[2] 路成文. 宋代上梁文初探 [J]. 江海学刊，2008(1): 193-198.
[3] 谷曙光. 宋代上梁文考论 [J]. 江淮论坛，2009(2): 155-160.
[4] 张慕华. 上梁文与宋代文人构建的理想国 [J]. 安徽大学学报（哲学社会科学版），2010(1): 79-83.
[5] 解为. 浅论宋代以后上梁文的发展 [J]. 濮阳职业技术学院学报，2013(4): 95-98.

毫无疑问，宋代上梁文最为兴盛，上述学者实际上主要是研究文人上梁文以及对于上梁文体、上梁文文章中的结构、语言的介绍，这些研究对上梁文的价值挖掘起到了推动作用。然而，上述研究忽略了上梁文关于地域上的发展和分布差异。江西农村上梁文富有浓郁的地域文化色彩，其中的韵味值得深入推敲。如余悦从江西民俗的角度，通过田野调查简述了江西吉安及宜丰一带上梁文；梅联华研究了南昌的上梁民俗；在赣南客家，1999年，由李鸿等学者积二年之力，主编《江西饮食文化与风情》一书，从饮食文化角度分析了江西客家安远的建房仪式与饮食的关系；[1] 赣州博物馆的万幼楠通过口头采访龙南县、信丰县、宁都县和石城县相关人员，综合分析客家建房仪式的各阶段特点，并结合上梁文进行阐述；[2] 江西作家刘华在走遍江西之后，以文学的笔调记录非纯客家风俗的吉水的建房仪式特点；[3] 此外，还有学者通过田野调查研究环鄱阳湖地区上梁文，其余则仅略微提及上梁文，如夏小玲认为"上梁"喝彩习俗覆盖十分广泛，几乎遍及全国，在浙江、江西、安徽、江苏、福建、湖北、广东等江南地区比较为普遍。衢州、常山一带"上梁"喝彩语调带有江西口音。[4] 遗憾的是，对于江西古代文人整体创作的上梁文的深入研究目前还处于起步阶段，仍需进一步探讨。

上梁文化与当时社会的各种因素以及文人的精神情结息息相关。上梁文的文体格式以及文字的词意的应用，内容的倾向性，建筑与情感的结合，都成了可以研究并且深入认识、再予以传承的重要的文化主题。

目前上梁文收录较为完整的文籍是文渊阁《四库全书》。由于各种社会原因及传播方式的限制，一部分上梁文没有很好地传承下来，但通过分析仍可初步了解江西上梁文的脉络。

---

1 李鸿.江西饮食文化与风情[M].北京：新华出版社，1999.
2 万幼楠.赣南民居营建礼俗调查[C]//中国传统民居与文化：第十四辑.北京：中国建筑工业出版社，2006.
3 刘华.灵魂的居所[M].天津：百花文艺出版社，2006.
4 夏小玲.民间建房"上梁"喝彩习俗探究：以常山县为样本[J].大众文艺，2012(11)：181-182.

3.1.1 江西古代文人创作的上梁文[1]

从全国范围来看，上梁文源起于南北朝，在宋代达到了创作上梁文的繁盛时期，自宋代以后便以继承为主。

从江西地区来看，江西古代文人创作的上梁文主要集中在宋代，元代、明代也保留了部分作品。

现根据文渊阁《四库全书》中的记载，将江西古代文人上梁文篇目整理如表 2-2、2-3 所示。

经表 2-1、2-4 统计，《文渊阁四库全书》一共收录了 214 篇较为完整的上梁文，其中江西籍作者写作上梁文 58 篇，占全国上梁文总数的 27.10%。江西上梁文中宋代作家 15 人，包括欧阳修、王安石、黄庭坚、王庭珪、洪适、周必大、杨万里、朱熹、刘过、聂子述、徐经孙、姚勉、文天祥、释道璨、周应合；宋代共有 39 篇作品；元代仅保存了胡炳文和傅若金等 5 篇上梁文；明代则保留了罗洪先和张宇初的 14 篇作品。

上梁文属于骈文文体，宋代上梁文始自王禹偁。王禹偁为北宋诗文革新运动先驱，其诗文多反映社会现实，风格清新平易。而欧阳修十分仰慕王禹偁的学问，在滁州时瞻仰其画像，并作诗《书王元之画像侧》一首，对王禹偁进行高度评价，其上梁文创作自然也在其中。欧阳修通过古文运动，对骈文进一步革新，为北宋诗文革新奠定了坚实基础，不少文人也纷纷效仿创作上梁文。宋代文人们吸收了唐代以来上梁文的写作手法，并进行完善，从而将上梁文的写作推向了高峰。但是到后来，元代、明代上梁文都是以继承为主，本质上有少量创新，数量亦减少。同时上梁文逐渐从文人回到民间，渐渐被百姓所熟知，逐步演变为由民间人士创作为主流的趋势。从目前保留的上梁文来看，元代江西的上梁文数量仅保留 5 篇。从宋代汉人采取科举取士、元初废弃科举制度，到元代中期汉文化的融入和科举制度的实施，使得上梁文再次出现在人们的视野中。

此外，"元代少数民族统治的民族隔阂与尚武重吏的政治现实，

---

1 古代文人上梁文的写作初稿，张艳萍也有贡献，特此说明。

使得原本在政治生活中占据中心位置的儒士群体迅速地边缘化。"[1] 文人参与政治的热情降低，这使得寺庙、府邸一类上梁文迅速减少，上梁文不能被很好地继承。而在明代，中国上梁文数量略比元代少，但较宋代更偏少。其原因在于明代的高启事件成为分水岭。高启厌倦朝政，寻求退隐。在高启返青丘后，与苏州知府魏观等交好。魏观重新修建府治旧基，高启受邀撰写了《郡治上梁文》，在文中高启用了"龙蟠虎踞"一词，但是修建的地方刚好是朱元璋敌家张士诚的旧址，朱元璋认为高启竟然敢把张士诚住过的地方称为"龙蟠虎踞"，岂非大逆不道！其结果魏观被诛，高启腰斩于市。经过高启事件后，文人惶恐不安，在创作上梁文时小心翼翼，这一事件也大大削弱了文人创作的积极性。故明代初期仅保留了道士张宇初的上梁文，而直到明代嘉靖时期才有了吉水学者罗洪先的上梁文。《四库全书》记载的江西上梁文都是明代及以前的，而清代初期至乾隆以前没有收录到上梁文，这是由当时的社会因素造成的。清代统治者想尽办法加强对民众的思想和文化上的控制，尤其是"文字狱"的出现严重阻碍了汉文化的流传和保存，使得上梁文在清代时期显著减少。

以上为古代文人上梁文发展史，文人上梁文衰落之时，恰好是民间上梁文的发展期。民间上梁文在唐代敦煌文献中已有记载，但并不多见。在明代及以后，受高启事件影响，文人上梁文逐渐让位于民间上梁文。这从明代初期《鲁般营造正式》一书中记载的上梁文可以看出端倪。上梁文在这个过程中由文人较雅的文体更多地演变为一种通俗文体。从文人的创作逐渐演化为由工匠、风水师等人创作。上梁文历尽艰难延续到现在证明了其强大的生命力，其形式与内容随着社会历史前进的步伐而演变与传承，亟待人们进一步探究。

3.1.2 江西古代上梁文体例要点与结构

江西上梁文体例包括三要点：四段、儿郎伟、伏以。

上梁文一般分为四段，即"一、破题；二、颂德；三、入事；四、

---

[1] 左东岭. 高启之死与元明之际文学思潮的转折 [J]. 文学评论，2006(3): 101-109.

陈抛梁，东西南北上下诗各三句"。[1]

儿郎伟！这种用于祈福仪式中的呼告词，即呼唤之辞。用于建筑上梁仪式中，以儿郎伟起句，先是一段骈文开头，表明事情的渊源，再以诗的形式，进行抛梁环节的颂唱，句式则是"三、七、七、七"或"三、三、七、七、七"或"一、七、七、七"，最后一句再以骈文作结。

学者一般认为儿郎伟出自敦煌文献，实际上儿郎伟的历史也许可以推得更早些。《后汉书·礼仪志》载："中黄门倡，侲子和。"文中所载的倡和可能就是早期的儿郎伟。正如楼钥所谓"盖呼而告之"的用途。[2] 杨挺也认为"儿郎伟"是一种呼唤词，原意正如南宋楼钥所言，"儿郎伟"即"儿郎懑""儿郎辈"，就像今称"小伙子们"。[3]"伏以"，伏，指俯伏下拜；以，指接下来陈述事情。它是一种表达对神明的尊敬，以及臣对于君主和平民对于君主的一种敬意，所以文章以"伏"开头，再接"以"来联系下面的内容。

上梁仪式也是民俗中请神还愿的一种方式，所以在江西上梁文中，文人也会使用"伏以"作为起句首语。对 58 篇上梁文进行统计发现，江西文人在创作上梁文时以四段为主的结构 32 篇，占 55.2%。以伏愿结束的有 57 篇占 98.3%。宋代 39 篇中有 11 篇以"儿郎伟"开头，占 28.2%，8 篇上梁文以"伏以"起头，占 20.5%；元代 5 篇上梁文中仅胡炳文和戴焴撰写的上梁文以"伏以"开头，为 40%；明代上梁文 14 篇，其中有 8 首以"伏以"起头，占 57.1%，无"儿郎伟"开头作品（表 3-1）。

表 3-1 江西上梁文结构

姓名	上梁文	是否有四段	是否有"儿郎伟"	是否有"伏以"	是否有"伏愿"
欧阳修	醴泉观本观三门上梁文	有	有	无	有
王安石	景灵宫修盖英宗皇帝神御殿上梁文	有	有	无	有
黄庭坚	靖武门上梁文	有	无	无	有

---

1 陈驿曾. 文章欧冶 [C]// 王水照. 历代文话. 上海：复旦大学出版社，2007：1272.
2 周绍良. 敦煌文学"儿郎伟"并跋 [M]// 敦煌文学刍议及其他. 台北：新文丰出版公司，1992：181-182.
3 楼钥. 攻媿集：一百十二卷 [M]// 四部丛刊：初编. 台北：台湾商务印书馆，1967：61-62.

续表

姓名	上梁文	是否有四段	是否有"儿郎伟"	是否有"伏以"	是否有"伏愿"
王庭珪	卢溪读书堂上梁文	无	有	无	有
	安福县厅上梁文	有	有	无	有
	安福县学上梁文	有	有	无	有
洪适	东湖上梁文	无	无	无	有
	广州缓带堂上梁文	有	无	无	有
	澹津卜筑上梁文	无	无	无	有
	楚望楼上梁文	无	无	无	有
	花信亭上梁文	无	无	无	有
	容膝斋上梁文	无	无	无	有
	聚萤斋上梁文	无	无	无	有
周必大	修盖射殿门上梁文（淳熙二年十二月二十二日）	有	有	无	有
	后殿上梁文（淳熙六年六月二十九日）	有	有	无	有
杨万里	南溪上梁文	无	有	无	有
	施参政信州府第上梁文	有	有	无	有
朱熹	同安县学经史阁上梁文	有	有	无	有
刘过	为吴县尉俞灏商卿作排青轩上梁文	无	无	无	有
聂子述	重建郁孤台上梁文（宝庆三年）	无	无	无	有
	新居上梁文（嘉定间）	有	无	无	有
	东宅上梁文	有	无	无	有
	岁寒堂上梁文	无	无	无	有
	水月观上梁文	无	无	无	有
	杰阁上梁文（嘉熙庚子岁四年）	无	无	无	有
徐经孙	新堂梁文	无	无	有	有
	吴塘勉仲建厅梁文	无	无	有	有
释道璨	荐福法堂上梁文	无	无	无	有
	感山依云阁上梁文	无	无	有	有
姚勉	西涧书院换新梁文（壬子）	有	无	有	有
	惠政桥上梁文	有	无	有	有
	桂殿上梁文	有	无	有	有

续表

姓名	上梁文	是否有四段	是否有"儿郎伟"	是否有"伏以"	是否有"伏愿"
姚勉	天香阁上梁文	有	无	有	有
姚勉	赋梅楼上梁文	有	无	有	有
姚勉	秋山上梁文（为谢飞卿作）	无	无	无	无
文天祥	山中堂屋上梁文	有	无	有	有
文天祥	山中厅屋上梁文	无	无	有	有
文天祥	代曾衢教秀峰上梁文	无	有	有	有
周应合	上梁文	有	无	有	有
胡炳文	明经书院大成殿上梁文	有	无	有	有
王炎午	延祐乙卯八月为族孙智则修居梁文	无	无	无	有
王炎午	本宅泸边起居梁文	无	无	无	有
戴焴	明经书院上梁文	有	无	有	有
傅若金	湖南郡学造大成殿上梁文	有	无	有	有
张宇初	三清殿上梁文	有	无	有	有
张宇初	勅建祖师殿上梁文	有	无	有	有
张宇初	三门上梁文	有	无	有	有
张宇初	正堂上梁文	有	无	有	有
张宇初	后堂楼上梁文	有	无	有	有
罗洪先	橙溪嘉会堂上梁文	有	无	有	有
罗洪先	玄潭雪浪阁上梁文	无	无	无	有
罗洪先	秀川罗氏大时冈重建祠堂上梁文	有	无	有	有
罗洪先	同江水次仓上梁文	有	无	无	有
罗洪先	松原新居上梁文	无	无	无	有
罗洪先	石莲洞正学堂上梁文	无	无	无	有
罗洪先	大安重建祠堂上梁文	有	无	有	有
罗洪先	谌冈里社上梁文	有	无	有	有
罗洪先	塘东一经堂上梁文	无	无	无	有

现以江西吉安文人周必大《后殿上梁文》、江西宜丰文人姚勉《天香阁上梁文》为例来分析上梁文体例结构。

《后殿上梁文》〔南宋〕周必大

儿郎伟！三吴胜地，万乘行都。华盖紫垣，益焕东南之王气；神州赤县，将还西北之旧京。惟是便朝，固宜壮观。辟门庭而四达，彻栋宇以一新。虽卑宫神圣之本心，抑广厦国家之彝制。皇帝陛下！恭己[1]正南面为政，如北辰继明照于四方，久化成于天下。自朝至于中昃，用咸和于万民。眷言丹地之居，上宪清都之象。听朝决事，兼汴都延和崇政之名；论道谈经，殆炎汉虎观金华之比。傥未臻于闳丽，畴仰称于尊严。陈臬置圭、抡材饰匠。千栌万栱，既是斲而是虔；左城右平，盖弗奢而弗陋。兹载涓于吉旦，爰对举于修梁。博采欢谣，发为善颂。

儿郎伟！抛梁东，圣主勤民莅法宫，杲日未升甗瓦碧，祥云先捧御袍红；

儿郎伟！抛梁西，仁覆多方寿域跻，可但版图还渭汭，固应冠带被羌氐；

儿郎伟！抛梁南，百辟晨趋俨佩簮，所宝惟贤非贝象，有材必用是楩楠；

儿郎伟！抛梁北，政布辰居元以德，尧历行颁朔易都，汉威坐裂单于国；

儿郎伟！抛梁上，从此太平端有象，星入丁躔曼寿延，天无风烈殊方向；

儿郎伟！抛梁下，瑞应纷纶昭圣化，九叶齐房紫玉芝，三登农亩黄云稼。

伏愿上梁之后，四海一统，两宫万年，集金屋之嘉祥，锡铜楼之多祉。南上北上，明堂来五狄之朝；西方东方，长乐盛九宾之礼。室考应周家之梦，寝成同商邑之安。取诸大壮以无愆，同我太平于有永。皇帝万岁！皇帝万岁！皇帝万万岁！

---

1 路成文，史悦. 中国古代上梁文辑校，中州古籍出版社，2021年。以下简称《路成文版》。在该书中"巳"字修改为"己"。

《天香阁上梁文》〔南宋〕姚勉

伏以！冠天北阙之立班，曾叨误渥；就屋东偏而建阁，庸贮醲颂。永兹家世之传，期我子孙之继。瞻惟吾祖，肇建此堂。于廷尉之门间，要容驷马；王晋公之第宅，久种三槐。昔先人期望之甚深，我小子绍承之敢怠。谬膺独对，幸足三魁。九万里扶摇，已快徙溟南之运；千万间突兀，方为庇天下之图。敢期先志之已酬，尚冀后人之相续。家传龙种，池有凤毛，俾学于斯，庶齐厥美。紫帽檐垂，雪鞭丝袅，先沾天陛之香；绿袍恩重，黄榜墨鲜，更看烟楼之过。相承忠孝，上报君亲，式举修梁，交腾善颂。

东，皎日朝升万丈红，日与长安天正近，心驰魏阙五云中；

西，桂娥犹记梦中题，龙头信有亲传种，前是严君后是儿；

南，雁塔霄峥碧玉等簪，书在城南符可读，犁锄中有府潭潭；

北，吾家已有张师德，读书正要济时艰，出与明堂为柱石；

上，阿囝须如郎罢样，状元还是状元儿，更要相门重出相；

下，燕雀交欢知贺厦，吾宁无地起楼台，一念常思庇天下。

伏愿上梁之后，安于仁宅，出自礼门，与点唯参，相传圣道，前周后鲁，俱拜君恩，世科首龙虎之登，勋业侈麒麟之纪。一家功业，万古声名。

周必大这段就是典型的抛梁上梁文，以四言六言为主。作者以儿郎伟开始，经过破题、颂德和入事，然后进入陈抛梁阶段俪语。东边日升，祥云御驾到来，这是吉祥的兆头；西边寿域辽阔；南边惟贤有才。北边政通人和；下方瑞祥，灵药粮食丰收；上方太平人旺。排比这些吉祥迹象来颂唱上梁仪式，以儿郎伟起句，采用"三、三、七、七、七"句式，对六方进行赞颂，对于后殿建筑修梁的美好祝愿，在这六句里面表达出来，修建的良辰吉日都符合天意、君意、民意。

反观江西宜丰文人姚勉的《天香阁上梁文》，其排比没有那么工整，也无儿郎伟起句，采用"伏以"开头表原因，引出下文对修建房屋原因的交代，多使用四六骈句，使人诵读起来朗朗上口，更有祝愿的意味。首段分析了此房屋的格调以及修建的意义，后面则以四言表达祝愿，祝福的语言也变得华美。第二段采用"一、七、七、七"句式，以东西南北上下发方位序意，清晰明了，辞藻瑰丽，最后一段再以骈文作结，说一通吉祥祝福的话。这就是上梁文基本的体例规格，尤其在宋代的时候就已经基本定型，元、明代以后多以继承为主，没有发生明显的突变。

江西上梁文的体例上分为有无"儿郎伟"，其余大致相似。"儿郎伟"是一种影响和使用范围广泛的颂赞的歌谣形式，所以部分文人作家很自然地将其融入上梁文的文章当中。"儿郎伟"在全文中是起句作用，它的存在不影响上梁文的内容本质以及抛梁阶段的进程。

3.1.3 江西古代上梁文的内容

1. 吉祥语

吉祥语是指象征着美好吉兆和寓意的词语。吉祥语是上梁民俗符号中最为普遍的语言系统的表意元素，按其内容可分为吉祥物象和吉祥话语两部分。吉祥物象是指那些人们认为能够为其消灾除难的事物和各种预示吉兆的自然现象。吉祥话语则是指人们普遍共识的表示喜庆吉利的贺词或颂赞之辞。[1]

吉祥语在上梁文的颂词中尾段的骈句中，表达出对于上梁房屋的贺喜，以彰显出人们对美好事情的祈福，包括"福、禄、寿、财、喜"的追求。上梁文是以骈文作结语、以四言六言为主、三言五言为辅的祝福短语。例如江西婺源文人胡炳文的《明经书院大成殿上梁文》："斯文之运天开，穷则变，变则通，通则久。为学之功日进，士希贤，贤希圣，圣希天。善治聿兴，真儒辈出。灏灏尔，噩噩尔，岂止用商周之书；荡荡乎，巍巍乎，皆可行尧舜之世。"胡炳文的祝词主题鲜明、逻辑严密，有很强的说服力，充分发挥了古文短小精悍的特点。

再如江西吉安文人罗洪先《橙溪嘉会堂上梁文》："地因人胜，天与我时。儒其躬、儒其子、儒其孙，一经之教，有所试矣；王之义、

---

[1] 张慕华.符号学视野下的上梁文化研究[J].文化遗产，2010(2): 62-68.

王之道、王之路，五福之锡，岂欺我哉。富贵福泽，将以厚吾生；长幼尊卑，谁与为不善。以嗣以续，有猷有为。问学者接踵而来，悔过者望庐而返。为子必孝，为臣必忠，不愧居一峰先生之郡；以数则过，以时则可，尚思衍豫章夫子之传。"前面用"儒""王"二字带出吉祥语，句式对称，再依次道出"福、尊、善、孝、忠"五种吉祥，祝愿社会之道应当以儒为主，传承儒家的美好品德。

吉祥词各带着每位文人作家写作的风格，长短各异，但是一般都以对偶以及排铺词语为主，比如江西泰和文人刘过的《为吴县尉俞灏商卿作排青轩上梁文》一文中的最后一段写道："仙风不老，官职益高。归直玉堂，对翻阶之红药；独提椽笔，草拜相之白麻。云霄上乎九天，河海润乎千里。尚期他日，卧老夫于百尺之楼；何待来年，庇寒士乎万间之屋。"对偶句使得其吉祥语朗朗上口，颜色的红与白、云霄与河海、老夫与寒士、百尺之楼与万间之屋，都形成了强烈的对比，让大家深知吴县尉俞灏（字商卿）的高尚品格，建筑物如人一般，青轩像清廉的竹子一般，物人一心，廉洁为民。我们更会为这位文人的文采所折服，钦佩他的才华。

2. 方位词

上梁文中有以方位词领起的句子，这些方位在上梁文中不仅是表述空间上的位置概念，更可以是指东西南北上下这六方广阔的视野，在这视野下，进行选梁、祭梁、抛梁等环节，这一切都是原生态的民间方位文化。方位词的排列都有着一定的固定格式和顺序，东、西、南、北、上、下，于是便有了"中陈六诗"的说法，从中折射出古代民众的空间意识。

如王庭珪的《卢溪读书堂上梁文》韵文曰：

儿郎伟！抛梁东，天开丽日照梁红，举头忽见金乌近，更觉长安在眼中；

儿郎伟！抛梁西，蕙帐风清待鹤归，五色大云遮洞口，山人不用勒铭移；

儿郎伟！抛梁南，门外人归响辔衔，报道诸生新及第，来骑白马着青衫；

儿郎伟！抛梁北，溪上东皋雨初足，三节滩声夜半来，梦回写作升平曲；

儿郎伟！抛梁上，宴坐图书满方丈，户牖门庭着笔床，文章戏作三都样；

儿郎伟！抛梁下，古郡江山元似画，明月清风不值钱，霜松雪竹兼宜夜。

从上述引文可见，东方句中的"丽日"是从"东"的字义上引出的意象，"红"字则是象征着江山社稷一片光明的未来，而长安则是都城，便放在东方一句。西方句的符号指向则是"鹤"，西边落日则是归，也是赏落日的最佳位置。南方句中是以书生、青衣、白马为意象，象征着文人追求仕途的愿望。北边描写了溪水、夜晚、梦的场景。上下两个方位则抒写了文人世家的绘书画、写文章的才情，以及清风、松竹的柔情及坚韧，还有明月、霜雪的纯洁心怀。

这六个方位韵文都描写了原生态的具体事物，再落实到现实生活的情感上来，这充分体现出了江西文人的仕途愿望以及民众对美好生活的真切的追求。

3.1.4 江西古代文人创作上梁文的精神情结

上梁是建筑活动的重要环节，上梁文颂唱也是上梁活动中的重要环节之一。上梁文的本质是一种表达美好追求和祈福的文体。居住环境、建筑和人文情怀三者息息相关，建筑的生机赋予居住者灵气。人宅相扶，感通天地。上梁文是由古代文人为建筑颂唱和上梁仪式所创作的，将建筑与文学联系在一起，也是古代文人思想情感的表达以及体现。

文人把自我情感、价值理念和人生追求等内容熔铸于上梁文中，赋予建筑活动以深厚的人文精神和丰富的感情色彩，并通过大量的想象和联想美化建筑物及其居住环境，描绘出一幅幅多姿多彩的社会生活百态图[1]。江西文人上梁文体现出文人不同的精神情结，为建筑物增

---

1 张慕华. 符号学视野下的上梁文化研究[J]. 文化遗产，2010(2): 62-68.

添更多的生命力与能动力，这些思想情感可分为如下三大类。

1. 大抱负——积极进取

宋代科举取士的政策普及后，大批书生子弟通过自己的苦读努力而走上仕途之路，大大地提高了民众读书的热情，并促进社会形成了积极进取的心态氛围。少年强则国强，所以文人子弟都怀抱着走上仕途的理想。

文人教育不仅得到了普及与进步，更重要的是文化上也取得了明显的进步。文人渴望成为知识渊博的才子，培养理想的人格魅力。正如江西宜丰文人姚勉《桂殿上梁文》："异人间出，盛事交辉。琳宫之香火绵长，甲科之衣钵传续。父子则梁颢梁固，兄弟则尧叟尧咨。师友则如张之汪，朋侪则若胡于吕。以高科第，立大功名。姚姒致君，伊周佐治。重赵九鼎，作米一经。破西贼者，天圣之廷元；平淮蔡者，元和之进士。有光于昔，其在斯今。自岷峨来古筇，已窥帝意；为国家清蜀道，方契神谋。吾党勉旃，斯文幸甚！格天事业，盖世功名。"甲科、功名、进士、科第，这些字眼都直接抒写了作家渴望建功立业的大抱负，字字句句都说得那么铿锵有力，都是那么振奋人心，表现了当时社会科举取士的魅力之大，显示了作者报效国家、建功立业的雄心壮志。

2. 大理想——胸怀天下

古代文人渴望走上仕途来实现自己的理想，他们的最终理想莫过于协助君王建立一个政治昌明、君王仁义、民众顺意的国家，这样他们便能够尽其才、尽心力来实现最高理想。在江西文人上梁文中，顺应当时政治的需要，文人作家称赞君王的仁义、贤明、足智多谋，以此来顺应君王的治国安邦之道。在宋代，社会相对安定，但是君王和人民都渴望天下太平、国泰民安，所以在上梁文中，文人士大夫也会为江山社稷向天祈福。

如王安石的《景灵宫修盖英宗皇帝神御殿上梁文》："圣躬乐豫，宝命灵长。松茂献两宫之寿，椒繁占六寝之祥。宗室蕃维之彦，朝廷表干之良。家传庆誉，代袭龙光，肩一心而显相，保馈祀之无疆。皇帝万岁！"

不仅如此，江西古代文人将其政治理想融进上梁文中，用文字展现出心中和谐太平康泰的理想家园。正如文天祥在《山中堂屋上梁文》所写："千山欢喜，万竹平安。举寿觞，和慈颜，儿童稚齿，昆弟斑白；濯清泉，坐茂木，虎豹远迹，蛟龙遁藏。阴阳调而风雨时，神祇安而祖考乐。一新门户，永镇江山。"

宋代不仅文人，武人也有抱负，如岳飞的"待从头、收拾旧山河，朝天阙"。宋代的文臣武将对宋代以后的江西地方一直有着深远的影响。如明代宜丰《新昌县新建岳鄂王庙上梁文》载："幸值大邑伯熊侯发轫，危科登名黄甲。暂借牛刀之小试，遂令盐邑之生辉。政通人和，刑清讼简。重兴报功之念，廼[1]为经始之规。赫赫乎，庙堂之建；洋洋乎，弦诵之声。鸟斯革，翚斯飞，壮哉一方之庙貌；山其节，藻其梲，久为百姓之瞻依。流出胸中，铺张眼界，由今而来，桂岭因忠义而高；迥出天际，自是以往，翰台以武穆而胜。"不仅如此，上梁文的作者姚世莱认为，新建岳鄂王庙上梁之后，要让奸小无处可藏，要让这些有理想有抱负的人得到祭祀与彰显，并保佑后人。"神妥其灵，民乐其业；贤侯宠擢，要路声蜚。福庇八乡，纳富庶仁寿之域；庙崇百世，汗奸雄猾贼之人。斯道光华，吾儒侥幸。"（图3-1）

3. 大自然——回归淡泊

江西文人创作的上梁文中，回归自然的日常生活类文章也占了一部分。这类上梁文主要写隐居的乐趣以及安静，给我们描绘了一幅生态、舒适的生活画面，体现出江西文人向往自然、闲淡恬静的心境。洪适的《楚望楼上梁文》一文中："盘洲老人，六年治圃，三径成蹊。桃坞梨原，杂百花而竞秀；溪堂水阁，涌双派以交流。戏鱼识鸣屐之声，驯鹤顾随轩之步。复营飞观，以俯西郊。慕元龙百尺之名，哦孙楚五寻之赋。恋梯云之新级，如履坦途；试耿雪之曲栏，已横疏影。纵目而天光无际，怡颜而日力有余。丘壑足以起予，草木谁不如我？"

洪适先描写了他看得到的眼前美景，有溪、百花、鱼、鹤，然后再展开自己的想象力，描写了俯视的景色，辽阔而富有张力，正如他说的"怡颜而日力有余"，他没能把他心里所看到的全部内容清晰地

---

[1] 简体字意通乃，以下同。

展现在我们面前,但是他此时的心境一定是向往自由的,他的精神一定在展翅高飞。洪适以他的妙手神笔,构建了一个天人合一、自在舒适的空间,表明了他渴望归隐、感受大自然的心境,以及他淡泊世事,喜欢与大自然为邻的闲适精神情结。

还有一种是既渴望国家安邦,入仕协君,又渴望融入田园生活,享受自由的文人。但是往往二者不可兼得,于是文人便在文章中直抒胸臆,把自己的情感淋漓尽致地表达出来。

如文学大家杨万里所写:"我卜我居,是端是度。同知参政相公,身居魏阙之下,梦寄故园之春。万金家书,苦无他语……玉水前陈,汇一潭之清镜;灵山后倚,列百叠之画屏。""君亲尊显,家室燕宁。凡我后人,爱平泉之竹石;亦令来世,敬绿野之林园。欢愉之词,咏歌不足。"

文章把在居室内的活动以及感受略说一番,参政、写文、绘画、散步的生活场景都被栩栩如生地还原在我们眼前,描绘了这种充实、不空虚的生活,表现出文人理性又不无趣的精神面貌。

3.1.5 结语

比例上,江西文人上梁文在全国上梁文中所占的比例为全国的四分之一以上,具有典型性。见表2-4。时间上,上梁文在宋代达到鼎盛,而元明清时期上梁文的数量则明显地减少。因此,以江西文人的上梁文作品为代表,分析江西上梁文结构体例的三要点、上梁文的特色内容以及其中反映出的江西文人的精神情结,从而探究江西上梁文独特的文学价值和社会意义。上梁文属于一种民俗文体,在文学上具有重要的研究意义和发展传承价值。一种文体的发展与社会的政治经济文化有着密切的关联,研究上梁文化对于研究当时的社会整体状况具有极大的参照作用。就社会意义而言,上梁文属于中国古代独有的文化瑰宝,是独具中国传统文化魅力的文体,对周边日本、朝鲜等国皆产生影响。[1]

---

1 宋代上梁文对朝鲜的影响,见王小盾. 从朝鲜半岛上梁文看敦煌儿郎伟,古典文献研究(第十一辑),2008:114~141。

宋代上梁文对日本的影响,见王晓平. 日本上梁文小考[J],寻根.2009:60~65。

上梁文中文人的精神情结以一种积极的、活跃的、全民性的存在方式隐藏在文章中，把中国传统的文学内涵发挥得淋漓尽致，值得斟酌考究。对江西上梁文进行研究和传播，有利于中国传统文化的传承，激发特色文化的重生，有利于社会形成多元文化发展的格局，激活传统文化的生命力。

3.2 江西近现代上梁文研究

江西上梁文在清代日渐式微，四六文体的上梁文慢慢减少[1]，但是在民间逐渐兴盛起另一种上梁文体，俗称"喝彩"，也称"彩词、彩语"或"赞词"等：即吉时上梁之际，木匠、泥工、风水先生在梁上大声呼喊的吉祥语。随着上梁仪式的展开，彩词也跟着变化。由于木构建筑多在江西农村保留，工匠活动地点又多在农村，因而难以统计其具体的数量。现根据笔者对江西各地工匠的调研，可知现代上梁文有如下几大特点。

3.2.1 结构多样化

喝彩与上梁文有异曲同工之妙，但又有其独特的文学价值和文化韵味，也值得细细考究。喝彩是江西民俗中的一种口头称赞语，不成文体，由木匠工人记载，收录于《鲁班咒》一类的工匠手札中。彩词句式长短不一，喊起来朗朗上口，四言、七言、九言交杂，保留了文人上梁文陈抛梁韵文部分内容与格式，用词雅俗共赏，词语雅则高贵，俗则应民。以酒祭五方，龙鸡皆贺喜，再结合江西本土文化和地域特色，把特产和地方名字加上去，围观的邻里喝彩，和来宾也有互动，使得上梁场面其乐融融，愈加喜庆。

在江西民俗上梁文化中，活跃的喝彩语使得上梁仪式与众不同，

---

[1] 上梁文自元代开始逐渐衰落。据现有的明《鲁般营造正式》记载可知，在明初时民间就已经有喝彩的文体，主要流传于江苏、浙江、福建一带。从田野调查得知，目前记载的江西民间喝彩彩词的文献多为民国时期以及20世纪70年代改革开放以前的遗留。现在工匠所掌握的上梁文多为传承而来，也有一些上梁文结合了当代内容，但文体结构形式仍为传承而来。

也独具魅力。现以吉安富滩镇喝彩词为例。

在伐梁过后，由父亲抬梁头，儿子抬梁尾，也可由其他兄弟、亲戚代替，在锣鼓唢呐的陪伴下，绕村子巡游一圈。到了新房子前，再燃爆竹，杀鸡祭神。木工在左，泥工在右，分站两侧，接过梁木。匠人把梁木放到屋顶预定的位置，木匠将木塞垫在榫眼里，房主将做梁木时刮下来的皮放在神坛里焚烧，叫"暖梁"。待由道士选定的时辰一到，木匠、泥水匠分别抽出梁头、梁尾下的木塞，将梁木放平到屋柱槽中，木匠此时用"七、四"言句式唱道：

  天开皇道[1]大吉昌，辰时登位正相当。

  手拿金鸡作凤凰，祭起青龙作栋梁。

  火炮时烛两边响，坐箫鼓笙闹华堂。

  积善之家有余庆，自有仙家降吉祥。

  燕子飞飞起凤凰，代代儿孙状元郎。

  从此今日登位后，万载兴隆，长发其祥。

3.2.2 内容地方化

由于方言的差别，使得江西各地赞颂词语、方式都有各自的特色。赣州石城宁都上梁文以"有"字呼应，工匠唱一句吉祥语，家人要应和一句有，一一相对，像是对答一般。如工匠念一句"日吉时良大吉昌"，家人需拉长声音应和一句"有"。而兴国县上梁文则类似于七言诗体，称为"赞"，分为安大门赞、发梁赞、新居落成赞，新居落成赞中细分了出水赞、完工赞、做新房发粮赞和新灶赞。安大门赞内容为："起造大门四四方，一条大路透长江；男人出入得富贵，女人出入得安康。"兴国县上梁文全是如白话诗一般，朗朗上口，易于记诵和理解。也有一些地方上梁文中频繁出现数字，如吉安市淇陂村及婺源农村上梁文等皆出现了从一到十的计数式表达法，仿佛民谣一般。如婺源农村上梁文：

  一要优生贵子，还要老少安康；二要房房发阅，还要福寿绵延；

---

1 皇道应为黄道，此处保留原文，以下同。

三要三元及第，还要天下名扬；四要财源广进，还要利远山江；
五要五京开凿，还要扶左朝江；六要六合金印，还要金室还乡；
七要七子饶腾，还要冠带温荣；八要八仙来泰护，还要寿过泉江；
九要九子十上书，还要远振家星；十要十全十美，还要万代兴荣。

不仅江西各地的上梁文有差异，且现代上梁文与古代上梁文相较，也有很大的变化。以江西省九江市都昌县苏山乡鹤舍村上梁词来看："天地故意开张，今天老板上栋梁。栋梁栋梁长在何方，长在紫金山旁。鲁班师你打马路上过，看见此树好栋梁。旱路来腾云驾雾，水路来黄龙奔江。"

4句57个字，字数少，篇幅短，能表达的内容也有限，已无完整的破题、颂德、入事、陈抛梁规范，且内容由原来的祈愿吉祥如意转变为颂梁的出处寻之运之不易，原来对现场热闹场景的描写，家人邻里互祝恭贺的"听余善颂，助尔欢声"之类也没有了，成了各路神灵的助阵。语言由雅入俗，还添入了诸如"老板"这样的现代口语词，这些变化与工匠的文化水平以及业主的需求有关。

3.2.3　传播大众化

现代上梁词适用性极强，无论何时何地都能使用，极易普及。与古代的上梁文一文专为一时一事的性质截然不同。古代房屋修盖要一篇上梁文，房屋还可细分为前堂与后堂，此时上梁则需要两篇上梁文。如明代江西张宇初的《正堂上梁文》和《后堂楼上梁文》。[1] 丰富的文人创作资源，使得上梁文能够做到专一，但当文人退出上梁文创作时，上梁文便再难更新，也达不到一篇专为一事服务的水平与极佳的质量保证了。

此外，民间上梁文中的淫词比较泛滥，较易传播。如2009年笔者在东乡县黎墟镇调研的上梁文——上楼梯一段，带有淫词内容：

伏以！一步走来两步行，三步四步走楼梯。脚踏楼梯步步高，踏上楼梯摘仙桃。左手摘了五个，右手摘了四五双，老羊吃了寿命长。男孩子喝了□□大（指男性生殖器），女孩子喝了□□大（指女性乳

---

[1] 参见明朝张宇初撰《岘泉集卷四》。

房）。情人吃了早生贵子，进了前堂后堂，前堂一对金狮子，后堂一对紫金梁，紫金梁上七个字：状元打马探花郎。自从今日喝彩后，儿子代代□□□□。（打封爆竹）

如联想到抚州王安石的"爆竹声中一岁除，春风送暖入屠苏。千门万户曈曈日，总把新桃换旧符"，则可知爆竹具有驱邪、赶煞的作用。

而乐安县传统村落流坑村上梁文则具有典型的多子多福的生殖文化观念，体现着美好吉祥的愿望，也极易传播。其全文如下：

福也！[1] 手拿仙鸡似凤凰，生得头高尾又长，头高栽起千年盛，尾高托起万代良，时候一到才福气，正是房东老板落石好时辰。先落东边进财宝，后落西边进田庄，田庄要进几千亩，人丁要发几千房。房房生贵子，个个读书郎。三岁孩儿年有，七岁孩儿上科堂，七岁孩儿科堂转，回转家中造福堂。今造福堂色色新，房中老板添福添寿添人丁，听得我今喝彩后，千代书香万代良。

3.2.4 唱赞口语化

笔者在调研时发现江西各地民间上梁文由于少有文人参与，参与者多为工匠、民间文学爱好者、风水师等。在记载上梁文时，出现大量的借音通假字，或称错字。但这些字无疑都是发当地口音，当地人都知道其中意思，也有些是保留了部分古音字。

如吉安的民间抛梁阶段会有"摽"包子的行为。"摽"包了实际也就是抛包子。而摽字古已有之，如《孟子》载："摽使者出诸大门之外"。《公羊传·庄公十年》载："已盟，曹子摽剑而去之"。吉安人打牌也有摽包子一说，可见"摽"在抛梁和打牌中的使用已具有娱乐的色彩了。

九江市港口村建房的发梁[2]阶段，彩词如下：

此木生长何处，长在何处仙山？此木出在中华湖南地界，长在四川峨眉山中，出土只有针苗大，阳光雨露育成林；一日就长三寸高，

1　应为"伏以"的演变。
2　发梁实为伐梁，但在九江方言中，二者读音一致，以至于不知其真实意义了。

上长七尺朝北斗，下长七尺裂土深，上有凤凰来投宿，下有麒麟伴树眠。贤东听说个是真，手拿银钱筷子饼、白银子，等饼交与鲁班造栋梁。鲁班打马此树过，观见此木可做栋梁。千斧万斧砍不断，一阵狂风折双眠。八洞神仙来搬，霹雳大仙搬下山。旱路行乌龙摆尾，水路行乌龙□（pèn）江，一行行至南京木马门。

此段喝彩全用九江方言读出，有些字只知其音，不知其形。

3.2.5 传声音乐化

江西不少地方的上梁喝彩受戏曲及山歌文化的影响较大，有利于传播。戏曲包括大戏、采茶戏以及地方小调等。如南昌市西湖区贺新屋落成即为山歌形式：

多谢东主一杯茶，杯杯筛出牡丹花。多谢东主一杯酒，杯杯筛出鲜溜溜。恭喜东主建华厦，恭喜东主把财发。一家大小都恭喜，打起锣鼓过别家。

上饶市弋阳县朱炕镇上童村童紫云，原为二胡琴师，后参与喝彩，将戏曲的内容融入了喝彩之中，彩词如下：

佛也！一步走来二步仙，我今来在画堂前[1]。画堂前来画堂前，文武客官站两边。仙东赐我一把群，万两黄金敲打成。酒瓶酒瓶，先把酒瓶表原因，酒饼何人来所造？铁板桥头冷功仙师来所造。

此处仙东赐我一把群，实为琴。另外，铁板桥头实有所指，旧时江西戏班所供戏神有二，一个是清源师，另一个是杭州西门外铁板桥头二十四位老郎先师。此处铁板桥头冷功仙师已成为弋阳腔戏神的代称。在上面的上梁喝彩中，冷功仙师又成了酿酒饼的酒师的化身。将戏曲的内容有机地与喝彩内容结合在一起，符合琴师的职业特点。

莲花落，是一种说唱兼有的传统曲艺艺术。表演者多为一人，自说自唱，自打七件子伴奏。高安市贺梁彩词采用莲花落的方式来开展

---

[1] 画堂应为华堂，以下同。

上梁喝彩活动。以下为高安市彩词：[1]

天上金鸡叫，地下凤凰啼，八仙来饮酒，正是上梁时，庭外遍地绿，室内满堂红，上面挂着亲友匾，下面摆得礼物齐。

天上金鸡叫，地下凤凰啼，八仙门前过，正是上梁时，上了梁，入了位，鲁班弟子下楼梯，自我今天贺彩后，荣华富贵永久长。

手拿墨斗闹洋洋，鲁班师傅选栋梁，斧头来砍刨子盖，做得房子人人爱。团皮瓦盖双对双，金银财宝用仓装，后背厨房前头库，贺喜贤东再造典当铺！

手拿墨斗似瓶花，贺喜贤中插金花，年年开花月月红，月月打水绿莹莹，千里开花多结子，万里开花紫金红，自从今日送福后，荣华富贵永天堂。

爆竹落地一盘花，赛过瑞州第一家，门前有只摇钱树，屋内有只聚宝盆。摇钱树啊聚宝盆，日落金来夜落银，一日不扫三寸厚，三日不扫九寸深。自我今日贺彩后，荣华富贵永天堂。

太阳一出喜洋洋，贺堂贤东造华堂，华堂造得大又大，平台上面美景晒，凉亭水阁和百花，算得我县第一家，左边造有储备仓，右边造有读书房，储备仓存万年粮，读书房里出才郎。

太阳一出一团花，照见高安第一家，婆婆好比观音母，媳妇好比牡丹花，女子好比林中笋，崽中状元也不差。

一字门楼土库墙，贺喜贤东造华堂，华堂造在龙窝里，金打屋柱银打梁，根根椽子双对双，上面盖到琉璃瓦，下面砌到八宝砖，琉璃瓦，响叮当，八宝砖，放豪光，此屋不用明光照，自有宝贝放红光，前头有对金狮子，后有九龙盘屋场，紫金梁镶七个字，状元榜眼探花郎。

宜丰县新屋喝彩则为花鼓调，彩词内容如下[2]：

伏以！笙箫鼓乐闹洋洋，贺喜贤东屋上梁，鲁班仙师来掌墨，造

---

1 演唱者：彭建国，采录者：郎勇. 中国民间文学集成全国编辑委员会，中国歌谣集成江西卷编辑委员会. 中国歌谣集成江西卷[M]. 北京：中国ISBN中心，2003.
2 口述者：周恒平，周相衔；采录者：周绍祖. 中国民间文学集成全国编辑委员会，中国歌谣集成江西卷编辑委员会. 中国歌谣集成江西卷[M]. 北京：中国ISBN中心，2003. 以下简称《中国歌谣集成江西卷》。以下未注明出处，皆摘自此书。

起华堂永兴旺，左边造起状元府，右边造起丞相堂，状元府，丞相堂，文武百官排两旁。一要福禄并富贵，二要宝屋金银藏，三要三多吉庆祥，四要四季保平安，五要五谷丰登，六要六都丞相，七要金鸡来报晓，八要八仙庆寿堂，九要天子来庆贺，十要牛马满山岗，钱粮发得千千万，寿要随日天天增，自从今日喝彩后，荣华富贵万年长。

3.2.6 角色多样化

民居建筑上梁喝彩之人主要为工匠，其中包括木匠、铁匠和泥水匠等，也包括当地风水师以及乡土文化爱好者等。

以浮梁县为例，上梁之前是祭梁，此时是灯火通明，鞭炮锣鼓、唢呐声此起彼伏。泥工、锯匠、木工（也有的地方只用泥木工祭梁）相继祭梁。[1]

鞭炮、唢呐、锣鼓声一停，泥工师傅左手提着一只公鸡，右手将鸡冠血滴涂在梁上，边涂边高声唱彩，众人齐声应答叫"好"：

[泥工]手捉金鸡是凤凰，生得头高尾又长，花毛红冠又绿耳，五色八卦花衣裳。此鸡不是凡人鸡，它是王母娘娘报晓鸡。一更不乱叫，二更不乱啼，等到三更夜半时，风扇耳，发动全身，高叫一声，万物苏动。皇帝听到一声啼，正是上朝更衣时；文官听到金鸡叫，手拿玉笏忙上轿；武官听到金鸡唱，正是跑马射箭戟；农夫听到金鸡叫，手牵耕牛肩驮犁；我今听到金鸡叫，正是贤东架梁时。金鸡祭梁头，儿孙拜相又封侯；金鸡祭梁中，后代儿孙站朝中。我今祭过栋梁后，荣华富贵万万年！

泥工祭过梁后，接着锯匠手持酒壶站在梁旁，边将酒洒在梁上，边唱祭梁彩，他每唱一句，众人也随声称道"好"：

[锯匠]手拿贤东一把壶，千两黄金巧打成，上打狮子来盖顶，下打莲花托酒壶。此酒本是仙人造，杜康造酒到如今。杜康造酒醇又香，人人想要好配方，寅时造酒卯时香，四大好处不夸张；一好朝中

---

[1] 口述者：吴逢辰，等；汇集者：许飞进。

宴会上此酒，满堂宾客频点首；二好酿此酒，置买田庄样样有；三好娶亲嫁女喝此酒，夫妻恩爱天长地久；四好贤东架梁喝此酒，荣华富贵代代有。祭酒祭梁头，儿孙大小福满堂；祭酒祭梁中，儿孙读书得高中。壶中留有好多酒，留给房东造二幢。今日祭酒逢吉时，上梁众人心要齐，保证栋梁万万年！

接着是木工师傅手拿一把斧头，边唱边用斧头背敲打栋梁中间，将梁盘环[1]钉在梁中线上，众人随着师傅每唱一句，又高声齐赞"好啊"：

[木工] 栋梁，栋梁，全家之王，为东家谋福，为房主招财。一看四季保安康，代代儿孙永不忘。春有百花满月香，刘备结拜二关张，兄弟三人来结义，推选刘备做帝王。夏有菊花黄灿灿，仁贵保驾在朝中，金枪挑起唐天子，后代儿孙受皇封。秋有桂花拦路香，迎接刘备过长江，黄鹤楼上摆酒宴，兄弟二人着了慌。冬有梅花照雪开，状元打马游京街，东西四门都游尽，荣华富贵人人夸。

祭完梁后，鞭炮、唢呐、锣鼓之声又起。这时，梁的两头已各用一根崭新的麻绳拴得结实牢靠，已经爬上房顶两边的几位壮汉，站在二穿枋已搭好的木板上，正将栋梁两端的绳索牢牢握在手中，为了保险起见，绳头还牢固地拴在二穿枋上。木工师傅和泥工师傅也已分别站在房屋脊柱东西两侧。这时，木匠师傅高声喊道："时辰已到，升梁开始，各就各位，各执其事。"随后，在鞭炮声、唢呐声中，两个壮汉站在两边楼梯上，每个人扛起梁的一端，房上几位壮汉也手头提紧，随着木工师傅"升""再升""又再升"的口令，栋梁一步一步往上提升，梁升到脊柱上后，西边一头先落榫，东边一头榫内用一双筷子垫起，等到上梁正时一到，木工师傅才将筷子抽出，并用斧背将梁完全落榫。在整个升梁过程中，木工、泥工仍是彩声连连，众人的欢呼声、叫"好"声声声不断，将整个上梁过程推上了高潮。现摘取其中一首：

[木工、泥工] 脚踏云梯步步高，新造高厅接云霄；上梯一步高

---

1 即栋梁箍的组成部分。

一步，下梯步步后来高；小姐要上绣花楼，官官要上读书厅；读得书来识得字，二鼎甲里中头名。

木工、泥工赛彩时，帮忙的人又将东家准备的糖果香烟从屋顶上往下撒，大人小孩一边抢糖果拾烟，一边你推我拉，嘻嘻哈哈，鞭炮声、锣鼓唢呐声、喝彩声和欢笑声，在乡间清晨中构成了一幅歌舞升平的动人景象。

在浮梁，由木工、泥工、锯匠参与喝彩，而在进贤县，上梁喝彩则由四人共同完成。

进贤县的上梁喝彩是做新屋上梁时举行的一种仪式，由喝彩的人手提钢锣，一边敲，一边唱，其余的人在下。

第一阶段由普通上梁爱好者或风水师贺彩：

伏以！此屋做在好地盘，风景优美人人欢。上面盖的琉璃瓦，下面砌的八宝砖。

柱头用的檀香木，栋梁用的紫檀香。前头栽的摇钱树，后面做的装谷仓。

风调雨顺年成好，到了来年做楼房。自从上梁喝彩后，越富越贵大吉祥。

第二阶段由锯匠唱贺梁词：

日出东方，天地开张。贤东吉日上梁，鲁班弟子来贺唱。我一步走来二步先，三步四步走到栋梁边。栋梁栋梁，坐在何处？出在何方？生在昆仑山上，长在九龙头上。

鲁班弟子打马经过，看到此木一点不弯，好做栋梁。

我带转马头，缩短马缰，来和贤东商量。

请来两位锯匠，金锯一把，龙斧两张，草帽两顶，草鞋两双。

水路不便走，旱路不便行，乘坐马车来到昆仑山上。

一不要慌，二不要忙，等到鲁班弟子十八下宣花斧。头一斧砍倒此木，放下山岗。

千人不能抬，万人不能移，等到异年春二三月，洪水发涨，把它漕下山岗。

慢慢漂，慢慢漂，漂漂荡荡，荡荡漂漂，一漂漂到贵地码头上。

我叫贤东多请英雄好汉，把它抬到鲁班弟子码头上。

大师傅悬手吊墨，小师傅剥皮削节。小锯去杪，好做横料。大锯镣，好做软磔。

五尺一搁，能定长短。中墨一打，能定界线。斧头一张，能定方圆。长刨一过，除去高低。短刨一过，结成丝罗。大师傅正玄中间，小师傅紧站两旁。两旁做得龙眼凤翔，中间画个双凤朝阳。

龙眼凤翔生贵子，双凤朝阳状元郎。自从喝彩以后，荣华富贵与天长。

第三阶段由木匠唱祭梁词：

贤东赐我一只鸡，生得头高尾又低。头戴凤冠绿耳，身穿五色宝衣。

此鸡不是凡间鸡，玉母娘娘报晓鸡。一更二更不乱叫，三更四更不乱啼。

五更及时来报晓，雄鸡此刻正当时。不祭东来不祭西，只望上天赐谷米。

雄鸡头上血缕缕，现将雄鸡祭墨斗。

一祭栋梁，衣饭不愁。二祭梁尾，万担粮米。

三祭中间太极图，太极图上出彭祖。彭祖寿高八百八，我贺贤东早早发。

彭祖寿高九百九，我贺贤东早早有。自从今日喝彩后，你富我贵大吉祥。

第四阶段由石匠唱祭酒词：

贤东赐我一对瓶，千两黄金好打成。上打狮子来盖顶，下打莲花托酒瓶。

酒是何人所造，酒是杜康所造。杜康杜康，寅时造酒卯时香。

别人造酒太平饮，贤东造酒来上梁。我不祭东来不祭西，先祭鲁班仙师起。

酒祭梁头，衣饭不愁。酒祭梁尾，贤东载得万担粮为米。

酒祭中间太极图，太极图上出彭祖。彭祖寿高八百八，我望贤东早早发。

彭祖寿高九百九，我愿贤东世代有。左滴滴，右滴滴，迂路神仙吃不了，本有我师打海口。

自从今日喝彩后，荣华富贵与天长。

以上四人之间既有分工又有合作。

3.3　结语

江西古代文人上梁文含有吉祥语、方位词、颂德、入事、陈抛梁韵语，最后是祝愿词。全文以四六文为主，陈抛梁部分则以七言诗句为主。江西文人上梁文北宋定型，南宋上梁文36篇，占江西总篇数62.1%，形成高峰。此后元、明、清三朝上梁文下降，与中国上梁文的发展趋势一致。而江西民间上梁文与文人上梁文相比，更加灵活多样化、内容地方化、传播大众化、唱赞口语化、传声音乐化和角色多样，呈现结构多样化特点，同时保留了文人上梁文陈抛梁韵文部分格式内容。唱赞角色从文人向工匠转移，与文人上梁文并行构成双璧。民间上梁文发展的灵活性更易在江西民间普及，这也是与文人上梁文一涨一消的主要原因之一。

4 江西传统聚落建房与上梁仪式的田野调查

在中国几千年的建筑营造史中,木结构建筑体系占据着极其重要的位置。木结构建筑最大的特色就是榫卯结构的穿插应用,用木头做成柱、梁、檩、枋等构件后进行搭配安装。其中建筑屋顶最高处中梁[1](或栋梁)的安装尤受重视。正所谓"上梁有如人之加冠"。由于梁承受着上部构件与屋面的所有重量,是上架木构件中最重要的部分,而中梁(栋梁)位于房屋的中心,涉及整栋房屋的安全。民间认为,上梁是否顺利,不仅关系到房屋的结构是否牢固,还关系到居住者今后是否兴旺发达。过去农村有句俗语:"房顶有梁,家中有粮,房顶无梁,六畜不旺。"可见屋梁在老百姓心目中的重要性,所以每逢建房都要举行隆重的仪式。其中,中梁(栋梁)的采伐、刨光、立柱上梁等系列过程逐渐演变成一种隆重的祈福仪式。而上梁仪式则是这一过程中最重要的环节。以下先介绍江西建房仪式的过程与特点,再单独介绍建房仪式中上梁仪式部分的特点。

4.1 江西传统聚落建房仪式

江西民居建房包含上梁仪式。江西民居建房仪式内容众多,以下侧重建房仪式过程,同时与《鲁班经》《鲁般营造正式》进行初步比较。

江西建房仪式方面,不同地区有共性也有个性。

---

1 中梁一般指房屋居中最高梁,其下不一定是最高柱。还有一种梁,就是直接由栋柱承托,这根栋柱为最长柱,所对应梁为栋梁,也有些建筑中梁与栋梁合二为一。详细介绍见 1.2 章节内容。

4.1.1 赣东北地区建房仪式

1. 浮梁县[1]

建房仪式分选择宅址、下屋基、立木、上架梁、上梁酒宴等五个主要阶段，其中上梁架与上梁酒属上梁仪式部分。

（1）选择宅址

选择建房地址，俗称"相地"，即对客观环境的取舍，这是建房的前提。民间认为自然环境的优劣会直接导致人一生命运的凶吉祸福。因此在建筑上选择好住房坐落的空间环境就显得十分重要。

选择宅址有一个大的忌讳便是"太岁"。《论衡·难岁》对这个问题有记述："《移徙法》曰：'徙，抵太岁（面对太岁）凶，负太岁（背对太岁）亦凶。'抵太岁名曰岁下，负太岁名曰岁破，故皆凶也。假令太岁在甲子，天下之人皆不得南北徙，起宅嫁娶亦皆避之。"但太岁为何物，当与岁星（即木星）有关。当时的堪舆学家认为太岁为对应于天上岁星的地上凶神，因而可以根据岁星之位推测地上太岁所在的方位，如在太岁方位兴工动土，便会挖到蠕动的球样的土块，建、徙者应该避让，否则遭灾。这种土块就是民间常说的太岁土，所以浮梁人也深知"太岁头上不能动土"这句话的利害性。

宅基地的选择还有很多讲究。一般请风水师（地师）指导完成。《阳宅十书》云："南来大路直冲门，速避直行过路人。急取大石宜改镇，免教后人哭声顿。""东西有道直冲怀，定主风疾病伤灾。从来多用医不可，儿孙难免哭声来。""宅前有水后有丘，十人遇此九人忧，家财初有终耗尽，牛羊倒死祸不休。"这些禁忌在浮梁民间建房中被广为遵守。明代《营造门》一书也说，凡宅宜后宫观仙居侧近处，主益后延龄、人安物丰；不宜居当冲口处，不宜居塔冢、寺庙、祠社、灶冶，及故军营战地，不宜居草木不生地，不宜居正当流水处，不宜居山有冲射处，不宜居大城门口及狱门、百川口去处。这是明代人建房宅选地基的要领，是以求神佑、避鬼祟、躲战乱、图清净、多生殖、

---

[1] 资料由浮梁县吴逢辰等提供。

恐讼争等为准则的，这些准则，在浮梁古代民居选址中得到了充分的应用。

选定住宅地基后，还要请风水先生以其对外在环境、天时的观察、诠释来决定整栋屋宇的朝向。若主人未请地仙，则应由大木师傅定向。风水中称这种决定住房朝向的方法为"向法"。

定方位要顺势而忌逆势。根据自然地形、地貌、水流方向、气候特征等决定"大向"，即大致朝向。浮梁人大多数都选择坐北朝南的"负阴抱阳"格局。当然也有一些特殊的村落则因禁忌、避煞、自然条件的限制及礼制上对方位的要求而朝东或朝西、朝北。方位上的要求是依势，而最忌讳的是地势上的南高北低，看上去极不顺眼，俗话说："前（南）高后（北）低，主寡妇孤儿，门产必败。后（北）高前（南）低，主多牛马。"实际上这也是顺乎自然。大家都是把房子建在山南水北的阳处，而不会建在山北水南的背阴地里，出门就登山爬坡肯定很不方便。主房建毕，要在四周建房亦有禁忌。《论衡·四讳》中讲到："俗有大讳四：一曰讳西益宅，西益宅谓之不祥。"西益宅就是宅基地向西边扩大。俗说西者为上，上益者妨家长。所以民间俗传，南北向的房屋，西边为尊长的住处，不能添建房屋。[1]

（2）下屋基

浮梁民间下屋基要请风水先生看日子，选择吉日。日子定好后才请石匠开工，放线挖地基和请木工开工做木构件。浮梁人挖地基不管是老宅基还是新宅基，大多数都要牵一条牤牛来绕屋基耕一圈。也有部分人不用牛耕，而是主人在屋基的四个角上各挖几锄，其意思都是驱魔去邪。然后挖基槽，下片石，砌基角。开工挖地基要燃放鞭炮，增加喜庆气氛。开工当天，要置办酒席，主人要请风水先生、泥工、木工等吃饭喝酒，并给他们开工红包。多数人家还要发发糕、蒸早米糕，给工匠们做茶点。

浮梁民间旧俗挖地基时，有些人家注意在墙基上砌一块青石，上面镌刻"泰山石敢当"五个大字，作为镇宅符，具有镇邪、魇胜、

---

1 古代住宅所居位置的左边为青龙（东），右边属白虎（西）。显然是左为大（东），右为小（西），等级较明显，刚好与上述介绍相反。

赐福等神力。有些地方破土下基时的第一块石头安放在正堂太师壁正中的地方，称为"镇宅石"。安石前后要念祈祷词："神通浩浩，圣德昭昭。仙师弟子，来把酒消。开山祭神，土府神高。弟子禀告，来把香烧。钱财奉请，把你开销。听我放炮，取下石包。块块成料，安全顺稍。"安石前后都要燃放鞭炮。浮北一些地方则把镇堂石安放在大门正中。地基墩好后，同时要把磉盘石、磉墩安放好，打好平水，等待立木和架梁。墩地基时，有些地方泥工也唱彩，彩词是：

  手拿雄鸡似凤凰，头又高来尾又长。

  头高顶得千担米，尾长拖得万担粮。

  千担米，万担粮，发富发贵得久长。

唱彩的泥工，东家要另包一个红包。

（3）立木

浮梁历史上的房屋绝大多数都是砖木结构，分徽式、赣式或徽赣结合式。浮北浮东的全部、浮西浮南的一部分属于徽式建筑；而浮西、浮南的一部分属于徽赣结合式；另一部分则属于赣式建筑。徽式房屋的特点除了天井、明堂、风火马头墙以及石雕、砖雕、木雕装饰和庭院外，大多都是楼房，室内楼阁交错，墙体素洁高昂，在蓝天白云之下，与自然环境融合成为一个整体。赣式房屋虽然也是青砖墙体上盖小青瓦，但与徽式民居比较起来，显得低矮朴实，室内没有楼阁，即使有楼，也是走马楼，主要是挡风遮灰，实用价值较低，门外多置檐廊，装饰也较简单。徽赣结合的民房则有两者的部分特点。徽式也好，赣式也好，其建筑工序都是先选址，再下地基，然后立木、上梁、封墙、粉刷、装修等。

立木是民居建筑中一项重要工序。浮梁旧俗，在建民居下地基的同时，木工也于同日进门加工木构架，俗称"架马"。木工先取上等木料做屋柱、堂柁、楼图、平盘，再取方片、桁条，然后画墨、凿眼、拼配、刨平、打磨，最后锯（劈）屋角。一切就绪后，根据东家选定的日子拼装树屋，等待吉日良辰上梁，俗称"立木"。

立木是体力活，需要很多男劳动力帮忙。浮梁人十分讲义气，凡遇建房，主动来帮忙的族家、亲友很多，而且只吃饭，不要工钱。砖木结构的民居基本上都是四列三间，立木时，先将中间两列排好矗起锁好口，再分别斗[1]东边和西边两列，合拢后用木楔拴好固定，然后上桁条，使整栋房子的木构架成为一个整体。斗[2]屋架时，一开始便打爆竹，以后每树起一列就要放一串鞭炮，立木结束时要放"雨夹雪"（大饼式鞭炮的俗称）表示庆贺。晚上要设宴招待泥工、木工和粗工，叫作"立木酒"。

（4）上架梁

浮梁人对民居的"梁"看得很重，认为梁是一栋房子的核心部位，主宰着一家人的命运。梁好，一家人平安、幸福、长发其祥；梁有问题，则这家人就会出问题，影响生活，有碍安宁，祸及子孙。因此，上梁就成为一栋新屋落成的标志，俗称"大木出水"。由于民间对"梁"的极度重视，因此在长期建房盖屋中，也形成并盛行着一套喜庆、隆重的习俗，例如选梁、采梁、祭梁、上梁、赞梁等。

①上梁要看日子。上梁选择吉日良辰是古来之俗，一般是和下地基、立木等时日一起请一个先生一次选定。建房上梁事关一家人生计平安和子孙后代，因此，要把全家人的生辰八字交给先生，给先生一段时日推算，选定后用红纸将所选定的日子时辰写得清清楚楚，包括回避内容和注意事项都有交代。有些日子看得非常准确的，可以预测上梁之时是否有雨，谓之"水星君"路过。东家根据墩地基、立木和上梁的日子安排泥工、木工的进度，确保建房时间准确无误。

②选择梁木和采梁。浮梁四乡建新房的"梁"有两种模式。一般来说，徽式房屋的梁是由三根杉木拼配而成，梁上还有一根子梁[3]（也就是正脊上的桁条）。这种梁既富实又漂亮，显得雍容华贵。赣式房屋的梁大多只用一根杉木，但选材精良，美观大方。这两种模式用材数量不同，除风俗习惯以外，主要还是要取材条件。赣式房屋多处于丘陵和环湖地区，木材比较难找。而徽式民居大多建于深山之中的开阔谷地，取材容易。不光是梁的用材，整栋民居的用材以及建筑规模

1　斗为口语，实际为拼的意思。
2　斗为口语，实际为拼的意思。
3　也称扶脊木。

和形式，都有这些方面的考虑。

但是，浮梁四乡的采梁方式基本上大同小异。首先，做梁的杉木大都选在深山之中，即民间百姓所说的要选在听不见鸡鸣狗吠的地方。除了材质要求精良以外，还要求未被女人触摸过。如是用三根杉木做梁，则应选择一个兜上长有四至五根杉木的树，这是"发子发孙"的征兆，采梁时砍下三根，留下一至两根，双方有利，留有余地。子梁也要选择一个兜上长有两根或三根的杉木的树，砍下一根，留下其他的树，其寓意和正梁木的选择相同。如是用一根杉木做梁，其选择方法也和上面选择子梁一样。梁木选好后，房主应先同山地的主人打好招呼，征求他的同意。一般来说，兄弟叔侄之间，你做房子是好事，很少有人不支持。

选好梁木以后，在上梁前两天就要去采梁。采梁这一天，天尚未亮，东家就要请木工师傅和帮工吃早餐，发糕、鸡蛋、早米糕吃饱以后，天刚蒙蒙亮，东家便带着木工师傅和帮工上山。到达事先选择好的杉树前，东家先将几块红布系在要采的梁木上，然后装香叩拜放鞭炮，再将一个红纸包放在树兜上，这时木工手拿酒壶敬酒（南乡寿安一带则由解匠师傅负责）、唱采梁彩，此处略。

众人在梁树的两旁，随着木工师傅喝彩，木工师傅唱一句，大家同唱一声"好"。梁木采好后，由8个壮汉分四杠将梁木杠回村放在宗祠内或东家指定的地方，日夜派人守护，不让闲杂人员特别是妇人靠近。

③梁上求吉。接着是木工师傅做梁。既然梁在民居建筑中的地位是那么重要，讲究也就必然很多，除了刨皮、做胚、凿眼、拼装、刨光打磨等工序要精工细作外，还有很多规矩。

第一是梁的拼配。如果是三根木头做的梁，那么中间一根木头的兜必须朝东，另外两根两边的木头则兜朝西。如果是独梁，也必须是兜在东边而梢在西边，寓意"紫气东来"。

第二要在梁上求吉。很多人家用毛笔在梁下边写上"时××××年杏月建修时谷旦"一句，"时"字要写在上边一个"山"，下边一个"百"，取"江山百年之秋"之义；杏，谐音"幸"。有的地方在梁上边画上"太极"和"八卦"图。"太极"和"八卦"是我国古代哲学智慧的结晶，在长期流传中，又成为我国神秘文化的重要组成部分，赋予其能驱鬼镇邪的作用。有些富商权贵之家，还在梁上绘饰"八宝图"，"八"为八方八时的宇宙数，为八卦方位数，故为神圣数；"八"字代表多，以示富贵；"八"和"发"谐音，表示兴旺发达。浮梁多数人家建房，要在梁的中点，贴上一张用红纸书写的"狮"字，狮子是百兽之首，同样有镇魔驱邪保太平的作用；要在梁的东、西两方对贴上红纸书写的"长发其祥"四个大字，寄托着家庭源远流长的美好愿望。浮梁建房还有在梁上披红挂彩的礼俗。披红又称拴红，即在梁的两头用两块红绸或大红布披挂其上。有的地方在梁上挂上两双筷子，上面的一双筷子上横着塞入三枚铜钱，从两双筷子中间垂下一条红绳，绳上系着五枚铜钱，钱串下方系一方红布袋，红布下面的两角再各缝上一枚铜钱，永远挂在梁上，寓意"快得财"。也有的地方在筷子下方系一个小红布袋，袋中装着铜钱，也取"快得财"之义。还有一些地方，在梁上挂一只米筛，筛里贴上八卦图。筛上有千个眼，加上八卦，也起着"隔邪"作用。绝大多数地方梁上都要钉上"梁盘钩"，"梁盘钩"与梁之间垫上几块红布，"梁盘钩"[1]上再挂上其他吉祥物，既起装饰作用，也用以驱邪。

第三是梁制好装饰完毕，要用两条高凳将梁高架起来，避免小孩尤其是妇女触摸。梁下装香发灯，日夜派人守护，等待吉时的到来。

第四是做梁劈（刨）下来的泡皮木屑不能用火烧，要一担担挑到河边倒进水中让水冲走等，此种做法与德兴市类似。

④祭梁上梁。根据选择的吉日，前一天下午要将做好的梁迎进已立木的新屋堂中。迎梁之时，主人要上香礼拜放鞭炮，泥木工简单唱彩，然后吹乐打鼓，由4个壮汉把梁抬在肩上，在本家、族人、泥木工匠和亲戚朋友的护送下在主要街道游行一圈，边走边放鞭炮，热烈气氛也不亚于迎娶新娘。梁进新屋时，要放"雨夹雪"迎接，鼓乐不断。梁进新屋后也要高架，发灯装香，派人看守，唢呐、锣鼓、鞭炮声至深夜不绝。浮梁人做房子上梁的时间多在早晨卯时，也有巳时、午时架梁的，一切

---

[1] 也称栋梁箍。

都要按照风水先生选定的时间操作，不得相差半毫分。

此处彩词见 7.6.3 章节浮梁县上梁文内容。

上梁结束时，木匠泥工分别将梁上披红拿下来，围在腰中带回家，作为东家对他们架梁成功的纪念品。此外，东家还要给各位师傅分发上梁红包。

上架梁一结束，立即在新屋内铺桌吃早点，族家都要送来点心，包括全盒（内装糖果、花生、瓜子等）、鸡蛋、粽和发糕、早米糕等。

早餐后，大部分亲友和帮工跟着泥工、木工上房安桁条，钉屋角，上瓦盖瓦，一部分人准备中饭晚宴，傧相带几个人则忙着贴对联，挂匾，挂彩，安排晚宴席位，招待师傅、族人和亲朋好友。转眼间，新屋前后堂便成了一片红色的海洋。其中，张贴对联为新屋落成增添了喜气，常用的对联如：

竖千年柱，栋梁擎大业；架万代梁，基石奠雄心。

金梁曜日，花开富贵人开眼；玉柱擎天，日上中天屋上梁。

上梁欣逢黄道日，游龙戏凤安玉柱；立柱巧逢紫微星，春暖花开上金梁。

中堂方片上则书："紫微高照"或"吉星高照"。

（5）上梁酒宴

建房乔迁都是人生中的大事，因而受到人们的高度重视，从开工建房到乔迁这个阶段，除了工匠和帮工日常的供食以外，光酒席就有开工酒、立木酒、上梁酒、架门坊酒以及封院门酒和乔迁酒等，但最隆重的应该算是上梁酒。浮梁习俗，民间一般将上梁当作新屋竣工的标志，因此，上梁酒也叫"完工酒"。上梁这一天泥木诸工匠、帮工之人和所有宾客，是一天酒饭，多数地方都是早餐、中饭、点心（也叫昼饭）和晚宴四餐。按照旧俗，正日酒席包括点心和晚宴，所有帮工的人家还要另叫一个人参加，以表东家对所有帮忙的族家和村内乡邻的感谢。另外，所有送茶点的族家也要请一个人来吃酒，所以点心和晚宴的人数要比早餐和中餐多得多。"圆功酒"是喜酒，又是"庆功酒"，不但丰盛，在座位安排上也有讲究。堂前几桌，坐首席的是木工、泥工或解匠几位师傅（有的地方要请木匠、石匠、泥工），而且木工师傅居于首席首位。其他席位首席都安排族家和亲家，符合当地"结婚是母舅大，做屋是族家大""除了亲家无大亲"的风俗。这是因为做房子时，帮忙的人基本上都是族家，族家随请随到，不要报酬，这种精神十分难能可贵，体现了老百姓淳朴的感情和乐于助人的道德品质。而亲友再好再亲，由于路远受条件限制，远水救不了近火。因此，在"庆功宴"席位安排上，除了工匠师傅就是族家为大。有的地方在酒席结束后，还要安排亲属送师傅回家并送上烟酒等礼品，尽量把礼路做得周到，使工匠师傅十分满意。

2. 德兴市

德兴市北与婺源县相连，归上饶市管辖。建房仪式分宅基选址、估算工料、选拣建材、择日动土、制梁立柱、吉日上梁、屋面盖顶、砌筑外墙、榨楼板、吃归屋酒共十个阶段。[1]

（1）宅基选址

房屋也即"阳宅"，选地要注意风水的"向山"。大多选择艮山坤向，即坐正东北向正西南，兼顾"不占好地"的原则，地形选择靠山靠畔。有"靠山靠畔，三年人丁旺"的讲究。主要环节有"踏地""封包"两项。

①踏地。风水先生应东家之邀手持罗盘看风水，帮助房东勘查选址，定好房屋朝向。

②封包。踏地完毕后东家宴请礼送风水先生，并以红纸封包一定数额的钱款酬谢。

（2）估算工料

德兴鹅卵石民居有其一套相对固定的营造法式，主要体现在房屋的布局、结构、规格等方面。

（3）选拣建材

主要建材为石料、木料，另有灰料等。东家根据需要将选拣的建材陆续搬运至建房场地。

---

1 叙述人：德兴档案馆黄鹤，采集人：许飞进，2016年12月。

石料的选择：东家于河滩中选择石料，卵石选用质地坚硬，无风化剥落和裂纹，一头带平头，规格大小基本一致的石材。砌筑前将表面的泥垢、水锈等杂质清理干净。起墙脚的卵石一般于河流上游选取，要大、平、方；墙体石料一般于河流中游选取，忌两头尖和过圆。

木料的选择：木料主要选取山中生长30年以上的杉木，刨皮阴干待用。

灰料的选择：为黄泥、细沙、石灰。黄泥需于山中挖取，以富有黏性为佳；细沙于河中筛取，要淘洗干净。石灰要山中取石松柴窑内高温煅烧，以干净生白为上，自然风化待用。

（4）择日动土

风水先生按四时八运、主人生辰八字，选择黄道吉日。黄道吉日选定后，祭地开工。主要包含选定中轴、呼龙涨财、祭地神、起墙角等环节。

①选定中轴。于中轴处钉一木桩。取红布条将草纸与香系于中轴木桩上部。石匠拉线丈量确定房屋四至范围。

②呼龙涨财。道士左手拿公鸡，将公鸡斩去头，鸡血东南西北四向洒遍。道士念口诀：

伏以：（众喝彩）好啊！

手拿贤东一只鸡，此鸡不是非凡鸡，王母娘娘送我一只报晓鸡。

别人拿去无用处，弟子拿来呼龙鸡。

龙鸡龙鸡，头抬高来，尾要朝低，身上穿起五色紫毛衣，

足上生起凤凰爪，头上升直起凤凰顶。

呼龙龙戏水，呼凤凤朝阳。呼龙龙到，呼凤凤来，呼水水流。

某年某月某日按时来开工。

手拿罗盘照一照：左边青龙来关照，右边白虎保金盘。

年年四季大吉大利，川流不息子孙满堂，荣华富贵万年长，吹打先生闹洋洋。

点在中央戊己土，代代儿孙百万户。

③祭地神。念罢口诀，公鸡血洒遍房屋四至，祭祀土地神。点红烛，鸣鞭炮。

④起墙脚。开挖墙脚,打好地基。地基开挖深度一般约3尺(1尺≈0.33米),对潮湿松软的地基加深开挖,同时进行原土打夯或用灰土夯实加固。

(5)制梁立柱

砌完基座后,石匠暂退场,木匠进场,完成立柱制梁工序,主要有祭山取梁、河边做梁、竖柱摆酒等环节。

①祭山取梁。木匠根据空间测算出正梁的规格,梁木一般选择当地人称为"树王"的椿木。取梁要选定坤向山林,选取二株合生的"子孙树"采伐。木匠师傅于竖柱前3天上山取梁。伐梁时需带刀斧、锯子、公鸡、香、纸、红布条、红蜡烛、鞭炮、铜钱等物品,燃烛、点香、烧纸、鸣炮、杀鸡,以鸡血洒于树下,祭拜山神和树神。取3枚铜钱置于树下,谓为向山神买树。梁分为"梁身""梁嘴""梁表"三部分,伐梁木时要"向山倒",要保留"梁身"至"梁嘴"部分,伐下的"梁表"要取回,意为"有大有小,有根有表"。伐下的"梁身""梁嘴"以红布条系上抬回施工场地,悬空搁置于条凳上,忌女人触摸。

②河边做梁。木匠做梁时,梁木置于河边,砍削下的余料不能用来烧,要置于河中顺水流漂走。梁木加工完毕后,置于堂前条凳上。贴"福星高照""万年宝盖""风调雨顺""国泰民安"等字样的红纸横披,阴干一周待用。

③竖柱摆酒。先定吉日辰时,由木匠根据房屋进深安排,一般为八柱,柱子立在石或木的柱础上,用穿枋把柱子串联起来,形成一榀榀房架,称之为"竖屋架"。木柱底部柱础之间需垫箬叶,未到时辰不得抽走。与立柱之间安装壁板,对屋内空间进行隔离。屋架竖成当日,亲友带礼物前来贺喜帮忙,竖柱后,按辈分在柱上贴贺喜对联,一般内容为"立柱喜逢黄道日,上梁巧遇紫微星"。中堂横楣(香火壁)处贴"紫微星高照"横披。当天,东家需摆酒席宴请匠人及众乡邻,称吃"竖屋酒"。

(6)吉日上梁

上梁是整个建房仪式的高潮。上梁要选择吉日,梁上要披红布

3条，每条长6尺。仪式开始前，东家先在八仙桌上摆好"三牲"（猪肉、鸡、鱼）、索面、豆腐干等祭品。仪式完毕后，东家要摆酒席，称"吃上梁酒"，木匠和石匠两位师傅坐上席，席上有满碗大块猪肉，名曰"鲁班块"。上梁仪式主要包含馈赠梁饰、引子、祝梁、升梁、祭梁、遣煞、浇梁、抛梁等环节。

①馈赠梁饰。梁饰由至亲好友赠给东家。梁饰分为梁盘和梁喜两部分。梁盘由铁匠制作。一般为"福禄寿喜"等吉祥寓意图案，以铁片锻打成梁盘各部件，再按图式焊接而成。梁喜由花匠制作，取红布，以花线缝制梁喜包，做成官帽、八卦、宝瓶、荷花等梁喜包，以谷壳、茶叶、米、豆填充，意为五谷神在家，谓五谷丰登、岁时丰稔。完成后，按一定样式串联制成梁喜。梁喜头为官帽形，梁喜中部为八卦图，两旁为宝瓶、布幢等，宝瓶处饰以纸花，布幢处写上庆贺的亲友名讳。梁喜尾垂以五彩缨络流苏。（图4-1）

②引子。即开场白，点明祭祀主题，介绍东家情况，邀请各方诸神前来祝福。

③祝梁。赞美主梁的出身高贵与粗壮结实，祝愿房屋主人人丁兴旺、财源茂盛。同时，以一丈八尺或二丈八尺长红绸布披挂主梁，以示辟邪吉庆。

④祭梁。取一只活雄鸡，割破鸡冠，木匠师傅喝彩，先以鸡血祭主梁，再以鸡血祭正厅东南西北四个方位。

⑤升梁。选定申时，木匠师傅于梁木正中下方钉上梁盘，在梁盘上挂好梁喜。以粗麻绳系于梁身两头，梁位两头各置一长梯。木匠师徒开始分头爬上正梁两头安置的长梯，一般师傅在梁东，徒弟在梁西。木匠师傅携带绳索一头，边爬长梯边喝彩。木匠师傅放下绳子，众人齐心协力将主梁平稳地拉升至房屋顶部栋柱上，切忌主梁两端高低倾斜。主梁升顶后，不钉不铆，嵌放在事先设计好的凹槽内，吹打先生奏乐作庆，木匠师傅将子孙袋挂于屋内"纱帽"处，7天后方可取回。事毕，二位匠师下梯。

⑥遣煞。东家将鞭炮挂于五尺杆上。木匠于木板上用墨斗呈辐射线状弹上7条墨线，画上道教符箓，于符箓区域中置7枚正面向上的

铜钱、7片猪肉、1碗猪血、1撮茶叶、1撮米、1撮木炭等。将木板一头搁于扎马头上，另一头置于扎马杆上。并手持1只活雄鸡，割破鸡冠祭煞神，并唱《赶煞歌》，唱到最后一节，以斧头脑敲击木板另一头，使木板倾覆，视铜钱正背面朝上多寡判定吉凶（如正面向上多于背面，则说明八字好，背面向上多于正面则说"满"）。东家事先于每根柱子前安排亲友一人，每人手持两根桃枝或篾条，敲击屋柱作响。东家将鞭炮点燃，驮着鞭炮一路快跑，亲友紧随其后，边跑边用桃枝或篾条敲击地面，将煞神赶至村庄水口或村外叉路口，名为"遣煞"。

⑦浇梁。遣煞完毕，木匠师傅接过东家手中锡壶酒器，子孙梁米袋等重新上梯至梁上，浇梁喝彩，向东南西北四向天地各路神仙和祖师敬酒，请求护佑主梁起升顺利。同时，向主梁敬酒致谢，请求赐福给东家。

⑧抛梁

主梁安好位后，工匠师傅在屋顶开始边喝彩边抛梁，俗称"抛八仙馒头"。抛梁所用物品主要为的梁粽、梁米、公鸡、糖、饼、干果等。浇梁完毕，木匠从梁上垂下绳索，房东将抛梁物品用箩筐装好，粗工将其吊上房梁，绑在正柱上。木匠师傅与石匠师傅分坐梁两头，开始抛梁。东家于梁下安排四位家人分头紧扯红单一角，张开，迎接抛下的物品。木匠于梁上依次将梁米、梁粽、公鸡抛下，房东家人以红被单接好后包起带走，名为"接宝"。二位匠师分头从梁上按东西南北四向再抛下糖、饼、干果、钱币等，任由围观亲友哄抢，寓意丰收吉庆。抛梁完毕后，木匠要留一部分抛梁食品在箩筐里，退给主人10个梁粽，称为"金银归库"。房东将其分给亲朋好友和匠人，表示慰问还礼。

⑨晒梁

抛梁结束后，木匠师傅喝彩，让众人退出新屋。让太阳晒一下屋梁，称为晒梁。至此，上梁仪式全部完成。

（7）屋面盖顶

涉及椽子、望板、瓦等内容，本书此环节略去。

（8）砌筑外墙

屋面工序完成后，石匠进场砌筑外墙。砌筑外墙主要包含砌墙、起窗、开门、粉墙、打地面五个环节。

砌墙：外墙一般为三路"开花墙"，即砌墙时每排卵石先后按不同方向砌筑，形成"开花式"的纹路，有"一字形""人字形"等砌法，不仅符合建筑的结构力学，而且富有美感。砌筑石材的灰料按照"一担黄泥两担沙，一担广灰白花花"所示的1：2：1的比例搅拌制成三合土，浆须稍硬。墙体为双层，浇浆砌好一层后，由小工将地面拾来的碎瓦片斜塞墙体夹逢，称为"勾缝"，每砌成3尺9寸（1寸≈0.3米）高即需停工数日，待墙体黏合材料稳定后再行加砌。

开门：基台夯实完毕，即由木匠安放事先制作好的木制门顶，石匠以砖砌成门框，门上部比下部宽半寸，称为"天宽地窄"。门顶约3寸厚木板，上门顶时须燃放爆竹。

起窗：墙高3尺起窗，由木匠安放事先制作好的窗框，砌墙包围固定。

粉墙：以黄泥拌砂、石灰覆于屋内墙面，再刷白石灰。

打地面：以石灰拌细砂、加细小卵石，浇于地面，以"地版"敲击，使其光洁致密。

（9）榨楼板

木匠取木料刨制楼板。楼板约1寸厚，拼接铺于光梁之上。

（10）吃归屋酒

木匠于外墙砌筑完毕后，即择吉日在柱子间安装隔板（称"板壁"）和香火壁，于大门洞处安装门扇。香火壁正中贴"天地国亲师"红纸神位，两旁贴"金炉不息千年火，玉盏长明万载灯"红纸"香火榜"，并设供桌、摆香案。大件家具提前搬进新屋后再择吉日乔迁。

根据"寅时卯发"的原则，一般选择当日寅时和卯时进屋。进屋当日，众亲友和乡邻均来帮助。厅堂平放一架长梯，梯足向大门外，梯头向香火壁。东家男主人持一点燃的火把，挑一箩筐稻谷，女主人端饭甑，小孩拿火钳、火铲，亲朋相送。出老屋、进新屋时都要放爆竹。家人自门外依次踩梯子进屋，寓意五谷丰登、人丁兴旺、步步高升。进屋后，将稻谷、饭甑等置于供桌前全家老小朝正堂膜拜。饭要在老屋中蒸熟，趁热端到新屋中接着蒸；火种也要从老灶中移到新灶中来，称"接火种"。进屋后，东家当晚需置办酒席宴请匠师及众亲友乡邻。鸣鞭炮礼请木匠和石匠二位师傅坐上席，吹打先生奏喜庆乐曲助兴，称"吃归屋酒"。

4.1.2 赣西北地区建房仪式

目前收集赣西北的建房仪式以及所对应的上梁喝彩彩词，各地保存完整度不同，此处以较完整的安义县、奉新县、丰城市上梁文为例。[1]

1. 安义县上梁

做屋上梁是在人们建造新房上梁的时候祭拜祖先、替后人祈福的一项民俗活动，此风俗在安义县新民乡合水村已有近几百年的历史。据民间老艺人介绍，做屋上梁的活动流程主要由建造房屋的木工和泥工主持，分为以下五个步骤。

（1）偷梁

正梁被视为"屋神"，它有着特殊的要求：一是作为正梁的树不能在自己家山场上砍伐，一定要去别人山上"偷"砍。二是作为正梁的树砍伐时不能倒地。三是砍下来后不能被人跨越、脚踩和践踏。因此必须要在上梁前一晚上山砍。

（2）接梁

正梁砍伐回来后，由工匠精心制作：一是在正梁的两端写上"文东""武西"，寓意是主人发家有日；二是在正梁的正中写上"旺""代"等字，寓意兴旺发达。三是在梁上披大红布。这些程序都做好时，主人在新房门口点燃爆竹，拈捧香火前来接梁。由男丁把正梁抬到屋场中庭的木马上。

（3）赞梁

披红挂绿的正梁，被供养于新房正中，梁前供桌上放有馒头、斧头、熟肉、鸡、米饭、烟等物品用于祭祀，主人家按辈分大小分男女

---

1 安义县上梁文由安义县博物馆提供；奉新县与丰城市上梁文为作者收集。

性别顺序站好，在红烛高照、香烟缭绕的氛围中，主人对着正梁行跪拜大礼，之后木工拿斧头拜天地拜梁，同时喝《祝梁彩》赞梁。

（4）祭梁

首先，泥工手捧酒瓶、酒杯敬天地敬梁，同时喝《敬梁彩》。其次，木工手拿一只雄鸡，拜天地拜梁，同时喝《鸡团马彩》。最后，泥工揭开缠于梁上的红布同时喝《缠梁彩》。

（5）上梁

祭罢正梁后开始正式上梁。

首先是撑梁：木工、泥工爬上房顶两侧，一族人挑一担放置了木屑和小米馒头的箩筐顺着梯子，托往屋脊间临时搭起的平台放下来，屋顶木工、泥工放下红绳将箩筐吊至屋顶，之后放下红绳分别系好房梁两端，在此过程中木工喝《撑梁彩》。

其次是上梁：在房顶上的人手拉绑住房梁两端的红绳，木工、泥工手托房梁两端上楼梯，至屋顶将房梁放置楔好。同时木泥工接喝《上楼梯彩》和《上梁彩》，而后鞭炮齐鸣。

再次是吊宝袋：由木工、泥工站在平台上，用红头绳在正梁两端挂上装有红枣、花生、陈米、陈麦、万年青等的红布袋，意为"福、禄、寿、喜，万古长青"。边喝《吊宝袋彩》。

最后是关梁：房顶两端的木工、泥工接喝《关梁彩》，边向下抛代表吉祥富贵的木屑、钱币和小米馒头，村民争相去捡馒头，捡得越多代表着越兴旺。门外鞭炮礼花齐鸣。

至此整个上梁庆祝仪式结束，东家要用好菜好酒招待工匠师傅和乡邻，俗称"上梁宴"，特请小戏班子唱戏以祝贺新房的兴建并感谢大家。

2. 奉新县上梁文

奉新县上富镇上梁喝彩较完整，其主要阶段如下：贺新屋彩、龙灯贺新屋彩、开山砍料祭山文、挂彩红、起门楼、大门、门楼、缠梁上红彩、安大门、断梁彩、钉门彩、上大门、送煞、插彩旗、祭梁彩、祭酒、祭梁彩、上梁彩、祭酒斩煞、起工百事、起厂百事（图4-2）。

详细内容见 7.6.6 章节《奉新县上富镇彩文》。

3. 丰城市上梁文

以省级传统村落丰城市淘沙镇后坊村上梁文为例，分为以下几个阶段：起师退煞、谢师、出煞、上梁祭鸡、祭酒、展梁彩、车梁彩、上梁彩、合彩、上梁扔宝彩、上梁下楼梯彩、扇架上梁彩、起工裁梁彩、拜梁彩、抛梁彩、上大门彩、逢床彩、祭鸡、挂寿匾、上门楼彩。后坊所保留的彩词比较丰富，所留内容多为民国期间内容，但可以看出与现存民间喝彩内容无异，整篇上梁文围绕梁展开。另还保留了祠堂彩等内容，是丰城民间专门用于喝彩的范本，具有针对性。其中，谢师的内容涉及到丰城周边工匠，包括乐安工匠，也可看出当地民俗文化与周边地区的交融。详细内容可见 7.6.6 章节《丰城市淘沙镇后坊村范家上梁文》内容。

4.1.3 赣中地区建房仪式

以下以吉安市青原区富滩镇为例[1]，介绍赣中地区的建房仪式。该地区建房仪式包括动土、挖基脚与安门石、扇架、发梁、吃扫脚等几个程式。

1. 动土

新建房屋的第一个程序是动土，届时需要举行祭神仪式，择黄道吉日的清晨，房主备好香烛爆竹，在画了线的房基上厅，先祭拜土地神。接着，在四个墙角的位置，各点燃两支香、一对烛，烧几张纸钱。再杀一只雄鸡，把鸡血滴洒在墙基上。最后，由泥水匠中的大师傅在上厅位置"冥师"（即默想师傅及其教导）、唱赞：

动土鸡雄雄，发达于来龙。天煞归天上，地煞归地中。

诸恶人不理，诸煞人不逢。地司将军显，镇守华堂中。

工匠和睦好，修主福缘崇。我今动土后，世代永兴隆。

---

[1] 富滩镇上梁文为采访吉安曾思政先生所得。

祝赞后,泥水大师傅用锄头在每个墙角的位置挖三下,然后将锄头扔在房基中央,向上厅作三个揖,动土仪式便告结束。

2. 挖基脚与安门石

开始挖基脚砌砖时,工匠要沐手焚香,唱几句赞词。基脚砌到3尺高时,举行"安门石"仪式。大门用三块长条青石板或红米石条垒成,门高7尺8寸或8尺1寸。放门上横石时,房主要杀鸡、燃香烛、放爆竹祭门神,泥水匠则唱道:

吉时吉日大吉昌,扇起门石新气象。门官年年皆吉利,紫微高照耀门梁。

七星八斗玄宝照,照得房屋生贵子,映得满门大吉昌。

前面东居来送宝,后面身边放毫光。从此今日扇门后,荣华富贵,长发其祥。

3. 扇架

"扇架"即软扇屋中的宝壁屋柱竖立起来。其仪式是:一阵鞭炮声后,木匠站在上首的左边,叫"金边",用斧头敲三下木柱,有的或把垫在柱子底下的木垫敲开,祝赞一番;泥水匠则站在右边,又叫"银边",也用泥刀敲三下木柱,祝赞一番。房主杀鸡洒血祭神,晚上做有"红釉肉"的正桌酒犒劳工匠。

4. 发梁与游梁

墙基本砌成后,需选笔直且头尾直径相差不大的上等杉木做栋梁,梁木先放在祠堂里,由木匠量好尺码,叫"发码"。然后将梁木刮皮(刮下的皮不能随便扔掉,再用竹箕装好备用),用红水涂成红色,再请教书先生在正中的位置写上建房日期和房主的姓名。梁木中间系一个三角形红布袋,布袋里装满五谷、茶叶、历书、文房四宝及铜钱,所有工序完成后,要举行发梁、上梁仪式,届时,先燃放爆竹,杀鸡祭神,然后由木匠用斧头敲三下梁木,并祝赞一番叫"发梁"。发梁后,父亲抬梁头,儿子抬梁尾,也可由其他兄弟、亲戚代替,在锣鼓唢呐的陪伴下,绕村子巡游一圈,称游梁。到了新房子前,再燃爆竹,杀鸡祭神。木工在左，泥工在右，分站两侧，接过梁木，祝赞道：

> 吉日吉时大吉昌，此时接梁正相当。
> 栋梁栋梁，又大又长。
> 要问发木，生在何方，生在九龙山上。
> 要问发木，落在何方，落在九龙山上。
> 洪水涛涛，白水茫茫，漂来漂去，漂在富水河旁。
> 三人扛，四人抬，抬到××府上。
> 鲁班仙师，打马经过，望见发木，好做你家栋梁。
> 从此今日接梁后，万载兴隆，长发其祥。

5. 暖梁

匠人把梁木放到屋顶预定的位置，木匠将木塞垫在榫眼里，房主将做梁木时刮下来的皮放在神坛里焚烧，叫"暖梁"。

6. 梁登位

待由道士选定的时辰一到，木匠、泥水匠分别抽出梁头、梁尾下的木塞，将梁木放平到屋柱槽中，木匠唱道：

> 天开皇道大吉昌，辰时登位正相当。
> 手拿金鸡作凤凰，祭起青龙作栋梁。
> 火炮时烛两边响，坐箫鼓笙闹华堂。
> 积善之家有余庆，自有仙家降吉祥。
> 燕子飞飞起凤凰，代代儿孙状元郎。
> 从此今日登位后，万载兴隆，长发其祥。

唱一段，鼓乐声一阵，木匠、泥水匠轮流唱，这叫作"登位"。

7. 拜梁[1]

富裕人家，或者四世同堂的人家，还会举行"拜梁"仪式。由家中长者燃香点烛，向上厅磕头，厅中摆好酒宴，边喝酒，边由木匠、

---

[1] 此处拜梁内容实非对梁的祭拜。原梁放在上厅，长者祭梁才为源头。此段内容中还有把酒敬梁的内容，与拜梁不相符。

泥水匠祝赞。赞文没有固定的内容，全凭师傅们随机应变，根据房主家的情况，临场发挥。房主会敬酒致谢，匠人回敬，每回一杯，匠人都要祝赞一番，如：

　　　　吉时吉日大吉昌，辰时敬酒正相当。
　　　　东边一支紫云开，西边一支紫云来。
　　　　两支紫云来相会，拜梁主东请上来。

或者：

　　　　主东给我一百品，万两黄金造大庭。
　　　　上面造起金玉宝，下面造起莲花瓶。

主东敬酒，匠人回敬，赞道：

　　　　一杯酒，敬梁头，祥光吉云梁头浮。
　　高有青山中有路，我今敬你一杯酒，富贵双全代代有。
　　　　二杯酒，敬梁腰，龙凤之会喜今朝。
　　　　寿比南山高万丈，福如东海四达长。
　　　　我今敬你二杯酒，万两黄金代代有。
　　　　三杯酒，敬梁尾，继往开来在后辈。
　　　　鸿梁美酒登高位，栋梁登位有富贵。
　　　　我今敬你三杯酒，科科中举代代有。

8. 摽包子与登云梯

这个时候，其他匠人们已把大筐大筐的包子放在梁顶，包子是房主的舅舅、姑父、姨父、外甥、姐妹等内亲送的。鞭炮、鼓乐又重新响起，木匠、泥水匠中的大师傅各端一个托盘"摽包子"，包子垒成小山一样，上插一支蜡烛，两个师傅同时登楼梯，叫"登云梯"。登楼梯前，木匠师傅赞道：

　　主东给我三包钱，贺喜老板万万年。主东给我三根香，我今插在包子上。

　　选择今日龙登位，栋梁登位显富贵。富贵多，我祭包子手上托。

包子托在我手上，脚踏云梯步步高。
我将包子梁上抛，自有仙家送仙桃。

登到第三个梯子停下，泥水师傅赞道：
  一步过来又一步，盘中仙品从无数。
  我将包子抛下地，主东有福定有贵。
  三步云梯是三星，贺喜老板做屋成。
  亲戚朋友来庆贺，定送元宝万数斤。

两人边赞诗，边往下扔一些包子，以后每登一步都要丢一些包子下去，众人在地下抢着吃。接着登到第四步梯子上，木匠又唱道：
  四步云梯逢两双，我君忙忙连步上。
  添丁进财年年旺，读书考出状元郎。

第五步梯子上，泥水匠唱：
  五步云梯半天起，好比魁星来点斗。
  内睦外和皆吉庆，家中定有千百口。

第六步梯子，木匠唱：
  六步云梯逢三双，主东立位站两旁。
  听我今赞七个字，福寿双全庆寿长。

第七步梯子，泥水匠唱：
  七步云梯是七星，七星八斗玄宝照。
  照得房屋生贵子，映得满门大吉昌。

第八步梯子，木匠唱：
  八步云梯是八仙，八仙庆寿到华堂。
  将宝送到鸿梁上，请你朝中做阁老。

第九步梯子，泥水匠唱：

    九步云梯好又好，皇后娘娘来送宝。

    将宝送到鸿梁上，鸿梁登位富贵长。

第十步梯子，木匠唱：

    十步云梯逢十全，十全十足大团圆。

    积善之家有余庆，自有天官降吉祥。

第十一步梯子，泥水匠唱：

    十一步云梯笑哈哈，天官送子到你家。

    摇钱树下生贵子，聚宝盆中出探花。

第十二步梯子，木匠唱：

    十二步云梯十二步上，甘罗十二做宰相。

    甘罗年纪虽然小，太公八十遇文王。

第十三步到了顶，泥水匠唱道：

    十三步云梯上高楼，主东打点接包子。

    我在云梯你在地，请我伙伴接包子。

9. 接包子

  此阶段相当于东乡一带的兜宝袋。房主在地上早就展开布毯准备接包子，其他人更是等得不耐烦了，大师傅仍在慢吞吞地唱赞。为了表示包子的珍贵，两个师傅要轮流祝赞，历数做包子的麦子从下种、开花、结果、收割、磨粉到发酵、蒸熟的全过程。唱完，大师傅开始丢包子了，他们会将包子第一个丢在房东的布毯里，再将一些包子撒给众人抢。最后，工匠们一齐上去，将箩筐里的包子大把大把撒给众人哄抢，场面非常热烈。

  这个时候，大师傅们往往要卖弄自己的才华，边撒边唱：

  木匠师傅若接到，斧头利来刨子光，做出排扇水板溜溜光。打出门窗笔笔直，今晚请你坐头席。

泥水师傅若接到，泥刀砌墙两面亮，石灰粉刷溜溜光。蓝灰割线笔笔直，今晚请你坐二席。

做生意的若接到，生意兴隆通四海，财源茂盛达三江。

老年人接到，儿孙满堂；中年人接到，身强力壮；后生仔接到，早找对象；女崽仔接到，早配才郎；学生伢仔接到，考得一个好学堂；细伢仔接到，快乐成长。

亲朋好友笑哈哈，贺喜老板家造新屋。

如此即兴发挥，博得在场众人好不高兴，上梁仪式才告结束。每次晚宴，均按照"金木水火土"五行的排列顺序，铁匠坐第一席，木匠坐第二席，泥水匠坐第三席。

10. 吃上梁酒（也称吃扫脚）

房屋建成，还得大摆宴席，名曰："吃扫脚。"这天要贴对联，中午和晚上两餐要上"红糟肉"，感谢众位乡亲的支持和工匠的辛苦。红糟肉是青原区的一道特色菜。其做法是红烧肉块丁加红糟粉装坛，用茶籽壳煨熟，非常鲜嫩可口。凡是喜庆酒席上了这道菜，叫"正席"，没有上这道菜则是"闲餐"。总之，建房人家的三道宴席，一道更比一道桌面大，主东的经济负担很重。

4.1.4　赣南地区建房仪式

现结合笔者在赣州市赣县（图4-3）、宁都田野调查文献以及石城赵立东先生、万幼楠先生的文献[1]，总结赣南地区的建房仪式如下。

选址、出煞、画线动土、起脚（交地脚）、安大门、立柱、上梁起师请神、送神、架马、暖梁、祭梁、缠梁、上梁、上梁登位、抛梁（抛馒头、抛梁糍）、排楼梁、包挑梁、筑瓦栋做出水、迁居。其中上梁仪式包括上梁起师请神、架马、暖梁、祭梁、缠梁、上梁、上梁登位、抛梁（抛馒头、抛梁糍）部分。上梁部分不同种工匠之间还会有

1　万幼楠. 赣南传统建筑与文化 [M]. 南昌：江西人民出版社，2013.

斗彩发生，使得上梁场面更为热闹。

出煞彩语内容如下[1]：

一声"出"响求天官，万里千响震动各间房。天煞回转天中去，地煞回转地府藏。天地开张月出西[2]阳，天上只有七姑星。请你下凡杀邪神，屋前屋后屋左屋右。

逢山山要过，逢石石要穿。逢山过不敢带到树苗，逢路过不敢带到人苗。逢桥过不敢带到桥梁，逢屋过不敢带到瓦桷。逢田过不敢带到禾苗，逢水过不敢带到鱼苗。煞至东，两脚快如风；煞至南，两脚飞快行；煞至西，两脚快如飞；煞至北，四面八方都出得。天煞地煞，一百二十四位凶神恶煞，请出啊！

（注：此彩语为驱邪彩，最后喊"请出啊！"要大声叫喊。）

4.2 江西传统聚落上梁仪式

据史料记载，造屋建房举行上梁仪式始于北魏时期，到了明代和清代已普及全国各地。时至今日，江西境内有不少传统聚落依旧保留着这一具有浓厚历史文化底蕴的重要祈福仪式。通过田野调查及民间人物访谈，笔者总结出一套系统的上梁仪式。仪式一般按以下十五个步骤进行：选梁、伐梁、截梁、暖梁、缠梁、画梁、接梁[3]、游梁、敬梁、祭梁、上梁、吊梁、抛梁、兜梁、喝上梁酒。[4]

4.2.1 选梁

选梁即请当地木匠去山上挑选优质的木材作梁。梁木要用杉木，因为杉木直、柔韧性好，不容易发霉，经久耐用，并且杉木越粗越好，树龄不长不短，干身均匀笔挺。另外，木材还必须枝繁叶茂，四周要长有许多小杉木，独木一支的杉木不可取（图4-4）。[5]

1　其余内容见附件赣县及石城县上梁文，见7.6.7相关章节。
2　原文为西字，据前后文判断应为"夕"字。
3　吉水县、安义县一带有此阶段。
4　暖梁过程主要在吉安一带。赣东北浮梁县调研暂时未发现有暖梁过程。
5　图4-4至图4-15由笔者指导学生奚曼璐所绘。

4.2.2 伐梁

伐梁即木匠对山上挑选好的梁木进行砍伐,并且一定要用斧头砍下来。因为用斧头砍的木桩,中间会有个"窝",来年"窝"的四周就会发出新芽,被砍的树便有"多子多孙"的寓意。木匠们在山上砍梁木时,嘴里要吟诵"多子多孙"之语。人们认为用这样的梁木起的屋,家庭也会多子多孙,人丁兴旺,绵久流传。梁木伐倒时的方向要朝南(图4-5)。

樟树市山前乡有个"偷"梁的习俗,即主人晚上悄悄来到他人的山林中,选一根符合要求的树,砍倒后"偷"回家,但会在树苑旁放一个红包,然后有意碰到看林人,看林人便会问他该不该罚。房主则连声说:"该罚(发)!该罚(发)!"带回来的梁木不能直接放在地上,应把它悬起来,或是用木马把梁架起来。因为梁木不能让人踩,被人踩了的梁木安上屋顶就会不吉利。

4.2.3 截梁

截梁即木工根据事先量好的尺寸将梁木进行一系列的裁截、刮皮、抛光处理,使其更平整光滑(图4-6)。

4.2.4 暖梁

暖梁即用木马把梁架起来,放在一个房间里,房主将梁木处理过程中的木屑放在神坛里焚烧,达到暖梁的作用(图4-7)。

4.2.5 缠梁

缠梁即木工用红布、红线将文房四宝包裹在梁木中间,以示后人读得书,出人才。一些人家还会包四个方孔铜钱和一些米,以示后人衣食无忧。外面再用青布包裹严实,用青线扎牢(图4-8)。

4.2.6 画梁

画梁即木工在梁木的头尾画好格子,主人请来本村有文化的学者，在梁木的根基一头写上房屋建造年月，另一头写上主人及儿子、孙子的姓名。然后再给梁木表面刷上红漆，所谓的"彩红"（图4-9）。

而在安义县一带，是先在大梁上画龙凤等图案，把写有"吉星高照""紫微驾临"等贺句的红纸条贴在梁上，再用红布在梁上扎一圈，俗称"扎梁头"。

4.2.7　敬梁

敬梁即在桌案上摆好猪肉、鲜鱼、豆芽各一盘，酒八杯，酒壶一把，朝上敬奉祖先和梁（图4-10）。

4.2.8　祭梁

祭梁即用鸡血来祭梁。它寓意着与天地、神灵之间神圣的交流。举行祭梁仪式要选择黄道吉日，应在当天天亮前完成，因为需要避开生人。以婺源游山村为例，上梁当天拂晓，木工、泥工都到齐后，吉时一到，主人装好香，端着托盘（托盘装好三牲：鸡、猪、鱼）走出大门，朝三个方向分别鞠三躬（中国的房屋一般是坐北朝南，因而拜的方向一般为东、南、西三个方向），紧接着燃放爆竹。这时主人将梁木抬至工作的木马上，将准备好的一只红毛大公鸡，用刀割破其喉咙，把鸡血洒到梁木上（图4-11）。婺源游山村的人们也称这一步骤为"退煞"。把鸡血涂到墙上，但不可太高，离地一尺五六即可。在正梁两头、屋内上门头方柱及各房门左右两边、后门皆涂上鸡血，口里同时念退煞口诀。

吉安钓源古村的有些人家还会由父子扛着梁木绕村庄走一圈，以示沾上风水灵气。扛梁木出家门时，放爆竹送，敲锣打鼓吹唢呐，热闹非凡；等到梁木回来时，继续放爆竹迎接。

4.2.9　吊梁

该步骤需要选定吉日良辰。按传统习俗，上梁这一天不能和房主一家任何一个人相冲，否则会产生不利影响。另外，其他人的生肖如果与上梁的时辰相冲、相克，也要回避。择选的黄道吉日，有初八、十八、二十八这种带"八"的日子。俗话说："若要发，不离八"。日子选好后，还要选个好时辰，一般选在"月圆""潮涨"的时辰举行，意为阖家团圆，财如潮水。

泥工早早地爬上屋顶，从屋顶上丢下两根红绳，木工将红绳绑在木头两端，木匠将梁木托起，泥工在上面拉，即木工发梁，泥工接梁（图4-12）。这时，主人要放爆竹，锣鼓唢呐也要敲打起来，木匠唱起喝彩词，以《吉安富滩镇上梁文》为例：

> 一座房子四角方，能工巧匠修华堂；
> 前有朱雀来戏水，后有凤凰来朝阳。
> 鲁班仙师来发墨，八洞神仙来升梁；
> 左手升来生贵子，右手升来状元郎。

泥工将升上来的梁木固定在梁架上，一边安装一边唱着喝彩词。这时要爆竹声不断，前来祝贺的亲朋好友也可以燃放爆竹以示庆贺。原先在上梁仪式过程中，每喝一次彩，主人就要给木工或泥工发红包。如今，一些小户人家为节省开支，会事先和木匠、泥匠商量好，只在上梁这一刻唱喝彩词。

4.2.10 抛梁

抛梁即梁木安装好后，木匠手拿五个馒头或糖果、饼等，登上正梁，一边依次抛向各方，一边唱喝彩词。唱毕，主人家又送上馒头、花生、红枣、爆米花等讨口彩食品，由老司头向下抛撒，地下有许多人抢接，欢声如潮。峡江县在正梁安放后，要向在场的邻里散发包子，祈求大家像包子一样发达（图4-13）。九江地区的泥水匠则会各提一箩米粑或馒头开始抛掷，由主家男女四人拉开被单先接，俗称"先利自家"。然后念抛梁歌，向东西南北各抛一对馒头或米粑，再看人多处乱抛。此时，村中老少听到爆竹锣声，纷纷来争抢，俗谓"抢上梁粑"。箩中米粑或馒头，必剩数只，谓"有剩余"。南昌一带称之为"打发"：上好梁后，有人在屋梁上向下抛糖果、香烟、米糕等,让观看的人抢吃这些食物。安义县称之为"祝梁":泥工、木工分立两边,锣鼓喝彩,抛掷馒头、大米、硬币等。"抛梁""打发""祝梁"这些无一不是在寓意"兴旺发达""繁荣昌盛""年年富足"的美好意愿。

4.2.11 兜梁

兜梁即指站在地面上的人们用衣服兜住抛下来的食物,这个环节往往是人们印象最深,最有参与性的环节(图4-14)。也有用床单或伞来接抛下来的物品。

4.2.12 喝上梁酒

屋主家设宴招待泥匠木匠,称之为"待匠",在会昌称为"圆屋酒";弋阳叫"完工酒";南康则叫"下水酒",是由于人们叫新厦盖瓦为"出水",而且倘若真下雨,则认为运气好(图4-15)。

房屋竣工时为答谢工匠邻里做的酒也称为"贺工酒",主人不仅要宴请工匠,还要多次给工匠发"红包",作为酬金,并宴请亲朋好友,以表喜庆之意。贺工酒是历次酒宴中最像样的一次,要办酒席十几桌甚至几十桌,有的放鞭炮连续几小时。席间,还要送红包给风水先生、艺匠、帮工等人。上梁酒可以在上梁当天举办,也可以在房屋盖瓦的时候再举办。一些家境贫寒的家庭也可以不请上梁酒。上梁酒一般在中午举办的较多。

在江西钓源古村,上梁酒一般请本房房亲族人,地点在本房的祠堂内。富裕的家庭则会请全村的族人,在宗祠内摆酒。请上梁酒,木工泥工是要坐上席,木工坐一席,泥工坐二席。喝完酒,上梁仪式就全部结束了。有谚语云:"喝了上梁酒,两脚忙忙走。"

现在农村的建筑大多是砖混结合的平屋顶二三层楼房,无梁可上。但是,在浇筑最高一层楼面时,象征房子主体工程完工,称这天为上梁,也会举办上梁酒席。

4.2.13 其他

上梁仪式中还有接梁、游梁和上梁阶段，所谓接梁指的是画梁缠梁之后将梁放置中庭木马上准备游梁或赞梁前的行为。

所谓游梁指在上梁前由宗族之人扛梁到新建建筑现场的行为。

所谓上梁指游梁之后将梁放置栋梁之前的行为。也可专指其中的某个阶段行为。

4.3 结语

通过对建房仪式的调研，总结江西各地建房仪式有如下特点：第一，表述内容不一，也可明显看出建房程式各地相似，但细节略有不同，且由于记载建房仪式之人的身份背景不一，造成表述内容各有侧重；第二，对于不同材料的建筑有不同内容的表达，目前江西民间上梁文收集多的是砖砌墙体，对于夯土墙的上梁文则少有墙本身的内容。如上饶、抚州与吉安一带多商人，多砖砌建筑，而赣南一带则夯土建筑居多；第三，江西全省各地上梁仪式中多有请神、赶煞内容，多与元末明初《鲁般营造正式》文献记载仪式类似；第四，自明代中期以后，受朝廷政策影响普庵禅师的地位进一步提升，江西佛教文化向东南传播，地方建筑的营造书籍充分吸收了普庵信仰中的神秘元素内容，从中可看出江西文化被福建、浙江一带的工匠所吸收；第五，上梁仪式是建房仪式中最重要的阶段，该阶段是根据东家建房喜庆的需要形成的内容。实际上工匠在建房营造过程中的每个重要的行为皆可成彩。各地的彩词撰写发挥了民众的创造性，呈现和而不同的特点。

上梁仪式根据江西情况初步总结具有 15 个程式，多数是江西各地普遍存在的上梁过程，只是有些地方称呼不一样。选梁实际是选材；伐梁有些称罚梁，进而引申为偷梁的，也有称发梁。从《鲁般营造正式》或《新镌工师雕斫正式鲁班木经匠家镜》（简称《鲁班经》）[1] 来看，

---

1 [明]午荣，章严.《鲁班经》全集[M].北京：人民出版社，2018.

实际就是起造伐木阶段（表 4-1）；截梁实际是修整梁面及两端；暖梁是刨梁比较特殊的处理方法，吉安一带将所刨树皮烧掉，而上饶市德兴一带则将所剖树皮由河水冲掉；缠梁实际是用红布包裹梁，这个阶段几乎见于整个江西农村上梁过程；画梁则为装饰梁，吉安、赣州一带喜将梁染红，似乎是宋代虹梁的传播变形后所致[1]；敬梁指以酒敬之，保留了梁崇拜的祭祀特点；祭梁指以鸡血祭祀栋梁。而此时上梁阶段实际为上梯，将梁带到栋柱位置，放回原位，这个过程在吉安一带称登云梯、梁归位；在这些过程中还有敲梁，这实际是模仿工匠将栋梁放回位置时的一些动作；抛梁与兜梁则是工匠、东家与亲朋等的一种互动，抬头低头接物，实际也就是完成拜梁的过程，喝上梁酒则是与全民的一种狂欢。整个过程包含着对自然的崇拜，也体现着人宅相扶，感通天地的理念。

　　本章节所研究的上梁文与上梁中人的行为密切结合，与《鲁般营造正式》《鲁班经》相比，后二者则是独立的一篇上梁文。《鲁般营造正式》（天一阁藏本）称《请设三界地主鲁般仙师文》，此段文类似本著作中研究的建房仪式中的请神阶段，明显具有宋以来的道教青词和祝文特点。[2]《鲁班经》称《请设三界地主鲁班仙师祝上梁文》，祝文是古代拜祭神灵或祖先的文辞[3]，但从内容看，与《鲁般营造正式》中的内容非常类似。民国及以后的上梁祝文[4]则在《鲁般营造正式》《鲁班经》基础上有所增加，但主要是补充上梁仪式的内容。其中神祇则有大量增加，如丰城市后坊村范家上梁文，见 7.6.6 章节。

1　虹梁也指栋梁上梁前被处理成中间高、两端低的拱形梁。此处存疑。
2　[元]王恽《玉堂嘉话》卷四："青词主意，不过谢罪、禳灾，保佑平安而已。"
3　刘师培《文章学史序》："以人告神，则为祝文，诔辞。"
4　如赣东北德兴市、赣西北丰城市、赣南赣县区上梁文。

表 4-1 江西各地区上梁仪式与上梁文相关典籍内容比较一览表

位置	赣东北	赣东北	赣中	赣中	赣西北	赣西北	赣南	古籍	古籍	近代沿传
所在县市	景德镇市浮梁县	上饶市德兴市	吉安市青原区富滩镇及渼陂村	抚州	丰城市淘沙镇合坊村	安义县	奉新县上富镇	赣州市石城、宁都、赣县	《鲁般营造正式》	《新镌工师雕斫正式鲁班木经匠家镜》(简称鲁班经)	《鲁班全书》
建房仪式程序	选择宅址、下屋基、立木、上主梁、上梁酒宴上梁属5个主要阶段	宅基选址、估算工料、选炼建材、择日动土、挖基脚、落石脚、制梁立柱、吉日上梁、屋面盖瓦、砌筑外墙、榨楼板、吃归屋酒共10个阶段	动土、挖基脚、落石、立木、制梁立柱、吉日上梁、行扇、上梁酒吃上梁酒等6个阶段	东乡:择吉日动工、采威拜工、上梁、兜宝梁、起竣等部分阶段;南丰:民国县志载吾乡信巫而好巫	起临悬焚、谢师出煞、上梁、上门楼彩等6阶段以上	县志载:风水花注看图定向、破土奠基、缮梁而拜梁、祝梁	贺新屋彩、贺新屋彩、龙灯梁、祭酒新煞、起竣百事、起厂百事等6阶段以上	选址、画线动土、砌脚、安大门、立木、上梁、排梁、包桃梁、筑瓦砾做出水、正居11个阶段	请神、以酒敬神、逐神伐木、起工、造工涉等5个以上阶段,无具体上梁仪式内容	人家起造伐木、工架马、修造起符、佛伏、天津邮等阶段	起水咒(请神)、代木开山治煞、报咒(退煞)、止血咒水咒、修房下石伐、墨咒、上梁、钉大门、修房木石、铁围城、百解称法咒11个以上阶段
上梁仪式部分	上梁梁宴酒与上梁酒宴属上梁仪式	制梁立柱、暖梁、吊梁、散彩、掷彩、发码、发码、发码、匾梁、吊梁、插彩、缮梁、滴彩(祭梁、登位)、坠梁、绪梁、拜梁、接梁、游梁、端包子(抛彩)、登云子(抛梁)、接楼头(抛梁)	东乡:上楼梯、下楼梯酒祭;崇仁:祭鸡、祭酒、敬梁、抛彩、刨梁;南乡:祭鸡、祭酒、缮梁、刨梁、匾梁、拜梁、抛彩	上梁祭鸡、祭酒、展梁、彩、上梁、车梁、点梁、抛彩、宝梁、上梁、下楼梯彩、厨梯彩、缮梁、拜梁、抛彩	开山破料祭祀山文、挂彩文、对门、门楼、缮梁、安大门、彩、红彩、谢梁彩、上门红彩、祈梁彩、彩、插彩旗、逐煞、祭酒、祭酒、上梁彩	偏梁、接梁、缮梁、祭梁、赞梁、祭梁、拜梁、上梁	上梁起师请神、架马、祭梁、缮梁、祭梁、上梁、登位、抛梁、抛梁馒头、抛梁盘等部分	无具体上梁仪式内容,仅刷《请设三界地主鲁般仙师文》	仪刷《请设三界地主鲁般仙祝上梁文》	上梁驱邪、祭梁、上梁、踩梁、抛梁等咒语以伏以开头,五言与七言为主,以四言、五言与七言也有解咒

- 77 -

续表

位置	赣东北	赣中	赣西北	赣南	古籍	古籍	近代沿传
请神与出煞	下屋基阶段有驱魔去邪煞	南丰一带有煞梁，实际是在梁上放镇宅符尺，乐安与东乡一带均有此俗，有驱煞之意	暂未发现	送煞、祭酒斩煞	仅存"照退官府三煞"内容；另外在上梁文中有请神，以酒敬神，送神、赶煞	上梁文中有有请神、祭神、赶煞	起水咒（请神）、代木开山治煞、报犯（退煞）
特点	有请神祭神与呼龙的内容，起煞中有东南西北中五个方向内容。上梁后挂梁喜，梁忌女人，漂梁、晒梁，敲梁。工匠分工喝彩，插彩旗	保佑神咒。崇仁抛梁保留了东南西北四方，东乡保留头梁尾，左右以及东西方位	起师退煞、出煞。保佑神咒等、车梁、截梁（截梁）彩。有撑梁与偷梁过程，接梁，为男性，工匠分工喝彩	出煞。插彩旗、龙灯贺新屋彩。与吉安一带上梁喝彩有相似之处，但无插彩旗阶段。	上梁仪式内容残缺	没有明晰的上梁仪式内容，出现了普庵仙师内容	全文充满巫术咒语，后部分抄袭《鲁班经》一书，但错漏处颇多。出现大量普庵仙师内容

5 上梁文与上梁仪式的地方运用

5.1 传播学视野下环鄱阳湖地区传统聚落民居建房仪式与上梁文初探[1]

江西有众多数量传统聚落，其历史文化悠久，文化底蕴丰厚，是当时生活和文化水平的集中体现。随着时间的推移，不少聚落逐渐衰退，然而，现行新农村建设、和谐秀美农村建设、乡村振兴等国家政策的提出与实施形成了传统聚落发展的一次契机。新农村建设从提出到建设实施以来，对改善农民生活条件，促进农村文化水平的提高起到重要的作用。但是，新农村建设不当有可能会给传统聚落建筑文化遗产的保护带来冲击。另一方面，江西环鄱阳湖地区经济圈和城市群的提出与实施，使得该地区未来与中部各城市群对接，有利于加快江西的发展。然而，就目前调查来看，为了取得更大的经济效益，部分单位增建和破坏城乡民居的建筑和布局，传递虚假的文化信息。如何在城乡统筹发展的同时，更好地发掘传统聚落建筑文化遗产，已成为需要认真思考和亟待解决的重要问题。传统聚落的民居建房仪式是建筑文化遗产的重要组成部分，需要及时挖掘、认真对待。本文从传播学的角度，以环鄱阳湖地区赣语分布的片区为划分，[2] 分析民居建房仪式与上梁文的诸种特征。

---

1 本研究为2010年江西省教育厅科技课题《环鄱阳湖地区典型村镇聚落建设规划研究》（编号 GJJ10031）阶段性成果之一。论文缩减版《环鄱阳湖地区建筑上梁仪式初探》曾发表于期刊《老区建设》2014年第24期。由于研究的需要，环鄱阳湖地区研究拓展到赣西北、赣东北和赣中地区，特此说明。
2 方言划分参见陈昌仪.赣方言概要[M]，南昌：江西教育出版社，1991.

5.1.1 环鄱阳湖地区民居建房仪式内容综述

从调研来看，建房仪式主要包括以下阶段：由地仙看风水，堪地，定民居座向，再择日动土；打坪基，动工；竖门架，并唱赞歌；选栋梁，发梁树、修整、截梁；上栋梁：唱赞、祭天、敬酒、抛梁；赶煞；架门坊，新房圆工。以上几个阶段中，竖门架、选栋梁和上栋梁极为重要，建房仪式中的上梁词主要集中在这三个阶段，而其中又以上栋梁为重。

5.1.2 建房仪式特点

1. 语言的传播与经济的交流造成建房仪式的和而不同

这一特点主要表现在以下两方面。

（1）语言传播的差异性和相似性，造成建房仪式的地区差异与相似性

环鄱阳湖地区是赣语的中心地带。由于远古的百越聚居，上古的"吴头楚尾"给赣语打下印记，两汉时期是赣语的形成时期，其后历史上客家先人的几次大迁移，在文化及语言传播上也给赣人以深刻影响。[1] 文化的交织与融合影响了该地区的建房仪式。宜春地区属赣语中的宜春片区，其建房程序如下：看风水，定民居坐向，堪地；拣定日子动工，由道士立太岁于墙基；定吉日竖门架；选栋梁，发梁树，写截梁文；上栋梁，唱赞词、祭天、祭梁、敬酒、撒发麻糍和饼等；新房圆工。[2] 共六道程序，缺少了赶煞阶段。同为赣语中的宜春片区，丰城市建房仪式则经过选吉日、锯梁、破土、下磉、上梁、中梁红布、中堂点燃烧香、放鞭炮、打锣鼓，从长到幼对梁跪拜，称拜梁，闹深夜，暖梁，午夜后出煞，上梁喝彩，抛糖果阶段。[3] 都昌县属赣语中的南昌片区，建房仪式更为注重选栋梁和上栋梁阶段。该县把这两个过程称为出梁、暖梁、接梁、贺梁、抛梁，其中出梁忌外人观看。[4] 同为南昌片区的星子县[5]，建房仪式则先请风水先生择地、起手、上梁过屋

---

1 陈昌仪.赣方言概要[M].南昌：江西教育出版社，1991.
2 李鸿.江西饮食文化与风情[M].北京：新华出版社，1999.
3 丰城县县志编纂委员会编.丰城县志[M].上海：上海人民出版社，1989.
4 都昌县志编修委员会编纂.都昌县志[M].新华出版社，1993.
5 现为庐山市。

均择黄道吉日，上梁时散发梁粑，泥木工唱彩鸣爆竹，屋主请酒，迁入新居则在深夜进行。[1] 乐平市属赣语中的余干片区，建房仪式则为由女婿家送红布和麻糍，用来扎梁、压梁，[2] 建房仪式则简化得多。

（2）经济文化的交流传播在建房仪式的上梁词中得到体现

江西省樟树市与高安县一带，属赣语中的宜春片区，建房上梁时，喜用绫罗祭梁，上梁词有如下几种。

[公鸡祭梁] 手提公鸡似凤凰，生得头高尾又长。头戴红冠并绿羽，身穿紫红八卦衣。此鸡非同一般鸡，观音老母送来定时鸡。一不乱叫，二不乱啼，恰此贤东上梁时。一祭梁头，万里封侯；二祭梁尾，宝贵到底；三祭梁腰，彩带飘飘；四祭梁肚，千年万富。一祭祭上天，祭了鲁班祭神仙。二祭祭下地，祭了观音祭土地。祭得土地咪咪笑，贺喜贤东造幢凑。观音送福，打封爆竹。

[绫罗祭梁] 手提绫罗万丈长，绫罗出自苏州行。苏州行里生巧女，生得巧女织绫罗。日织绫罗夜纺纱，织得绫罗把梁遮。左一遮，右一遮，此屋赛过村庄任一家。观音送福，打封爆竹。

[酒壶祭梁] 贤东送我一对瓶，千两金来万两银。上印狮子八宝盖，下塑棉花托酒瓶。美酒谁人酿，美酒杜康造。杜康酒师，祭酒三缸；头一缸，娶亲和嫁女；第二缸，买进田庄；第三缸，开始祭梁。观音送福，打封爆竹。

[上梁途中] 手提绳索软绵绵，提起梁来在眼前。房梁提在一串边，又发人来又发烟。房梁提在二串上，勤劳致富人有望。房梁升至栋梁口，金银财宝贯满斗。自从今日上梁后，子孙越发越兴旺。[3]

以上绫罗祭梁中对苏州行的描述，体现出两地的经济文化交流。

临川市腾蛟镇属赣语中的抚州片区，上梁词则又体现临川文化、庐陵文化与赣南客家文化的经济文化交流。部分上梁词如下：

手接东家一把壶，黄金万两靠得住，上面造起龙凤狮子盖，下面造起

---

1 江西省星子县编纂委员会.星子县志[M].江西人民出版社，1990.
2 乐平县志编纂委员会编.乐平县志[M].上海：上海古籍出版社，1987.
3 百度百科.上梁赞词[EB/OL].[2023-11-23]http://baike.baidu.com/view/592640.html,2006-11-04.

莲花托酒盘。茶要说个茶出处，酒要说个酒根苗。茶叶出在深山崖洞中，水酒出在田里糯米香。酒为何人造，杜康仙师造。男人造酒不可先知，女人造酒不可先尝。杜康杜康，寅时造酒，卯时就香。我今将酒祭五方，一祭个梁头，万里诸侯；二祭个梁尾，添财带喜；三祭个梁腰，玉带飘飘；四祭个梁肚，金银满库；五祭个中心太极图，太极图上生彭子。彭子寿高八百载，果老二万七千春。天官赐福，荣华富贵。打封爆竹。

贺喜东家，先到吉水去买麦，后到赣州来买糖。买了麦、买了糖就进磨坊，做出糖子饼仔抛栋梁。一个抛东，贺喜东家出相公；二抛个南，贺喜东家出状元；三抛个西，贺喜东家穿朝衣；四抛个北，贺喜东家坐衙门，掌管文武百官权。天官赐福，百子千孙，荣华富贵。打封爆竹。

天地大喜；天有四角，地有四方；神听主人言，木听匠人话。公元某年某月某日某时某刻，某某先生大厦建成上栋梁。栋梁长在何处，生在何方？栋梁生在北方，长在昆仑山上。走水路，九龙盘江，走旱路，八抬八托。风光一路，一路风光，到了贵府堂下，大斧子砍来叮当响，小斧子砍来响叮当。大刨子刨，小刨子光。大刨子刨得龙摆尾，小刨子刨得放金光，不长不短，不短不长，正是一根好栋梁。

2. 受行政区划及时代思潮的影响，建房仪式信息呈现不同程度的衰减与变异

这一特点主要表现在以下三个方面。

（1）距离行政中心越远，信息传播越呈衰减趋势，取而代之的是地方信息的强化

东乡县[1]建于明代，明正德年间，由朝廷将南昌府的进贤部分地块以及周边县地块合成东乡县，归抚州府管辖，属南昌府和抚州府行政中心的边缘，二府的建房仪式对东乡的建房仪式影响有所弱化，反而保留了其他方言片区的做法。南昌属赣语南昌片区，南昌市早期建房仪式为：由风水先生看风水，堪地，起手，选栋梁，打坪基，刨梁、漆梁，栋梁朝下两侧画太极图，图的两侧画龙凤，上栋梁，"兜宝"，

---

[1] 现为东乡区，以下同。

新房圆工。¹东乡县早期建房仪式为：择日动工，远亲近邻轮流帮工。竖柱上梁，各备礼金相贺，上梁时，旧有"兜宝袋""赶煞"等一整套程序。²"兜宝袋"与赣语南昌片区相似，"赶煞"则具有东乡地方特色。

（2）受受众的影响，仪式的原始信息衰减与变异，由新信息取而代之

鄱阳湖地区传统聚落的民居适应了世俗社会的发展，其世俗意象不仅体现在门窗、柱础上，在建房仪式中也隐约表达了这种要求。受众指的是主人以及参观或参与建房的人，建房上梁体现出对栋梁的崇拜，保留有原始崇拜的痕迹，³但由于仪式的世俗化进程，使得拜梁的仪式内涵逐渐潜隐。《宜丰县志》载，当地建房上梁，由出嫁女儿送盖梁红布。上梁前要定磉，木匠祭梁，父子游梁并扛梁上架。安装完毕，木匠和泥匠在两边喝彩，以"伏以"开头，从梁上扔米和糍粑，主人接住，然后再扔众人，众人纷纷俯拾，以求众人拜梁。⁴可见，拜梁的神性崇拜意识已经消失。信息的衰减与变异源于从神圣到世俗的转变，这在东乡县黎墟镇调研到的上梁文中也有所反映："伏以，一步走来两步行，三步四步走楼梯；脚踏楼梯步步，踏上楼梯摘仙桃；左手摘了五个，右手摘了四五双；老羊吃了寿命长，男孩子喝了□□大（指男性生殖器），女孩子喝了□□大（指女性乳房），情人吃了早生贵子……"⁵此篇上梁文充满了生殖崇拜等世俗意象。

（3）市场化促进上梁仪式的分工与变异，导致上梁文从普适性走向地方性

乐平市涌山镇属赣语中的余干片区，调查工匠王师傅，得知仅会缠梁彩和祝梁彩，其余的彩词部分则由铁匠、泥水匠等承担。每个工种根据自己的工作内容掌握相应的上梁文。更有甚者，上梁文的内容会和建筑装饰结合。如涌山镇的祝梁彩："天地开张，日祝时梁，时梁时梁，听我言张，生在何处，去在何方，生在昆仑山上，长在紫金旁，鲁班先师，

---

1 傅安平，喻峰. 翘楚东南无双地：南昌风物大观 [M]. 南昌：百花洲文艺出版社，2004.
2 江西东乡县史志编纂委员会. 东乡县志 [M]. 南昌：江西人民出版社，1989.
3 杨兆麟. 原始物象：村寨的守护和祈愿 [M]. 昆明：云南教育出版社，2000.
4 江西省宜丰县地方史志编纂委员会. 宜丰县志 [M]. 上海：中国大百科全书出版社上海分社，1989.
5 此篇上梁文由东乡县黎墟镇工匠熊师傅提供，调查时间为2009年7月，此处仅摘录部分。

打马缠过，瞧见此树，为做栋梁，带转马，扭转缰。我与贤东作商量，贤东出得黄金万两。"其中上梁文中"黄金万两"竟会出现在民居的室内装饰中，地方性特点日趋明显（图5-1）。此外，信息变异也有可能造成受众的变异。一般而言，建房喝彩主要是各匠人对东家建房的祝福，但一般也有亲朋好友喝彩的情况，更有甚者，由于民间常有工匠下鲁班术（厌胜之术）一说，为了讨好工匠，东家会为工匠喝彩。现以丰城市白马寨村为例。新房上梁时，亲朋好友都来庆贺，东家要大摆宴席接待。头天晚上"暖梁"时，亲朋好友要"喝彩"，东家随声应"好"，鞭炮齐鸣，奏乐队锣鼓喧天，然后开始暖梁彩。"伏以！手拿金鸡是五皇，生得头高尾又长；头戴凤冠碧绿耳，身穿五色紫龙袍。此鸡不是非凡鸡，它是王母娘娘报晓鸡，不祭天来不祭地，单单先祭师傅起：一祭师傅千年寿，二祭香火万年灵，三祭墨头金丝线，四祭曲尺分四方，五祭五尺分长短，六祭度高高万太，七祭天上七姐妹，八祭八仙飘海来，九祭九龙来聚会，十祭十全齐美来，天官赐福，打挂爆竹！"[1]

3. 由建房仪式的特殊行为或上梁文的句式变化可判断建房仪式的传播范围

这一特点体现在以下两个方面。

（1）建房仪式的特殊行为可以看出工匠传播的范围

吉安市富田镇属赣语中的吉安片区，所有工序完成后，要举行发梁、上梁仪式，届时，先燃放爆竹，杀鸡祭神，然后由木匠用斧头敲三下梁木，并祝赞一番叫"发梁"。作为抚州片区的临川市腾桥镇，其建房中也有类似做法。如上梁词记载："上起一支万年高阁金栋，坐落之处四季平安。上梁时间到，上梁时间到，对准栋梁三记敲，右手馒头左手糕，脚踏仙梯步步高，手攀丹桂采仙桃，仙桃不是凡人吃，鲁班仙师走一遭。"以上两个地方分属庐陵文化圈与临川文化圈，建房仪式中都有敲梁行为，可看出两个文化圈中工匠的交流；同时，这两个地方为赣语与客家方言交汇处，客家的南迁和返迁造成该地区的

---

[1] 此处上梁文为笔者在白马寨村田野调查所得，调查对象为杨师傅，调查时间为2010年3月。

独特性。可见，建房仪式中的特殊行为不仅是文人和工匠的交流，实际也是族群和文化迁徙的结果。

（2）上梁文句式变化体现时代性与地方性

《崇安县新志》卷六《礼俗》曰：宋时上梁多为文祝之，文用骈语，寓颂祷之意。附之以诗，分上下东西南北六章，每章完以"儿郎伟"三字。[1] 现以北宋江西庐陵欧阳修的《醴泉观本观三门上梁文》部分内容为例加以说明[2]：

儿郎伟！抛梁西，金碧相辉俯仰迷。万瓦寒光浮瑞露，层檐晚景挂晴霓。

儿郎伟！抛梁南，善利深功不可谈。但喜斯民无疾疠，谁知灵液有余甘。

儿郎伟！抛梁北，观者如云来九陌。四方万国会京师，有类众星环斗极。

儿郎伟！抛梁上，栋宇规模标大壮。落成行即庆良辰，望幸何时来彩仗。

儿郎伟！抛梁下，祈福为民崇广厦。四时和气致休祥，万国多欢洽朝野。

伏愿上梁以后，三辰顺轨，百谷丰登。卉服雕题，成被垂衣之化；行歌载白，永为击壤之氓。皇帝万岁！皇帝万岁！皇帝万万岁！

从现状调研看，环鄱阳湖地区建房仪式保留了早期做法。如丰城市、东乡县黎墟镇的民居建房上梁时，朝东西南北四个方位祭梁与宋朝一致，但已没有上下祭梁的风俗，取而代之的是增加了对梁头梁腰和梁肚的祭拜。以丰城市上梁词为例：

手提金鸡毛灿烂，金鸡生在凤凰山；凤凰山上凤朝阳，金造门来银造梁；金门银梁色色新，金光闪闪耀门庭；打开鸡冠取宝血，一祭天，二祭地，三祭师傅鲁班艺，四祭午尺分长短，五祭曲尺关四方，

---

1 陈进国.信仰、仪式与乡土社会：风水的历史人类学探索[M].北京：中国社会科学出版社，2005.
2 欧阳修.文忠集.[CD]四库全书光盘版.上海：上海人民出版社，1999.

六祭凿子铁锤响叮当，七祭泥架两面光。

天地师傅都祭了，鲁班弟子祭门梁：

一祭梁头，万里红朝；二祭梁肚，国家富强；三祭梁腰，角带飘飘；

四祭中央太极图，太极图上出彭祖；彭祖寿高八进八，贤东人财代代发；

彭祖寿高九百九，贤东富裕代代有。门梁都祭了，祭了门梁祭石礅；

一祭东，孔明才能遇东风；二祭西，屋檐出水有高低；

三祭南，东家弟子读书出状元；四祭北，文武状元一齐得。

自从祭梁后，福寿延绵降吉祥。脚踏兴隆地，金玉满堂福寿齐。[1]

4. 上梁文的历史传播彰显当地的风俗与演进

传播媒介的变化引起受传范围缩小，导致信息变化。古时修建宫室是件大事，从起工到上梁竣工各个阶段，都要占卜求得吉兆，还要举行仪式并致喝彩祝颂之辞。上梁文也随之产生。上梁文为建房仪式的信息媒介，首见于北朝温子升，唐五代流行于敦煌民间民俗中，北宋前期，经杨亿等人改造，成为一种重要的文章类型。[2] 江西的上梁文在宋朝达到高潮，王安石、文天祥等都参与过上梁文的写作。宋朝江西著名的"三洪"之一的洪适，写过上梁文多篇，现以其《澹津卜筑上梁文》[3]为例，全文如下：

《澹津卜筑上梁文》〔南宋〕洪适

年登半百，未皇蒇尔之居；象应魁三，甫遂归与之计。方休它馆，难缓吾庐。澹津主人：壮也安贫，晚而亨否。际真主风云之会，点明时柱石之班。智拙谋身，坚白莫齐于众口；恩深镂骨，怀黄获返于故乡。念先公之始基，为我里之佳处，营置锥之壤，何尝买山，规纳驷之门；殆同刻楮，兹契肯堂之志，敢辞治第之劳，起无地之楼台。固多惭德，对此床之风雨，况有善邻，练吉日于历翁，付全谋于梓匠，既安义负，可举栋梁。

抛梁东，螺州水转玉皇宫，柱教地识传前古，调鼎曾无尺寸功；

南，澹浦弯环工□潭，拂偃巴成高柳五，当门须要绿槐三；

---

1 〔明〕午荣.新刊京版工师雕斫正式鲁班经匠家镜[M].海口：海南出版社，2004.
2 路成文.宋代上梁文初探[J].江海学刊，2008(1):193-198.
3 洪适.盘洲文集[CD]四库全书光盘版.上海：上海人民出版社，1999.

西,雁序双鬈入望齐,步屦同行多乐地,梦魂那复到沙堤;

北,仅胜诗翁歌偏仄,欲营杰阁贮宸奎,待向北邻咨信息;

上,不用星官说乾象,青天白日是清明,凌雨震风休薄相;

下,万轴牙签重插架,只将清白遗儿孙,剩有门闾容驷马。

伏愿上梁之后,鼎饪导和,巫医扫迹,华发庆采蘩之助,清尊交常棣之欢,七子克家,咸守诗书之业,诸孙满坐,长寻梨栗之盟,凡我亲朋,共兹悦喜。

江西元朝的上梁文体现对宋朝上梁文的继承,现以元朝江西南丰人刘埙[1]的《藏书阁上梁文》为例:

《藏书阁上梁文》〔元〕刘埙

我南丰天昌儒道,郡遇贤侯。每升堂想丝竹之音,聿尊至圣;爰建阁敞图书之府,永宝斯文。云近栋梁,星回签度。洪惟圣天子崇儒之世,适在明师帅流化之区。三年莅州,壹意兴学。昔持宪按部,号活神明;今奉诏牧民,如慈父母。将还归于壹阁,益崇饰于横宫。于是构元龙百尺之楼,于以聚邺侯三万之轴。郡博士竭橛而董役,都料匠勇跃以告成。风露入窗,幻出广寒清都之境;云涛四面,宛在瀛洲方丈之间。盖将高藏群圣六籍之文,横陈诸子百家之作。可以滴露研朱而点勘,可以焚香闭阁而细思。读其书乎,事事尊先王之法;登斯楼也,人人称太守之功。敬颂虹梁,请停鼍鼓。

儿郎伟!抱梁东,海涌金轮晓色红,吾道方初如日出,倚需停午看当中;

儿郎伟!抱梁西,一山峭拔众山低,非檐杰栋侵云碧,似与军峰秀色齐;

儿郎伟!抱梁南,芸香缃帙列牙签,自有泮宫才有此,金光夜夜照南潭;

儿郎伟!抱梁北,五色云中瞻紫极,太平天子正崇儒,诗书满架

---

[1] 刘埙(1240—1319年),字起潜,自号水云村人,今江西南丰人,入元曾为延平路儒学教授,著有《水云村吟稿》《隐居通议》。

新南国；

儿郎伟！抛梁上，文章太守声名响，三年课最玺书来，一骑红尘催入相；

儿郎伟！抛梁下，楼头柳色森如画，楼中只著读书人，春游不比闲台榭；

伏愿经籍与日星齐寿，柱石如山岳不摇。后学踵前辈以同升，各悟高明之趣；使君偕群僚而直上，早登清峻之班。一郡美谈，千年伟事。

自元朝到明朝，江西上梁文也继承了宋朝的基本格式。明徐师曾《文体明辨》云："按上梁文者，工师上梁之致语也。世俗营构宫室，必择吉上梁，亲宾裹杂他物称庆，而因以犒匠人之长，以抛梁而诵此文以祝之，其文首皆用俪语，而中陈六诗，诗各三句，以按四方上下，盖俗体也。"

江西清朝至民国时期上梁文记载较少。事实上，自明清以来，上梁文地位逐渐下降，文人逐渐淡出上梁文的写作，演化成匠人为主的行为。《鄱阳县志（民国稿）》载"吾乡上梁，无论主人能文与不能文，皆托之于梓人"。[1]

而现代上梁文，通过对环鄱阳湖地区建房仪式的调查，发现多数由工匠掌握，也有少量由其他从事礼仪活动的普通百姓所掌握，已基本无文人的影子。可见，上梁文演变的历史，是文人的参与逐渐从高峰到低谷，再从低谷到退出的历史，也是工匠及普通百姓逐渐掌握话语权的历史。其中，工匠传播仅限于业内人士，由于行业竞争，使得上梁文的掌握范围变得极为狭小，其结果是建房仪式传统信息的传播逐渐淡化和削弱。

5.1.3 结语

综上可知，受移民以及经济文化的交流与传播等影响，环鄱阳湖地区民居建房仪式形成和而不同的地区特点，折射出语言的变迁；而建房程序中上梁文的变化，看似随意，其实都体现了吉言美意、四季平安等极为平凡和世俗的民间理想。江西民居建房仪式的特点，是由不同的历史时段、不同的时空积累造成，体现农耕文化特点，其延续性和持久性

---

[1] 中共鄱阳县委宣传部.鄱阳风俗谈屑[M].南昌：百花洲文艺出版社，2007.

体现了地区文化持久的魅力。本研究从传播学的角度，对建房仪式进行挖掘，一方面可以了解匠人在建房中的不同地位与作用，了解建房仪式与上梁文的地区相同与差异，从而了解工匠文化的地域传播范围；另一方面，了解房屋主人以及其他受众在建房中的作用，进一步明确地域特色形成的可能性，为保护不同地区非物质文化遗产产生积极的意义。

5.2 江西赣中吉安地区建筑上梁文的发展与演变[1]

吉安，地处江西母亲河——赣江的中部。该地域的庐陵文化是江西赣文化的重要支撑，它是以庐陵古治属为核心，向四周辐射，涵盖当今吉安市十余县及周边市区的区域性文化。上梁文作为一种用于古代木构架坡屋顶建筑上梁仪式的实用性文体，其发轫于南北朝，晚唐初具规模，并于北宋时期达到顶峰，自元明至清日渐式微。原本借助于文人笔墨进行传播，用于建筑物上梁仪式、兼诗歌与散文于一身的实用性文体，到明清至现代逐渐发展成为以匠人为主体的按一定的程式化即兴吟唱的民间通俗文体。本文以吉安地区为例对其上梁文发展演变进行分析。

1. 吉安地区古代上梁文统计——以《四库全书》为例

（1）吉安地区文人上梁文数量相对较多

结合文渊阁《四库全书》的文献记载与统计，现存的江西学者所写上梁文共计58篇，其中吉安地区上梁文有23篇，占江西古代上梁文的39.66%，远超江西其他各地级市上梁文的数量（表5-1）。

（2）上梁文所唱祝的建筑对象多样化

由统计信息可知，吉安地区古代上梁文的建筑对象有民居，也有宫殿、官邸、道观、学堂、祠堂、粮仓等公共建筑，说明文人参与创作上梁文的建筑的种类多样化。

---

1 本论文以《江西吉安地区建筑上梁文的发展与演变》名称发表于2018年12月第二十三届中国民居建筑学术年会论文集，合作者：蔡彩红。随着资料收集，吉安的民间上梁文资料日趋丰富，补充上梁文可见附件。此处保留原文，仅修改江西文人上梁文总数由50篇改为58篇。

表 5-1 吉安地区古代上梁文

籍贯	作者	年代	上梁文名	建筑性质	文献来源
永丰县	欧阳修（1007—1072）	北宋	《醴泉观本观三门上梁文》	道观	四库全书
安福县	王庭珪（1079—1171）	南宋	《卢溪读书堂上梁文》《安福县学上梁文》	学堂	四库全书
安福县	王炎午（1252—1324）	元	《安福县厅上梁文》	官邸	四库全书
	周必大（1126—1204）	南宋	《延佑乙卯（1316年）八月为族朴智则修居梁文》《本宅讦边起居梁文》	民居	四库全书
	罗椅（1214—1277）	南宋	《修盖射殿门上梁文》《后殿上梁文》	宫殿	四库全书
吉安县	萧兆梧（清晚期）	清	《田心大宅上梁文》	民居	《涧谷集》
泰和县	刘过（1154—1206）	南宋	《新修仁山白鹭书院上梁文》	学堂	《白鹭洲书院志》
吉安市	文天祥（1236—1283）	南宋	《为吴县尉舍前灏商卿作排青轩上梁文》	园林建筑	四库全书
吉安市	杨万里（1127—1206）	南宋	《山中堂屋上梁文》《山中厅屋上梁文》《代曾衢教秀峰上梁文》	民居	四库全书
			《施参政信州府第上梁文》《南溪上梁文》	民居	四库全书
吉水县		明代	《橙溪嘉会堂上梁文》《秀川罗氏时冈重建祠堂上梁文》《大安重建祠堂上梁文》《同江水次仓上梁文》《谌冈里社上梁文》	祠堂、里社、粮仓等	四库全书
			《松原薪居上梁文》	民居	四库全书
	罗洪先（1504—1564）		《玄潭雪浪阁上梁文》	道观	四库全书
			《石莲洞正学堂上梁文》	学堂	四库全书

2. 吉安地区建筑上梁文的发展与演变

由分析可知，吉安地区文人上梁文数量由宋至明逐渐递减。《四库全书》载吉安23篇上梁文中至少有13篇出自宋代文人之手。进入元代后，王炎午于公元1316年，另写一篇《延佑乙卯八月为族孙智则修居梁文》。此外，笔者补充两篇四库全书未记载的吉安学者所写上梁文，一篇为南宋罗椅《田心大宅上梁文》，该文录自《豫章丛书·集部六》之《涧谷集》，另一篇清晚期萧兆柄所写《新修仁山白鹭书院上梁文》，该文录自清晚期的《白鹭洲书院志》，使得吉安地区学者上梁文总计达25篇。由此可知，吉安地区古代上梁文多集中出现于宋代，并在宋代达到鼎盛，元代以后上梁文锐减，这与吉安地区重仕、重学的社会风气以及经济发展密不可分。

（1）吉安宋代文人上梁文的兴盛

①吉安自宋以来有着丰富的庐陵文化土壤

吉安是庐陵文化的发源地，是富有人文气息的历史故郡。苏东坡曾作诗云："巍巍城郭阔，庐陵半苏州"。[1] 这里历史悠久，有着发达的教育文化，以"三千进士冠华夏，文章节义堆花香"而著称于世。[2] 庐陵府不仅考取进士的数目位居天下第一，考中状元的人数也名列天下第二。明代建文二年（1400年）庚辰科中的鼎甲三人（状元胡广、榜眼王艮、探花李贯）和永乐二年（1404年）甲申科中的前七名（曾棨、周述、周孟简、杨相、宋子环、王训、王直）都是吉安人，这种"集体多连冠"的情况在中国科举史上独一无二，因此吉安被赋予"一门九进士，父子探花状元，叔侄榜眼探花，隔河两宰相，五里三状元，九子十知州，十里九布政，百步两尚书"[3] 的美名。在漫长的历史发展中，吉安积淀出了厚重的包括手工业文化、商贾文化、农耕文化、书院文化、宗教文化等在内的庐陵文化，并迅速在赣文化中占据了举足轻重的地位。其次，庐陵文人欧阳修对于吉安地区上梁文的发展也起

---

1 周亮文，卢岷君.略论图书馆与收集整理非物质文化遗产的关系[J].内蒙古科技与经济，2011(23):126.
2 李红勇，卢杰.江西文化旅游资源竞争力评价[J].企业经济，2014(4):144.
3 360百科.吉安[EB/OL].[2023-11-24].http://baike.so.com/doc/5333749-5569186.html.

到了引导作用。在宋代文学史上，欧阳修作为文坛界首创一代文风的领袖，发起了北宋的诗文革新运动，对韩愈的古文理论进行了继承和发扬。他在展开文风变革的同时，也革新了诗风词风。宋代文学家苏辙曾在他的《上枢密韩太尉书》中如此评价他："见翰林欧阳公，听其议论之宏辩，观其容貌之秀伟，与其门人贤士大夫游，而后知天下文章聚乎此也"。[1]若说江西文坛是孕育宋诗的发祥地，那么庐陵欧阳修则是当之无愧的开启宋诗的鼻祖，他的诗"始矫昆体，专以气格为主，故言多平易疏畅"。随后庐陵文人周必大、王庭珪等的诗歌写作也进一步促进了宋诗的形成与发展。此外，号称"南宋中兴四大诗人"之一的杨万里的诗体在宋代诗歌发展中也是赫赫有名，被后人称之为"诚斋体"。文人喜好用文章来借景抒情，展现自己的才情学识，故可以说吉安宋代史上存在如此多的文人促进了当地上梁文的发展。

②吉安自宋以来有着较繁荣的经济土壤

宋代创造了我国古代历史上的一个巅峰，无论是其商品经济还是文化教育都曾一度鼎盛。随着宋代社会生产力水平的提高，商品贸易的迅速发展，封闭落后的里坊制无法满足城市居民日常生产、生活的需要，在一定程度上反而限制了商品经济的发展，于是开放式的街巷制应运而生。街巷制的涌现进一步加速了经济贸易的往来，使得宋代民间的富庶与社会经济的繁荣远远超过盛唐。四面八方的商业网络已在宋代形成，地区之间空前繁荣的商品贸易极大地促进了社会经济的发展。随着宋代社会政治经济的繁荣，制礼作乐被提上议事日程。宋太宗雍熙元年（984年）的封禅之议，即是国家升平因而制礼作乐的体现。为配合制礼作乐，有必要兴建一批举行各种仪式、典礼的宫殿和场所。[2]土木工程的兴建，直接催生了上梁文的创作。北宋如此，南宋也是如此。如周必大《修盖射殿门上梁文》《后殿上梁文》就是伴随着杭州盖射殿门和后殿的修建而出现的。同时，随着经济的提升，国家就会愈加重视文化教育的发展，许多在朝为官的庐陵学者创作了大量学堂、道观上梁文，如欧阳修《醴

---

1 纪昀.文渊阁四库全书（宋文鉴）卷一百十八[CD].上海：上海人民出版社. 1999.
2 路成文.宋代上梁文初探[J].江海学刊，2008(1):194.

泉观本观三门上梁文》、王庭珪《卢溪读书堂上梁文》等。

吉安，不仅位于这张商业网络内，赣江的存在使得该地水运交通也很便利，于是不可避免地受到区域经济的影响和带动。其中最为显著的是该地区农产品经济的富足。据北宋泰和人曾安止《禾谱》记载："江南俗厚，以农为生。吉居其右，尤殷且勤，漕台岁贡百万斛，调之吉者十常六七。"也就是说江西调往中央政府的漕粮有大半出自于庐陵。《禾谱》中还提到北宋哲宗时，吉安地区不仅种植有50余个水稻品种，而且整个泰和县亦呈现"白邑以及郊，自郊以及野，峻岩重谷，昔人足迹所未当至者，今皆为膏腴之壤"的景象。水稻田不仅遍布江河平原地区，也扩及丘陵山地，成为梯田。由此可见，宋代吉安地区通过大量开发梯田扩大耕地面积，以及培育水稻优良品种的方式来增加粮食产量，农业生产力水平的提高必将带动农产品经济的兴盛。地区经济水平提高了，自然就有了政府府邸和教育学堂的建设，王庭珪《安福县厅上梁文》《安福县学上梁文》就应运而生。

③吉安宋代文人有着积极参与时事的政治土壤

自"澶渊之盟"（1005年1月）后，宋真宗为巩固天子的权威，大肆崇尚神仙道术，不仅崇宫室以荣宠之，而且经常亲自出席与之相关的典礼仪式，借助于神道设教来蛊惑群医，愚弄黔首，道观寺院兴建之风遂举国蔓延开来。他在位期间，下令在全国（尤其在京城）修建了大量的寺观殿宇，用以供奉神仙佛道或祖宗牌位，大都规模宏敞，气氛庄严。在这些建筑物上梁之日，他经常亲自率领群臣前往参观。仅根据《续资治通鉴长编》的记载，他在位期间就有十余次观看上梁仪式。如此频繁地参与建筑物上梁，可以说前所未有。以帝王之尊亲自观看上梁，仪式必然非常完备而庄重，其中不可缺少的吟诵和唱上梁文或祷辞就显得相当重要。真宗崇道而不抑佛，二教中仙人之事通常兼而取之，修建寺观殿宇所役使的工匠全部征自民间，替其司仪主事之得道高僧更是与民间信仰有着千丝万缕的联系，对于民风民俗十分了然。因此，上梁仪式中所需的上梁文，多由他们代为制订。但是民间所作，文辞粗鄙，不足以描述盛德；因此他们只提供写作程式用以上梁文的创作，然后再安排朝中文人学者另拟。在此情势下，上梁文之为文人所重毋庸置疑了。随着上梁文被文人士大夫所熟悉，其创作也变得普通而频繁。而吉安地区上梁文作者欧阳修、文天祥、王庭珪、周必大、刘过、杨万里等文人都集中出现于宋代，明代只有罗洪先参与过上梁文写作，这也是造成吉安地区上梁文多集中出现于宋代的一方面原因。

（2）吉安元代文人上梁文的衰退

由统计分析可以发现，元代时期，吉安地区的文人上梁文数量在《四库全书》中仅为一篇，其中王炎午出生于南宋，其活动也主要集中在南宋，在元初写了一篇上梁文。但总体而言，宋元时期吉安的上梁文数量出现如此明显的差距，这与元代的特殊国情密不可分。

①元代在礼俗上注重"国俗"

元代的统治者作为以游牧为主要生活方式的民族，他们在漫长的游牧岁月里形成了具有本族特色的宗教和礼俗，中国统一后，仍然实行"本俗"。即使遵从汉文化礼仪的祭祀仪式也仍然具有十分强烈的蒙古特色："其祖宗祭享之礼，割牲、奠马湩，以蒙古巫祝致辞，盖国俗也"。另外，值得注意的一点是汉俗与"国俗"地位高下的比较："蒙古祝史致辞讫，礼仪使奏请执镇圭兴，前导，出户外褥位，北向立，乐止。举祝官搢笏跪，对举祝版，读祝官北向跪，读祝文讫，俛伏兴，举祝官奠祝版讫，先诣次室。"通过这段叙述能够了解到蒙古族的元代统治者实行先"国俗"后汉俗的祭祀仪式：尽管是"稍稽旧礼"，"国俗"在礼俗中所占的地位仍然高于汉礼仪。[1] 不但如此，元朝统治者对于汉礼节非常重要的祭祀活动，态度也不是很重视。据《元史》记载，元世祖"至元十二年十二月，以受尊号，遣使豫告天地"。成宗"大德六年春三月庚戌，合祭昊天上帝、皇地祇、五方帝于南郊，遣左丞相哈剌哈孙摄事，为摄祀天地之始。"[2] 需要皇帝亲临现场的祭祀以宗庙祭祀和郊庙祭祀为主。而在祭祀郊庙方面，他们往往是委派大臣代祭，或者干脆把仪式减省化。元代帝王如此地不重视宗庙祭祀，而作为文人士大夫的臣子们受到上行下效的影响，也就普遍降低了对祭祀仪式的注重程度。祭祀的弱

---

[1] 刘颖. 宋元祝文初探：从和刻本《事林广记》中的祝文模板谈起 [D]. 呼和浩特：内蒙古师范大学，2013.
[2] 纪昀. 文渊阁四库全书（元史）卷七十二 [CD]. 上海：上海人民出版社，1999.

化使得元代寺观殿宇建筑数量日趋减少,而上梁文是伴随着建筑上梁仪式出现的,官式建筑的减少以及仪式的削弱导致这种以"赋"为文体的上梁颂词和仪式语逐渐没落,甚至淡出文人们的视野。

②元朝政府对汉文化的轻视

清人赵翼曾这样评价元代皇帝:"元诸帝多不习汉文"。世祖始用西僧八思巴造蒙古字,然于汉文则未习也。元朝帝王不习汉文,凡是进呈文字都要先译成国书,因此整个国家对于汉族文化的重视程度也可见一斑。在科举制度方面,"九年秋八月,下诏命断事官木忽斛与山西东路课税所长官刘中,历诸路考试,分史论经义词赋三科,作三日程,专治一科能兼者,听其中选者,复其赋役,令与各处长官同署公事,得东平阳夐等皆一时名士而当世阻汉法者不便之事,遂中止。"[1]忽必烈的嫡长子明孝太子崇拜儒学,为让更多的蒙古统治阶级子弟能接受到儒学教育,曾试图"准蒙古进士科及汉人进士科,参酌时宜,以立制度",可谓终其一生不遗余力地推行儒学教育及科举制度,但结果都以失败告终。元至元二十一年(1284 年),礼霍孙、留梦炎等请设科举。许衡议科举,罢免诗赋,重视经学,科举制度始定。元皇庆二年(1313 年)十月,定科举程序。次月,下诏施行科举。这些足以反映元朝统治阶级是何等轻视汉文化,导致作为主流文学的诗词赋(上梁文属此范畴)在元代都没有得到新的发展,更不要谈仅由文人士大夫执笔的上梁文了。可想而知,用汉字撰写的上梁文和不适用于蒙古包建筑的上梁文化受到冲击,数量必然大幅下滑,但民间建房仍在继续,上梁文的内容必然逐渐由民间来主导与传承,叵见包含有上梁文的《鲁般营造正式》的工匠用书在元末明初出现并非偶然。

③元代少数民族文学的兴起

辽金时期少数民族学者在学习借鉴汉文化的同时,也根据自己本民族的风俗文化加以创新,使得本民族的文学作品不断地推陈出新,耶律楚材、元好问就是其中的佼佼者。耶律楚材作为契丹族人,出于保存辽代文化的目的,将契丹语诗篇《醉义歌》译为汉文七言歌行体

---

1 魏源.元史新编[M].台北:文海出版社.1984.

长诗并流传开来。他的书法由于少年时深受金代文化的影响，豪放挺拔，以端严刚劲著称，有"河朔伟气"，曾风靡一时。《元史》本传称其："善书，晚年所作字画尤劲健，如铸铁所成，刚毅之气，至老不衰。"[1] 鲜卑后裔元好问的文学成就主要以"丧乱诗"和金词最为突出，"丧乱诗"皆创作于金朝灭亡前后，主要有《俳体雪香亭杂咏》十五首、《歧阳》三首、《壬辰十二月车驾车狩后即事》五首等；而他的词带有强烈的现实主义，有"兵尘万里，家书三月，无言搔首。几许光阴，几回欢聚，长教分手。料婆娑桂树，多应笑我，憔悴似，金城柳。"词的内容虽不及其诗内容广大，但在金词坛却是题材最丰富的一家，抒怀、咏史、山水、田园、言情、咏物、赠别、酬答、吊古伤时，无所不谈。[2] 因此宋代之后，由于这些少数民族文学的涌现，文学的发展更加异彩纷呈，大多数文体日趋完善并在文学史上占据一席之地。然发展已久的上梁文文体却日渐萧条，并最终被文学界遗忘，纯粹地被大众视为一种民俗而幸存于全国各地。[3]

（3）吉安明清两代文人上梁文的短暂回升与下降

《四库全书》中吉安明初无上梁文记载，按理从元朝到明朝，后者对科举制度的重视会刺激上梁文的写作。然而到明嘉靖时期，《四库全书》记载的上梁文仅有罗洪先一人撰写的9篇，比元代上梁文稍强，上梁文写作数量略有回升，但不像宋代呈现百花齐放的局面。这与明代开国皇帝朱元璋和当时的政治氛围有莫大的关系。明朝时期的文字狱主要体现在明初年间打压朝廷权臣和中后期控制文人思想这两方面。其中，最典型的一个事例就是洪武七年的魏观冤狱、高启腰斩事件，苏州知府魏观邀请文人高启为修建的知府府第撰写上梁文，但是其所作的上梁文中却出现了"龙蟠虎踞"的字眼，并且建筑选址为张士诚宫殿遗址，从如今尚存的《郡治上梁》："郡治新还旧观雄，文梁高举跨晴空。南山久养干云器，东海初升贯日虹。欲与龙庭宣化远，还开

---

1 百度百科. 耶律楚材 [EB/OL]. [2023-11-24]. http://suo.im/41fu52.
2 360百科. 元好问 [EB/OL]. [2023-11-24]. http://baike.so.com/doc/5401547-5639174.html.
3 解为. 浅论宋代以后上梁文的发展 [J]. 濮阳职业技术学院学报，2013，26(4):98.

燕寝赋诗工。大材今作黄堂用,民庶多归广庇中"[1]可以看出这首气势不凡的诗表面上赞扬苏州府邸的大梁,实则兼颂魏观具有栋梁之材。于是"帝见启作上梁文,因发怒,腰斩于市"。朱元璋敏感的神经被这无心的"过错"所触动,怀着一则可泄"辞官忤旨"之宿怨,二则"启尝赋诗,有所讽刺,帝嗛之未发也"这两条理由置高启于死地。[2] 从此一直到明中期,文人发表言论小心翼翼,不敢轻易创作上梁文,但另一方面,文人上梁文写作的萎缩刺激了民间上梁文写作的发展。此外,《四库全书》没有吉安地区清代上梁文记载。清前期的文字狱对江西文学的创作也有一定的负面影响,一直到清晚期的《白鹭洲书院志》中才载有一篇吉安县人萧兆柄的《新修仁山白鹭书院上梁文》。

(4) 吉安民国时期至现代上梁文仍在顽强延续,但呈减少的趋势

目前在吉安地区的民间仍保留了民国时期流传至今的上梁文,但文人与民间上梁文呈减少趋势。《鄱阳县志(民国稿)》载:"吾乡上梁,无论主人能文与不能文,悉托之于梓人,首同福以(矣)云云,乡村俗吉祥语,谓之喝彩,击斧为节,群起和之,谓之和采。"此情况也适合用于吉安地区,目前该地区还未发现民国文人的上梁文记载,但民国《绘图鲁班经》的出版[3],促进了民间上梁文的普及,其上梁文内容实与明永乐、万历年间的《新刊京版工师雕斫正式鲁班经匠家镜》内容相类似。之所以仍能够继续保留,第一是因为上梁文的产生终究与中国古代木构建筑形式有关。梁思成先生认为梁柱式建筑构架制的结构原则:以立柱四根,上施梁枋,牵制成为一"间"。[4] 这种结构原则决定了一座建筑物的成形即在"上梁",如同当今建筑之所谓"封顶",是建筑物修建过程中最关键和最具标志性的一道工序。其次,上梁文具有祈福的意愿。从北宋欧阳修《醴泉观本观三门上梁文》:"用涓吉日,构此修梁。盍效欢讴,形于善祝"。南宋杨万里《南溪上梁文》:"甫练日以抛梁,聊占词而伸颂"。到明代罗洪先《塘东一经堂上梁文》:"从子何时吉日兮良辰,

---

1 纪昀.文渊阁四库全书(大全集):卷十五 [CD].上海:上海人民出版社,1999.
2 房锐.高启生平思想研究 [N].四川师范大学学报,1996(4).
3 绘图鲁班经 [M],上海:上海鸿文书局,1938年.
4 梁思成.中国建筑史 [M].广州:百花文艺出版社,2005.

同声善颂"。再到当今吉安民间上梁文:"天开皇道大吉昌,辰时登位正相当。手拿金鸡作凤凰,祭起青龙作栋梁。火炮时烛两边响,坐箫鼓笙闹华堂。积善之家有余庆,自有仙家降吉祥。燕子飞飞起凤凰,代代儿孙状元郎。从此今日登位后,万载兴隆,长发其祥。"可以看出无论是文人还是民间的上梁文,常常择吉日上梁,上梁文即是在此庆典上,由司仪吟诵或由工匠群体和唱以祝祷平安康泰。

然而,随着城市化进程的加快,钢筋混凝土营造的平屋顶建筑逐渐代替了梁柱式构架建筑,这也就使得现代大多数建筑物不再需要上梁,上梁文也就遭受毁灭性的打击。但是在吉安,仍然有少数现代民居建筑或宗族祠堂在"封顶"之时会举行上梁仪式,于是喝彩词就被一代又一代的工匠们当作"采茶歌"似的传唱了下来。这些彩词源于他们多年来建造房屋的积累,且大多数是师徒口传身授,很少有系统的文字记录。喝彩词的出现体现了当地匠人对民俗信息的再次创造,将深刻的理论转化为通俗的歌谣,使得上梁文化能够流传至今。

3. 结语

传统聚落民居的上梁文与建筑上梁仪式是非物质文化遗产中的重要组成部分,传承非物质文化遗产且不与新农村建设相违是当代人亟待解决的问题。[1] 从民俗学角度而言,研究吉安地区上梁文的现状,剖析该地区上梁文从古至今的变化,从中寻找其建筑原型出现的时间段,探索建筑在历史潮流中的起源与演变,分析建筑上梁仪式与象征具有的意义,对于保护和传承该地区非物质文化遗产具有重大的意义,也有利于建筑技艺的传承和发展。

另一方面,上梁文作为我国文学史上用来表达颂祝的骈文,其流传千年,历经各种演变,成为一个日趋通俗化的文体。现如今,上梁文大多用以表达人们的祝福祈愿之情。由于古今社会背景的差异,人们的愿望也有所改变,故而必须改变上梁文的内容和喝彩词,才能满足人们的需求,适应现代社会的发展。本文希望通过对上梁文的分析,唤醒人们对传统建筑上梁文化的责任意识,让这些宝贵的文化遗产摆脱消失的厄运,使人们充

---

1 许飞进. 环鄱阳湖地区建筑上梁仪式初探[J]. 老区建设, 2014(24):40.

分意识到对传统文化的创新利用就是让传统文化兴旺发达的不竭动力。这对打造乡愁、营造特色农村与地方文化具有一定的示范意义。

5.3 江西赣中抚河流域建筑上梁文与上梁仪式初探[1]

相比江西上梁文而言，抚州流域古代文人上梁文目前保存并不多。从《四库全书》所载的江西籍古代文人上梁文来看，江西共58篇上梁文。其中抚州籍2人仅写作7篇上梁文。但如果通过田野调查，可发现民间上梁文较多，且有着比较明显的地方特点，可成为抚州文人上梁文的补充。

1. 抚州古代文人上梁文的收集

目前收集到王安石、王安礼、聂子述、刘埙，以及虞集的上梁文，共15篇（表5-2）。

表 5-2 抚州市古代文人上梁文

作者	作者籍贯	朝代	上梁文名	文集及卷名
王安石	抚州临川	北宋	景灵宫修盖英宗皇帝神御殿上梁文	《汴京遗迹志》卷十八标题无皇帝二字；《临川文集》卷三十八；《文章辨体汇选》卷三十九。以上均为四库全书本。
王安礼	抚州临川	北宋	延福宫修盖神御上梁文	《豫章丛书》集部一之《王魏公集》卷七
聂子述	抚州南城	南宋	重建郁孤台上梁文	四库全书本《隐居通议》卷二十三转载
			新居上梁文	
			东宅上梁文	
			岁寒堂上梁文	
			水月观上梁文	
			杰阁上梁文	

---

[1] 基金支持：国家自然科学基金资助（项目批准号：51568047）；江西省社科"十四五"规划项目（项目批准号：23YS09）；江西省高校人文社科重点研究基地项目（项目批准号：JD21096）。本文简化版发表于2023年第二十八届中国民居建筑学术年会。

续表

作者	作者籍贯	朝代	上梁文名	文集及卷名
刘壎	抚州南丰	元	郡庠三门上梁文	《全元文》第十册
			儒学藏书阁上梁文	
			安禅寺法堂上梁文	
虞集	四川人，后到抚州崇仁跟吴澄治学	元	大龙翔集庆寺正殿小上梁文	四库全书本《道园学古录》卷二十六
			吾殿小上梁文	
			大龙翔集庆寺正殿上梁文	
			吾殿上梁文	

经统计，《四库全书》中收录的江西籍上梁文作者共有21人，58篇。而在江西籍作者上梁文统计中又以吉安上梁文（23篇）数量最多，作者8人，占40%，上饶（10篇）、宜春（8篇）次之，抚州上梁文（7篇）在江西排第四位。如果包括在抚州生活的文人以及文人专集中收集的抚州籍上梁文，则可另外增加8篇（临川王安礼、南丰刘壎以及崇仁虞集），抚州上梁文文献位居第二位，其中北宋2篇、南宋6篇、元朝7篇。

2. 抚河流域古代文人上梁文的特点

抚州宋元时期尽管上梁文不多，在保留了江西文人上梁文共性的基础上也有较多的变化。

2.1 多数保留四段结构

江西上梁文体例三要点：四段、儿郎伟、伏以。上梁文一般分为四段："一、破题；二、颂德；三、入事；四、陈抛梁，东西南北上下诗各三句"。[1] 儿郎伟，这种用于祈福仪式中的呼告词，即呼唤之辞。上梁仪式也是民俗中请神还愿的一种方式，所以在江西上梁文中，文人也会使用"伏以"做起句首语。建筑上梁仪式中，以儿郎伟或者伏以起句，先是一段骈文开头，表明事情的渊源，再以诗的形式，进行抛梁环节的颂唱，句式则是"三、七、七、七"，或"三、三、七、七、七"。最后一句再以骈文祝词内容作结。但在表5-3中，以儿郎伟开头的仅2篇（王安石、王安礼），刘壎3篇上梁文则在抛梁阶段说儿郎伟，打破了原有宋

---

1 陈驿曾.文章欧冶[M]// 王水照.历代文话.上海：复旦大学出版社，2007.

代文人所写的规范。而以伏以开头的仅3篇，其余8篇则无此程式。由上可知，自南宋至元，上梁文的范式在打破（表5-3）。

表 5-3　抚州市古代文人上梁文结构

作者	朝代	上梁文名	是否有四段	是否有"儿郎伟"	是否有"伏以"	有无抛梁词	六方位词	伏愿词
王安石	北宋	景灵宫修盖英宗皇帝神御殿上梁文	有	有	无	有	有	有
王安礼	北宋	延福宫修盖神御上梁文	有	有	无	有	有	有
聂子述	南宋	重建郁孤台上梁文	无	无	无	无	无	无
聂子述	南宋	新居上梁文	有	无	无	无	无	无
聂子述	南宋	东宅上梁文	有	无	无	无	无	无
聂子述	南宋	岁寒堂上梁文	无	无	无	无	无	无
聂子述	南宋	水月观上梁文	无	无	无	无	无	无
聂子述	南宋	杰阁上梁文	无	无	无	无	无	无
刘埙	元	郡庠三门上梁文	有	有	有	有	有	有
刘埙	元	儒学藏书阁上梁文	有	有	有	有	有	有
刘埙	元	安禅寺法堂上梁文	有	有	无	有	有	无
虞集	元	大龙翔集庆寺正殿小上梁文	无	无	有	无	有	有
虞集	元	吾殿小上梁文	无	无	有	无	有	有
虞集	元	大龙翔集庆寺正殿上梁文	有	无	有	有	有	有
虞集	元	吾殿上梁文	有	无	有	有	有	有

注：聂子述上梁文转自刘埙《隐居通议》一书，作者略去了"六伟"部分，也就略去了抛梁词和六方位词部分。

2.2 格式内容程式出现一定的突破

以刘埙《郡庠三门上梁文》为例，作者先"破题"，认为南丰建成后初无较高等级的学宫。"州建南丰，教分东鲁。凝旒被衮，甫新礼殿容仪；列戟垂帘，未备庙门制度。"由于，元蒙统治者从1234年灭金后废止科举制，儒家地位低，后元仁宗皇庆二年（1313年）重拾科举，提升儒家的地位。[1] 因此"今朝廷大兴于儒道，我郡国钦奉于德音。

1　刘安泰，谈元朝科举制度的废与行，昌潍师专学报，1996（03）：57-60.

乃伉高闳，式严崇陛。"此段介绍了建三门的缘由，并"颂德"。接下来便"入事"，详细介绍建筑地点以及相关的礼制以及装饰等，并提出期望。"军峰之山秀万仞，是开人文；泮宫之门辟三途，盖用王礼。璇题巍揭于绣刻，金铺奂映于朱扉。咨尔衿佩之英，勉旃庠序之教。升其堂，伏其几，徒以文言；由是路，入是门，须到圣处"。

再接下去便是"陈抛梁阶段"。请歌六韵，爱举双梁：

儿郎伟！抱梁东，檐映扶桑晓日红。万代帝王师圣道，际天薄海盛儒宫。

儿郎伟！抱梁西，笔架三峰碧汉齐。秀毓巨儒提正印，文章星斗至今辉。

儿郎伟！抱梁南，门当离位势尊严。巍巍衮冕王仪肃，岂比瞿昙与老聃。

儿郎伟！抱梁北，九五飞龙新御极。紫霄丹诏下人间，吾道回春添气色。

儿郎伟！抱梁上，鳞瓦参差鸱尾壮。仲尼日月焕中天，照破群迷开治象。

儿郎伟！抱梁下，翠楣文砌光相射。宫墙环拱圣人尊，更看列荣森如画。

本文需要注意的是两个地方，一是作者把以往的抛梁改为抱梁，突破了以往的固定程式。这在作者随后的《儒学藏书阁上梁文》《安禅寺法堂上梁文》中也保留了抱梁一说。当然也可以理解为作者写的是抛梁前一阶段，毕竟抛梁阶段会丢花生、糖果、包子一类食品，场面容易失控而显得不庄重。另外，也可避免一种误会，抛梁也并非把梁抛掉，实指栋梁安置好后，由匠人将花生、糖果、米饼一类站在栋柱或栋梁上方抛至人群密集之处，无形之中引导人们完成拜梁仪式；其二，作者上梁是"爱举双梁"，也即将正梁与扶脊木[1]一起架上。这实际是抚州地区的常见做法。正梁一般略带弧线，而其上子梁则为水平，与正梁中间有垫板相

---

[1] 乐平一带称伴梁檩条，在正梁与扶脊木之间还有垫板过渡。扶脊木也有地方称子梁。

连，中间有竹签相穿，形成一个整体。这说明上梁文的作者非常熟悉地方建筑，文章的地方色彩浓郁。最后一段是写出祝文愿景："伏愿章缝星聚，弦诵春熙。进用则以尧舜君民为心，退隐则求孔颜师友之乐。六经之道垂世，天地长留；八柱之势如山，风雨不动。共惟元圣，大福斯文。"

由上可知，这篇上梁文第一在抛梁环节的颂唱做了些改变，句式从"三、七、七、七"改为"三、三、七、七、七"，其次是充分结合了本地建筑特点进行。

2.3 出现双上梁文的创作

所谓双上梁文指的是同一作者就同一建筑的同一构件和同一题材写出两篇上梁文。一篇是小上梁文，类似于草稿或者口述之文，如虞集的《大龙翔集庆寺正殿小上梁文》。全文如下：

伏以！龙光有赫，象教方兴。式严前殿之崇，祗奉祇园之胜。上栋下宇，方缔构于良工；细桷大㮣，并具材于桢干。成规斯在，愿力维弘。伏愿天相圣心，佛加神运。百重阑楯，移来天上之慈云；万岁山河，永镇人间之福地。

此文仅以伏以开头，中间颂德一段，缺陈抛梁内容，也即东西南北上下诗各三句，就到了结尾，且内容非常简洁。

在小上梁文后，作者又以同栋建筑写了一篇完整的上梁文，《大龙翔集庆寺正殿上梁文》如下：

伏以！虎踞龙蟠，即渊潜之佳地；云兴雾渰，建梵释之新宫。巍巍中正之居，赫赫大雄之座。钦惟钦天统圣至德诚功大文孝皇帝，惟天为大，如日之升。经纶既正于洪规，崇信不忘于愿力。美矣善矣，大成舜帝之箫韶；经之营之，匪为文王之台沼。我佛有护国救民之助，吾皇示报功崇德之心。黄金满布于祇园，华构上移于兜率。式崇大殿，爰举修梁。相我工人，陈兹善颂。

抛梁东，日上扶桑散曙红，鹿苑珠玑涵晓露，钟山草木动春风；
抛梁西，石城突兀护江堤，旧游曾见群龙舞，望幸犹闻六马嘶；
抛梁南，苍龙曾此卧江潭，风云会合千峰一，山谷传呼万岁三；
抛梁北，瞻望帝星临万国，山川谁为地东南，形势只如天咫尺；
抛梁上，白玉毫光千万丈，吾皇还似觉皇尊，龙象人天皆拱向；

抛梁下，亦有帡幪千万厦，弥天法雨本无私，满月明珠宁有价。

伏愿上梁之后，皇基巩固，绀宇尊高。纪亿万年，共祝圣神之寿；遍大千界，同沾殊妙之恩。万岁万岁万万岁。

而这篇上梁文则非常正式，格式完备。同样一栋建筑的两篇不同上梁文比较少见。前者疑为草稿，而后为正式稿，二者在不同场合中使用。也有另外一种可能，即其中有一篇只是上梁文文体的作品，并未在上梁现场使用过。但如果仔细阅读两篇上梁文，则发现第二篇非常正式，与欧阳修《醴泉观本观三门上梁文》、王安石《景灵宫修盖英宗皇帝神御殿上梁文》结构相似，结尾是皇帝万岁或万岁。这类公文应制上梁文多是在朝廷下令大兴土木的背景下而成的。[1] 而第一篇小上梁文，内容不全，但短小精悍，有点像作者的备用喝彩词。或者说作者做好了另一种打算，如果上梁时分没有来官方特别重要的人物，就准备小上梁文方式来喝彩。目前《四库全书》中仅虞集有两篇小上梁文和相应两篇上梁文。虞集是元代延祐到至顺年间京城最著名的大学者、大诗人。尽管祖籍四川，但十三岁随父亲到崇仁，一生大部分时间在崇仁度过。其学术思想主张"会和朱陆"，融汇各家，体现了临川文化的开放包容精神。[2] 他引领有元一代文风，同揭傒斯、柳贯、黄溍并称"元儒四家"，其出现两种上梁文恐也不是偶然，这也为地方上梁文的革新奠定了基础。

3. 抚河流域近现代上梁文

目前笔者还未收集到抚河流域近代晚清时期的建筑上梁文，地方县志也仅查得一篇抚州黎川县《新城县志》（康熙三十二年，崔懋修）所载知县张新撰写的《明伦堂上梁文》。以伏以开头，无儿郎伟，但仍保留了四段，基本延续传统的文人上梁文格式。

事实上，上梁文自元代开始，逐渐衰落，尤其明初发生高启因上梁文被杀事件后，文人更少参与上梁文的写作，这也刺激了民间上梁文的蓬勃发展，抚州地区民间上梁文便是如此。据现有的明《鲁般营造正式》

---

[1] 史悦. 宋太宗立储与杨亿《开封府上梁文》. 宋史研究论丛（第33辑）.P15-25.
[2] 罗伽禄，徐国华. 临川文化大观 [M]. 南昌：江西人民出版社，2014.

记载可知，在明初时民间就已经有一喝彩的文体，主要流传于江苏、浙江、福建一带。据田野调查得知，目前江西民间喝彩彩词的文献多为近代民国时期以及20世纪70年代改革开放以前的遗存，还有部分文献是现代工匠继承近代上梁文格式结合自己创作而来的[1]，有如下地方特点。

3.1 淫词比较泛滥，与生殖文化密切相关，体现着美好吉祥的愿望

如2009年笔者在东乡县黎墟镇调研的上梁文中的上楼梯一段，带有淫词内容：

伏以！一步走来两步行，三步四步走楼梯。脚踏楼梯步步高，踏上楼梯摘仙桃。左手摘了五个，右手摘了四五双，老羊吃了寿命长。男孩子吃了□□大（指男性生殖器），女孩子吃了□□大（指女性乳房），情人吃了早生贵子。进了前堂后堂，前堂一对金狮子，后堂一对紫金梁，紫金梁上七个字：状元打马探花郎。自从今日喝彩后，儿子代代□□□□。

喝彩结束后，需打封爆竹。如联想到抚州王安石的"爆竹声中一岁除，春风送暖入屠苏。千门万户曈曈日，总把新桃换旧符"，可知爆竹具有驱邪、赶煞的作用。

而乐安县传统村落流坑村上梁文则具有典型的多子多福的生殖文化概念，全文如下：

福也！手拿仙鸡似凤凰，生得头高尾又长，头高栽起千年盛，尾高托起万代良，时候一到才福气，正是房东老板落石好时辰。先落东边进财宝，后落西边进田庄，田庄要进几千亩，人丁要发几千房。房房生贵子，个个读书郎。三岁孩儿年年有，七岁孩儿上科堂。七岁孩

---

[1] 也有模仿古代上梁文的。在金溪县何源村，现代乡贤南宫琦2016年1月模仿古代上梁文，写一段《南园小隐楼上梁文》如下：

三溪入河，延源流之远；崖山出岫，构小隐之图。友安一堂，支分思源，历经三世，同食共檐。堂东堪为福地，爰卜知其宜居。齐一家之心，合外亲之力。日止此时，筑垒与兹。太山葱郁，伐木以作椽枋，乡窑烟高，采土即成高墙。墨绳精准，斧斤娴良，运移抬举，共助互帮。由夏入冬，已筑成堂，迨其吉日，举此上梁。

儿郎伟！抛梁东，门前高挂红灯笼。儿郎伟！抛梁西，千里负笈封紫泥。

儿郎伟！抛梁南，同堂三世保平安。儿郎伟！抛梁北，持家勤俭享富贵。

儿郎伟！抛梁上，满天星斗作文章。儿郎伟！抛梁下，牡丹丛艳献荣华。

伏愿上梁之后，事如心愿，鸿运维兴。申城再忍数年，田畋唯盼常耕。优闲太山之中，安枕何源之梦。种豆山南，采菊篱东。春燕衔泥小筑，夏蝉乱草长鸣。佳景不贪独赏，愿与诸君同游。天命佑之，诸事顺宜。

儿科堂转，回转家中造福堂。今造福堂色色新，房中老板添福添寿添人丁，听得我今喝彩后，千代书香万代良。

3.2 受地方戏曲及山歌文化的影响较大，有利于传播

戏曲包括大戏、采茶戏以及地方小调等，早期采茶戏及民间小调也带有淫词，与民间生殖崇拜相关。

（1）东乡区上梁文[1]

如东乡县的地方戏曲小调，相应地形成东乡区转梁歌。用地方小调唱，较为轻松活泼。

手拿绫罗无数丈，绫罗出在苏州上。苏州女子真乖巧，梳装打扮进机房。

脚踏南机叮当响，手抛梭子两头忙。左边织个龙会走，右边织个凤会飞。

执起绫罗下染缸，拿起绫罗转栋梁。一转天上龙显爪，二转地下凤凰飞，

三转桃园来结拜，四转孔明坐科堂，五转五男并二女，六转六子来登科，

七转天上七姐妹，八转八仙来飘海，九转九子十八孙，十转十子来齐眉。

左缠三转生贵子，右缠三转状元郎，自从今日喝彩后，又富又贵万万年。

（2）崇仁县上梁文[2]

崇仁县上梁歌也有用地方小调唱出的，内容如下：

太阳一出喜洋洋，正是贤东做屋上大梁：先上东边千金女，后上西边状元郎。

手拿金鸡翻打翻，洒起鸡血祭鲁班。先不敬天不敬地，单单敬我师父起：

---

1 中国民间文学集成全国编辑委员会，中国歌谣集成江西卷编辑委员会. 中国歌谣集成江西卷 [M]. 北京：中国 ISBN 中心，2003.
2 中国民间文学集成全国编辑委员会，中国歌谣集成江西卷编辑委员会. 中国歌谣集成江西卷 [M]. 北京：中国 ISBN 中心，2003.

一滴斧头年年发，二滴锯条岁岁忙，三滴墨斗金丝线，四滴曲尺关四方，

五滴五尺分长短，六滴铁锤车车转，七滴刨子刨得两面光，八滴斧头凿子响叮当；九滴华屋千年久，十滴富贵万代长。

手拿金鸡奉四方，金鸡头高尾又长，头高织出千匹布，尾长运来万担粮。

此鸡本非平凡鸡，王母娘娘屋中藏，昨夜金鸡来报晓，今朝鲁班弟子拿来祭栋梁。

一祭东，平川跑马遇东风；二祭西，凤凰来到你家栖；

三祭南，代代儿孙坐朝坛；四祭北，金银财宝你家得；

五祭中央大地上，先出文来后出武，出到文官要称相，出到武官要封王。

鲁班弟子来喝彩，市上金钱也难买。东家经过我喝彩，富贵荣华必定来！

(3) 南城县上梁文

南城县则用采茶调来唱《杀鸡祭梁》：

伏以哎！贤东赐我一只鸡，生得头高尾又齐。头高能保千年寿，尾齐能保万担米。

此鸡不是平凡鸡，皇后娘娘报晓鸡，一更不乱叫，二更不乱啼，要等凤凰开口正当时。

开凤冠，借宝血，敬我鲁班师傅起。雄鸡血，长又长，祭了栋柱祭石磉。

雄鸡血，祭梁头，万人出头；雄鸡血，祭梁尾，万担粮米；雄鸡血，祭中间，太极图上，彭祖寿高八百八，我言贤东九千春。

(4) 南丰县上梁文

南丰县受地方傩戏的影响，采取喊神调，在吉日良辰来上梁：

吉日良辰来上梁，贺喜东家造府堂，府堂门前狮子口，万事如意福寿长。

吉日良辰来上梁，贺喜东家造府堂，府堂门前龙现爪，荣华富贵状元郎。

吉日良辰来上梁，贺喜东家造府堂，府堂门前凤展翅，金玉良缘百世昌。

吉日良辰来上梁，贺喜东家造府堂，府堂门前开百花，撮斗装金财路宽。

3.3 由于匠人的分工导致上梁仪式从完整性逐渐走向缺失

2015年，笔者到南丰县古竹村调研上梁文，当地工匠记忆如下。[1]

在古竹村，栋梁代表全家主梁和依托，也是子孙后代的繁衍基地。做栋梁大都为枫树，有风水宝地之称，而子孙后代人口兴旺，香火不断。木匠师傅把做好的栋梁放置在大厅的中央木马上油漆成红色，由文人写上"万代兴隆"。如有下厅，上面写"千秋鼎盛"。而祭梁是由木匠师傅简述此梁从山中伐木到精制而成的全部过程。通过人们的各种祭拜，从而体现栋梁的价值、神圣和灵性，有巫傩的色彩在内。

[祭梁] 口念：徒弟呀，栋梁栋梁，生在昆仑山上，长在九龙根上，仙人栽培，宝地成长。贤东有福，吉时建房。请进鲁班选木为梁。昆仑山上九龙为昌，选定此木四方吉祥。大小为宜，竖直有方。大师拈香指令徒弟开斧为祥，大师傅动手锯头，小师傅动手锯尾。大师傅举手下墨，小师傅站在两旁。弯刀一刨金腰带，斧头一砍金灿灿。精工细作成栋梁，万代子孙同居此，方方吉利福安康。

赋诗：今日修造是鲁班，明日发财是房东。枕头后面摇钱树，厅堂之内聚宝盆。

[祭酒] 备老酒壶两只，两手各拿一只。

口念：徒弟呀，手拿圆壶一对瓶，上打金来下打银。上打莲花来盖顶，下打银壶托酒瓶。酒是何人所造，酒是杜康所造。杜康造酒有名扬，辰时造酒卯时香。刘备打马门前过，阵阵清风闻酒香。刘备下马喝三杯，醉得刘备不敢当。

酒祭东，孔明借东风。酒祭南，南海观音来下凡。酒祭西，西边出有郭子仪。酒祭北，北边出有苏全白。酒祭人，酒为神，人勤使有

1　调研人：许飞进；参与学生：杨丹丹、陈烁逵。

酒，帝王封酒神。

赋诗：米酒一杯敬神灵，孝敬祖先助后人。酒来一壶如神仙，醉后凝是洛阳城。进门常有酒一壶，万代子孙享鸿福。

[祭鸡] 口念：手拿金鸡是凤凰，生得头高尾又长。头高能顶千年事，尾长能载万担粮。雄鸡鸣月夜，百国凤凰啼。高官而厚禄，身穿富贵衣。身在尾一角，唱醒天下君，今日一滴血，激活万代隆。鸡祭梁头万里封，鸡祭梁尾万担钱米。鸡祭中间大吉（太极）图，大吉图上出盘祖。盘祖寿高八百八，东家子孙代代发。盘祖寿高九百九，东家代代都富有。

赋诗：厅内全家乐，门前金榜名。金鸡高官福，子孙万代红。

[祭布] 口念：徒弟呀，手拿绫罗出苏杭，苏州女子真乖巧，梳妆打扮进织房。头上梳起盘龙髻，两边梳起了插花妆，红红光光进织房。脚踏楠机叮当响，手甩梭子两头忙。根根银丝舞，条条线不断。织起绸缎缠正梁，一扎天上龙现爪，二扎地下凤凰啼。三扎三国都丞相，四扎刘备四川王。五扎五男并二女，六扎杨家杨六郎。七扎七姐下凡来，八扎八仙漂海过。九扎九字十三孙，十扎十全又十美。

赋诗：金银财宝房主库，绫罗绸缎苏州杭。

由此可知，随着时间的流逝，工匠也仅知道其中几个步骤，这当然是由于不同工匠掌握不同上梁彩词的缘故。可见，喜欢戏曲的人，则把上梁喝彩改为小调或采茶调这一民间喜闻乐见的形式，而工匠等则仍保留了比较固定的程式，但也允许根据实际情况有所发挥。以下为采访东乡上池村王氏工匠而得上梁文，时间为2015年。上池村上梁仪式时间一般为早上八点至十点，十一点以后不上梁。仪式中间兼有上梁文，俗称喝彩。[1]

①选梁（偷梁）。木匠选择好合适的树，在晚上砍树，砍后包好一两百的红包放于原树下，然后将树干放置在祠堂，等待树干。房屋朝向根据当地风俗。偷梁实际是对伐梁理解成罚梁的误解造成。不少地方理解为对山上树的所有人的一种惩罚，故进行偷梁。

---

[1] 调研人：许飞进；参与学生：杨丹丹、陈烁逵。

②刨树皮，修梁。用红布绑好搁置数天，其间女人不能碰。[1]

③暖梁。暖梁是在上梁前一天晚上进行的仪式。木匠每喝彩一句，亲朋好友应声"好"！喝彩词如下："喜洋洋，乐洋洋，东家老板请我来暖梁。一暖梁头万里封侯，二暖梁尾万担漕米，自从今日暖梁后，荣华富贵百子千孙。"随后放鞭炮。

④请梁。从祠堂搬梁至新房。喝彩词如下。

呼云："坐了木马并九彩，今日迎接到华堂，两头翘起并久结，东边翘起龙牙凤嘴，西边翘起双凤朝阳，左边翘起摇钱树，右边翘起聚宝盆。自从请了梁以后荣华富贵百子千孙。"随后放鞭炮。

⑤钉凤钩。木匠在主梁中间下方钉凤钩。

⑥祭梁。木匠割雄鸡鸡冠，然后在梁的左中右端滴鸡血。木工拿公鸡，泥工拿酒壶，泥工同样在梁上洒酒。

⑦吊梁。泥工在东，木工在西，两边人数为偶数人。吊梁时用红色的布或绳吊起，泥工先提，木工再提，泥工比木工地位稍高。每喝彩完一句，伴有锣声。呼云："手提金束软绵绵，吊起房梁在半天，昨日房梁马上坐，今日房梁未登位。自从吊了梁以后，今后荣华富贵百子千孙。"

⑧喝上梁酒。泥工、瓦工、石匠和铁匠坐在东边，木工坐在西边。

⑨煞梁。道士在六边形木头每边画十个符，正面画乌龟，木头的符不可打入地面，否则道士会有灾祸。[2]

⑩抛梁。木匠边喝彩边抛梁，具体为将糖果、麻子等食品往下扔，同时喝彩。

4. 结语

抚州境内水系完整，河道密布，主要以抚河流域为主，其他县支流除乐安水系外，金溪与资溪水系支流往白塔河进入信江流域，基本流至抚河境内。抚州地处江西东南，与福建接壤。境内以抚河（或称盱江）为主流，从东南向西北分流汇入赣江，再径直向北注入鄱阳湖。曾有首民谣生动地描绘抚州历代社会物阜民丰的概貌："临川才子（指历代文学

---

[1] 不让女子碰，表明栋梁崇拜具有男性生殖崇拜含义在内。
[2] 具有巫术色彩。

家、戏剧家、学者辈出）金溪书（指刻印书刊），宜黄子弟（指梨园子弟戏曲演员）乐安猪，崇仁官员家家有，东乡萝卜芋头薯。"富庶的土地养育了人民也孕育了民间文艺的茁壮成长。[1] 由上可知，由于上梁文与上梁仪式多存在于历史文化底蕴较为深厚的传统村落（如上面所举的流坑村、古竹村、上池村等），可见，上梁文的发展首先要有深厚的地方文化滋养；其次，上梁文的发展与演变，受时代思潮的影响，自宋至元抚州上梁文出现了较大的革新，由原程式化格式走向个性化，也为民间创作奠定了基础；其三，受多元文化交流传播的影响，道教文化、巫术、生殖文化以及民俗文化等，充分体现在上梁文与上梁仪式当中，使内容变得既有统一性又有多样性；其四，戏曲与山歌传播加速了民间上梁文的传播。与闽西接壤的抚州地区，东侧属武夷山脉的丘陵峡谷地带，这里居住着迁徙而来的客家人，其民歌的音调节奏活泼、明快细致，对抚州当地有一定影响。传播即便语言不太通畅，但戏曲与歌曲是非常好的传播媒介，上梁文也因此变得丰富多样；其五，不同的分工之下，不同的工匠以及上梁文爱好者会参与上梁文的创作。但随着时代变迁，古建筑逐渐退出历史舞台，平屋顶的大量出现，也预示着栋梁崇拜随着相应的建房仪式的消失而逐渐消亡。

古村落是物质与非物质文化遗产的综合体，传统建筑和自然环境是其物质的有形文化符号，而真正代表传统村落灵魂的，是以非物质文化遗产为主体的民间文化，传统村落的保护不仅要保护大量优秀的建筑，保护自然生态环境，更重要的是守护传统村落的文化灵魂和文化血脉。上梁仪式作为传续千年的民俗活动，仪式举行的热闹程度不亚于传统节日，毫无疑问是民间文化的瑰宝，是研究古村落非常重要的非物质文化遗产。加强上梁文与上梁仪式研究，充分挖掘其作为古村落民俗文化的艺术价值，推动相关领域研究，从理论层面支撑和指导上梁文与上梁仪式的抢救性保护，具有十分重要的意义，由此可见，对上梁文的全面研究任重而道远。

---

1 张芳霖，朱琳，童翔，等.明清赣东地域社会与文化研究[M].南昌：江西人民出版社，2017.

5.4 江西赣南客家民居建房上梁文与上梁仪式[1]

对江西客家及非纯客家民居建房仪式的研究，明朝及清朝早期相关方志少有记载。[2] 改革开放后相关县志均对其作简单记载，此为研究江西客家民居建房仪式的开端。1999 年，由李鸿等学者积二年之力，主编《江西饮食文化与风情》一书，从饮食文化角度分析了江西客家安远的建房仪式与饮食的关系，[3] 赣州博物馆的万幼楠通过口头采访龙南县、信丰县、宁都县和石城县相关人员，综合分析客家建房仪式的各阶段特点，[4] 江西作家刘华在走遍江西之后，以文学的笔调记录非纯客家吉水的建房仪式特点。[5] 以上都从不同侧面对江西民居建房仪式作介绍，取得一定的成果。本文从传播学角度跨地区地分析客家民居的特点，并探讨该仪式与云南民居建房仪式的关联。

1. 江西客家民居建房仪式内容简介[6]

1.1 建房仪式

从目前看，江西客家民居建房仪式保留较为完整，程序较为繁杂，主要过程如下：

①选址。地仙看风水，用目测和罗盘两种方式进行。目测即喝形，采用客家杨筠松的形势派理论操作。罗盘则用来细测，即用其对屋场

---

1 本文为以下四个课题的阶段性成果之一。2009 年江西省高校人文社科课题《传播学视野下环鄱阳湖地区典型乡土聚落文化研究》，课题编号 XW0905；编号：2008-14；国家自然科学基金项目《以村镇建设为主的建筑文化多样性保护与发展对策研究》，编号：50868008；云南省社会发展项目《云南民族建筑技艺及其文化基因研究》，编号：2007E188M。论文曾在 2009 年 7 月以《传播学视野下江西客家民居建房仪式初探》名称发表于《第八届海峡两岸传统民居理论暨客家聚落与文化学术研讨会》论文集。
2 2009 年已查：明万历《吉安府志》、明嘉靖《赣州府志》、明正德《袁州府志》，此三志为浙江宁波天一阁馆藏；康熙《瑞金县志》《上犹县志》，由北京书目文献出版社出版，1992 年。2017 年查出《南康县志》载较多上梁文，此处仍保留原来记录。
3 李鸿. 江西饮食文化与风情 [M]. 北京：新华出版社，1999.
4 万幼楠. 赣南民居营建礼俗调查 [M]// 陆元鼎. 中国传统民居与文化：第十四辑. 北京：中国建筑工业出版社，2005.
5 刘华. 灵魂的居所 [M]. 天津：百花文艺出版社，2006.
6 本节适当参考了以下两本著作：李鸿. 江西饮食文化与风情 [M]. 北京：新华出版社，1999；万幼楠. 赣南围屋研究 [M]. 哈尔滨：黑龙江人民出版社，2006。

或房基进行慎重细致的勘测。一般是以南北极为中心，来对天星、水程、峰峦等观察而确定建房的地点和方位。

②择吉日动土。

③择吉日起脚：动工，开工酒。

④择吉日竖门架。

⑤择吉日排楼梁。

⑥择吉日包挑梁。

⑦择吉日选栋梁：含发梁、截梁、开梁面三个阶段。

⑧择吉日上栋梁：含暖梁、缠梁、祭天、敬酒拜梁、贺梁、上梁、抛梁七个阶段。

⑨择吉日新房圆工。

⑩择吉日迁居。

客家的建房仪式含十个程序，共要设宴四次，贴三次门联，进行四次以上的喝彩活动。[1] 建房仪式繁杂，其中又以上栋梁的仪式最为重要。

1.2 建房唱词

建房伴随着上梁唱词。目前安远县、宁都县等地保留比较完整的上梁文。从择日动土到上梁都含有唱词。

竖门框歌：起造大门四方方，一条门路透长江，男人出入大富贵，女人出入得安康。

上梁时拜梁：日吉时良大吉昌，请出贤东拜栋梁，一拜儿孙登金榜，二拜香火保安康，三拜人丁千百口，四拜儿孙伴君王。

敬酒祭梁：贤东给我一个瓶，千两黄金造在成，前面造起鹦哥第，后面造起八宝亭，上面造起金狮子，下面造起玉麒麟。酒源本是仙师造，就是古代姓杜人，杜康造酒是一瓶，提把弟子敬神明。一杯酒敬苍天，王色云中是神仙，二杯酒敬下地，金银财富是你的。三杯酒敬四方，四时八节置田庄。

上梁：三个金杯三点红，金杯内面藏九龙，位位合齐来助力，请

---

1 万幼楠. 赣南民居研究 [M]. 哈尔滨：黑龙江人民出版社，2006.

上红梁登九龙，登仙自有登仙日，镇守荣华万年长。

2. 江西客家民居建房仪式特点

尽管客家民居建房仪式繁杂，但是在江西不同客家地区则有不同的内容表达，具有如下特点。

2.1 受传播者的价值取向，传播媒介所承载的内容出现删减

建房仪式的传播者主要包括工匠、风水师及房屋所有者（即主人）。由于时代变迁，原先由知识分子掌握的上梁词逐渐由民间工匠、风水师等替代。后者对上梁仪式及上梁词的传播则受主人影响，而建房主人则受经济条件的约束与限制，其中建房仪式的步骤有所减少，相应导致了工匠及风水师的仪式逐渐萎缩，以适应社会变化。

另一方面，政府作为乡土民俗的推介者，对建房仪式的认可介绍也有一定的作用，但受自身的身份、地位、知识及宣传教化作用等各方面影响，对建房仪式介绍时，内容也有所删减。如《宁都县志》载：建房堪舆择地基、破土动工及上梁立柱选吉日，亲朋道贺，俗说"送茶"，要出力协助，俗说赠工。设宴三次，上梁时木工喝彩，撒粮米，撒糍粑。[1] 仅叙述了建房中的择址动土、上梁及抛梁的过程，而略去了选栋梁、竖门架的过程。而《全南县志》载：本县建房有牵基、安门、上梁、圆工等程序，[2] 其中无喝彩等内容。

2.2 仪式受受众的影响，出现或增或减的较大变化

从历史上看，建筑的发展有如下特点。从唐时宫殿、寺庙建筑的恢宏，构件参与结构承力演化到明清时逐渐走向装饰化的倾向，整个建筑审美也从宏大、质朴、简约逐渐走向烦琐和世俗化。一些构件的实用功能慢慢消失，取而代之的是炫耀和象征意义的极大发展，建筑中充斥大量符号，显示出整体的世俗意象。客家民居也适应了这种世俗化发展，其世俗意象不仅体现在门窗、柱础、书法上，在建房仪式中，也隐约表达了这种世俗化要求。受众指的是主人以及参观或参与

---

1 宁都县志编纂委员会. 宁都县志 [M]. 北京：方志出版社，1986.
2 江西省全南县县志编纂委员会. 全南县志 [M]. 南昌：江西人民出版社，1995.

建房的人，建房上梁意味对栋梁的崇拜，保留有原始崇拜的痕迹[1]，但由于仪式的通俗化进程，使得拜梁的仪式内涵逐渐潜隐，逐渐被闹梁和抛梁替代。如受客家影响的宜丰县[2]，据《宜丰县志》载，当地建房上梁，由出嫁女儿送盖梁红布，动土，起太岁，定向。上梁前要游梁（父子找梁上架），定磉，木匠祭梁，父子扛梁上架，主梁上画太极图，安装时，木匠和泥匠在两边喝彩，以"伏以"开头，从压梁上扔米和糍粑，主人接住，然后再扔众人，以求众人拜梁[3]。可见，拜梁的神性崇拜意识已经消失。

2.3 由于语言传播影响，建房仪式中承载的信息出现变异，信息统一性逐渐瓦解

《崇安县新志》卷六《礼俗》曰：宋时上梁多为文祝之，文用骈语，寓颂祷之意。附之以诗，分上下东西南北六章，每章完以"儿郎伟"三字。[4] 考察江西宋朝上梁文，则基本如此，而略有变化。如南宋淳熙八年（1181年），辛弃疾在江西安抚使任上，冬十一月改除两浙西路提点刑狱，未至新任，罢归乡里。此时其江西上饶带湖新居亦于是年落成，《府第新居上梁文》当作于新居建筑上梁之时。文虽循袭习俗，却一无庸俗之态。辛弃疾借题发挥，旨在想象日后归隐山水之乐，却又时见忧国之心和壮志难酬之愤。通篇韵散结合，富有文采，别见情趣。

抛梁东，坐看朝暾万丈红，直使便为江海客，也应忧国愿年丰；
抛梁南，万里江湖路欲迷，家本秦人真将种，不妨卖剑买锄犁；
抛梁西，小山排闼送晴岚，绕林乌鹊安枝后，一枕薰风睡正酣；
抛梁北，京路尘昏断消息，人生直合住长沙，欲击单于老无力；
抛梁上，虎豹九关名莫向，且须天女散天花，时至维摩小方丈；

---

1 柱，柱脚连地，柱顶通天，而梁则为连接各柱的通天之点，通天通神的作用又集中到梁上。在中国传统的观念中，以中为大，对梁的祭祀最为隆重。参见杨兆麟. 原始物象：村寨的守护和祈愿[M]. 昆明：云南教育出版社，2000.
2 对非纯客家地方选择，参考了金鹰达. 中国客家人文化[M]. 哈尔滨：北方文艺出版社，2006.
3 江西省宜丰县地方史志编纂委员会. 宜丰县志[M]. 北京：中国大百科全书出版社上海分社，2010.
4 陈进国. 信仰、仪式与乡土社会：风水的历史人类学探索[M]. 北京：中国社会科学出版社，2005.

抛梁下，鸡酒何时入邻舍，只今居士有新巢，要葺轩窗看多稼。

伏愿上梁之后，早收尘迹，自乐余年。

鬼神呵禁不祥，伏腊倍承自给。座多嘉客，日悦芳樽。[1]

宋朝江西著名的"三洪"之一的洪适，曾写过《澹津卜筑上梁文》，其中就有"抛梁东，螺州水转至皇宫，枉教地签传前古，调鼎曾无尺寸功。"[2] 等，也将东西南北的方位概念放入其中。江西客家也不例外，如安远县抛梁唱词[3]："一个齐巴发上天，五色云中是神仙。一个齐巴发下地，金银财宝东君的。一个齐巴发在东，五色祥云在其中；二个齐巴发在南，南片买马在黔甘；三个齐巴发在西，此是太子来登基；四个齐巴发在北，纯是文人所得贵；五个齐巴发中央，探花榜眼状元郎，一要千年富贵，二要金玉满堂，三要三元及第，四要四海名扬，五要五子登科，六要禄位高升，七要牛羊满山岗，八要鹅鸭成群满池塘，九要一举首登龙虎榜，十要十年身到凤凰池"。

与以上宋代上梁词相较，客家的上梁词也具有东西南北的方位意识，不一样的是宋朝还有上和下的方位感，但客家则为中的概念，同时上梁词中附加了顺口溜，世俗性进一步增强。

另外，唐宋时期"喏"的用法常见，直到元末明初，在江南民间流行的住房营造手册《鲁般营造正式》中，上梁文也以"喏"开头。而明中后期的《鲁班经》中，上梁文则以"伏以"开头。到清及民国"伏以"逐渐演化成"福以""伏惟"等。即便是江西客家，由于调查过程中的语言传播，也造成一定的差别。如安远建房上梁则为"伏以"或"伏冀"[4]，但在鄱阳一带为"福矣"，而抚州市临川区腾桥镇民间建房上梁把"伏以"当作了鲁班的弟子名等。

---

1 路成文.宋代上梁文初探[J].江海学刊，2008, (1): 196.同时参照四库全书版进行修改。
2 中共鄱阳县委宣传部.鄱阳风俗谈屑[M].南昌：百花洲文艺出版社，2007.
3 李鸿.江西饮食文化与风情[M].北京：新华出版社，1999.
4 万幼楠的调查与李鸿稍有区别，见李鸿.江西饮食文化与风情[M].北京：新华出版社，1999；万幼楠.赣南围屋研究[M].哈尔滨：黑龙江人民出版社，2006.

可见，江西建房仪式在宋朝以前较为完善，其中上梁词基本形成定格，但随着时代发展，信息统一性逐渐瓦解，呈现多元化倾向。信息的多元一方面促成了地方的行业优势，形成工匠对建房仪式的垄断，让外地工匠无法插手；另一方面由于传播过程中，工匠语言差异以及对原文的不同理解，受工匠文化素质影响，民居的建房仪式出现变异。

2.4 风水贯穿了营建的整个过程，是建房仪式、主人和工匠具有统一话语的黏合剂

如《兴国县志》载：从明代始，三僚曾、廖二姓迭出地理名师。凡建房，请地理先生看风水，开罗盘定位，选取时日动土兴工。[1]《全南县志》载：本县建房，讲究龙脉、朝山、水势，事先请风水先生择基地，开盘定局，选吉日良辰开工。[2] 风水不仅体现在择地方面，在开工、上梁方面还表现出风水师的参与。如安远建房上梁时风水先生也喝彩：手执金鸡似凤凰，红梁登位正相当。前面推车来送宝，后面黄金用斗量。东君人家发富贵，世代儿孙坐朝堂。从今为我祝赞后，荣华富贵万年长。

2.5 民居建房仪式体现不同的分工

安远木匠喝彩：伏以，日吉时良大吉昌，上梁时候正相当，文武百官在此地，满天星斗焕文章。翰林学士成双对，侍讲侍读候君王。朝内屡屡加官爵，门前叠叠起牌坊。三元一转朝廷选，四海闻名天下扬。从今为我祝赞后，荣华富贵与天长。

安远泥匠喝彩：日吉时良大吉昌，红梁登位正相当。红梁登位发富贵，富贵发到万年长。

3. 受客家影响地区的建房上梁仪式——以吉水、高安为例[3]

3.1 高安地区上梁仪式

在江西省樟树市与高安市相邻一带，建房上梁时，都有献赞词的习俗，与客家大略相仿。如都有梁头、梁腰与梁尾祭法，但缺少抛梁词，如：

1　兴国县志编纂委员会. 兴国县志 [M]. 西安：三秦出版社，2009.
2　江西省全南县县志编纂委员会. 全南县志 [M]. 南昌：江西人民出版社，1995.
3　对非纯客家地方选择，参考了金鹰达. 中国客家人文化 [M]. 哈尔滨：北方文艺出版社，2006.

[公鸡祭梁] 手提公鸡似凤凰，生得头高尾又长。头戴红冠并绿羽，身穿紫红八卦衣。此鸡非同一般鸡，观音老母送来定时鸡。一不乱叫，二不乱啼，恰此贤东上梁时。

一祭梁头，万里封侯；二祭梁尾，宝贵到底；三祭梁腰，彩带飘飘；四祭梁肚，千年万富。

一祭祭上天，祭了鲁班祭神仙。二祭祭下地，祭了观音祭土地。祭得土地咪咪笑，贺喜贤东造幢凑。观音送福，打封爆竹。

[绫罗祭梁] 手提绫罗万丈长，绫罗出自苏州行。苏州行里生巧女，生得巧女织绫罗。日织绫罗夜纺纱，织得绫罗把梁遮。左一遮，右一遮，此屋赛过村庄任一家。观音送福，打封爆竹。

[酒壶祭梁] 贤东送我一对瓶，千两金来万两银。上印狮子八宝盖，下塑棉花托酒瓶。美酒谁人酿，美酒杜康造。杜康酒师，祭酒三缸；头一缸，娶亲和嫁女；第二缸，买进田庄；第三缸，开始祭梁。观音送福，打封爆竹。

[上梁途中] 手提绳索软绵绵，提起梁来在眼前。房梁提在一串边，又发人来又发烟。房梁提在二串上，勤劳致富人有望。房梁升至栋梁口，金银财宝贯满斗。自从今日上梁后，子孙越发越兴旺。[1]

3.2 吉水地区上梁仪式

吉水搭建房仪式同时附有丰富的上梁词，建造上梁仪式看似随意，其实都体现了吉言美意、四季平安、天官赐福等这些极为平凡的民间理想。而上述上梁词则反映出江西一带特有的功名利禄的思想，工匠的风俗在江西这块土地也受到沾染。

"江西各地的上梁彩词大同小异，较之，应属吉水县的《上梁赞》最为完整。"[2] 含起首、下石、行墙、上门盘、接梁、接馒头、接云梯、梁登位、举馒头、端春盘、滴梁酒歌。

吉水《上梁赞》的《起首》便唱：

"伏以，好！天开文运大吉昌，起首时候正相当。"

《下石》中唱道："四角起地，不离房帮，官戏在头，封侯拜相。"

---

1 百度百科.上赞梁词[EB/OL].[2023-11-26]. http://baike.baidu.com/view/592640.html.
2 刘华.灵魂的居所[M].天津：百花文艺出版社，2006.

《行墙》中唱道:"金架高楼平地起,代代儿孙封丞相。"

《上门盘》中唱道:"左门进,右门出,代代子孙伴君王。"

《登云梯》中唱道:"青山秀水风水好,龙盘虎踞藏文人。"

《梁登位》中唱道:"东家父子公孙应科举,金銮殿上插金花。"

《端春盘》中唱道:"足踏云梯第十层,将把十字来分辨;十字写来一竖一横长,东家出了个读书郎。举攻文章做得好,御笔点个状元郎……"

4. 对云南客家民居建房仪式的启发

(1) 以左(北)为大,以中为尊

云南建水团山村,张氏始祖自江西鄱阳许义寨到云南建水团山村,成为客家人,该村的做法和龙南粟园围相似,都属村围的一种,属围屋的早期形态。其中张家花园的建筑形制则有江西围屋的特点。相较而言,张家花园平面布局则形成以左为大、以中为尊的特点,而江西围屋则形成以北为大、以中为尊的特点。其中以北为大或以左为大是早期居民对原始太阳或北斗崇拜的遗存,分析细微差别,对民居及建房仪式的分期具有重要作用。[1]

(2) 房势左高右低

江西客家民居建房讲究周边山势和山形,形状要左青龙右白虎,强调左边的山岭要高,右边的要低,青龙要压过白虎,且在早期建房时也会适当考虑房高要左高右低。如龙南杨村明末的盘石围。这种表述及操作和云南接近[2],至少说明云南在建房营造等许多方面保留了明及以前的做法特点,云南民居做法的滞后性及保存的完整性恰好弥补江西及中东部其他地方民居研究的不足,形成民居研究的活化石,从而凸显云南民居营建技艺的特色。

(3) 屋顶脊檩包红布做法

从云南建水县团山村的建筑营造风俗来看,重视屋顶脊檩、包

---

1 张家花园的平面分析见许飞进. 探寻与求证:云南建水团山村与江西流坑村传统聚落的对比研究 [D]. 昆明:昆明理工大学,2007. 粟园围的平面分析见万幼楠. 赣南围屋研究 [M]. 哈尔滨:黑龙江人民出版社,2006。

2 在昆明及建水团山村,受风水影响,左边厢房的屋面坡度取值要大于右边厢房的屋面坡度取值,叫做"青龙压白虎,不让白虎抬头"。(见蒋高宸. 云南民族住屋文化 [M]. 昆明:云南大学出版社,1997.)。

红布等做法与江西客家后期做法是一致的。而江西客家早期中梁做法则为染红梁，这和云南大理一带做法一致。[1] 从赣南龙南一片调查了解到，龙南客家染红梁做法比屋顶脊檩包红布更早，似乎可以看出，云南建水保留的建房仪式比大理一带略晚。云南大理上梁唱词还保留了东南西北方面和中的概念，这也和江西一致。二者都保持了宋朝上梁的部分做法，这都可以成为与中原建筑作比对的一个参照。

（4）栋梁崇拜

由中柱转向对栋梁的崇拜，可以看出云南少数民族受汉文化影响的程度，也是文化基因鉴别的标志之一。所上之梁为栋梁，为房屋的中梁。早期汉文化崇拜的中柱，由中柱划分开间，易形成双开间，缺乏空间中轴线，逐渐被官方淘汰，后来逐渐演变成对中梁的崇拜。在中原文化中，有中梁神而没有中柱神，建房仪式中以上梁最为隆重，必选吉日敬梁神，因为房梁是房屋的命脉，一旦梁毁，全屋将塌，所以民间都供梁神。[2] 云南的汉族及白族也有此俗。而从云南其他许多民族中则可以看出中柱崇拜和中原文化祭梁神的融合。把江西客家建房与云南民族建房仪式比较，可以更清晰地看出不同文化的传播途径，从而对多元化、地区化有一个更为清晰的认识和提高。

（5）梁的头尾腰崇拜

由对栋梁的崇拜细化到对梁的头腰尾的崇拜，表现出建房仪式中的一种方位意识。江西安远对梁的重视不亚于云南，但有所不同，安远则表现在唱词中，如：一杯酒敬梁头，世代子孙出公侯；二杯酒敬梁腰，朝中龙袍任你挑；三杯酒汇梁尾，举人进京状元归。而云南大理则表现在起工驾马时梁头和梁尾的方位等。二者都是早期民居建房仪式的转化，只是江西客家民居建房仪式表现更为世俗化而已。

---

1 江西客家红梁做法可参见上述上梁词，而云南大理一带的红梁做法可参见郭欣，云南地方传统建筑梁柱木架构的构成及其特征：以昆明、大理为例[D]. 昆明：昆明理工大学，2004.
2 杨兆麟. 原始物象：村寨的守护和祝愿[M]. 昆明：云南教育出版社，2000.

5. 结语

作为同一文化基因下的中华各民族，经过上千年的文化积淀，其文化的相融性使建筑有更多的趋同性，在汉文化影响较深的地方这种特点尤为明显，因此建筑多元化更容易表现为文化背景相似下的更多的相容。而本土文化由于也有其优势，不仅体现在自然与地理方面，而且体现在文化与心理方面，表现出坚守本土与吸收外来文化并蓄的局面，消化吸收程度的不同显示出建筑不同层面的本土化与多样性，其中区域的吸收表现出地区化的特点。同时，由于本土文化的地方特性，表现出建筑的特异性。赣南客家住房文化实际也莫不如此，其个性与共性的表达需要发挥人们的首创精神，只有这样，地区化的可持续发展也才更有意义，为现代城市规划及建筑设计提供有益的启发。江西客家民居建房仪式丰富，本研究则基于相关的研究成果，从传播学角度分析客家民居的特点，对云南民居建筑技艺及文化基因的调查也有一定的参考价值。通过对建房仪式的研究，还可寻找其原型，探索民居建筑的演变与起源、仪式与象征所具有的意义，为保护不同地区非物质文化遗产也有一定的意义。

5.5 宋代江西文人上梁文创作与园林营造的互动——以江西赣东北鄱阳洪适《盘洲文集》为例[1]

江西私家园林的研究，不少学者做了有益的探索。前有白居易的庐山草堂，江西宗九奇研究南昌的园林，其次《豫章》杂志对园林研究的推波助澜，以及《江西古建筑》[2]的实地考察与探索；再有江西农业大学研究江西风景区园林[3]、江西书院园林[4]以及南昌园林等[5]，《中国古代

---

1 论文曾发表于《2017 第十六次建筑与文化国际学术讨论会》论文集，为了与著作主题相符题目稍做改动，其余不变。
2 姚糖，蔡晴.江西古建筑 [M].北京：中国建筑工业出版社，2015.
3 瞿仙辉.江西国家级风景区寺观园林研究：以真如禅寺、东林寺为例 [D].南昌：江西农业大学，2014.
4 占瑶.江西古书院园林研究 [D].南昌：江西农业大学，2014.
5 吴斌生.南昌市古代园林研究 [D].南昌：江西农业大学，2016.

建筑史》（第四卷）则认为园林中，南方多于北方，南方以江浙为最，次为江西、安徽、福建，最次为贵州、云南[1]；《江西艺术史》载江西私家园林产生于唐之后。然而，不同时代江西私家园林的特点则语焉不详，文人为什么参与园林建设、文人与园林的互动关系交待不详。现以宋代鄱阳洪适的《盘洲文集》为例，[2] 管窥江西宋代私家园林的特点。

1.《盘洲文集》中与盘洲园林有关的文学创作记载

此处以《摛藻堂四库全书荟要》（以下简称《荟要》）为底本，同时以《四部丛刊》、文渊阁《四库全书》作为参照。[3]《盘洲文集》共80卷，凌郁之认为许及之所说的《盘洲文集》100卷为家藏版，范成大所说80卷则为刊行版，与《荟要》相同。

洪适的文学成就，研究者颇多，[4] 但其中将文学与园林结合研究的偏少。现以《荟要》中《盘洲文集》为例，介绍文人在园林上的创作：卷六有几首诗与盘洲直接相关。如《招二弟赏盘洲双头莲》《雪后游盘洲》；卷七也有数首与盘洲园相关的诗，如《过濠上》。卷八、卷九为盘洲园林杂咏。[5] 范成大认为："（洪适）自越归，得负郭地百亩。因列岫双溪之胜，位置台榭，引水流觞。种花艺竹，命曰盘洲。一椽一

1　潘谷西.中国古代建筑史第四卷：元明建筑[M].2版.北京：中国建筑工业出版社，2009.
2　对盘洲园林的研究，网友"家在吴山楚水间"写了一篇博客，名为《说"盘洲别业"——湖城碎语之七》[EB/OL].（2008-04-08）[2017-06-25]. http://blog.sina.com.cn/s/blog_4adde3bc01008t3m.html.对盘洲园林做了简单介绍。对其中园林中的竹子做了剖析，却仍没有从整体对洪适的园林结构、时代背景等进行分析，但也给了本文章不少提示。另外，江西农业大学徐武军在其硕士论文《鄱阳县古代园林调查研究》中借助诗词、书画等佐证，梳理鄱阳县古代园林的发展历程，并归纳其园林类型，探析鄱阳县古代造园中相地选址、造园技法、造园要素及意境营造等方面的特点，进而揭示鄱阳县古代园林的总体特征。同时也研究了盘洲园林的简单布局，并试图还原盘洲园林的原貌，但在园林的整体分析、文人涵养与园林的互动关系上还需进一步挖掘。
3　由于《荟要》不似《四库全书》那样面向民间，而仅供皇帝御览。在选编上较为慎重，卷帙精约。其次《荟要》内容真实，未经删篡。不仅如此，该书在校勘上翔实，版本珍贵。本论文结合了不同版本融合而成。
4　李菁.南宋四洪研究[D].武汉：武汉大学，2005.李冬梅.洪适词研究[D].上海：华东师范大学，2008.候体健.南宋洪适四六文论略[J].文学遗产，2008，(5)：142-145.郭睿.洪适四六文研究[D].南宁：广西大学，2013.杨东华.南宋洪适诗歌研究[D].南昌：南昌大学，2016
5　洪适.摛藻堂四库全书荟要：盘洲文集[M].长春：吉林出版集团有限责任公司，2005.

卉，题咏殆徧。"[1]

这在第八卷得到充分体现。第八卷有98首诗，第九卷也是记载盘洲园内之景物，共113首诗。现将第八、第九卷内容统计如下：[2]

植物共119首，如下：竹坡、种秫仓、菊滟、凤柳、蓼岸、碧芦步、彩鹢、斑竹、紫竹、方竹、人面竹、猫头竹、慈竹、笛竹、绣橘、脆橙、金橘、罗甘、牡丹、芍药、丹桂、瑞香、白山茶、白榴、茉莉、素馨、含笑、木犀、文官花、聚八仙、衮绣球、水栀、重杏、紫薇、荼蘼、玉玲珑、山茶、黄蔷薇、红蕉、海仙、绣带、豆蔻花、丽春、长春、水仙、剪春、玉簪、麝萱、玉灯、斗日红（也称落地锦）、佛桑、木芙蓉、黄拒霜、小黄葵、金凤、鸡冠、石竹、真珠、鼓子、金钱、金灯、百结、后庭花、凌霄、杜鹃花、玉胡蝶、苔、虞美人草、黄海棠、垂丝海棠、孤松、菱湾、茨曲、樱桃、蒲萄、雪梨、鹅梨、竹村、竹屋、西瓜、罂粟、木瓜、矮桃、昆仑桃、朝天李、破核李、嘉庆子、沃桑陌、碧鲜里、柞林、双头莲、重台白莲、多叶红莲、槐、棕、木竹、兰、药畹、仙茅、黄精、蘪芜、芷、地黄、茱萸、蕨、荠、笋、榴花城、锦被堆、赪桐（也称百日红）、蔷薇、迎春、长生草、野草、双鱼、桃李蹊、栗岭、云松关、山矾、踯躅崦。

动物13首，分别为苍鹤、驯鹿、猿、龟巢、鱼、白龟、绿毛龟、锦鸡、萤、黄莺儿、林禽、潚鹈濑、蜂庐。

建筑39首，其中亭子18首：一咏亭、既醉亭、美可茹亭、云起亭、饭牛亭、棕亭、可止亭、花信亭、橘友亭、牡展亭、泽芝亭、萤瓮亭、灌园亭、睡足亭、欣对亭、琼报亭、拨葵亭、林珍亭；其余21首：凌风台、楚望楼、洗心阁、芝榭、隐雾轩、有竹轩、巢云轩、流憩庵、容膝斋、聚萤斋、芥纳寮、情话斋、檥斋、啸风堂、野绿堂、双溪堂、六枳关、茅轩、问柳桥、兑桥、西户。

---

1 《盘洲文集》附录之《碑铭》，作者范成大。
2 对植物的分类，除看诗歌名称外，还得解读诗歌本身内容。如果诗歌围绕植物展开，尽管名称为地名，也归为此类。以卷九《栗岭》为例，"霜栗大如拳，皱开穰献熟。借问嘉卉山，何如白鸦谷。"该句写出霜栗的实景，故归为植物一类。此外，动物、建筑等分类也同此理。

环境景观元素39首，如土湖、芝泉、墨沼、鹅池、流瀑、溪簾、蒼卜洞、九曲、小垂手（石）、醒酒石、蜂房、泛杯岩、磐矶、采莲舟、豹岩、郊扉、濠上、野航、云叶（双溪四石）、梦窟、绿沉谷、玉虹洞、樵径、常棣径、芝径、茶丘、壁立万仞、千岩万壑、横坤一练、叠嶂、月娥留照、西泮、扁舟、飞庐、西畴、石衚、草塘、鱼台、山居。

由上述统计可知，植物占所在园林要素的56%以上。亭台楼阁榭建筑一应俱全，人工要素与自然要素丰富。

另《盘洲文集》第三二卷《盘洲记》、三三卷《盘洲老人小传》、六八卷《楚望楼上梁文》《花信亭上梁文》《容膝斋上梁文》《聚萤斋上梁文》四篇上梁文也对盘洲园林进行记载。其中属《盘洲记》最为详细。

2. 以《盘洲记》[1]为中心的盘洲园林营造

《盘洲记》的内容丰富，它解决了盘洲园的区位、场地形态与水环境、场地外环境及植物营造的问题。

首先是区位，"出北郭，左行一里所，穿耕畴，趋支径，有弃地，盈百亩，延旷纡坦，接西郭之衢。"

其次是对场地的形态介绍，"厥形始锐如犁，至其中浸广，末则一弓不能及。"

第三则是介绍场地周边状况，由山水植物交通等共同构成居住的周边环境。"双溪掖岸，泓渟湾洄，风生文漪，一眄无际，芝泉之所通也。岁极旱，溉汲挠之不枯。""溪南则营山之麓，去水十许丈，限以芜城，对之若高丘然。山中寿松，蛟奋龙举。溪北有堤，堤外田可二三顷。芝岭耸其东，牛首蹲其西，林岫相续，如步障。两山之缺，土湖所潴，余波薄堤下，积潦骤涨，混溪湖为一。湖之外皆堆阜，有深樾，来车去甗，以堤为歧。"此处芝泉指芝山所流之泉，且不易枯。且在牛首山与芝山之间由于地势低凹，形成一湖名土湖，其外围有小丘，绿树成荫，人皆从此过，将防洪堤当作了通行的道路。为什么有

---

[1] 此处参考凌郁之《鄱阳三洪集（上、下）》与《摛藻堂四库全书荟要——盘洲文集》二者结合而成，读不通处，又参考了北京书同文数字化技术有限公司制作的《四部丛刊》和《文渊阁四库全书》光盘版。

防洪堤? 这是因为土湖之水积潦骤涨, 水位变化较大, 因此也是较好的生态湿地之处。这些环境的介绍为盘洲园林的营造打好了铺垫。

第四着眼于"巧于因借"的园林营造。分成以下几个方面:

(1) 通过园林景观的视觉可达性和层次感充分表达出园林的整体意象

"旬岁而后得之, 廼相嘉处, 创洗心之阁。三川列岫, 争流层出。启窗卷簾, 景物坌至, 使人领略不暇。"

(2) 通过造园素材的介绍引入植物的配置

盘洲园内植物品种众多, 色彩搭配丰富。作为生态的园林, 首先是植物群落丰富, 而作者在这方面着力不少。首先是竹类众多。"两旁巨竹俨立, 斑者、紫者、方者、人面者、猫头者, 慈桂筋笛, 群分派别, 厥轩以有竹名。"其次, 作者又介绍了植物的色彩搭配。"禁苑、洛京、安、蕲、歙之花, 广陵之芍药: 白有梅桐、玉茗、素馨、文官、大笑、末利、水榒、山礬、聚仙、安榴、衮绣之毯; 红有佛桑、杜鹃、颊桐、丹桂、木堇、山茶、看棠、月季; 葩重者、石榴、木蕖; 色浅者、海仙、郁李; 黄有木犀、棣棠、蔷薇、躑躅、儿莺、迎春、蜀葵、秋菊; 紫有含笑、玫瑰、木兰、凤薇, 瑞香为之魁。两两相比, 芬馥鼎来。卉则丽春、翦金、山丹、水仙、银灯、玉簪、红蕉、幽兰、落地之锦、麝香之萱; 既赤且白, 石竹、鸡冠。"

在此基础上, 作者交代了植物与动物的来源地。"池水北流过蒼卜涧, 又西入于北溪。自一咏而东, 仓曰种秋之仓, 亭曰索笑之亭。前有重门, 曰日涉。背梅林, 夹曲水, 越竹阁, 甘橘三藂, 皆东嘉、太末、临汝、武陵所徙。又有营道、庐陵之金甘、上饶之绣橘、赤城之脆橙, 厥亭橘友。""栗得于宜, 梨得于松阳, 来禽得于赣。"

(3) 掇山理水的空间塑造

将溪水、桥、舟、石、建筑融为一体, 形成丰富的空间变换。"东偏堂曰双溪。波间一壑, 于藏舟为宜, 作檥斋于栏后。泗滨怪石, 前后特起, 曰云叶, 曰啸风。岩北践柳桥, 以蟠石为钓矶, 侧顿数椽, 下榻设胡床, 为息偃寄傲之地。假道可登舟, 曰西汻。绝水问农, 将营饭牛之亭, 于垄上导涧。自古桑由兑桥济, 规山阴遗迹, 般涧水, 剔九曲, 荫以并间之屋。"

（4）建筑与园林景观的互动关系

在洪适的盘洲园中，建筑参杂与植物群落之中，与石、竹、水、桥等形成相望或者互借之势。"涌地幕天，荼蘼金沙。生意如鹜，蝶影交加，厥亭花信。林深雾暗，花仙所集，厥亭睡足。于果品，皆前列，厥亭林珍。木瓜以为径，桃李以为屏，厥亭琼报。西瓜有坡，木鳖有棚，葱薤薑芥，土无旷者，厥亭灌园。沃桑盈陌，封植以补之，厥亭茧瓮。启六枳关，度碧鲜里，傍柞林，尽桃李蹊，然后达于西郊，苀葦弥望，充仞四泽，烟树缘流，帆樯下上，类画手铺平远之景，柳子所谓迤延野绿，远混天碧者。故以野绿表其堂。有轩居后，曰隐雾。九仞巍然，岚光排闼，厥名豹岩。陟其上，则楚王之楼，厥轩巢云。古梅鼎峙，横枝却月。厥台凌风。右顾高柯，昂霄蔽日，下有竹亭，曰驻屐。蠙洲接畛，楼观辉映，无日不寻棠棣之盟。跨南溪，有桥，表之曰濠上，游鱼千百，人至不惊。短蓬居中，曰野航。前后芳莲，龟游其上。水心一亭，老子所隐，曰龟巢。清飔吹香，时见并蒂，有白重台红多叶者，危亭相望，曰泽芝。整襟登陆，苍槐美竹据焉。山根茂林，浓阴映带，溪堂之语声，隔水相闻。倚松有流憇庵，犬迎鹊噪，屐不东矣。欣对有亭在桥之西，畦丁虞淇园之弹也，清使苦苣、温菘避路，于是拨葵之亭作。蕞尔丈室、规橅易安，谓之容膝斋。履阈小窗，举武不再，曰芥纳寮。复有尺地，曰梦窟。入玉虹洞，出绿沉谷，山房数楹，为孙息读书处，厥斋聚萤。山有蕨，野有荠，林有笋，真率殽烝，咄嗟可办，厥亭美可茹。花柳夹道，猿鹤后先，行水所穷，云容万状，野亭萧然，可以坐而看之，曰云起。"

在以上园林的山水、桥、植物、建筑等要素一一介绍完备后，盘洲园终于形成了一个艺术品。作者又道"西户常关，雉兔削迹，合而命之曰盘洲。"终于完成了盘洲园林的整体意象的构筑。然而光成为艺术品是不够的，还没有进入意境的层面。陈从周认为园林需"富有诗情画意。其中叠山理水要造成'虽由人作，宛自天开'的境界才行。"

如何形成这种境界呢？王国维在《人间词话》中认为"夫境界之呈现于吾心而见于外物者，皆须臾之物。惟诗人能以此须臾之物，镌诸不朽之文字，使读者自得之"，又说"境非独景物也，喜怒哀乐亦人心中之一境界"。可见对境界的产生人的解读。洪适在园林的营造中，以景观的塑造来引导游人的环境行为，以人的行为来衬托"得意在忘象"。"垒石象山，杯出岩下，九突离坐。杯来前而遇坎者，浮罚爵。方其左为鹅池，圆其右为墨沼。一咏亭临其中，水由圆沼循除而西，汇于方池。两亭角立，东既醉，西可止。改席再会，则参用柳子序饮之法，以'水流心不竞，云在意俱迟'为籤，坐上以序，识其一，真籤于杯而反之，随波并进，人不可私。迟顿却行，后来者或居上，殿者饮；止而沉者亦饮。当其时，或并饮，或垒筹，亲宾被酒，童稚舞笑，不知落霞飞鹜之相催也。"

由此可见一斑。

3. 园林的营造与洪适的精神世界

园林的建成非一日之功，盘洲园林的小品、动植物如此丰富，与大自然契合度高。如果说，作者建盘洲园与时代、家族密不可分，实际也与作者的素养密切相关。

（1）注重兄弟情谊和天伦之乐，园林的环境容量需要满足家族聚居的需要成为客观必然

常棣一词在洪适的诗文中常见。盘洲园中种植了不少棠棣，盘洲园中有一小径，名为"常棣径"。"常棣"来自"常棣之华，鄂不韡韡。"出处：《诗经·小雅·常棣》。常棣指棠梨（郁李），意思是棠梨树上花朵朵，花萼灼灼放光华。"常棣"是一个文学意象，它被赋予了兄弟情义的意义。"常棣"也写作"棠棣"。这首诗表达了兄弟之间应该友爱的理念。而天伦之乐在《东湖上梁文》中也有反映"……伏愿上梁之后，人皆奠枕，门不呼医。逐柳州之一贫，送韩公之五鬼。造化小儿不相戏，梁上君子非所忧。父子团栾，问寝奏南风之曲；弟兄笑语，对床哦夜雨之诗。"也可从《澹津卜筑上梁文》可看出如上特点"……伏愿上梁之后，鼎饪导和，巫医扫迹，华髪庆采繁之助，清尊交常棣之欢。七子克家，咸守诗书之叶，诸孙满坐，长寻梨栗之盟，凡我亲朋，共兹悦喜。"

（2）选择回归自然与开创新生活境地，满足作者出世与入世的双重需求

洪适因弹劾而退。初始建盘洲园毕竟有难度的，这和作者在复杂

的政治环境中生存类似。"我出吾山居,见是中穹木,披榛开道,境与心契。"较好地反映了作者的心态。然而作者也很快地进入盘洲园的建设当中。由于作者不善理财,因此进度较慢。如《楚望楼上梁文》载:"盘洲老人,六年治圃,三径成蹊。桃坞梨原,杂百花而竞秀;溪堂水阁,涌双泒以交流。戏鱼识鸣屐之声,驯鹤顾随轩之步。复营飞观,以俯西郊,慕元龙百尺之名,哦孙楚五寻之赋。恋梯云之新级,如履坦途;试耿雪之曲栏,已横疏影。纵目而天光无际,怡颜而日力有余。丘壑足以起予,草木谁不知我?旁瞻庐阜,纳爽气于欄楹;前对鄱江,发长讴于辑濯。将以登临之暇,时乎醼劝之娱。从他灯火下歌台,且向园林穷胜事。舞低杨柳月,久灰年少之心;栖老凤凰枝,独结岁寒之友"。然而毕竟是新生活的开始,作者对新生活仍是充满了知足常乐之情。"或曰:是洲近在城隅而人莫有知者,岂天坠地藏、显晦自有时耶。吾应之曰:君未办知,昔者事吾亦莫能言,方榴篠堙翳樵苏之所不顾,牛羊之所不履,独鱼得其乐,乌鸢凫鸬习其幽且阒尔。吾杜关休老,无膏腴以蠧其心,无管弦以蠧其耳,天其或者遗我为终焉计。以两地视双溪,孰轻孰重,亦能从吾游乎?"从这篇乾道壬辰(1172 年)五月十日《盘洲记》的记载也可推知一二。

(3)深厚的文学、书画滋养与园林精神的互动,是园林规划的基础

园林是文人的园林,而文人是园林里的文人。盘洲园里面有曲水流觞,是仿王羲之的兰亭。范成大认为园林中每物皆有一咏,实际也是仿《兰亭集序》中"一觞一咏,亦足以畅叙幽情"。

洪适诗文论著甚多,留下了很多名篇,四方传诵。故《宋史》评价说:"适以文学闻望"[1]。其中《盘洲文集》影响甚大,而《生查子——盘洲曲》也是盘洲园林的描写的代表作。鼓子词是宋代说唱艺术的一种,往往在小型聚会上演唱,因为歌唱时主要以鼓伴奏,所以得名。[2] 现存鼓子词不多,而《生查子——盘洲曲》则为其中的代表。作者共做 14 首词,如数家珍一样从一月唱到十二月。这 14 首词从描写盘洲的环境,到花草、鱼,从植物到动物到人,从春夏到秋冬一个轮回,

---

1 陈从周. 说园 [M]. 上海:同济大学出版社,1984.
2 司马迁. 二十五史:宋史 [M]. 乌鲁木齐:新疆青少年出版社,1999.

表现出了作者自己与周边渔人的生活。这是多么地逍遥自在、无拘无束。空灵的园林意境充分表达出人与自然的关系是何等的和谐，这也充分反映了其在文学上的深厚底蕴和造诣，而园林中也正需要这种文人的旷达。[1]

此外，洪适的书画修养也对园林的建筑功不可没。洪适中年始治书法的研究。南宋乾道元年（1165年），洪适49岁，《盘洲文集》载为《隶释》27卷。南宋淳熙四年（1177年），洪适61岁。范成大以敷文阁直学士知成都府为刻《隶续》四卷于蜀。后经多次补刻，这是洪适极为看重的著作。《隶释》是现存年代最早的一部集录和考释汉魏晋石刻文字的专著。同时也是同类著作中的佼佼者。《四库全书总目》评说："自有碑刻以来，推是本为最精博。"[2]

《隶释》《隶续》书法精妙，很难想象，在"书画同源"[3]的古代中国洪适不懂绘画。北宋文人欧阳修、苏轼、黄庭坚、米芾父子等，他们强调诗画合一，崇尚江西董源、巨然"平淡天真"的审美趣味和绘画风格。[4] 这显然对洪适产生了一定的影响。《盘洲文集》卷六十二《跋米元晖画》[5] 则说明洪适应该也是这方面的行家，而且非同一般。"……米西清所作《潇湘图》，由尺林阜烟波之胜，遐想鸥鸟之乐，良不可及。予尝客毗陵，一苇太湖旧矣。去之六年，风朝月夕，则思怒涛裂山，澄漪见云，梦寐间，时一往焉。观此恍然，所谓逃空谷而喜闻足音者。"[6] 作者通过自身的体验来解读米画，实现"移天缩地在君

---

1 鄱阳洪适鼓子词、姜夔词等，深受鄱阳民间文学的影响，具体对宋代戏曲等有何影响还需进一步研究。
2 李冬梅.洪适词研究[D].上海：华东师范大学，2008.
3 唐代张彦远在其《历代名画记·叙画之源流》中做出了精辟的概括："颉有四目，仰观垂象。因俪鸟龟之迹，遂定书字之形，造化不能藏其秘，故天雨粟；灵怪不能遁其形，故鬼夜哭。是时也，书画同体而未分，象制肇始而犹略。无以传其意，故有书；无以见其形，故有画。"
4 隶释[EB/OL].[2017-6-25].https://baike.so.com/doc/6408235-6621899.html.
5 米友仁，字元晖，是北宋书画家米芾的长子，深得宋高宗的赏识，他承继并发展米芾的山水技法，奠定"米氏云山"的特殊表现方式，就是以表现雨后山水的烟雨蒙蒙、变幻空灵而见称。其父子二人有大、小米之称。早年以书画知名，北宋宣和四年（1122年）应选入掌书学，南渡后备受高宗优遇，官至兵部侍郎、敷文阁直学士，宋高宗赵构曾命他鉴定法书。工书法，虽不逮其父，然如王、谢家子弟，却自有一种风格。
6 钱贵成.江西艺术史[M].北京：文化艺术出版社，2008.

怀"的景观效果。将心中所想与自然山水结合，达成心与意和、意与境和、人与自然的合一，与《园冶》的画意也是相通的。

（4）地处江湖之远仍忧国家大事，园林小品的塑造成为作者的精神寄托所在

受父亲洪皓的影响，洪适一直保持对国家大事的关心。适在镇江建花信亭。见《盘洲文集》卷四载《花信亭》一诗："解报花消息，江边有好风。吹香四时别，问讯几人同。梅坞难藏白，桃蹊岂借红。但能长捡校，定不酒尊空。"此时洪适处于战争的前方，实写江苏镇江之花信亭，虚写忧国之情。请辞回鄱阳后，作者在盘洲园内也立一亭为花信亭。诗曰："时时风报信，处处雨催妆。大赍一年景，均输万斛香。"在园内，"吾朝而出，暮而归。非有疾大风雨不废也哉。"[1] 不仅仅是为游乐，从亭子的同一命名也可略知一二。

4. 结语

洪适为官半生，著作等身。50 余岁请退，花大量时间精力经营盘洲园林。56 岁撰写了《盘洲记》，宣告园林的基本建成。文集中园林的篇幅多，集中描写了对园林建筑的营造，对植物的栽培，体现出作者对田园生活的热爱。此后续建楼斋，使得园林中亭、台、楼、阁、榭，以及假山、动物、水系和四季花卉一应俱全，游赏性强。园林的建成，非其一人之功，与其说是作者的综合素养建成，实际是作者与自然、亲朋、国家以及内心互动生成的结果。园林的建成，与其说是归隐，还不如说是尝试另一种生活的开始，实际也是当时政治生活场景的真实写照。

5.6 江西赣西北地区建筑上梁文与上梁仪式初探[2]

赣西北上梁文自宋绵延至今，赣西北古代文人上梁文由一致性

---

1 凌郁之. 鄱阳三洪集（上、下）[M]. 南昌：江西人民出版社，2011.
2 该论文缩减版发表于 2024 年 9 月第 29 届中国民居建筑学术年会，并获年会优秀论文。

的格式逐渐过渡到个性与共性的结合，上梁文反映了文人自身的品格和志趣的追求，此时上梁文所体现的建房仪式仍只是抛梁等关键内容；但赣西北民间上梁文与上梁仪式实际上是工匠在上梁各个阶段行为的体现，只要有上梁仪式，则一定会出现相应的上梁彩词，且各地彩词有着相似性和差异性，但上梁择吉始终不变。这种特征的出现不仅受敦煌以来的上梁文影响，而且直接受明代以来高启事件的影响使得上梁文从文人走向民间的结果。民间上梁文的丰富性显然与传播者、传播途径和载体有关，三者的共同作用使得上梁文形成和而不同的特征。

此处界定的赣西北地区主要包括宜春市（奉新县、靖安县、宜丰县、上高县、高安市、万载县、铜鼓县）为主，也包括有萍乡市、九江市（修水县、武宁县）、新余市。[1]相比江西上梁文而言，赣西北古代文人上梁文目前保存并不多。《四库全书》中收录的江西籍上梁文作者共有21人，58篇。其中北宋3人计3篇，南宋12人计36篇，元朝4人计5篇，明朝2人计14篇。而在江西籍作者上梁文统计中又以吉安上梁文数量最多，赣西北文人写作9篇，仅次于赣中吉安地区。但如果通过田野调查，可发现民间上梁文较多，且有着比较明显的地方特点，可成为文人上梁文的补充。

一、赣西北地区古代文人上梁文的收集

目前收集到赣西北籍文人黄庭坚、姚勉、周应合、傅若金的上梁义，为研究需要，将河南崔鷗所写的宜春高安《筠州新堂上梁文》和姚世莱所写的宜春宜丰《新昌县新建岳鄂王庙上梁文》[2]也纳入研究范围，共11篇，见表5-4。

---

1 学界对赣西北的划分并没有统一的权威说法，其划分容易与赣北划分交叉。此次结合行政分区，将高安市、新余市划到赣西北，赣北则以环鄱阳湖的市县为主。
2 将崔鷗写入，其原因是崔曾在江西筠州（今高安市）当推官，所写上梁文为筠州公建，且其弟子陈与义为江西诗派的代表之一。姚世莱则任过宜丰县教谕，所写的上梁文也是宜丰本土建筑上梁文。

表 5-4 赣西北地区古代文人上梁文汇总表

作者	作者籍贯	朝代	上梁文名	文集及卷名
黄庭坚	江西九江修水县	北宋	靖武门上梁文	《四库全书》载《山谷集·外集》卷十；《五百家播芳大全文粹》卷九十二
崔鶠	河南省杞县	北宋	筠州新堂上梁文	又名崔德符。《四库全书》载《五百家播芳大全文粹》卷九十二。
姚勉	江西省宜春宜丰县	南宋	西涧书院换新梁文	括号内为副标题；《四库全书》载《雪坡集》卷四十三
			惠政桥上梁文（壬子）	
			桂殿上梁文（乙卯）	
姚勉	江西省宜春宜丰县	南宋	天香阁上梁文	括号内为副标题；《四库全书》载《雪坡集》卷四十三
			赋梅楼上梁文	
			秋山上梁文（为谢飞卿作）	
周应合	江西省九江武宁县	南宋	（范忠宣真文忠公祠）上梁文	括号内为补充内容；《四库全书》载《景定建康志》卷三十一
傅若金	江西省新余市	元	湖南郡学造大成殿上梁文	《四库全书》载《傅与砺诗文集》卷十一
姚世菜	福建省福清县	明	新昌县新建岳鄂王庙上梁文	碑记

二、赣西北地区古代文人上梁文的特点

1. 在北宋上梁文程式化的基础上有新的变化

江西上梁文体例三要点：四段、儿郎伟或伏以。上梁文一般分为四段："一、破题；二、颂德；三、入事；四、陈抛梁，东西南北上下诗各三句"。儿郎伟，这种用于祈福仪式中的呼告词，即呼唤之辞，在北宋时期的上梁文中频繁出现。而这些由北宋经王禹偁、杨亿开创的结构形式已成为当时的标准上梁文格式。[1] 同时，上梁仪式也是民俗中请神还愿的一种方式，在赣西北地区上梁文中，文人更多地使用"伏以"做起句首语。建筑上梁仪式中，以伏以起句，先是一段骈文

---

1 路成文. 宋代上梁文初探[J]. 江海学刊.2008.(1):193-198.

开头，表明事情的渊源，再以诗的形式，进行抛梁环节的颂唱，句式则是"三、七、七、七"，最后一句再以骈文祝词内容作结。在表5-5中，可知赣西北以儿郎伟开头的上梁文为0篇，打破了原有北宋文人所写的规范。[1] 而以伏以开头的有7篇，其余3篇则无此程式。由上可知，自北宋、南宋至元明，赣西北上梁文的范式逐渐在打破，但四段核心程式没变，如第四段陈抛梁结构也存在，但省略了儿郎伟以及抛梁二字，保留了六方位词。

表5-5 赣西北上梁文格式一览表

作者	朝代	上梁文名	是否有四段	儿郎伟	伏以	有无抛梁词	六方位词	伏愿词
黄庭坚	北宋	靖武门上梁文	有	无	无	有	有	有
崔鷗	北宋	筠州新堂上梁文	有	无	有	有	有	有
姚勉	南宋	西涧书院换新梁文	有	无	有	无	有	有
姚勉	南宋	惠政桥上梁文（壬子）	有	无	有	有	有	无
姚勉	南宋	桂殿上梁文（乙卯）	有	无	有	有	有	有
姚勉	南宋	天香阁上梁文	有	无	有	有	有	有
姚勉	南宋	赋梅楼上梁文	有	无	有	有	有	有
姚勉	南宋	秋山上梁文（为谢飞卿作）	无	无	无	无	无	无
周应合	南宋	（范忠宣真文忠公祠）上梁文	有	无	有	有	有	有
傅若金	元	湖南郡学造大成殿上梁文	有	无	有	有	有	有
姚世荣	明	新昌县新建岳鄂王庙上梁文	有	无	有	有	有	有

2. 上梁文既表达了作者的志趣与心境又具有个性色彩

早期赣西北文人上梁文体现了大抱负与大理想。[2] 而到南宋以后上梁文更多表现作者的志趣。河南人崔鷗在筠州当推官时，在建公房时写了《筠州新堂上梁文》。作者第一段首先破题，写了筠州的地理区位，"郡城幽邃，介居吴楚之乡；台府深严，迥处江湖之胜。"其次描

---

1 有趣的是，在黄庭坚之前的江西吉安欧阳修、抚州学者王安石、王安礼的上梁文均使用儿郎伟。苏轼的二篇上梁文也使用了儿郎伟，但到黄庭坚时儿郎伟则消失了。如果说欧阳修是确立上梁文体例的先驱，那黄庭坚是江西改革上梁文的第一人．
2 许飞进，张艳萍．江西古代文人建筑上梁文研究—以文渊阁《四库全书》及《四部丛刊》为例[J]．南昌工程学院学报，40（2）：52-57.

写了筠州的环境,"岂非阆苑之峰,恐是蓬山之岛。"再介绍兴建场地特点,此处原为道院,后荒废,"昔营道院,名擅江西。属屡易于岁时,莽空余于瓦砾。"第二段作者通过颂德来说明兴建缘由,"自我某官肃驱隼旟,雄绾虎符,下车而德洽化孚,期年而人和物遂。丹凤栖连枝之瑞,灵芝发甘露之祥。"第三段接下来便是入事,即切入主题。"圜土一空,燕居多暇。爰瞻旧趾,大作新堂,焕然丹碧之开,宛若神仙之第。簪缨接袂,士女骈肩。不知经始之勤,愿助落成之喜。"第四段便是抛梁的颂唱仪式环节。整篇采取"三、七、七、七"常见句式,省略了儿郎伟的语气词:

抛梁东,人在丹霄紫府中,知有玉皇香案吏,诏书时下紫微宫;
抛梁西,层檐飞栱与云齐,犹恐双旌留不住,去骑骄马踏沙堤;
抛梁南,南山采翠入疏帘,公堂白日浑无事,但觉莲花漏水添;
抛梁北,一片连空烟瓦碧,幅巾道服上云林,使君自是浮丘伯;
抛梁上,万里锦联供一望,不须烟景入春风,自有云山开步障;
抛梁下,下看鹏骞与龙挂,水气昏昏浪颭空,云容淡淡天垂野。

最后一段则是作者的祈盼。"伏愿上梁之后,官曹无事,上下相安,农亩有秋,公私皆足。遂革带刀之俗,永凝尽戟之香。犴狱无人,鞭笞不试。某官琴樽高兴,聊同方外之游;富贵长年,备享人间之福。与四民而共乐,均千里以同欢。"

然而,这种愿望是否是作者真实心境的写照呢?实际只需看看他的一生便清楚了。崔鷃字德符,号婆娑先生。大宋龙图阁直学士、嵩山崇福宫领事。嘉祐三年(1058年)生人,北宋雍州人(今河南杞县),后随父崔毗迁徙颖州阳翟(今河南禹州)。崔鷃出生当年即嘉祐三年(1058年),王安石进京述职,作《上仁宗皇帝言事书》,系统地提出了变法主张,引发长达经年的新旧党争。元丰八年(1085年),旧党领袖司马光六十七岁,这年三月十日,神宗病死,年仅10岁的赵煦继位,是为哲宗。"元祐元年(1086年)九月初一,司马光因病逝世。围绕新旧党争并未由此终结。元祐九年甲戌(1094年)三月二十六日,崔鷃登进士第,时年三十七。元祐九年四月始改为绍圣元

5 上梁文与上梁仪式的地方运用

年（1094年），章惇为相，朝堂再起议论司马光更变熙丰法度之风，哲宗下诏削除司马光的赠谥，毁坏所赐碑。元符三年（1100年）哲宗驾崩，徽宗初立。当年庚辰三月二十四日，因日食，下诏求取直陈朝廷积弊。时任筠州推官的崔鶠遂进《上皇帝乞辨忠邪书》，直指宰相章惇惑乱国政，言称："以佞为忠，必以忠为佞，于是乎有缪赏滥罚。赏缪罚滥，佞人徜徉，如此而国不乱，未之有也。由此也可知崔鶠朝辩忠佞，嫉恶如仇，清廉耿直，朝论激越。显然，崔在官场仕途峥嵘愤激，但隐居则宽厚恬淡，刚柔切换在朝野之间。刀笔论政，妙笔生文。为官则造福一方，忧国忧民。崔鶠的一生实是践行着他一生的使命，正如他在上梁文中写到"官曹无事，上下相安，农亩有秋，公私皆足。"[1] 上梁文的祈愿词实为其真实心境的表达。

结合崔鶠上梁文以及第七章江西上梁文文献可知，北宋江西上梁文多以儿郎伟开头，仅黄庭坚、洪适等少数学者省略儿郎伟，崔鶠也采取了这种省略的格式，其余仍符合北宋欧阳修等采用的一般程式要求。而南宋到元朝时期，这种程式化的格式又进一步发生了变化。

现以南宋姚勉所撰上梁文为例：

姚勉（1216年—1262年），乳名二郎，学名冲，因避讳改名勉，字述之，一字成一，号飞卿、蜚卿，南宋瑞州府新昌县天德乡（今江西宜丰县新庄镇）灵源村人。姚勉少时俊颖绝伦，慷慨有大志，日诵数千言。据《新昌县志》载，姚勉"少颖悟，日诵数千言，居常作文有魁天下之志"。稍大，移居丰城龙雾洲海棠寺，从江西诗派著名诗人乐雷发习文。淳祐12年（1252年）中举，宝祐元年（1253年）进士及第，廷对第一，点为状元。先后授承事郎，秘书省正字，校书郎、节度判官、太子舍人，沂靖王府教授。景定3年（1262年），授处州通判，因病而未能赴任，当年谢世，年仅47岁，墓葬丰城邹舍村凤凰山。妻邹竹庄为丰城名儒邹春谷长女，早逝，继而姚勉又续邹竹庄妹邹梅庄为妻。[2]

---

1 这屋乡村传习所.婆婆园中话崔鶠[EB/OL].[2020-09-28]. https://baijiahao.baidu.com/s?id=1679042269443349514&wfr=spider&for=pc
2 鄢文龙.姚勉评传[M].南昌：江西人民出版社，2014.2-209.

姚勉六首上梁文所写的建筑不同，可分为公建类建筑，如西涧书院、桂殿；交通类建筑，如惠政桥；休憩类建筑（天香阁、赋梅楼）；居住建筑（谢飞卿宅）。

姚勉撰写六篇上梁文，时间顺序如下，《西涧书院换新梁文》《惠政桥上梁文》（1252 年）、《桂殿上梁文》（1255 年）、《天香阁上梁文》《赋梅楼上梁文》（1256 年）[1]、《秋山上梁文》，六首均具备四段和六方位词格式。但在起首句上有所不同，前五首以伏以开头，没有采用儿郎伟，且最后一首却无伏以。作者为何不采用儿郎伟，一方面江西诗派创始人黄庭坚是姚勉学习的榜样，另一方面就是作者对儿郎伟的理解。如《西涧书院换新梁文》所说：伏以！习先圣之术，当为道阃之栋梁；育天下之英，要作明堂之柱石。惟是扶颠持危之日，则知致远任重之材。平时学校之规模，一旦庙堂之力量，作新气象，耸动观瞻。仰乡国之三刘，凛风标于百世。诵涪翁清颍尾之句，天畀节之独全；读欧公庐山高之诗，地以人而愈重。或对面而攻介甫，或褰裳而去蔡京。钟鼎一邦，冠冕四海。所以北山之名子，创为西涧之书堂。欲后学之得师，企前修而接武。自兴此地，益振斯文。道学立己之要端，士皆知本；科目进身之余事，岁不乏人。联翩登天府之书，陆续擢太常之第。以至贤关之俊士，竞蜚帝学之英声。前者既着鞭而争先，后者又积薪之居上，而况地灵标异，天秀发祥。凤沼波澄，春色动墨池之水；雁塔云立，晴霄峥文笔之峰。中间一水之横栋，南北万山之雄峙。气类聿新于感召，英髦皆萃于游歌。诵诗读书，吾伊之声相接；进德修业，挑达之习不萌。亹勉乎学问思辨之功，讲明乎修齐治平之事。有资涵养，必大发挥。矧居多修泮之鲁侯，且代有教湖之安定。儒林风动，黉舍日新，欲增贺燕之欢声，乃易修虹于杰宇。使工师求大木，喜得四十围溜雨之根柯；立馆下招诸生，便有千万间连云之气概。异前此挠柔之无力，知其中负荷之有人。栋榱无将厌之形，松栢屹后凋之操。作兴如是，证应有开。时当诏岁之肇端，士与王春而更始。陋者昔而今于壮，此泰亨刚长之符；舍其旧而新是谋，乃革变文

---

1 李莉.宋季科举社会视角下的姚勉研究.华中师范大学，2020:147.

蔚之象。必有胜仁重器,扶世长才,骧龙首而奋九天,沛滂霖雨;断鳌足而立四极,撑柱干坤。仰挹乡先生之流风,益厉大丈夫之壮节。不虚此应,会见若人。匠石告成,儿郎赞伟。由该篇上梁文的俪语可知,书院建成之时,由当地儿郎皆来喝彩赞伟,已经没有了唐代敦煌民谣儿郎伟的驱邪精神[1],重新解读了儿郎伟的意义。

随后在壬子年(1252年)科举考试的前一年,姚勉写了一篇《惠政桥上梁文》,给桥梁写上梁文,目前江西仅发现二篇,除惠政桥外,另一篇为赣州大余县《横浦桥上梁文》。以下以惠政桥为例:

伏以!造舟为梁,已阅数百年之古;横江立石,又为千万世之规。奠惊涛骇浪之冲,屹砥柱中流之势。一新壮观,夐掩前闻。州曰瑞阳,江如濯锦。人卧船流,露团鹤起,供名笔之画图;溪从城过,山到市平,入当家之诗句。接通衢之聚市,列横舰于浮津。在南唐时,画鹢矗灵祠之下;至东都日,彩霓飞道院之前。严公之志刻尚存,苏儒之诗史可玩。然当春夏久雨之积,适为川谷百流之交。巨浸稽天,小舟断渡,河既难于填鹊,民或至于为鱼。居人病之,仁者念此。于是前判府、宫讲、编修经其始,今判府、寺丞、吏部遂其成。立非常之功,必待非常之人,伟哉器宇;建无穷之基,亦有无穷之闻,深矣恩波。广郑子产济人之心,见蔡端明利民之志。既仍旧贯,复就新规。费博而民不知,工巨而役则简。神人驱石,丁士凿山,不日成之,如天造此。遏汹涌奔流之注,负瑰伟绝特之称。鳌头擎玉阆之峰,镇临波上;龙脊截银河之水,来下人间。力障倒澜而东之,势若运溟而南适。海藏忽呈于贝阙,沙洲骤拥于鼍城。利涉大川,卓为巨镇。二千石治理效,于此可观;十二月舆梁成,方兹更劣。岂特永往来之利,又将增形胜之雄。据彩凤之上游,挺苍龙之左角。回山若抱,界水不流,而况津号飞仙,宫联贡士,既作新于地脉,必奋发于天荒。讖协河连,即验状元之出;象如堤筑,预符宰相之行。此役之兴,所关者大。金言太守,凿石而立三犀;必有丈夫,题柱而立驷马。载涓穀旦,肇建中亭。式举修梁,敢陈善颂。由上梁文可知,"造舟为梁"指造船来

---

1 高国藩.敦煌俗文化学[M].上海:上海三联书店,1999.216.

建桥梁。"载涓榖旦，肇建中亭。式举修梁，敢陈善颂。"肇建中亭之亭非攒尖亭，有横梁，其上梁喝彩为桥上中亭之梁。

在姚勉的上梁文中，西涧书院和赋梅楼上梁文用典多，而《赋梅楼上梁文》《秋山上梁文》则是具有鲜明的个性色彩的二篇文章。这也反映了南宋以来的文人在面对时局时对国家对家庭对生活的心态。姚勉的《赋梅楼上梁文》中，赋梅楼实是一栋休憩建筑，处于园林之中。先看前段俪语。

伏以！无地起楼台，固愿学莱公之事；有园秀花木，亦当希涑水之贤。未甘走朝市之红尘，共要饱溪山之清兴。稍堪寓目，庶早抽身。雪坡主人，鸥鹭旧游，麋鹿真性。初赐集英第，也曾看杭州十里之花；不上光范书，未忍抛锦江一丝之竹。惟童子之钓所，有先人之敝庐。占山水窟宅之中，足泉石膏肓之趣。隐者盘旋于幽阻，虽得于天；君子眺望乎高明，尚虚其地。恰有坡而宜雪，聊锄月以种梅，中建一楼，下临万象。云屏洗雨，纳层巘于檐楹；水镜涵天，挹明湖于樽俎。锦千花之步障，碧万竹之油幢。吟红药、对紫薇，静纶阁文书之意思；抚苍松、摩翠柏，屹明堂梁栋之观瞻。虽无轮奂之翚飞，是亦园池之要会。然命意不轻于取物，而扁名独美于赋梅。见贤思齐，论世尚友，若广平之显唐室，至文正之名我朝，卓然英概之不群，皆以此花而寄兴。语虽婉媚，何害为铁石心肠；志不饱温，已预占钧轴事业。俨相望而玉立，均不辱于冰姿。凛若犹生，希之则是。愿坚持于劲操，初不尚于浮荣。先天下春，储万斛香。本为盛事，开雪里枝；回孤根暖，方见清标。古人实获我心，天下莫非吾事。登斯楼也，初无贮妓女藏歌舞之奢；适我愿兮，端有砥节行厉廉隅之益。穷达俱存生意，荣华不趁春风。白玉堂如茅舍竹篱，黄金铉在霜崖冰谷。巡檐索笑，谁知先忧后乐之心；看影忍寒，不动炙热趋炎之想。庶倚栏而无愧，堪把酒以相看。而况阴尽阳生，机融剥复。仰观俯察，中有乾坤。觉仁意之默存，爱生香之不断。坐中客满，应有能同饮冰餐雪之盟；门外人看，未必不作齐云落星之诮。木斫而已，人谓斯何。聊复上梁，不妨赞伟。

"固愿学莱公之事"因寇准忠正不阿，敢于与丁谓等一党作斗争，后封莱国公。姚勉慕其高洁，故学寇准。"有园秀花木，亦当希涑水之贤。"此处指司马光，字君实。陕西涑水乡人，世称涑水先生。北宋政治家、史学家、文学家。历仕仁宗、英宗、神宗、哲宗四朝，卒赠太师、温国公，谥文正，为人温良谦恭、刚正不阿；做事用功刻苦、勤奋。以"日力不足，继之以夜"自诩，其人格堪称儒学教化下的典范，历来受人景仰。"未甘走朝市之红尘，共要饱溪山之清兴。稍堪寓目，庶早抽身。雪坡主人，鸥鹭旧游，麋鹿真性。初赐集英第，也曾看杭州十里之花；不上光范书，未忍抛锦江一丝之竹。"宝祐元年（1253年）姚勉38岁，状元及第，授平江节度判官。十月，归里，旋丁父忧。宝祐三年乙卯（1255年）应邀写《桂殿上梁文》。宝祐四年丙辰（1256年），召赴行在，除秘书省正字。十二月姚勉至上饶知太学生论丁大全被逐之事，因"不愿与之比肩事主，用不敢前"，故辞西归回到家乡。[1] 此时"稍堪寓目，庶早抽身。"就好理解了。锦江上游为宜丰，实为作者之家乡，"未忍抛锦江一丝之竹"，表明还是自己的家乡好呀。作者回到家乡，找一有坡且宜见雪之处，建起一楼，楼名赋梅，视觉效果好，有利于观瞻，且在建筑周边种梅、红药等植物，形成园林的核心景区。"惟童子之钓所，有先人之敝庐。占山水窟宅之中，足泉石膏肓之趣。隐者盘旋于幽阻，虽得于天；君子眺望乎高明，尚虚其地。恰有坡而宜雪，聊锄月以种梅，中建一楼，下临万象。云屏洗雨，纳层巘于檐楹；水镜涵天，挹明湖于樽俎。锦千花之步障，碧万竹之油幢。吟红药，对紫薇，静纶阁文书之意思；抚苍松、摩翠柏，屹明堂梁栋之观瞻。虽无轮奂之翚飞，是亦园池之要会。然命意不轻于取物，而扁名独美于赋梅。"那为什么名为赋梅？作者给予了解释并对梅花的品性进行引申。"见贤思齐，论世尚友，若广平之显唐室，至文正之名我朝，卓然英概之不群，皆以此花而寄兴。语虽婉媚，何害为铁石心肠；志不饱温，已预占钧轴事业。俨相望而玉立，均不辱于冰姿。凛若犹生，希之则是。愿坚持于劲操，初不尚于浮荣。先天下春，储万斛香，本为盛事；开雪里枝，回孤根暖，方见清标。

---

1 鄢文龙.姚勉评传[M].南昌：江西人民出版社，2014.207-209.

古人实获我心，天下莫非吾事。"这段文字用典较多，其中文正之名我朝，指司马光，谥文正。司马光三首咏梅诗，其一：塞北为君戍，江南是妾家。遥知关外雪，正似岭头花。其二：驿使何时发，凭君寄一枝。陇头人不识，空向笛中吹。其三：从与天君别，寒花几度春。坐愁芳树老，况乃鉴中人。司马光通过三首梅花诗寄托了自己的乡愁。"不上光范书，未忍抛锦江一丝之竹。"作者和司马光一样，以梅寄兴，作者赋梅，是因为梅不辱冰姿，坚持劲操且先天下春，储万斛香，方见梅的本色。这种无偿奉献只为绽放花香的情节如同作者本人。

作者建楼只是为了享受吗？不，"登斯楼也，初无贮妓女藏歌舞之奢；适我愿兮，端有砥节行厉廉隅之益。穷达俱存生意，荣华不趋春风。""巡檐索笑，谁知先忧后乐之心；看影忍寒，不动炙热趋炎之想。庶倚栏而无愧，堪把酒以相看。"作者此处把范仲淹"先天下之忧而忧，后天下之乐而乐"作为自己的内心写照。不仅如此，作者认为，来往三人皆"坐中客满，应有能同饮冰餐雪之盟"，只是门外汉来看，"未必不作齐云落星之诮"。此处齐云指楼名，在今苏州市，五代韩浦所建。落星指楼名，在今南京市，三国孙权所建。后常将两楼连称，作为古代豪华建筑中高楼的代表。[1] 毕竟作者志不在此。"木斫而已，人谓斯何。聊复上梁，不妨赞伟。"作者中陈六诗，对上述内容进行概括与升华。"东，海外连云万丈松，嘉味尽堪和傅鼎，清标元不浼秦封；西，野色团云万竹齐，中有雪坡精舍在，读书声到晓窗鸡；南，钓月横舟在碧潭，小样西湖共宴赏，荷花晚日照红酣；北，栝柏豫章森黛色，个中有柱可擎天，尽日凭栏为忧国；上，俯看园林春万象，夜深引手抉天河，欲洗人间腥海浪；下，踏月看花乘雪夜，政令天上玉为堂，只似水边茅作舍。伏愿上梁之后，癯仙长健，俗客不来。卧人豪百尺楼，平吞湖海；劝梅花一杯酒，共保山林。断不连甲第于云霄，且预占午桥之风月。贤者乐此，何妨为横水孤舟；时则为之，也会作撑霄巨栋。称天此景，重地以人。希文已做，尧大更为。尚期子以继承之事，韩公所无，乐天则有，记请身于强健之时。倘负

---

[1] 百度百科 [EB/OL]. https://baike.baidu.com/item/%E9%BD%90%E4%BA%91%E8%90%BD%E6%98%9F/23245909?fr=ge_ala

此梅,有如皦日。"虽然范仲淹、邵雍等人已去,但他们的事业仍需继承。姚勉自知虽无韩愈的本领,但具有白居易的心态。

姚勉的《秋山上梁文》是一篇为好友谢飞卿所作的好文,故开头无伏以,而是直奔主题。其余格式同其余五篇,其内容与《赋梅楼上梁文》相比,赋梅楼写自己的休闲建筑,而本上梁文所写建筑是好友谢飞卿的一处休憩园林式住宅。"云霄万里,未甘为求田问舍之谋;风雨数椽,聊以遂作室肯堂之志。讵敢谓千万间之突兀,亦幸免三十年之辛勤。此屋无华,其人或可。秋山主人,胸中丘壑,笔底菑畬。卧百尺楼,少亦有元龙之豪气;筑一区宅,吾将草子云之玄文。"点出写作缘由。住宅周边"种孤梅于荆棘之丛,餐晚菊于烟霞之表。以浮云视不义之富,岂夸地上之流钱;谓黄金劣教子之经,自信书中之有屋。虽先人之庐,犹足以庇;然旧宅之嚚,不可以居。经之营之,不日成之;合矣完矣,曰苟美矣。暑轩凉而冬室燠,昼窗明而夜堂深,砌宜芝兰,园可花竹。绿水护田,青山排闼,地无一点之尘埃;碧桃种露,红杏栽云,春占四时之富贵。"此段写出住宅的景观特点。"暇则整安石东山之屐,时乎得灵运西堂之诗。旁联花萼之新,不出枌榆之旧。插三万轴籤于邺侯之架,且要有子读书;种五十亩秫于渊明之田,未尝无客饮酒。固已自滋兰九畹,也不妨植橘千头。烹羊炮羔以供岁时,弹琴著书以娱朝夕。境与人而俱胜,屋于我而有余。"此处写出作者的日常行为。其中邺侯是有所指,朱熹在《再和》中提到:"三径犹寻陶令宅,万签聊借邺侯书。"这里的"邺侯书"指的是唐朝人李泌家的藏书。写到此处,作者没有写出如此有为之人为何甘于做隐士。接下来才点明了作者的企盼,"时未可为,姑且抱卧龙草庐之膝;志如得遂,亦能容驷马高盖之车。修梁肇举于长虹,吉语式殚于贺燕。"作者将这种企盼寄托了上梁当中,既是对友人的鼓励,也是对时局的一种乐观判断与期待。

东,宅枕秋山第一峰,安石会稽非素隐,苍生都寄此山中;
西,门外车多听马嘶,要识主人心地处,晚凉新月浸潭溪;
南,四里名冈意可探,自有睎颜真乐在,籯金横玉不渠贪;
北,万仞荷山呈翠色,夜深斗柄揭天寒,魁第一星光可摘;

上，从此肯堂基址壮，等闲跂翼接云飞，振起家声天所相；

下，玉树芝兰相照射，吾伊日听读书声，文脉要如前后谢。

上梁之后，萃一家之和气，衍五福之庆源。丹桂浮香，日熟义方之训；三槐鸷荫，天开世德之符。姑少俟之，必有兴者。

姚勉的上梁文，表达了作者的理学思想，也表达出作者的志向高洁，作者在《西涧书院换新梁文》写到：伏愿上梁之后，学颜志尹，家稷人皋。由德行之科而冠国家进士之科，修仁义之爵而得公卿大夫之爵。先觉觉后，已立立人。与贤师良友以切磋，皆由体达用之学；得明王圣主而辅相，收致君泽民之功。大节终身，香名万古。然而士人的修身齐家治国平太下，也要有时机，作者终于有机会在 1259 年召为校书郎，但随后 1260 年罢归。1262 年病卒。英年早逝，不甚唏吁。

赣东北元代仅一篇傅若金的《湖南郡学造大成殿上梁文》，与姚勉的秋山上梁文类似，仅保留四段格式以及六方位词，无儿郎伟、伏以和抛梁词，并无创新之处。

明代的赣西北上梁文，目前仅发现一篇，由三山姚世棻《新昌县新建岳鄂王庙上梁文》，作者是福州府福清县举人，后升柳州同知。写上梁文时为大明正德三年（1508 年）岁次戊辰三月三日，此时作者任新昌县（今宜春宜丰县）儒学教谕。该文围绕岳飞的事迹展开。岳飞（1105—1142 年），南宋抗金名将，字鹏举，相州汤阴（今属河南）人。北宋末年投军，任秉义郎。南宋时曾多次抗击金军，收复失地。绍兴初，洪州守将李成叛宋降金，其部将进攻筠州，岳飞曾参与转战筠州管辖地（高安、新昌）的战斗。[1] 当地人为纪念岳飞，建了岳王庙，并由姚世棻撰写上梁文。

"伏以！张巡尽节，睢阳立庙以褒忠；杜甫善吟，江原建祠以作范。盖功德及民于生前，宜祀典隆，兴于后代。粤自有宋南渡，惟土锐志中原久矣，仁智并施，卓哉！文武全器，知上流之利害；统制江

---

[1] 宜丰县地方史志编纂委员会.宜丰县志，中国大百科全书出版社上海分社，1989.709.

西，愤贼虏之凭陵。按兵斯地，一战而俘诸酋长；望风奔窜者，殆若山崩；再战而歼厥渠魁，诣门欵服者，有如星拱。驱腥膻之，渎我冠裳；返士女之，安我家室。禦灾捍患，厥功懋焉；崇德报功，礼宜祀矣。庙宇未崇，诚为欠事。"此段描写了岳飞的功绩，并认为原庙过小其与功绩不相称。但幸运的是，"幸值大邑伯熊侯发轫，危科登名黄甲。暂借牛刀之小试，遂令盐邑之生辉。政通人和，刑清讼简。重兴报功之念，迺为经始之规。赫赫乎，庙堂之建；洋洋乎，弦诵之声。鸟斯革，翚斯飞，壮哉一方之庙貌；山其节，藻其棁，久为百姓之瞻依。流出胸中，铺张眼界，由今而来，桂岭因忠义而高；迥出天际，自是以往，翰台以武穆而胜。增重江南，星排綵柱。"虹举画梁，恭陈六伟之词，用耸多方之听。此时的栋梁为弯梁，梁上已由工匠绘制图案，再由作者进行喝彩。

抛梁东，白泽湖光日色红，却与精忠俱彩耀，焕然一邑变民风；
抛梁西，星桥日夜走轮蹄，行人遥望巍巍庙，愧杀当年长脚儿；
抛梁南，梁栋新成燕语喃，十二金牌收号令，中兴事业付谁堪；
抛梁北，山列翠屏相委曲，都来祠下奠英灵，时平为我苍生福；
抛梁上，剑气纵横斗间望，耿光千古亦芒寒，照耀太阶平荡荡；
抛梁下，保障盐城功不亚，八九年来抚字心，留与斯文作凭话。

伏愿上梁之后，神妥其灵，民乐其业；贤侯宠擢，要路声蜚。福庇八乡，纳富庶仁寿之域；庙崇百世，汗奸雄猾贼之人。斯道光华，吾儒侥幸。

作者采用了南宋以来伏以的起首词，且首尾皆俪语，中陈六伟，省略了儿郎伟之词，采用了北宋时期抛梁词。没有采用元代以来的变体，内心不仅是通过祭祀岳飞，使神妥其灵，从而民乐其业。使英雄得到祭祀，并福庇八乡，使奸滑之人得到揭露，从而无地自容。同时，结合了北宋和南宋的上梁文格式，也有追溯正统的含义。此时的上梁文中仅描述了画梁、上梁和抛梁部分，展示了上梁中的最重要环节。

三、赣西北民间上梁文与上梁仪式

由以上宋明时期上梁文可知，上梁文仅介绍画梁、上梁与抛梁仪式，文人更多地是借景借物抒怀，并没有充分表达上梁所有环节。以下通过田野调查来展示赣西北地区民间上梁仪式与上梁文。有如下特点：

1. 受传播者的影响，各地上梁文内容完整性相差较大

（1）高安县上梁文与上梁仪式

高安市伍桥村上梁时，包括了画梁、祭梁、上梁、抛梁、吃上梁酒等过程。上梁时多有唱词，一唱一和，热闹不已。[1]

画梁与祭梁："梁"一般是由木工师傅提前测量做好，梁上一般都会涂上红漆，写上字迹，以示纪念。如"造屋人名""年月吉日"等，也可附些家规警言上去。这是对"上梁"这个"重大纪念日"的不忘却，也是留给子孙后代的一种纪念。伍桥有些老房，百年，甚至千年，都在梁上有迹可循，对房屋来源能够知根求底。也能念及祖恩，溯根追源。选上个黄道吉日，披红挂彩，鸡血祭梁。喊上一声"上梁了！"，把"梁"架上墙头，稳固于墙上。

上梁：福喜哦！太阳一出紫龙时，正是东家上梁时。左边上起龙凤角，右边上起凤朝阳。朝阳朝到东道边，千里开花万里香。年年开花多结子，月月开花结贵子。我今要把花来开，正月梨花送春来，苏云做官转回来，伴湖銮驾回家转，五湖四海闹洋洋。二月郑花白皑皑，前朝出了个太白垓，父子公孙同去考，状元榜眼探花郎。三月桃花朵朵红，年老做官姜太公，八十二岁把鱼钓，渭水桥下遇文王。四月勒花就地拖，妇人做官杨令婆，令婆本是天生女，宗宝挂帅笑哈哈。五月栀花新又黄，五郎二女闹华堂，兄弟双双同去考，状元榜眼探花郎。六月禾花福满堂，列国出了个苏母娘，万岁殿上生太子，一十八岁做帝王。七月莲花叶又青，七个仙女下凡尘，观音娘娘来送子，贺喜贤东上栋梁。八月桂花满山香，八仙漂海近母娘，韩湘子穿起八宝衣，吕洞宾就把酒来醉。九月菊花该出市，前朝出了个张公义，张公义家里子孙多，手抱孩儿笑哈哈。十月茶花多富贵，唐朝出了个薛平贵，平贵本是好汉子，西南外国做皇帝。

---

[1] 被采访人：伍桥乡贤易居白，采访人：许飞进，2019年。

十一月无花无人采,顺娘小姐和翻回来,梅良玉看见真欢喜,一笔连她状元女。十二月梅花照雪开,成正事介宝到沙岛,李克用就把文章做,万里江山早登科。从我今喝彩后,富贵荣华与天长!天官送福!打封爆竹!

抛梁:上梁之后,主人家要从高处抛撒些花生、饼干、糖果、麻糍、水果、香烟等小物品,让人蜂拥争夺,增加热闹气氛。亲朋好友,尤其是小孩,都在这热闹的抢夺气氛中,弯腰拾捡寓意拜果。人人都开心快乐,欢声一片,好不热闹!上梁抛洒下来的物品,也随着时代的发展,慢慢地有了创新,也有了更进一步的升华。记得高安坡上艾家那位大伯,他们家上梁时撒下来的,竟是两大筐一分、二分、五分的硬币。

非遗传承:现在在改盖平房之后,真正意义上的木梁可能很少用到了,不少上梁的习俗却仍在传承。有些人家,就干脆也在石头水泥墙上刻录下来房屋的来历,建造年月,也以此为梁,上梁求吉运,上梁保安宁,上梁给子孙后代留下纪念。

吃上梁酒:在一系列活动之后,主人家大摆宴席,请客吃饭。亲朋好友也都送礼道贺,非常热闹。这"上梁"酒席,吃的是喜庆,吃的是吉祥,吃的是对主人家美好的祝福。敬上一碗酒,道出两句好词,充满了对主人家的恭贺之情。"上梁上梁,子孙满堂","建设华厦,乐业安康","上梁新屋,人才辈出","竖千年柱,架万代梁",等等吉祥词语,主人家听着高兴,同座的宾客们也连声叫好。又再多抵上一口酒,相互谢过!

上梁之后,待新屋落成,主人家正式入户之后,还有个"过屋"的习俗。也是伍桥比较特殊的民俗之一,但已不属于上梁的过程了。

(2)奉新县上梁文与上梁仪式

目前收集到的上梁文以奉新县上富镇彩文最为完整,上富镇此处原为归德乡,客家人居住较多,也有不少畲族人在此居住。以下是畲族人收集的上梁文与上梁仪式内容。

奉新县上富镇上梁喝彩较完整,与建房相关的仪式有:贺新屋彩、龙灯贺新屋彩、开山砍料祭山文、挂彩红、起门楼、大门、门楼、缠梁上红彩、安大门、断梁彩、钉门彩、上大门、送煞、插彩旗、祭梁彩、祭酒、上梁彩、祭酒斩煞、起工百事、起厂百事。其中与上梁相关的仪式有开山砍料祭山文、挂彩红、缠梁上红彩、断梁彩、送煞、插彩旗、祭酒、祭梁彩、上梁彩、祭酒斩煞。[1] 详细内容如下：

1）开山斫砍料祭山文（伐梁）

伏以！一心奉请开天辟地，伏羲神农五谷尊神。

洪州得道上界鲁班，二位仙师墨斗曲尺，寒婆照耳暴礄（qiao）仙师，招财童子进宝郎君，开山童子破石郎君。宏石放毫光，高山大庙，低山小庙，庙庙有感，虚空过往，诸位神祗，器气到此，煞气满山传开，主宾相见，二家喜洋洋，上下过往，当境赐福神祗。

2）缠梁上红彩

伏以！手接贤东一疋红，番在栋梁凤凰池，黄龙缠在栋梁头，儿孙代代为公侯，黄龙缠在栋梁尾，代代儿孙穿朝衣，黄龙缠在栋梁中，儿孙代代坐朝中，今日弟子缠梁后，万代兴隆与天齐。

3）断梁彩文

伏以！栋梁栋梁听言章，请深到此大吉大昌，生在何处长在何方？

生在孝金崖前，长在八宝山上，上有谁人得见，下有谁人得传？

上有张良得见，下有鲁班弟子得传。

千根共埚万根共一岑，今日弟子请来砍栋梁。

一要千年富贵，二要万代兴隆，三要人丁千百万；

四要福寿满长锦，五要五金魁，六要宰相并侯王；

七要五谷丰登粮满仓，八要骡马满山岗；

九要金银盖百斗，十要荣华富贵与天长。

4）送煞

伏以！天地开张日吉时良，虔诚拜请三界地主，五方庑神鲁班三郎，十极高真匠师。

拜请鲁班仙师，墨斗曲尺师母师娘，玄女门光星尺，五尺大王前

---

[1] 被采访人：陈师傅，采访人：许飞进，2022 年 7 月，采访地点：奉新县上富镇。

传后教。

历代宗师请传度师，某姓某名传以弟子，某姓某名一心皈命里，颁请鲁班师收起，东方五里南方北方，西方中方五里全五五廿五里神，尽皆收藏。

普庵到此，百无禁忌，请起鲁班到此送煞消藏。

5）插彩旗

伏以！接到东君一对旗，插在栋梁凤凰池，身披紫袍出金带，乌纱象简拜丹墀，子子孙孙皆荣耀，世世代代皆绵长。阳春化雨沾荣定，赛过江南第一名，左边挂起龙虎榜，右边升起状元旗，三年之申龙虎榜，十年当中凤凰池，马前唱道状元归。

6）祭梁彩

第一道：

手拿金鸡似凤凰，生的头高尾又长，

闲人捉去无用处，今日提来祭栋梁。

一祭梁头，儿孙代代出公侯；二祭梁尾，儿孙代代穿朝衣；

三祭梁中，儿孙代代出三公。自从今日祭梁后，荣华富贵与天长。

第二首：

伏以！手提金鸡似凤凰，脚踏金[1]取龙王，拨开中堂九曲水，依源流在状元坊。

三级浪中龙现爪，九霄云外凤呈祥，朝中屡屡加官爵，面前班列竖牌坊。

状元榜眼十百个，翰林学士五十双，文官升到尚书府，武将定封侯伯王。

自从今日祭梁后，富贵荣华与天长。

第三首：

伏以！华堂高架紫金梁，擎天宝柱列两旁，今日紫微皆供照，瑞气腾腾旭日光。

鼎建新居展鸿图，经纶华堂科及第，展望山川之秀气，高乘地理

---

1 原文金字后缺一字。

之精英。

状元名标龙虎榜，菊车毓秀登皇殿，三呼万岁拜丹墀。物化天宝，人杰地灵。

第四首：

伏以！此鸡生来不寻常，五色羽毛似凤凰，贤东今日来祭梁。

一祭梁头经魁首，二祭梁尾状元郎，三祭梁中宰相府，儿孙代代侯伯王，头尾首中俱祭到，荣华富贵与天长。

7）祭酒

伏以！贤东助我一对瓶，千两黄金巧打成，贤东昨日街上打，今日拿在手中存。

上有狮子并宝盖，下有莲花托酒瓶，前面打起思哥叫，后面打起凤凰升。

此瓶是何瓶？观音娘娘的净瓶。此酒何人造？瑶池王母上寿酒。

此酒杜康未能尝，今日拿来祭门梁。

一祭东方甲乙木，好似孔明祭东风；二祭西方庚辛金，董永行孝遇仙人；

三祭丙丁是南方，五虎六部承相家；四祭北方壬癸水，昔日唐王遇敬德；

五祭中央戊己土，贤东富贵以天长。

8）祭酒斩煞

伏以！贤东助我一只鸡，生的头高尾又低，身穿五色六毛衣。此鸡不是非凡鸡，王母面前报晓鸡。凡人捉去无用处，今日拿来做只斩，杀鸡祭血来斩杀。

斩杀天来天上去，斩杀地来地下藏，斩一个天无忌，地无忌年无忌，月无忌日无忌时无忌。大小神祇各归庙堂，鲁班到此万煞锁藏，雄鸡落地，顺顺遂遂。

9）上梁彩

伏以！天地开张，良辰吉时，梁上金鸡叫，梁下凤凰飞，鲁班仙师来到此，正是东君上梁时，左边做起尚书府，右边造起宰相堂，三年龙虎榜，十年凤凰池。

拨开龙门子，登阁马前唱，儿孙代代状元郎。

奉新的上梁文中，缺乏了抛梁阶段的记录，经调查得知当地有抛梁阶段，记录的人只记录其中重要彩词，对抛梁有遗漏。

（3）上高县祭梁彩[1]

福喜哦——好嘞（哦）

一步走来二步行——好嘞，左脚踏上一步金——好嘞；

右脚踏上一步跟；脚踏云梯第三步，金银肩北斗；脚踏云梯第四步，四季大发；

脚踏云梯第五步，王子登科，科科入举；脚踏云梯第六步，六国都成祥；

脚踏云梯第七步，七仙美女槐阳村，观音老母送子来；

脚踏云梯第八步，八仙飘海吕洞宾，贺喜黄屋万年兴；

脚踏云梯第九步，九九登高；留下十步十一步，留在悬中买田做屋，

买田买来千百亩，做屋做起万根梁；

自从我今上梁后，荣华富贵与天长。

……

正梁准确地放到预定的位置上后，木匠师开始喝彩：

日出东方喜洋洋，宝地上面建华堂；前面砌的状元府，后面造的宰相堂；

东面筑的金银库，西面建的积谷仓；凤凰不落天宝地，诸侯出在你府上；

木匠刚说完，泥水匠也喝到：红的绫，绿的绸；

前檐拉到后檐头，多子多福又多寿；大富大贵度春秋，发糕馒头白如银；

散给前邻共后邻，四邻和睦家道旺，越富越贵越康宁。

（4）萍乡市上梁文与上梁仪式

萍乡市区的建房仪式有赞梁、栋安位、梁木登位、屋上安梁、

---

1 被采访人：汪铁亚（上高县汪家村），采访人：许飞进、欧阳思惠，2021年6月。

手捉金鸡祭梁、行墙、起大门、做门楼、初次上梁等仪式过程，每个过程对应着相应的赞语也即喝彩。与上梁相关的彩词有赞梁彩语、栋安位、梁木登位赞语、屋上安梁、手捉金鸡祭梁语、初次上梁赞语部分。[1]（图5-2）

1）赞梁彩语

一匹红罗在手中，轻轻贺喜造主东。他日儿孙登金榜，宋远中庭奕世昌，贺喜东君多福禄，代代交中秀才状元郎。

2）栋安位、梁木登位赞语

日吉时良，天地开张，柴生来天长，地金日将来作栋梁，造主人千百万，房房富贵得久长。杨公汉杨弟子祝赞后 荣华富贵从天长。

3）屋上安梁、手捉金鸡祭梁语

日吉时良大吉昌，手捉金鸡是凤凰，生得头交尾又长，今日将来祭栋梁。才当初三，兄弟三在朝辅君王，弟朝中为宰相，弟三人间作栋梁。杨汉公杨弟子祝贺后，护佑东君世代昌，福禄寿星齐拱照，荣华富贵以天长。

4）初次上梁赞语

日吉时良，天地开张。此木生来身金王，生在深山万丈长，黄道为临千年盛，贺喜东君奕世昌。年年降福禄，日日赐祯祥。梁头生桂子，梁尾置田庄。梁指东，千年万载永兴隆；梁指西，左右儿孙皆及第，富贵首登龙虎榜，代代朝中锦绣衣。

2. 上梁喝彩与当地的戏曲等形式结合，易于普及与流传

一般情形下，上梁文一般采取颂读的方式，也有唱的方式，或者采取曲艺的方式，更难一点的是采取戏曲的表演形式进行。高安市贺梁彩词采取莲花落的形式来表达[2]。

第一段：

天上金鸡叫，地下凤凰啼，八仙来饮酒，正是上梁时，

---

1 采集人：许飞进、陈力锋；采集地点：萍乡市古玩市场。时间：2022年8月。完整稿见7.6.10章节。
2 演唱者：彭建国，采录者：郎勇。见《中国歌谣集成江西卷》。

庭外遍地绿，室内满堂红，上面挂着亲友匾，下面摆得礼物齐。

第二段：

天上金鸡叫，地下凤凰啼，八仙门前过，正是上梁时，

上了梁，入了位，鲁班弟子下楼梯，

自我今天贺彩后，荣华富贵永久长。

第三段：

手拿墨斗闹洋洋，鲁班师傅选栋梁，

斧头来砍刨子盖，做得房子人人爱。

团皮瓦盖双对双，金银财宝用仓装，

后背厨房前头库，贺喜贤东再造典当铺！

第四段：

手拿墨斗似瓶花，贺喜贤中插金花，年年开花月月红，月月打水绿莹莹，

千里开花多结子，万里开花紫金红，自从今日送福后，荣华富贵永天堂。

第五段：

爆竹落地一盘花，赛过瑞州第一家，门前有只摇钱树，屋内有只聚宝盆。

摇钱树啊聚宝盆，日落金来夜落银，一日不扫三寸厚，三日不扫九寸深。

自我今日贺彩后，荣华富贵永天堂。

第六段：

太阳一出喜洋洋，贺堂贤东造华堂，华堂造得大又大，平台上面美景晒，

凉亭水阁和百花，算得我县第一家，左边造有储备仓，右边造有读书房，储备仓存万年粮，读书房里出才郎。

第七段：

太阳一出一团花，照见高安第一家，婆婆好比观音母，媳妇好比牡丹花，女子好比林中笋，崽中状元也不差。

第八段：

一字门楼土库墙，贺喜贤东造华堂，华堂造在龙窝里，金打屋柱银打梁，

根根椽子双对双，上面盖到琉璃瓦，下面砌到八宝砖。琉璃瓦，响叮当，八宝砖，放豪光。此屋不用明光照，自有宝贝放红光，前头有对金狮子，后有九龙盘屋场，紫金梁镶七个字，状元榜眼探花郎。

2）宜丰县则采取花鼓调来贺新屋：[1]

伏以！笙箫鼓乐闹洋洋，贺喜贤东屋上梁；鲁班仙师来掌墨，造起华堂永兴旺；

左边造起状元府，右边造起丞相堂；状元府，丞相堂，文武百官排两旁。

一要福禄并富贵，二要宝屋金银藏；三要三多吉庆祥，四要四季保平安。

五要五谷丰登，六要六都丞相；七要金鸡来报晓，八要八仙庆寿堂；

九要天子来庆贺，十要牛马满山岗；钱粮发得千千万，寿要随日天天增；

自从今日喝彩后，荣华富贵万年长。

四、赣西北地区梁文、上梁仪式与周边比较

（1）安义县上梁[2]

做屋上梁是在人们建造新房上梁的时候为祭拜祖先、替后人祈福的一项民俗活动，此风俗在安义县新民乡合水村已有近几百年的历史。据民间老艺人介绍，做屋上梁的活动流程主要由建造房屋的木工和泥工主持，分为以下五个步骤：

1）偷梁。正梁被视为"屋神"，它有着特殊的要求：一是做正梁的树不能在自己家山场上砍伐，一定要去别人山上偷砍。二是作为正

---

1 口述者：周恒平，周相衔　采录者：周绍祖。见《中国歌谣集成江西卷》。
2 安义县上梁文由安义县博物馆提供。丰城市上梁文为作者收集。

梁的树砍伐时不能倒地。三是砍下来后不能被人跨越、脚踩和践踏。因此必须要在上梁前一晚上山砍。

2）接梁。正梁砍伐回来后，由工匠精心制作：一是在正梁的两端写上"文东""武西"，寓意是主人发家有日；二是在正梁的正中写上"旺""代"等字，寓意兴旺发达。三是在梁上披大红布。这些程序都做好时，主人在新房门口点燃爆竹，拈捧香火前来接梁。由男丁把正梁抬到屋场中庭的木马上。

3）赞梁。披红挂绿的正梁，被供养于新房正中，梁前供桌上放有馒头、斧头、熟肉、鸡、米饭、烟等物品用于祭祀，主人家按辈分大小分男女性别顺序站好，在红柱高照，香烟缭绕的氛围中，主人对着正梁行跪拜大礼，之后木工拿斧头拜天地拜梁，同时喝《祝梁彩》赞梁。

4）祭梁。首先，泥工手捧酒瓶、酒杯敬天地敬梁，同时喝《敬梁彩》。其次，木工手拿一只雄鸡，拜天地拜梁，同时喝《鸡团马》彩。最后，泥工揭开缠于梁上的红布同时喝《缠梁彩》。

5）上梁。祭罢正梁后开始正式上梁。首先是撑梁：木工泥工爬上房顶两侧，一族人挑一担放置了木屑和小米馒头的箩筐顺着梯子，托往屋脊间临时搭起的平台放下来，屋顶木工泥工放下红绳将筐箩吊至屋顶，之后放下红绳分别系好房梁两端，在此过程中木工喝《撑梁彩》。其次是上梁：在房顶上的人手拉绑住房梁两端的红绳，木工泥工手托房梁两端上楼梯，至屋顶将房梁放置楔好。同时木泥工接喝《上楼梯》彩和《上梁彩》，而后香烛缭绕，鞭炮齐鸣。

6）吊宝袋与关梁。由木工、泥工站在平台上，用红头绳在正梁两端挂上装有红枣、花生、陈米、陈麦、万年青等的红布袋，意为"福、禄、寿、喜，万古长青"。边喝《吊宝袋》彩。最后是关梁：房顶两端的木工泥工接喝《关梁彩》，边向下抛代表吉祥富贵的木屑、钱币和小米馒头，村民争相去捡馒头，捡得越多代表着越兴旺。门外鞭炮礼花齐鸣

7）上梁宴。至此整个上梁庆祝仪式结束，东家要用好菜好酒招

待工匠师傅和乡邻，俗称"上梁宴"，特请小戏班子唱戏以祝贺新房的兴建并感谢大家。

（2）丰城市上梁文

以省级传统村落后坊村上梁文为例，分为以下几个阶段：

起师退煞，谢师，出煞，上梁祭鸡，祭酒，展梁彩，车梁彩，上梁彩，合彩，上梁扔宝彩，上梁下楼梯彩，搁架上梁彩，起工裁梁彩，拜梁彩，抛梁彩，上大门彩，逢床彩，祭鸡，挂寿匾、上门楼彩。后坊所保留的彩词比较丰富，所留内容为中华民国期间内容。可以看出与现在民间喝彩内容无异。整篇文章围绕梁展开。另还保留了祠堂彩等内容。是一本丰城民间专门用于喝彩的范本，具有针对性。其中谢师的内容涉及到丰城周边工匠，包括乐安工匠，也可看出当地民俗文化与周边的交融。（图 5-3）

（3）比较

由表 5-6 可知，上梁阶段是赣西北及周边地区必备阶段，每个地区都有自己的一些特点。萍乡与吉安交接，受吉安的影响，保留了梁木登位的喝彩过程；奉新县则保留了断梁彩与上梁前插彩旗的喜庆阶段；高安市上梁则先需染红梁；上高县与宜丰县则保留了游梁过程，且上高县还有闹梁阶段，宜丰保留了红梁且上中下厅同时上梁喝彩的习俗，见图 5-4 至图 5-12；丰城则保留了神咒、车梁与裁梁彩；而安义县则保留了撑梁、偷梁过程。[1]

---

[1] 表中内容参考了以下县志：江西省高安县史志编纂委员会.高安县志.江西人民出版社，1988 年.上高县史志编纂委员会.上高县志.南海出版公司，1990 年.江西省宜丰县地方史志编纂委员会.宜丰县志.中国大百科全书出版社上海分社，1989 年.江西省安义县志编纂领导小组.安义县志.南海出版公司，1990 年。

5 上梁文与上梁仪式的地方运用

表5-6 赣西北地区上梁文与上梁仪式比较一览

赣西北

位置	萍乡市	奉新县	高安市	上高县	宜丰县	丰城市	安义县
所在县市							
建房仪式程式	赞梁、栋安位、梁木登位、安梁、手捉金鸡祭梁、行墙、做门楼、初次上梁	贺新星彩、龙灯贺新星彩、上梁祭酒斩煞、起工百事-起工百事等6阶段以上	地仙择基、巫道择日、缮梁、抛梁、红梁（县志载）、画梁、上梁、过堂	（县志载）地仙择基、定向、动工、绘梁、祭梁、同梁、游梁、拜梁、抛梁、上梁酒、建筑落成完工酒	地仙择址、道士打桩。现场考察有：游梁、画梁、缮梁、吊宝袋、敬梁、梁登位、抛梁位、拜梁阶段	起师退煞、谢师、出煞、上梁、上大门彩、上门楼彩等6阶段以上	县志载：风水先生看图定向、破土奠基、缮梁、拜梁、祝梁
上梁仪式部分	赞梁、栋安位、梁木登位、安梁、手捉金鸡祭梁、初次上梁部分。	开山钦料祭山文、挂彩红、缮梁上红彩、断梁彩、送煞、插梁、祭梁彩、祭酒、上梁彩	缮梁、祭梁、拜梁、抛梁、红梁、画梁（县志载）。上梁、吃上梁酒	绘梁、祭梁、拜梁、游梁、上梁酒、抛梁、登云梯、梁登位	现场考察有：游梁、画梁、吊宝袋、缮梁、敬梁、上梁（父子或工匠）、抛梁、兜宝袋阶段，彩词均以伏以开头（补充县志载）	上梁祭鸡、祭酒、展梁彩、车梁彩、上梁彩、上梁下楼梯彩、搁架上梁彩、起工裁梁彩、拜梁彩、抛梁彩	偷梁、接梁、缮梁、赞梁、祭梁、拜梁、上梁、抛梁（所抛之物馒头、大米、茶叶、硬币等）
请神与出煞	暂未发现	送煞、祭酒斩煞	暂未发现	暂未发现	暂未发现	起师退煞、出煞	暂未发现
特点	梁登位	插彩旗、新梁彩	画梁时贴红梁	游梁、同梁	游梁、红梁、上中下厅同时上梁且均喝彩	保佑神灵等、车梁、裁梁（截梁）彩	有撑梁与偷梁过程、接梁为男性，工匠分工喝彩

- 155 -

根据文献分析以及田野调查可得出：第一，北宋至南宋时期，赣西北古代文人上梁文由一致性的格式逐渐过渡到个性与共性的结合，上梁文反映了文人自身的品格志趣追求。但在元代、明代与清代，上梁文骤减，这实际受到二个方面的影响。"元代少数民族统治的民族隔阂与尚武重吏的政治现实，使得原本在政治生活中占据中心位置的儒士群体迅速地边缘化。"[1] 文人参与政治的热情降低，这使得寺庙、府邸一类上梁文迅速减少，上梁文不能被很好地继承。明代上梁文数量偏少，其原因在于明代的高启事件成为分水岭[2]。经过高启事件后，文人惶恐不安，在创作上梁文时要小心翼翼，这一事件也大大削弱了文人创作的积极性。故明永乐时期初仅保留了道士张宇初的上梁文，而直到明代嘉靖时期江西才有了吉水学者罗洪先的多篇上梁文。《四库全书》记载的江西上梁文都是明代及以前的，而清初至乾隆以前没有收录到上梁文，这是由当时的社会因素造成的，清朝由少数民族掌权，他们对汉人的各个方面控制极严，尤其是汉文化。清代统治者想尽办法加强对民众的思想和文化上的控制，文字狱的出现阻碍了汉文化的流传和保存，使得上梁文在清朝时期进一步减少。

第二，赣西北民间上梁文与上梁仪式实际上是工匠在上梁各个过程的体现，只要有上梁仪式，则一定会匹配相应的上梁彩词，且各地彩词有着相似性和差异性。如何看待各地的相似性与差异性？相似性来源于同一种文体的继承。明代徐师曾认为："按上梁文者，工师上梁之致语也。世俗营构宫室，必择吉上梁，新宾裹面（今呼馒头）杂他物称庆，而因以犒匠人。于是匠人之长，以面抛梁而诵此文以祝之。其文首尾皆用俪语，而中陈六诗，诗各三句，以按四方上下，盖俗体也。"[3] 上梁的过程均可喝彩，各地根据东家的重视程序来准备彩词。徐师曾的这段话包含几层意思，一是上梁文是工匠师傅所说的祝词；二是上梁文结构"首尾皆用俪语，而中陈六诗，诗各三句，以按四方上下"，这种文体结构

---

1 左东岭.高启之死与元明之际文学思潮的转折[J].文学评论，2006(3)：101-109
2 见 3.1.1 章节相关内容。
3 〔明〕徐师曾.文体明辨[M].北京：人民文学出版社，1998.170.

也是宋代文人撰写上梁文的结构,说明自宋至明代,上梁文的结构没有发生大的变化;三是盖俗体也。可见这种文体结构已是很通俗化、普遍化的了。这至少说明在明初高启事件后,文人写作上梁文减少,但文人上梁文的格式已被民间工匠充分继承下来。民间上梁文少有抒发个人心情与志趣。与宋元明时期的文人上梁文格调相差较大,上梁文的文学性降低,通俗性升高,上梁文中融入了多子多福、科举、功名利禄的功利因素,变成民俗文化的集中体现。可见,由于工匠自身的教育程度不一致,且受方言、东家需求等各方面影响,其结果是上梁文内容出现了差异化,而差异化形成了各地上梁文的特色。

第三,受传播途径、载体及传播者的影响,民间上梁文的内容显得繁杂,但择吉不变。尽管本人认为民间上梁文与文人上梁文的分野在明代,但高国藩认为敦煌莫高窟藏斯三九〇五纯粹韵文的《金光明寺上梁文》演变为后世的《上梁歌》,而伯三三〇二夹杂骈文体的《宕泉上梁文》演变为后世民间的夹杂骈文的《上梁文》。对我国民间上梁风俗以及《上梁歌》和《上梁文》的形成和发展有深远的影响。尽管文人上梁文也由民间继承,但调查中发现仍然较少,至今未在民间采集到,在农村中找不到它们的踪影,可能它已趋向消亡。[1] 然而事实上并非如此,在吉安溪陂现代上梁文中则继承了古代文人上梁文的部分内容。《青原区文陂镇溪陂古村上梁文》如下:天开文运,地转金轮,龙造一时科甲第,文章魁身点鳌头。子子孙孙登皇客,重重叠叠入朝堂。为巨心则必求大目,今之君子,不日信之,悠也久也,又尽善也,夫然乐也。为可记也,君子有三乐,公一位,伯一位,公侯百礼,自有爵,自有禄,爵禄封侯。德其名,得其禄,得其寿,福禄寿三星齐全。梁之东,日出东山紫云峰;梁之南,好把青龙到此关;梁之西,门前车马笑嘻嘻;梁之北,真是前人所积德;梁之上,上有青天高万丈;梁之下,下有玲棋对书画;梁之中,栋梁前面好文锋。从此今日上梁后,高高挂起满堂红。从此我今祝赞后,代代儿孙掌朝中。此篇上梁文保留了首尾俪语、中陈六诗以及六个方位词。可见民间仍然有

---

1 高国藩.敦煌俗文化学[M].上海:上海三联书店,1999.220-221.

人传承了古代文人上梁文，但数量非常少见。另一方面，奉新上富镇上梁文的送煞阶段，则与《鲁班经》中上梁文的部分内容相似。上梁文中的《送煞》内容如下：伏以！天地开张，日吉时良，虔诚拜请三界地主，五方虎神鲁班三郎，十极高真匠师，拜请鲁班仙师，墨斗曲尺师母师娘，玄女门光星尺，五尺大王前传后教，历代宗师请传度师，某姓某名传以弟子，某姓某名一心皈命里，颁请鲁班师收起，东方五里南方北方，西方中方五里全五五廿五里神，尽皆收藏，普庵[1]到此，百无禁忌，请起鲁班到此送煞消藏。《鲁班经》原名为《新刊京版工师雕斫正式鲁班经匠家镜》，其中《起造立木上梁式》《请设三界地主鲁班仙师祝上梁文》中部分内容相似：伏以！日吉时良，天地开张……请三界地主，五方宅神，鲁班三郎，十极高真……设置普庵香火……民间会根据自己的理解把书面传播的内容进一步通俗化口语化。可见，受不同传播者以及途径的影响，民间上梁文最终与文人上梁文相去甚远，虽然在内容的吸收上也出现一些交叉，最终还是走上了不同的道路，但其祝福择吉用意仍然没变。

第四，上梁文内容的特殊性主要来源于实际需求和传播者的素质高低。工匠根据东家的需要，在上梁仪式当中对上梁文有所调整或者增减，上梁特殊性来自于与上梁不直接相关的阶段，如插彩旗部分。此外特殊性还与语言变迁与传播有着密切的关系。其中，匠人素质高低也起着重要作用，如有些匠人将伐梁理解为罚梁，而罚梁又认为是偷梁造成，如安义县的偷梁便如此产生。见表5-6。随着传播范围的扩大，传播者职业与爱好的不同也使得上梁文在颂唱方式上出现不同。如赣西北上梁文由颂唱逐渐演变为与曲艺、戏曲结合，这需要传播者既对上梁文感兴趣，同时也对曲艺、戏曲感兴趣，最终才会形成新的表达方式，而这些又加速了上梁文的传播，拓宽了受众范围。

赣西北地区由于时代以及历史原因，保留了众多的上梁文内容，上梁文与上梁仪式是江西建筑上梁文与上梁仪式的有机组成部分，也反映了江西上梁文的重要变迁，从中可以看出江西上梁文的传播受各

---

1 原文为奄，实为庵。

方面的影响而形成的和而不同的特点，需要进一步发掘。

5.7 结语

本章从环鄱阳湖地区、赣西北、赣东北、赣中以及赣南地区讨论了江西上梁文与上梁仪式的基本特点。从案例分析中，可以看出不同地区的上梁文与上梁仪式发展有着不同的变化态势。而这些变化也构成上梁文与上梁仪式在不同地区有着交融性、共通性、补充性和多样性，其中交融性源于不同地区经济文化的交流，共通性源于上梁文早期文体的定型以及上梁仪式与工匠营造行为的一致性，补充性源于不同地区上梁文与上梁仪式信息的消失，只有完整地解读江西地域范围内的上梁文和上梁仪式内容，才有可能更加真实地接近真相。而多样性则源于人的语言行为、专业知识体系以及习俗的多样，才使得上梁文和上梁仪式呈现和而不同的特征。

6 非遗视野下江西上梁文与上梁仪式的保护与发展

6.1 江西上梁文现状与保护

上梁文伴随着上梁仪式的产生而诞生，上梁仪式由工匠等人共同完成，但上梁文却并不是只掌握在工匠手中，它也曾经在文人笔下大放异彩，成为中华文学长河中的一股清流。古代江西有众多文人参与了上梁文的创作，笔者希望在对江西上梁文发展与演变历史追溯的基础上，能够为人们更好地保护上梁文提供方法和途径。

6.1.1 上梁文的发展与演变

《诗经》中《小雅·斯干》的写作目的与后来的上梁文类似，可以看作是上梁文的早期雏形。此诗共分九章，分别言及所筑之室的方位、环境、规模、结构、布局，并有大量颂祷之辞；或赞美建筑物环境、质量和规模，最后劝诫居住其中的兄弟和谐相处，希望后代吉祥如意，幸福美满。但最早以"上梁文"为主题的文章是北魏温子升的《阊阖门上梁祝文》。这篇上梁文就结构形式而言，深受《诗经》的影响。

随着上梁习俗在民间的盛行，上梁文也开始随之盛行起来，引起了文人的关注，并将其引入文学创作领域，对其进行了规范化。

宋代经济繁荣，带动着文化的繁荣。庞大的人口增长、相对安定的社会环境，为上梁文的发展提供了良好的社会环境与人文环境。人口增长、经济繁荣，百姓安居乐业，物质与精神需求也得到增长，有了建筑需求与对文学的精神需求与向往，上梁文便也得到了一个重要的发展推动力。上梁文多以三言、四言、六言、七言对仗为主，前后对映工整漂亮。以前很少有为建筑上梁写的骈文，这也为骈文的创作提供了新的范式。[1]文人可以采用骈文的形式创作建筑类的作品，而不是局限于对建成的雄伟建筑的赞美。人们则可以得到文人的帮助，用高雅的话语来表达对新房建成的欣喜及日后生活和顺兴盛的美好愿望，所以在这一时期上梁文的创作极为积极。

作者对《四库全书》中上梁文的统计（参考本书第2章节所载表2-1古代非江西籍学者上梁文统计、表2-2古代江西籍学者上梁文统计）显示：非江西籍学者创作的上梁文中，宋代96篇（49人参与创作），金代9篇（4人），元代33篇（20人），明代17篇（12人），清代1篇（1人）。江西籍学者创作的上梁文中，宋代有39篇（15人参与创作），而到元朝仅剩4位文人的5篇佳作，明朝仅有2位文人共14篇作品留存，清朝已无文献记载上梁文。仅从江西相关的文人文集收集22篇，江西地方志收集13篇，江西族谱上梁文3篇，江西碑记上梁文1篇。见7.2至7.6章节内容。由上述统计可知，不仅在江西，放眼全国也是宋代的上梁文记载数量最多。可见，上梁文的创作在宋代达到了高峰。

宋代上梁文始自王禹偁，他是北宋诗文革新运动的先驱，其文学承自韩愈、柳宗元，诗崇杜甫、白居易，多反映社会现实，风格清新平易。而欧阳修十分仰慕王禹偁，在滁州时瞻仰其画像，又作《书王元之画像侧》，将之视为自己学习的对象，对王禹偁的上梁文写作自然也会学习。同时，欧阳修通过古文运动，对骈文进行革新，为北宋诗文革新奠定了坚实的基础，不少文人也纷纷效仿创作上梁文。宋代的文人们吸收了唐以来上梁文的写作手法，并进行完善，形成了固定的程式。

在江西，自古以来人文荟萃、名家辈出。江西上梁文的发展与演进也与时俱进，上梁文为江西文人所接受，大文豪欧阳修、黄庭坚等人的加入与引导，必然也促成了江西上梁文的繁荣。

江西上梁文的形制在宋代得到完善和成型。基本形成了"破题、颂德、入事、陈抛梁"的架构。王安石的《景灵宫修盖英宗皇帝神御

---

1 上梁文以北魏温子升的《阊阖门上梁祝文》为发端，在唐朝敦煌莫高窟发现了几篇上梁文，但多与营建窟寺有关，可见当时上梁文还没有普及到中原一带，且其语言较为粗俗，离四六文体要求还有一段距离。

殿上梁文》是其中的杰出代表。[1]

　　文章开头破题，便以"天都左界，帝室中经，诞惟仙圣之祠，夙有神灵之宅"，点明这是为皇帝建宫室。后又歌颂"先皇帝""道该五泰，德贯三仪"的高尚品德，赞美"今皇帝""孝奉神明，恩涵动植"的无尚功德，此为"颂德"。然后便引出"入事"，为"考协前彝，述追先志"遂建此殿。最后是"陈抛梁"，东西南北上下六个方位，都需敬礼一番，而后再进行最后的总结与祈愿，"伏愿上梁之后，圣躬乐豫，宝命灵长"，齐享人间寿祥，有丰产良臣，成万古明君。至此一篇完整的上梁文才算完成。后世江西上梁文的创作也多遵循着这个范式，基本没有什么大的变动，仅有细微的变化。"儿郎伟"继王庭珪之后仅在杨万里的作品中出现过。宋代楼钥的《跋姜氏上梁文稿》提到过"所谓儿郎伟者，犹言儿郎懑，盖呼儿告之。此关中方言也。""'懑'本音'闷'，俗音'门'，犹言辈也"。所以"儿郎伟"应是"儿郎们"的意思，带有语重心长劝解之意境。宋代上梁文形成之初，儿郎伟，抛梁二词出现频繁，基本每段都由儿郎伟作为起句，陈抛梁时，在方位前必出现抛梁二字，几乎成了一种标志。而原在方位词前的"抛梁"二字自刘过上梁文之后也逐渐消失。这样的变化，一定程度上使得文章更加简洁与灵活。

　　虽然解为的《浅论宋代以后上梁文的发展》中提到元代出现了删去"伏愿上梁之后"的内容的上梁文，但保存下来的江西籍作者上梁文中几乎没有出现这一变化，见表3-1。从王安石留存下来的《景灵宫修盖英宗皇帝神御殿上梁文》可以看出，上梁文已经得到了统治阶级的认同，并进入了上层阶级的建筑营造活动中。这在一定程度上也是对上梁文的一种鼓励，使得上梁文得到了更好的继承。

　　从全国及江西上梁文的数量看，自宋以后，元代上梁文数量在下降。原因之一是元代上梁文多以继承为主，少有创新，文人雅士对于创作上梁文的热情也逐渐下降。另一方面，上梁文化渐渐被百姓所熟知，以至于演变为由部分民间人士来创作。上梁，即在房屋的顶端，把一根梁作为栋梁放在栋柱的顶端，这个仪式一般情况下由木匠完成，

---

[1]　全文见7.1《四库全书》江西籍作者上梁文相关内容。

所以称赞上梁大吉的上梁文也从民间人士创作逐渐转变到由木匠创作成为必然。此时的上梁文章体例已经基本完善，民间百姓可以根据房屋类型自由创作文章。上梁文在这个过程中由高雅逐渐演变为一种通俗的文体，从文献继承变为口头传承。

上梁文数量减少的另一个原因是宋代对汉人进行科举取士，而元代蒙古族的法治之道，异族人没有承接历史悠久的汉文化，于是便对汉文化产生了排斥的心理，包括科举制度、等级制度都没有得到很好的传承。从元代早期的废弃科举制度到元中期的汉文化的融入和科举制度的实施，才使得上梁文又出现在人们的视野中。但是由于一段时间的断层，上梁文不能被很好地继承，所以元代的上梁文数量相对较少。

明代全国及江西的上梁文也在减少。明代上梁文数量减少的一个原因在于明代的高启事件。[1]这一事件也大大削弱了文人创作的积极性。

清代上梁文更少，《四库全书》记载清代的上梁文仅1篇。原因之一是《四库全书》记载清乾隆及以前的文献，并非完整的清代所有文献。其次，上梁文的锐减是由于当时的社会因素造成的，清朝统治者想尽办法加强对民众的思想和文化控制，这就大大地阻碍了汉文化的流传和保存，清代几次文字狱对汉人与汉文化的打压更是大大挫伤了文人的创作热情。

明清上梁文的减少，还有一个原因是元朝统治者是游牧民族，而清朝满族早期也经历游牧的阶段，后来才逐渐转向农耕生活，并没有悠久的木结构建筑文化史及上梁习俗基因，这使得上梁文的创作与保护失去了动力，以至上梁文在清代迅速减少。

民国时期，"新生活运动"的开始，本质想复兴民族，然而结果却出现了大量西化的建筑。此时外族入侵，神州大地到处战火纷飞，江西已经少有上梁文的文献记载。但在民间却一直留存，活跃于建造工匠的口耳之间，并发展成喝彩、唱赞或上梁诗的文体形式，一直流传到当代。见7.6.7《赣县上梁文》和彩图4-3.

由于是口耳相传，上梁文变得更加口语化，也更加简短，用语不

---

1 见3.1.1相关内容。

再典故频现、旁征博引，多朗朗上口、言简意赅地表达情感。内容浅显直白，文学内涵减少而更加贴近普通民众。

上梁仪式仍存，上梁文的主权便落入工匠们的手中，有文化的工匠还会参与到上梁文的创作中来。[1] 封建社会环境下，各个手工技艺行业都有其保守性。工匠们师徒相传、父子相传，而同行之间则如同敌人般互相提防，怕被旁人窥了技艺、夺了饭碗，互相之间没有交流，拒不外传，使得上梁文长久得不到更新，如同一潭死水，上梁文已然了无生机，亟须新的活力注入，使之重新活跃起来，继续流传下去。

6.1.2 保护措施

从江西上梁文的发展与演进历程中，我们可以看出，上梁文的发展与时代的变迁有着密切的联系。随着时代的变迁，上梁文的传承发展已面临濒危的境地，传承与保护任重道远。作为中国建筑文化和民俗文化的重要组成部分，在中华民族伟大复兴的时代背景下，上梁文的补救与保护应当引起足够的重视。

（1）采取系统科学的普查方式

从文化演变的角度来看，优秀的文学作品应当及时整理出来，这不仅有利于上梁文的保护，更有利于今人和后人、国人和外国人对中国古代文化与建筑的研究，继承和发扬中华传统文化。上梁文散落在乡间田野，亟待人们调查整理。以系统的科学普查方式对遗失在各处的上梁文进行整理，尽可能地还原古代上梁文的系统面貌以及空间分布，有利于上梁文分片区的保护研究与利用。

（2）选出佳作，进入地方课程教本

作为一种优秀的骈文，可以选出部分上梁文佳作，使之进入课堂，让更多的学子知道这一文学形式的存在，从而更好地传承下去。

（3）加大对外宣传力度，普及上梁文化

文化保护的另一重要因素则是广而告之，是人人知晓，人人知悉，

---

[1] 建宅搬房采用吉安钓源村欧阳文芝等5人口述上梁文仪式。见7.6.1《吉州区兴桥镇的源村上梁仪式》。

不求懂，不求通，但求人们接受，习惯它成为生活的一个组成部分，自是能够流传，好的东西人们自会保护。上梁文与上梁仪式的关系犹如鱼之于水，没了上梁文，上梁仪式也就失去了活力，保护上梁文与保护上梁仪式是一体的。上梁是一栋建筑的大事，寄予了人们对建筑稳固安泰的祈愿和对主人生活美满、事事顺遂的美好祝愿。以往受各种条件限制，上梁似乎只是房子主人的事情，参与的也只有房主、工匠和亲朋好友。而现今社会信息发达，坐居家中，能知晓天下事，领略各地风采，如亲临现场。而今一栋房，一个高楼住着的不仅仅是一家一户，而成了千家万户，一栋房子的上梁参与者也不止一家一户，此等大事应当共享。可以借助现代大众媒体，将上梁盛况转播给各地民众观赏，也可以录下来作为资料，供后人观赏。

（4）做好区域性非遗的申请工作

上梁仪式是建筑文化中的一个重要组成部分，也是非物质文化遗产的重要组成部分。相关部门应采取必要的措施进行保护。地区性非物质遗产的保护申请，是对上梁文化传承的极大支持。

（5）加大对上梁文的现代化改造

凡事变则通，通则达，达则兼济天下。历史经验告诉我们，只有能够随着时代的潮流发生相应变化的，才能被保存下来。否则，要么被历史淹没，不见踪迹，要么被挖出来，但无人可赏，被束之高阁，徒留叹息。无论是对先人佳作的整理保护，还是对上梁文文化的普及推广，这些都不是能够真正保护上梁文文化的。授人以鱼不如授人以渔，真正的保护还需从上梁文的演进入手，对上梁文进行现代化的改造，才是治本之策。对上梁文应当实时更新，不能总用老文。可以对旧文做适时的修改，也可有新作佳篇出现，以对上梁文文化做出顺应时代的扩充和修改。

古今社会背景的差异，体现为白话文受众难以通读古典优雅的文言文；信奉儒家思想的文人志在辅佐天子，而今人并非如此。适应现代社会发展，首先要求变，世界上没有什么永恒的东西，一切都在变化，一切都在发展。对于上梁文及上梁仪式如何在现代社会保持发展笔者有以下建议：一是上梁仪式可以在有条件的景区定期举行表演，以吸引游客关注。上梁仪式中的抛梁最具有参与度，工匠在房梁上向围观游客抛撒食品，游客在下面哄抢。由此一来达到扩大知名度的目的，从而更好地保护上梁文化；二是在房屋封顶那一天举行现代上梁仪式。现如今，人们建房多为钢筋混凝土结构，因此，上梁仪式也应顺应时代发展做出改变。虽然房屋都是钢筋混凝土建筑了，但现代仍有封顶仪式，而封顶也就是上梁的另一种变体，也是对房屋的祝福。在封顶中加入上梁仪式中的一些环节，也可在平屋顶或在钢筋混凝土坡屋顶下加一根木梁，以古老的仪式表达对建筑的祝福和对宅中人安康的祈愿。见彩图6-1。

只有适应时代发展，及时改变，才能长久保留下来。只有融入生活中才能为人们记住，束之高阁的东西终究会被人遗忘。只有把上梁融入到现代人的生活中来，上梁文才能永远流传下去。

总之，上梁文的保护与传承需要各方各界人士的共同努力。事物的发展自有其规律，顺应时代的发展，循着上梁文的历史发展，寻找它的发展规律。只有把握规律，我们才能更好地保护与利用。

6.2　江西上梁仪式现状与保护

6.2.1　上梁仪式的发展与演变

上古穴居而野处，后世圣人易之以宫室，上栋下宇，以待风雨。[1] 房屋建造从古至今便是人类生活发展的重要环节，而与之伴随的上梁仪式更是凝聚着远古人民的原始信仰。上梁仪式究竟源于何时，难以考证。学界一般认为上梁文发轫于魏晋南北朝时期，现今发现最早的上梁文便是北魏温子升的《阊阖门上梁祝文》。上梁文作为上梁仪式中重要的环节，是工匠们在建筑房屋时，上大梁以前要举行的一种咏唱仪式的载体，以祈求根基牢固，祝愿屋舍平安长久。故而上梁仪式的起源，大概也在魏晋时期。

从南北朝到唐代，上梁文在民间逐渐增多，直至北宋时期，上梁

---

[1] 朱安群，徐奔，周洪，刘松来. 十三经直解（第一卷）[M]. 江西人民出版社，1993：266.

文在文人间大受欢迎，此时上梁仪式的具体过程已经开始逐渐融入文章中，上梁文结构也形成了一定的范式。

但无论细枝末节如何变化，上梁仪式无一例外的包括祭梁、上梁、抛梁等重要步骤[1]。上梁文文字记载所剩不多，上梁仪式就更难窥全貌，至今，我们只能从这所剩的上梁文中看到关于上梁仪式的只言片语。"陈抛梁""听余善颂，助尔欢声"……这不禁让人扼腕叹息。

现今上梁仪式从始至终，有一套完整而复杂的程序。从最初的选择良木开始，经修木为梁直到架梁到栋柱上方，程序有选梁、伐梁、截梁、暖梁、缠梁、画梁、敬梁、祭梁、上梁、抛梁、兜梁、喝上梁酒等步骤。各地习俗稍有不同，但大体上是一致的。每个程序都被严格要求执行，不能出一点差错，女人是绝对被拒绝参与到这一事项中的，以防犯了忌讳，惹来不吉，这是发展了千年而固定下来的仪式。

随着时间的推移，人们对鬼神恶煞的理解有了科学的认识，上梁仪式中除煞驱鬼的步骤也变得没那么严格了，上梁仪式也有了简化。如今的祭梁、抛梁这一系列的上梁仪式，更多是为了表达纯粹的祝福，为了表达东家新房建成的喜悦。

6.2.2 传承措施

上梁风俗源于民间，生于民间，各地有各地的色彩，五花八门，样式繁多，它承载着数千年来"衣食住行"为先的人们对美好生活的寄托。对于保护上梁仪式笔者提出以下四点建议。

（1）上梁仪式的保护需要得到政府的指导和支持

上梁文化作为一种古老的民俗文化，想要把它更好地传承下去，不仅是民间力量对它的保护，更需要的是来自国家政府的支持保护。历代的传承经过各种天灾人祸的侵袭，加上人们对所谓封建迷信的嗤之以鼻，上梁仪式在传承中的完整度和知名度早已下降。而政府的鼓励和宣传，则是对中国传统民俗的一种维护和认可，更是民众视野的风向标。对于民间自发的非遗传承人，更是要给予大力支持。例如政

1　祭梁保留有原始崇拜的痕迹，而上梁与抛梁等步骤明代则已有记载。

府的财政补贴是一项重要支持,很多非物质文化遗产的保护都面临资金缺乏的问题。同时呼吁和调配更多的力量去挖掘已遗失的上梁仪式,争取对现有上梁仪式进行整理和完善。

(2)上梁仪式的保护需要传承者和研究者的共同努力

传承上梁文化,首先要传承者自身意识到问题的严重性,然后才会有动力去保护。传承者们也应该以发扬和继承为己业,不拘泥于文化传承中的古旧习俗。例如上梁环节中喝彩词的传承,一般仅局限于师傅徒弟间的口头相授,无记载也不录留。一旦师傅不再收徒弟,喝彩词也就几近失传。故而传承者们也应对上梁仪式有一定的记录意识,为上梁仪式的传承做出一份贡献。研究者应该充分发挥自身的影响,通过论文、调查报告、报纸和专著等阐述上梁文化保护的必要性,从而达到传承非遗的目的。以下为作者所写的一篇上梁文,真实用在景德镇浮梁县鹅湖镇敦睦堂上梁喝彩词,实际采用时由工匠根据内容适当进行发挥。以下内容考虑了浮梁县上梁习俗,并把其中的上梁文化阶段进行规范化。

敦睦堂上梁共分暖梁、缠梁、祭梁、敬梁、登云梯、梁登位、抛梁、上梁酒宴。

第一阶段:暖梁

木工师傅唱一句,大家同唱一声"好"。梁木采好后,由八个壮汉分四杠将梁木杠回村放在宗祠内或东家指定的地方,日夜派人守护,最好点灯,暖梁。不让闲杂人员特别是妇人靠近。

第二阶段:缠梁

用红布缠栋梁两头,或中间画龙凤,或绘太极图,或在中间缠红布(视情况而定)。唢呐、锣鼓声一停。匠人喝彩:

伏以!天开文运大吉昌,缠梁时候正相当,左缠三转龙摆尾;右缠三转凤朝阳。

龙摆尾,凤朝阳,代代儿孙做帝王。自从我今祝赞后,富贵荣华兴长天。

天官赐福,打封爆竹!

鞭炮响……

第三阶段：祭梁

祭梁要找只公鸡来，唢呐声、锣鼓声一停，泥工师傅左手提着一只公鸡，届时刺破鸡冠，滴几滴血在梁上，一般在梁头、梁中、梁尾。边涂边高声唱彩，众人齐声应答叫"好"；

伏以！手捉金鸡是凤凰，生得头高尾又长，花毛红冠又绿耳，五色八卦花衣裳。此鸡不是凡人鸡，王母娘娘报晓鸡。一更不乱叫，二更不乱啼，等到三更夜半时，高鸣万物全苏醒。皇帝听到一声啼，正是上朝更衣时；文官听到金鸡叫，手拿玉笏忙上轿；武官听到金鸡唱，正是跑马射箭戟；农夫听到金鸡叫，手牵耕牛肩驮犁；我今听到金鸡叫，正是堂屋架梁时。金鸡祭梁头，儿孙拜相又封侯；金鸡祭梁中，后代儿孙站朝中；金鸡祭梁尾，子孙代代皆富贵。我今祭过栋梁后，福禄寿喜万万年！天官赐福，打封爆竹！

鞭炮响……

第四阶段：敬梁

唢呐声、锣鼓声一停。木工手拿酒壶敬酒、唱彩：

伏以！手拿贤东一把壶，千两黄金巧打成，上打狮子来盖顶，下打莲花托酒壶。此酒本是仙人造，杜康造酒到如今。杜康造酒醇又香，人人想要好配方，寅时造酒卯时香，四大好处不夸张：一好朝中宴会上此酒，满堂宾客频点首；二好酿此酒，置买田庄样样有；三好娶亲嫁女唱此酒，夫妻恩爱天长地久；四好贤东架梁喝此酒，敦睦和谐代代有。

一杯酒祭梁头，儿孙大小福满堂；二杯酒祭梁身，代代子孙做公卿；三杯酒祭梁尾，代代儿孙穿紫衣。今日祭酒逢吉时，人财兴旺万年春！

天官赐福，打封爆竹！

鞭炮响……

第五阶段：登云梯

木匠师傅高声喊道："时辰已到，升梁开始，各就各位，各执其事。"随后，在鞭炮声、唢呐声中，两个壮汉站在两边楼梯上，每个人扛起梁的一端，房上几位壮汉也手头提紧，随着木工师傅"升""再升""又再升"的口令，栋梁一步一步往上提升。在整个升梁过程中，木工泥工仍是彩声连连，众人的欢呼声，叫"好"声声声不断，将整个上梁过程推上了高潮。

伏以！
脚踏云梯步步高，新造高厅接云霄；
上梯一步高一步，下梯步步后来高；

一座房子四四方，能工巧匠修华堂。
前有朱雀来戏水，后有凤凰来朝阳。
鲁班仙师来发墨，八洞神仙来升梁。
左手升来生贵子，右手升来状元郎。

一进门来喜洋洋，主东修座好华堂。
左青龙来右白虎，又有朱雀并凤凰。
后面有座好靠山，前面风光正朝阳。
人财两旺生意好，主东万事都兴旺。
天官赐福，打封爆竹！
鞭炮响……

第六阶段：梁登位（最重要）

梁升到脊柱上后，西边一头先落榫，东边一头榫内用一双筷子垫起，等到上梁正时一到，木工师傅才将筷子抽出，并用斧背将梁完全落榫（各地不一致，施工过程中的乐平工匠可按自己风俗来）。

接着是木工师傅手拿一把斧头，边唱边用斧头背敲打栋梁中间，众人随着师傅每唱一句，又高声齐赞"好啊"：

伏以！（敦睦）堂高数仞，仁义居乡。栋梁登位时候正相当。巍巍乎，魁光北斗焕文章！居之安，世代儿孙做朝郎。左有紫云腾玉树，右有祥光引凤凰。借问贤东要富要贵，要贵者名标金榜；要富者，广进田庄。一要兰孙贵子，二要万代荣昌，三要粮田万顷，四要金玉满堂，五要五福来临，六要钱粮万仓，七要福如东海，八要寿比南山，九要敦睦堂出三公，十要富贵联芳，兴隆万代，万代荣昌。

天官赐福，打封爆竹！

鞭炮响……

第七阶段：抛梁（匠人在上抛果品，下面人在接果品）

伏以！脚踏云梯步步高，好似王母献蟠桃。盒里馒头（如只有糖果则唱糖果，以下同）抛上天，天上奉神仙。盒里馒头抛下地，地下谢土地。盒里馒头抛在南，代代儿孙做都堂；盒里馒头抛在西，代代儿孙穿紫衣。盒里馒头抛在北，千两黄金从此得。一手馒头抛在厅，厅上年年产黄金。馒头上面一点红，时逢修造家兴隆；馒头上面一点青，家中岁岁产麒麟。从此我今祝赞后，富贵荣华万载兴。

伏以！一拜栋梁头，代代儿孙出公侯；二拜栋梁尾，代代儿孙穿紫衣；三拜栋梁腰，代代子孙都在朝；四拜栋梁身，荣华富贵万年兴。

天官赐福，打封爆竹！

鞭炮响……

此时，鞭炮声、锣鼓唢呐声、喝彩声和欢笑声，在乡间清晨中构成了一幅歌舞升平的动人景象。

以下为部分地方风俗：上梁结束时，木匠泥工分别将梁上披红拿下来，围在腰中带回家，作为东家对他们架梁成功的纪念品。此外，东家还要给各位师傅分发上梁红包。

第八阶段：上梁酒宴

注意工匠的座位顺序，按金木水土来坐，铁匠居首，木匠居二，泥水匠居三。

（3）借助非遗背景，开发上梁文化民俗体验

针对各地上梁仪式迥异的特点，可以将上梁仪式开发成特色旅游项目。这样不仅可以带动经济发展，还可以激发人们的保护意识。在一定利益的驱动下，人们会更主动，更愿意加入到上梁仪式的传承和保护行列。只有融入生活中的东西,才不会被丢失掉。

(4)上梁文仪式的保护需以法律为保障

非物质文化遗产是不可再生的珍贵文化资源,必须致力于对它们的保护。在人们的文化保护意识还没有充分树立起来之前,立法显得格外重要。毕竟,保护非物质文化遗产不是短期行为,而是一项长期且艰巨的系统工程,需要一代代做下去。要实施好这项工程,必须有坚实可靠的法律法规做保障。只有健全了相关的法律法规,使保护工作有法可依、有章可循,我们的非物质文化遗产抢救与保护工作才能由无序到有序,由浅入深,进入发展阶段。

6.3 结语

非物质文化遗产在近年来越来越得到社会的广泛关注,它具有历史文化价值、艺术价值、科学价值和社会价值等多方面的重要价值。对非物质文化遗产的保护能促进地方文化的多样性和人类的创造力。其中,江西上梁文和上梁仪式极具文学价值与社会民俗价值,是非物质文化遗产的重要组成部分,但并未得到社会良好的保护与发展。在社会经济的快速发展中,上梁文与上梁仪式的渐渐没落,站在非物质文化遗产的视野下观望,江西上梁文化的保护与传承刻不容缓。

江西古代上梁文的创作从宋代延续到清代,现有的资料表明,自明代《鲁般营造正式》以及《鲁班经》出版,上梁文在民间逐渐得到普及。上梁文由书面的朗诵发展到后来的民间喝彩,经历了从雅到俗的转变。

经过笔者的实地田野调查,上梁仪式依然在江西农村留存。2015—2016年,笔者携其他师生对江西乐平市传统村落下徐村及婺源县传统村落游山村做了问卷调查。根据调查结果显示,下徐村、游山村等传统村落的村民以50岁以上的老人为主,文化水平普遍较低,如游山村受访者60%为小学学历,下徐村受访者70%为农民。在传统村落历史文化的认同上,两地都有90%以上的受访者对传统文化表示认同。但是,传统村落中的古建筑,如戏台、牌坊、祠堂等都在不断消失,游山村受访者中半数都认为当地古建筑遭到严重破坏。与此同时,村落中的传统文化也濒临失传,古老技艺基本掌握在老一辈人手里，两地受访者对于传统技艺工匠有了解的人数都不超过5%。而在上梁文文化的调查方面，下徐村有20%受访者了解当地上梁文化，在游山村有25%受访者了解上梁文化并提供了具体的手艺传承人名单，如黄丁、黄立女等。可见，当地上梁文化保存较为完整并被村民所了解，但其技艺传承前景堪忧，仍需要受到进一步的关注和保护。此外，上梁文也以不同的方式记载着，其中包括族谱、县志、碑记等，由此可见，江西上梁文文化仍有着极强的生命力。

如今，上梁文化的气息依然弥漫于江西农村地区，但是由于农村平屋顶建筑的增加、信息传播的不对称、传播语言媒介交流的障碍、其他传播媒介的不完善以及上梁文使用范围的有限性等原因，使得民众对上梁文化的认知度不高。同时，由于城乡一体化的发展，上梁文与上梁仪式的生存又面临着危机。

另一方面，非物质文化遗产的重要作用在于它有着鲜活的人文精神。江西上梁文中文人及地方工匠借助建筑来表达情感，把建筑情感完美融合在一起，这就是精神层面表达上的极大特点。江西上梁文化融入了文学、人类学、民俗学及建筑学内容，它强大的生命力证明了它对社会文明与科技发展的适应性、在社会发展优胜劣汰竞争中的存活性和在文化不断变化中的不可替代性。江西上梁文化在历史发展中一直延续着其最核心的部分——祈福，这种以人为本的精神追求是一种传统民族精神，需要我们正确认识它的价值，再加以保护与传承。

一个民族的历史最不可缺少的是文化，正是文化的传承让我们中华民族悠久的历史愈发显得灿烂而辉煌。江西上梁文至宋代发展到鼎盛时期，在明代以后渐渐转化为由民间人士创作，保存的文章也剧减。作为一种服务于上梁仪式的民俗文体，一字一句都是关于历史的记载，历史价值与文学价值使得上梁文化的意义更加重要。大文豪欧阳修和王安石对上梁文的创作，带动了其他文人创作上梁文的热情，也增添了上梁文的高雅性和文学性。在漫长的传承中，工匠和民间人士参与创作，使得上梁文变得通俗，后来进一步演变为民间喝彩。江西上梁文的不断发展无不体现了它独特的文学价值和典型的文体特征。

江西上梁文化的文学价值与社会价值密不可分。笔者在田野调查中，对上梁文进行了整理，同时对于上梁仪式的传承进行了考究，访谈了当地居民、石匠、泥工、木工和风水师，深入了解了江西上梁仪式的步骤以及特点，从选梁、伐梁、截梁、暖梁、缠梁、画梁、接梁、游梁、祭梁、上梁、抛梁、兜梁到喝上梁酒，这一切都体现了对梁的崇拜和对栋梁之材的美好向往。江西上梁仪式的每一步都是由传统历史延续下来的，包括建筑物的主人和宾客们的欢快上梁的集体氛围，而这种氛围又强化了上梁文化的凝聚力。联合国教科文组织颁布的《保护非物质文化遗产公约》将"非物质文化遗产"定义为"被各社区群体，有时是个人，视为其文化遗产组成部分的各种社会实践、观念表述、表现形式、知识、技能及相关的工具、实物、手工艺品和文化场所"。上梁仪式所形成的氛围恰好是社会实践的"场"，也正是这种"场"，使得民族凝聚力在人们一起祈福祝愿中体现出来。

江西是一个具有悠久民俗传统的省份，古代文人创作的上梁文数量在全国最多。本文剖析江西古代上梁文从古到今的变化，并结合上梁仪式探讨其间蕴含的风土人情，这些研究能更好地挖掘和还原江西地方文化特色。在非物质文化遗产愈来愈受重视的今天，发扬江西上梁文化的作用，并对其进行保存、研究以及继承，在实践中得以活化，此之谓历史与现实的关照，若能如此，必将成为赣鄱文化鲜活的有机组成部分。这对加深人们对江西历史文化的深入了解、唤起人们对传统文化的回归与创新有着重大的实践意义。

江西上梁文是中国上梁文的有机组成部分，中国上梁文与上梁仪式经过多年传播，深入民间，同时也影响了"丝绸之路"周边的省份，以及"一带一路"中周边的国家。对上梁文与上梁仪式的研究，不仅可知晓中国古代由栋柱到栋梁的演化，更可以增强民族文化的认同感，同时还保留了传统文化鲜活的样本。这对不忘本来、吸收外来、面向未来，汲取中国智慧、弘扬中国精神、传播中国价值，弘扬赣鄱文化，不断增强中华优秀传统文化的生命力和影响力起到重要的借鉴作用。

7 文献记载中的上梁文

7.1 《四库全书》江西籍作者上梁文

《文忠集》卷八十三〔宋〕欧阳修 撰

醴泉观本观三门上梁文（至和二年七月二十一日）

儿郎伟！我国家膺三灵之眷命，革五代之荒屯。多垒削平，包干戈而偃武；四夷面内，解辫索以承风。逮先圣之抚临，跻群生于富寿，乃欲追羲、轩以并轨，歆[1]云亭而勒成。容典交修，遂举旷古难行之礼，瑞应来集，有非人力可致之祥。卿云裔露之光，纷纶而杂委；朱草灵芝之秀，焜燿而丛生。爰有神泉，涌兹福地，甘如饮醴，美可蠲痾。湛灵液以渊渟，敞琳宫而崛起。岁时游豫，顺民俗之乐康；栋宇翼严，表京师之壮丽。近以有司不谨，飞焰延灾。皇上爱物推仁，因民所利，顾遗基之岿尔，回圣虑以恻然，爰饬良工，载新有作。损其土木之费，所以宽民；适其奢俭之中，俾之可久。用涓吉日，构此修梁。盍效欢讴，形于善祝。

儿郎伟！抛梁东，危构岩嶤彩露中。欲识圣君仁及物，灵源一勺本无穷；

儿郎伟！抛梁西，金碧相辉俯仰迷。万瓦寒光浮瑞露，层檐晚景挂晴蜺[2]；

儿郎伟！抛梁南，善利深功不可谈。但喜斯民无疾疠，谁知灵液有余甘；

---

1 路成文，史悦. 中国古代上梁文辑校 [M]. 郑州：中州古籍出版社，2021年11月. 以下简称《路成文版》。在该版中为"歆"字。
2 蜺同霓，虹的一种。北宋诗人王令有"二十男儿面似冰，出门嘘气玉蜺横"。

儿郎伟！抛梁北，观者如云来九陌。四方万国会京师，有类众星环斗极；

儿郎伟！抛梁上，栋宇规模标大壮。落成行即庆良辰，望幸何时来彩仗；

儿郎伟！抛梁下，祈福为民崇广厦。四时和气致休祥，万国多欢洽朝野。

伏愿上梁以后，三辰顺轨，百谷丰登。卉服雕题，咸被垂衣之化；行歌戴白，永为击壤之氓。皇帝万岁！皇帝万岁！皇帝万万岁！

《临川文集》卷三十八〔宋〕王安石　撰

景灵宫修盖英宗皇帝神御殿上梁文[1]

儿郎伟！天都左界，帝室中经，诞惟仙圣之祠，夙有神灵之宅，嗣开宏构，追奉晬容，方将广舜，孝于无穷，岂特尚汉仪之有旧。先皇帝道该五泰，德贯二仪。文摛云汉之章，武布风霆之号。华夏归仁而砥属，蛮夷驰义以骏奔。清跸甫传，灵舆忽往。超然姑射，山无一物之疵；邈矣寿丘，台有万人之畏。已葬鼎湖之弓剑，将游高庙之衣冠。今皇帝孝奉神明，恩涵动植。纂禹之服，期成万世之功；见尧于羹，未改三年之政。乃眷熏修之吉壤，载营馆御之新宫。考协前彝，述追先志。孝严列峙，寝门可象于平居；广拓旁开，辇路故存于陈迹。官师肃给，斤筑隆施。揆吉日以庀徒，举修梁而考室。敢申善颂，以相欢谣。

儿郎伟！抛梁东，圣主迎阳坐禁中，明似九天升晓日，恩如万国转春风；

儿郎伟！抛梁西，瀚海兵销太白低，王母玉环方自献，大宛金马不须赍；

儿郎伟！抛梁南，丙地星高每岁占，千障灭烽开岭徼，万艘输赆

---

[1] 《宋文鉴》名为《英宗殿上梁文》；《五百家播芳大全文粹》卷九十二载名称为《英德殿上梁文》。

引江潭；

儿郎伟！抛梁北，边城自此无鸣镝，即看呼韩渭上朝，休夸窦宪燕然勒；

儿郎伟！抛梁上，彷彿神游今可想，风马云车世世来，金舆玉辂年年往；

儿郎伟！抛梁下，万灵隤祉扶宗社，天垂嘉种已丰年，地产珍符方极化。

伏愿上梁之后，圣躬乐豫，宝命灵长。松茂献两宫之寿，椒繁占六寝之祥。宗室蕃维之彦，朝廷表干之良。家传庆誉，代袭龙光。肩一心而显相，保馈祀之无疆。皇帝万岁！

《山谷集外集》卷十〔宋〕黄庭坚　撰

靖武门上梁文

全魏大名，冀州右部。二[1]圣豫游之近地，九河绵络之奥区。旁控齐秦，仰占毕昴。允文仁祖，照卜离都。神明之所护持，耆老于兹望幸。今皇帝继序来孝，缉熙戎功。寝威八纮，垂统万世。开经礼而润色鸿业，一道德以照临百官。廼眷北门，实陪天邑。卧貔虎三军之旅，屹云烟万雉之城。畀宗庙之守臣，镇中原之重势。恭惟留守安抚太师侍中，承天之柱石，谋国之蓍龟。能断大疑，克勤小物。不动声气而清列郡，不越樽俎而折遐冲。泰阶六符，光邻枢极。河润九里，福浸京师。朔戎空老上之庭，左衽贺藳街之邸。当其无事而早从事，修于未然而禁将然。民力有余，因可以教战，王者无外，何取于闭关。乃启扉以延不周之风，时观兵以勤静武之略。伻图入奏，俞诏诞敷。日吉辰良，龟从筮叶。工献太朴，屋呈环材。抗虹梁以上跻，耸阴阙以壮观。落以盛食，劝之鸣鼖。请奏诗谣，用休工作。

抛梁东，师垣讲武静边烽，貂弓楛矢年年贡，海岱淮徐岁岁丰；

抛梁西，威行河外息征鼙，降书已望龙堆入，积甲还将熊耳齐；

---

[1] 四库全书本为"三"，清钞本《圣宋名贤五百家播芳大全文粹》作"二"。

抛梁南，威弧南指射狼贪，交州蝼蚁方归命，下濑熊罴即解严；
抛梁北，不战威边收上策，保塞单于献马羊，爱民天子捐金帛；
抛梁上，河绕凌云宫阙壮，南面忧民不豫游，北门典钥留台相；
抛梁下，元老归功安庙社，千里金堤水正东，四时玉烛年多稼。

伏愿上梁之后，朝廷日新宪度，岁计明昌。相臣将臣，两有文武。绥服要服，八荒梯航。增太山之封而百神受职，奉明堂之祀而万寿无疆。留守已勤于屏翰，国家终倚于赞襄。是以有上公之衮，归来近天子之光。玉节乘轺，方趋周道；芝泥封诏，必下岩廊。

《卢溪文集》卷四十〔宋〕王庭珪　撰

卢溪读书堂上梁文

儿郎伟！四壁徒立，本为垂钓之区；三径未荒，就筑藏书之室。即刘令公之别馆，乃欧阳子之故乡。城郭犹存，山川不改。化烟墟为乐土，亦先人之旧庐。冠盖如云，识乌衣马粪之巷；风流异世，有青箱凤阁之名。卢溪处士，江湖散人，山谷遗叟。初无五亩，仅如颜子之居；有此一区，便是扬雄之宅。岂须金椀[1]玉杯之号，况非芸辉绿野之雄。但有轩楹，可延风月。高冠赤帻，敢贪西壁之金；古井丹砂，益荐老人之寿。听余善颂，助尔欢声。

儿郎伟！抛梁东，天开丽日照梁红，举头忽见金乌近，更觉长安在眼中；

儿郎伟！抛梁西，蕙帐风清待鹤归，五色大云遮洞口，山人不用勒铭移；

儿郎伟！抛梁南，门外人归响辔衔，报道诸生新及第，来骑白马着青衫；

儿郎伟！抛梁北，溪上东皋雨初足，三节滩声夜半来，梦回写作升平曲；

儿郎伟！抛梁上，宴坐图书满方丈，户牖门庭着笔床，文章戏作

1　此处椀同碗。

三都样；

儿郎伟！抛梁下，古郡江山元似画，明月清风不值钱，霜松雪竹兼宜夜。

伏愿上梁以后，群犬息吠，怪鸟不鸣，君子得舆，从兹奠枕；小人安分，不复跳梁。乐此邱园，足避风尘之地；烦他父老，更高里闬闲之门。

安福县厅上梁文

儿郎伟！西晋雄藩，东吴旧壤，郡楼相对，犹名经史之斋，父老流传，云是大康之郡。风声未泯，城郭犹存。冠盖如云，时迓天边之客；言谈弥日，光余江左之风。可不高弘决事之厅，远引回廊之序。山川环绕，动气象以生光，民吏争趋，拂旌旗而改观。势若虹蜺之夭矫，雄秉柱石之瑰奇，山出晴云，地增胜概。可无善颂，用助欢声。

儿郎伟！抛梁东，画栋飞檐出半空，百里烟霞迎晓日，万家帘幕卷清风；

儿郎伟！抛梁西，西湖官柳荫长堤，未羡河阳花满县，只今桃李自成蹊；

儿郎伟！抛梁南，钲鼓无声白昼闲，耕罢牛眠烟雨里，夜阑渔唱水云间；

儿郎伟！抛梁北，如今令尹真侯伯，路人犹指县衙庭，便是当年史君宅；

儿郎伟！抛梁上，寅陂新筑隄千丈，未说秋成大有年，且看麦垅摇青浪；

儿郎伟！抛梁下，四面溪山如罨画，罨画光中听鼓声，修梁夭矫如虹驾。

伏愿上梁之后，风不鸣条，吏无黩货，士皆升俊，俗不喧嚣，入其里闾，而长幼相孝慈于家；行于道途，而子弟争扶持其老。户门不闭，囹圄常空，强暴不至于夺攘，田野各安其教化。遂成乐土，协济中兴。

安福县学上梁文

儿郎伟！晋朝剧郡，冠八邑之封疆；卢水清流，接三江之襟带。秀岭干霄而直上，鸣凤览辉而下翔。昔有儒宫，甲于江右，鞠为茂草，沿值兵戈。物必废而有兴，功自我而作古。县宰向公，才有余地，役不劳人，曾未逾时，郁有成绩。举兹寂寥不诏之典，延聚卓荦非常之伦。堂皇靓深，楹桷峻整，岂但太平之壮观，实为治化之渊源。将见乡邑闾巷之间，咸知向善；宁有公侯将相之种，不出此涂。使北斗星辰以南，见东壁图书之盛。樵儿牧孺，亦知有夫子之门墙；贤士大夫，当尽入圣人之阃阈。请陈谣颂，用助欢声。

儿郎伟！抛梁东，峰头日出半轮红，粉袍竞集纱帷外，听打开门鼓一通；

儿郎伟！抛梁西，千年华表鹤来归，好在浴沂桥下水，他时城郭未应非；

儿郎伟！抛梁南，千寻古木与天参，他日明堂虽柱石，万牛回首转岩岩；

儿郎伟！抛梁北，喜有中原近消息，将军一箭落樨枪，果见图书出东壁；

儿郎伟！抛梁上，夫子门墙高数丈，他年应记上梁人，令尹为谁今姓向；

儿郎伟！抛梁下，枹鼓向来惊里社，夜闻南庑读书声，已足张皇压戎马。

伏愿上梁之后，民皆安堵，室有鸣弦，同底茂规，咸升俊造。穷阎陋室，能诵诗书礼乐之文；悍卒武夫，亦识父子君臣之义。接踵赴云龙之会，乘时依日月之光。

《盘洲文集》卷六十八〔宋〕洪适　撰

东湖上梁文

东海变为桑田，漫作千年之调；西山致有爽气，遂萌三径之心。

顾穷人一事之难成,宜智叟旁观而大笑。子洪子生于浙右,望出江东。泛宅浮家,叹萍蓬之无定;架岩劚壑,怀桑梓之必恭。悼木偶以何之,骑土牛而甚钝。周子至止,非假步于山隝;陶令归来,聊结庐于人境。绕树靡劳于三匝,栖林姑逐于一巢。因高城以为垣墉,挹层峦而开户牖。平湖湛绿,闻渔父之扣船;斜照穿红,见樵夫之弛担。方将买竹万个,栽桃百科。却师乙之诲筦弦,课畦丁以治菘韭。东邻西舍,接封胡羯末之游;右粥左餐,轶许史金张之乐。洒诹吉日,式举修梁,少述襟㤭[1],并申颂祷。

抛梁东,三竿初日拂窗红,盘中苜蓿朝朝是,架上文书不疗穷;

南,芳兰手植茁新簪,老莱便作斑衣戏,日日循陔奉旨甘;

西,翼翼邻墙万瓦齐,风至初无尘翳面,不妨挥扇步桃蹊;

北,喜见边亭烽燧熄,八荒寿域一时开,处处楼台锄枳棘;

上,郁郁非烟腾万状,一天黄鹄自高飞,旧日银河仍在望;

下,爱竹子猷今不借,已开虚牖纳清阴,更待高蝉吟永夏。

伏愿上梁之后,人皆奠枕门不呼医,逐柳州之一贫,送韩公之五鬼,造化小儿不相戏,梁上君子非所忧。父子团栾,问寝奏南风之曲;弟兄笑语,对床哦夜雨之诗。

广州缓带堂上梁文

巨楹就斫,得爽垲于守居;缓带揭名,壮退陬之闽寄。事皆中度,下不告劳。经略抚字慈祥,剸栽闲暇。庭息鼠牙之讼,茂草鞠扉;野无犊佩之人,余粮栖亩。饮贪泉而志洁,挹溟涨而量宽。治行鲜双,欢谣不一。数十处而起提闼,时仰信臣;十二月而成舆梁,名高子产。既新粉堞,尽饰黄堂。以栋梁柱石之材,运扂楔樽枦之用。独营心匠,咸听指挥。方沼凝波,闻宾莲之纪瑞;高城作屏,有乔木之敷阴。将率宾僚,时开樽俎。胡床之雅兴故在,投壶而雅歌甚休。深有苇而浅有蒲,不减溪堂之乐;右持杯而左持蟹,可拍酒舡之浮。式举双枚,

---

1 㤭字四库全书有遗漏,此处根据《鄱阳三洪集(下)》补充。〔宋〕洪适,洪遵,洪迈.鄱阳三洪集(上、下).凌郁之校,南昌:江西人民出版,2011.610.

因成短韵。

抛梁东，料庆微微晓色通，桃李新栽千百本，阳春都在笑谈中；
南，压枝荔子为谁甘，红莲池上花争腻，舶上风来客半酣；
西，堆案收回纸尾鸳，缓带坐看霞送日，桄榔叶底鹁鸪啼；
北，粉堞如山扞南国，登临极目望中州，便觉归心生羽翼；
上，青草黄茅祛风瘴，天末神仙御白云，执谷骑羊会相访；
下，抚字心劳歌匦野，卖剑归来不带牛，携锄竞去寻秧马。

伏愿上梁之后，牒诉长稀，版图益进，岁丰而鱼蟹有余，风静而鸡鹚不近。青油幕下，少留宾客之谈；玉笋班中，入奉鬼神之问。

澹津卜筑上梁文

年登半百，未皇蕞尔之居；象应魁三，甫遂归与之计。方休它馆，难缓吾庐。澹津主人，壮也安贫，晚而亨否。际真主风云之会，点明时柱石之班。智拙谋身，坚白莫齐于众口；恩深镂骨，怀黄获返于故乡。念先公之始基，为我里之佳处。营置锥之壤，何啻买山？规纳驷之门，殆同刻楮。兹契肯堂之志，敢辞治第之劳？起无地之楼台，固多惭德；对此床之风雨，况有善邻。练吉日于历翁，付全谟于梓匠。既安义负，可举栋梁。

抛梁东，螺洲水转玉皇宫，柱教地讖传前古，调鼎曾无尺寸功；
南，澹浦弯环玉一潭，拂径已成高柳五，当门须要绿槐三；
西，雁序双檐入望齐，步屧同行多乐地，梦魂那复到沙堤；
北，仅胜诗翁歌逼[1]仄，欲营杰阁贮宸奎，待向北邻咨信息；
上，不用星官说乾象，青天白日是清明，凌雨震风休薄相；
下，万轴牙签重插架，祇将清白遗儿孙，剩有门闾容驷马。

伏愿上梁之后，鼎饪导和，巫医扫迹，华发庆采繁之助，清尊交常棣之欢。七子克家，咸守诗书之叶；诸孙满坐，长寻梨栗之盟。凡我亲朋，共兹悦喜。

---

1 原文为偪，与逼同。

楚望楼上梁文

江汉分楚望,昔闻骚客之辞;西北有高楼,兹占蜃洲之景;工师喜于得木,龟筮未尝违人。绳墨既陈,凿枘相合。盘洲老人,六年治圃,三径成蹊。桃坞梨原,杂百花而竞秀;溪堂水阁,涌双泒以交流。戏鱼识鸣屐之声,驯鹤顾随轩之步。复营飞观,以俯西郊。慕元龙百尺之名,哦孙楚五寻之赋。恋梯云之新级,如履坦途[1];试耿雪之曲栏,已横疏影。纵目而天光无际,怡颜而日力有余。丘壑足以起予,草木谁不如我?旁瞻庐阜,纳爽气于檐楹;前对鄱池,发长讴于辑濯。将以登临之暇,时乎酬劝之娱。从他灯火下歌台,[2]且向园林穷胜事。舞低杨柳月,久灰年少之心;栖老凤凰枝,独结岁寒之友。修梁升也,短韵来欤。

抛梁东,雉堞连延紫极宫,渔子入关争蚤市,舻人击水快晴风;

南,万顷风烟性所耽,细草重茵春亘野,澄江横练月窥潭;

西,天际羌庐入望低,棨荨楼台财尺五,瘦筇来往印长堤;

北,美竹如椽潇洒国,巢云上下启轩窗,一览芝山盈秀色;

上,落霞孤鹜供清赏,一声长笛倚栏时,待得蟾光萦蕙帐;

下,剩作茅庐容枥马,藕花开后羽觞频,风掩郊扉回俗驾。

伏愿上梁之后,日涉而风雨不渝,云卧而神仙可学,笋菹鱼醢,进野老之晨羞;羽衣虹裳,邀仙妃而夜话。其谁歇马,同我盟鸥?俛仰之间,咏歌不足。

花信亭上梁文

历载买山,方策勋于此日;群芳得地,有报喜之祥风。乃作新亭,用酬胜概。盘洲老人,酷好行乐,雅知倦游。治盘洲百亩之园,费中户十家之产。物非容易而尽获,事或艰难而晚成。东阁西楼,仅有一牛鸣之隔;左花右竹,几乎两蜗角之争。弗蒂芥于胸中,

---

1 四库全书本为"塗"字,其意应为途。
2 "灯"字四库全书有遗漏,此处根据《鄱阳三洪集(下)》补充。〔宋〕洪适,洪遵,洪迈.鄱阳三洪集(上、下).凌郁之校,南昌:江西人民出版社,2011.613.

若羁縻于化外。灰心久矣,唾手得之。胡越为一家,无尔界此疆之异;云梦吞九泽,合远山近水之奇。草木皆知,燕雀相贺。画栋侈丹青之饰,雕栏呈红紫之妍。四时携酒,则亲朋足以娱嬉;千里命驾,则故旧斯焉款¹曲。野无青草,拥春径之名葩;鞠有黄华,送秋林之清馥。阅冬蒨夏敷之相继,任朝荣暮落之自然。已架虹梁,须吟茧纸。

　　抛梁东,日日来占花径风,长把芬香迎杖履,不将消息倩鳞鸿;

　　南,芍药留春不脱骖,夹岸芙蓉争濯锦,双头倒影媚澄潭;

　　西,丹桂盈林菊绕畦,霜可拒²时花恨老,忧能忘处草惭低;

　　北,鸥思从容鱼足食,梅花满眼雪花飘,玉骨冰肌同一色;

　　上,东盼双溪西楚望,稍疏问讯竹平安,贪看穿花蝶来往;

　　下,兰蕙丛卑宜在野,闲捻花史傍阑干,我欲雌黄赓演雅。

　　伏愿上梁之后,风光益好,乐事不衰。三百六旬而岁成,常常乘兴;二十四番之花信,一一飘香。凡我同盟,逢场作戏。

容膝斋上梁文

　　寸地休心,或发置锥之诮;数椽容膝,大胜环堵之居。非坐井以观天,犹乘槎而问汉。宗桷³但求于细木,门闾不纳于高车。斤斧论功,龟鱼荐瑞。盘洲老人,技穷知止,兴尽倦飞。半百年而日苦无多,又踰十稔;九万里而风斯在下,安敢肆言。鹪鹩不过于一枝,凤凰始翔于千仞。因山之麓,倚竹为庐。每驻屐而少留,必横琴而独乐。尘外欲招夫五老,饮中难着于八仙。抵掌而谈,不出柳州之景;曲肱而枕,可寻蚁垤之游。昼掩卷以盟鸥,夜举杯而劝月。小以成小,斯焉取斯。雾塞华榱,沉沉者所以败也;风生圭窦,绰绰然有余裕哉。虽不上梁,何妨下笔。

1　欵,古体欵。
2　"可拒"二字四库全书有遗漏,此处根据《鄱阳三洪集(下)》补充。〔宋〕洪适,洪遵,洪迈.鄱阳三洪集(上、下).凌郁之校,南昌:江西人民出版,2011.614.
3　四库全书《盘洲文集》为"桶"字,此处根据四库全书《五百家播芳大全文粹》本改为桷,为建筑构件,与文中内容相符。

7 文献记载中的上梁文

斋之东，九曲双溪在眼中，人世最难开口笑，兴来宁惜酒尊空；

南，斗大生涯亦可贪，仙岛有名身不[1]到，个中真趣上登三；

西，矮桃得地渐成蹊，游鲲自逐天池乐，此处相忘尺泽鲵；

北，坐看蛮触干戈息，度地休吟葛屦诗，开疆尽扫槐安国；

上，芥纳须弥非说妄，浅中狭见小丈夫，岂识汪汪千顷量；

下，何必万间谋广厦，南窗翘足傲孤松，北坨转头无片瓦。

伏愿落成之后，四时常健，一室易安，危坐蒲团，乌有髀消之患，徐行草径，更无股栗之忧，凡今之人，与我共此。

聚萤斋上梁文

三叶决科，更编花萼之集；一经趾美，当慕桂芳之诗。月兔未明，风萤可聚。授诸梓匠，建此山房。盘洲老人，世禅儒冠，室标艺苑。演纶鳌禁，仍父子者四人；结绶鹓行，踵弟兄于二府。儿辈久闻于师说，孙枝半离于童蒙。欲增门户之辉，须佩轮舆之戒。念焚膏而继晷，尚凿壁以偷光。肆业能勤，策勋可必。张口如坐云雾，[2] 虽怀绷簪笏以徒然；听履而上星辰，尽灯火简编之所致。莫惜数年之苦学，誓图千佛之荣名。良弓之子必为箕，有心相续；强弩之末不穿缟，勉力有终。兹顿双枚，试听六咏。

抛梁东，一生穷达卜童蒙，拼却数年稽古力，拾青拖紫笑谈中；

南，烧烛寻书到草庵，月练紫窗如白昼，牙签插架好穷探；

西，景到桑榆漫噬脐，趁取光辉对黄卷，任他檐外玉绳低；

北，更漏迢迢天又黑，短檠参用也无嫌，莫使凝尘弃墙侧；

上，万点飞星迷四望，案头乾死可怜渠，人倦欲眠渠亦放；

下，可但膏油颛五夜，清霜十月叹飘零，便有雪花相假借。

伏愿上梁之后，笔耕不辍，书癖休医。诗礼承家，长作蟾宫之想；朝昏挟策，无贻萤烛之羞。传之云礽，味我药石。

---

1 四库全书《盘洲文集》缺三字，此处根据四库全书《五百家播芳大全文粹》补充为"名身不"。

2 四处全书遗漏一字，此处根据《鄱阳三洪集（下）》补充。〔宋〕洪适，洪遵，洪迈.鄱阳三洪集（上、下）.凌郁之校，南昌：江西人民出版，2011.615.

《文忠集》卷一百十八〔宋〕周必大　撰

修盖射殿门上梁文（淳熙二年　十二月二十二日）

儿郎伟！我国家南巡吴会、北望汴都，虽当行殿淹留之时，岂废路朝阖辟之制？度汉宫之万户，侈心盖异于建章；新鲁国之雉门，旧事姑仍于两观。恭惟皇帝陛下，躬俭勤之德，愍营缮之劳。舜其大智也与，常切达聪之念；禹吾无间然矣，每安卑室之居。惟臣邻出入之涂，系夷夏观瞻之体。是因农隙，爰督工程。君门九重，以高为贵；王宫五雉，不日而成。宪闻阖于中天，映罘罳于东阙。步檐翼展，盖瓦鳞差。鸱尾对张，一洗郁攸之气；虹梁双举，载严壮丽之威。欲相欢谣，盍形善颂。

儿郎伟！抛梁东，春日称觞德寿宫，上合门开初拜表，从今入贺永无穷；

儿郎伟！抛梁西，岩峣绛阙五云低，行封函谷一丸土，不望苏公十里堤；

儿郎伟！抛梁南，明堂旧位可稽参，八蛮那得窥阶陛，门外犹将列子男；

儿郎伟！抛梁北，两傍执法星环极，重开金马剩储才，未许冠猴轻履阈；

儿郎伟！抛梁上，十九章歌开诙荡，天近疑成白玉楼，日高常射黄金榜；

儿郎伟！抛梁下，路门有伉符周雅，鸳鸾由此入充庭，燕雀何须来贺厦。

伏愿上梁之后，两宫等乾坤之久，万宇同仁寿之跻。戬谷骈臻于银榜，英髦毕孤于金闺。夷贽叩阍，可使环观皋库应；星芒顺轨，固应遥避角亢氐。皇帝万岁！皇帝万岁！皇帝万万岁！

后殿上梁文（淳熙六年　六月二十九日）

儿郎伟！三吴胜地，万乘行都。华盖紫垣，益焕东南之王气；神州赤县,将还西北之旧京。惟是便朝,固宜壮观。辟门庭而四达,彻栋宇以一新。虽卑宫神圣之本心,抑广厦国家之彝制。皇帝陛下!恭已[1]正南面,为政如北辰。继明照于四方,久化成于天下。自朝至于中昃,用咸和于万民。眷言丹地之居,上宪清都之象。听朝决事,兼汴都延和崇政之名;论道谈经,殆炎汉虎观金华之比。倪未臻于闳丽,畴仰称于尊严。陈枭置圭、抡材饰匠。千枑万栱,既是斲而是虔;左城右平,盖弗奢而弗陋。兹载涓于吉旦,爰对举于修梁。博采欢谣,发为善颂。

儿郎伟!抛梁东,圣主勤民莅法宫,杲日未升甋[2]瓦碧,祥云先捧御袍红;

儿郎伟!抛梁西,仁覆多方寿域跻,可但版图还渭汭,固应冠带被羌氐;

儿郎伟!抛梁南,百辟晨趋俨佩簪,所宝惟贤非贝象,有材必用是楩楠;

儿郎伟!抛梁北,政布辰居元以德,尧历行颁朔易都,汉威坐裂单于国;

儿郎伟!抛梁上,从此太平端有象,星入丁躔曼寿延,天无风烈殊方向;

儿郎伟!抛梁下,瑞应纷纶昭圣化,九叶齐房紫玉芝,三登农亩黄云稼。

伏愿上梁之后,四海一统,两宫万年,集金屋之嘉祥,锡铜楼之多祉。南上北上,明堂来五狄之朝;西方东方,长乐盛九宾之礼。室考应周家之梦,寝成同商邑之安。取诸大壮以无愆,同我太平于有永。皇帝万岁!皇帝万岁!皇帝万万岁!

---

1 《路成文版》为己字。
2 也有学者将繁体字"甋"写为"雕",见《路成文版》相关内容。也有写成周与瓦的合字,见《全宋文》233册,上海辞书出版社、安徽教育出版社,2006年。此处作者以瓦的本意写出。

《诚斋集》卷一百四〔宋〕杨万里　撰

南溪上梁文

儿郎伟！伯起三鳣之堂，所传清白；子云一区之宅，焉用高明。猿鹤欢迎，溪山造请，可缓归欤之计，攸宁老矣之身。南溪老人，少出里中而倦游，晚缘儿辈之漫仕。江湖千里，萍梗半生，虽乐土之岂无，眷故乡而亦爱。悠悠归梦，久飞堕于枌榆；了了眼中，今真还夫衡泌。蘙茅一亩，结屋数间。车辙有长者之多，竹洞无俗客之至。春韭小摘，浊醪细斟。扫花迳以坐宾亲，听松风以当鼓吹。田父泥饮，从月出以见留；童子应门，或日高而未起。小隐之乐，勿传于人。甫练日以抛梁，聊占词而伸颂。

儿郎伟！抛梁东，玉笋千峰到坐中，胸次更无一丘壑，其如明月与清风；

儿郎伟！抛梁西，坐待天边挂玉篦，群稚还生桂枝想，读书已拟上云梯；

儿郎伟！抛梁南，触眼青罗绕碧篸，夹巷已无奇草木，陶家五柳柳家柑；

儿郎伟！抛梁北，夜寒斗柄垂檐侧，底须百屋堆孔兄，只遣五车迎子墨；

儿郎伟！抛梁上，老夫老矣心犹壮，仰看天河泻碧空，便欲挽将洗氛瘴；

儿郎伟！抛梁下，今年幸有如云稼，浇花春社定何如，与我邻翁作秋社。

伏愿上梁之后，旄星早落，汉月独明，天开地辟，海晏河清。要令平世，家及国以举安；不独吾庐，子又孙而宁处。

施参政信州府第上梁文

儿郎伟！襟三江而带五湖，惟古上饶之地；秀千岩而流万壑，不减晋人之谈。我卜我居，是端是度。同知参政相公，身居魏阙之下，梦寄故园之春。万金家书,苦无他语;千里明月,祇说思归。永惟我家,世有阴德。先太师挟经世之具,身虽不逢;今相公遇明主之知,天岂无报?胡不观乾道壁间之计,抑又闻崔氏枕中之书?再激余波,六月得雨;播在人口,验于今朝。舍锦里而不归,是绣衣而行夜。爰得胜地,乃立相门。玉水前陈,汇一潭之清镜;灵山后倚,列百叠之画屏。虽云近市而无喧,凛有幽人之远致,伻图首肯,端策辰良。属当执扑之巡,宜举抛梁之颂:

儿郎伟!抛梁东,春晓千花绣画中。正对玉山峰顶塔,一枝椽笔仰书空;

儿郎伟!抛梁西,秋晚楼台夕照低。听取乌龟山客语,去年洪水决新堤;

儿郎伟!抛梁南,槐夏清阴染蔚蓝。景德诸峰高见寺,大溪一水汇成潭;

儿郎伟!抛梁北,朔雪入帘深一尺。望中玉作万屏风,个是灵山人不识;

儿郎伟!抛梁上,一抛正拂银河浪。乘槎耐可摘星辰,骑凤翩然徧崑阆;

儿郎伟!抛梁下,今年万顷观多稼。相公日日只思归,要与邻公同作社;

伏愿上梁之后,君亲尊显,家室燕宁。凡我后人,爱平泉之竹石;亦令来世,敬绿野之林园。欢愉之词,咏歌不足。

《晦庵集》卷八十五〔宋〕朱熹 撰

同安县学经史阁上梁文

儿郎伟!大同古地,骆粤名邦。间出巨人,鼎在公卿之位;亦多贤士,郁为闾里之师。虽山川之炳灵,乃教化之纯被。比罹屯难,益复浇漓。学校荒凉,久风猷之不竞,图书散脱,阒弦诵以无声。诏令壅而弗宣,父兄以为大戚。顾惟窃食,敢不究心。是以申谕诸生,俾沈潜于训义;力裒众记,务广博其见闻。幸大府之哀怜,总群书而推予。惟上贤笃意于教诲，使邑子蒙幸于作成。爰即学宫，创为杰阁。庶缄縢之慎固，绝虫鼠之觊觎。既画诺于县庭，旋受金于省户。西曹藉力，群彦并心。而吏惰不供，几若道旁之室；顾人疲久役，将起泽门之讴。追程事之既严，始抡材而甫就。偫功见效，献室有期。不惟士得读未见之书，人知自励；且使书得为无穷之利，计以永存。聊出词章，用升梁欐。想均童耄，共此欢呼。

儿郎伟！抛梁东，晓日曈昽出海红，照见黉堂通复阁，层甍如画插晴空；

儿郎伟！抛梁西，春草秋云极望低，文圃山高君莫羡，圣门巀嶪与天齐；

儿郎伟！抛梁南，沧溟无际水天涵，荡潏鱼龙君莫畏，渊源学海更潭潭；

儿郎伟！抛梁北，错落众星高拱极，昭回运转君莫疑，灿烂光明在方册；

儿郎伟！抛梁上，圣朝硕辅苏丞相，鲁无君子定虚言，犹是诸生丈人行；

儿郎伟！抛梁下，人老遗书追董贾，诸生勉继旧王贡，时泰不忧身在野。

伏愿上梁之后，士无废业，家有传书。究述作之原，遂见古人之大体；际功名之会，起为当世之儒宗。惟不悖其所闻，乃式符于深望。

《龙洲集》卷十四〔宋〕刘过　撰

为吴县尉俞灏商卿作排青轩上梁文

夫差国大，苏为吴常秀之尊；东野官卑，尉处簿参丞之底。觉身外之尘埃可见，奈胸中之风月自佳。爰葺西偏，未为左计。某精神玉雪，名誉斗山。盖尝读万卷之书，不自意百夫之上。凝香画戟，合置之铃阁以哦诗；挝鼓水乡，今乃以儒官而警盗。纳须弥于芥子，坐涂炭于朝衣。廨宇甚卑，难为展布；园亭不治，无以游观。稍仍旧之数椽，用作新于一宇。门洞然而尽辟，瓦鳞次而不飘。窗纸虚明，帘旌摇动。湖山缭绕，著身图画之间；竹桂阴森，揖客旌旗之下。体因居而浸大，心与地以俱平。遂伸作尉之腰，少试活人之手。偶留十日，获见一斑。眉目娟娟，烟树浓妆之西子；衣裳楚楚，荷花傅粉之六郎。棋局留残，如行道院；芸香别蠹，似到馆中。撷纯菜以煮羹，款已归之张翰；持蟹螯而荐酒，酌未醉之刘伶。辄以从游，见之颂述。

东，子真端的有仙风，壶天留得春常在，脸上桃花非酒红；

西，莫憎此室尚卑栖，湖水渐平风浪退，一双鹭鹚在清溪；

南，老子清贫旧已甘，若言富贵求而得，未必玉堂如草庵；

北，运会推迁今已极，闭门使学草檄书，不可擒王止擒贼；

上，想见诗成更官样，庭空吏散寂无人，消得行吟自笻杖；

下，扫地焚香作清夜，维摩丈室等虚空，不是寻常县官舍。

伏愿上梁之后，仙风不老，官职益高，归直玉堂，对翻阶之红药；独提橡笔，草拜相之白麻。云霄上乎九天，河海润乎千里。尚期他日，卧老夫于百尺之楼；何待来年，庇寒士乎万间之屋。

《隐居通议》(元·刘埙)卷二十三转载[1]〔宋〕聂子述 撰

重建郁孤台上梁文（宝庆三年）

千骑居上头，节镇素雄于昭信；八境见图画，台观尤盛于郁孤。踞龟首之穹窿，映虎城之突兀。崆峒对耸，章贡交流。自宇宙便有此山，至东坡而增重；与风月之无尽藏，压西江而独尊。骚人墨客，相继吟哦；车辙马迹，争先登览。然而年侵屋老，基圮栋欹。虽天造之绝奇，奈人事之弗称。倪匪具胸中之丘壑，安能领物外之云烟。使君于此不凡，老子之兴不浅。故须出手，已遂改图。从太守而游，行继醉翁亭之集；后天下而乐，窃愧岳阳楼之碑。兹举修梁，盍陈韵语。

（中缺）[2]

---

1 四库全书版并未标中缺。但从作者"兹举修梁，盍陈韵语"来看，应该是中间缺了韵语，以下几篇同。

2 辑自《全宋文》第294册，第402—403页，校以四库全书本《隐居通议》、丛书集成初编本《隐居通议》。

伏愿上梁之后，一城和气，千里乐郊，细民歌舞于春台，寒士欢欣于夏屋。四并纪盛，频繁北海之开尊；众乐与同，杂沓西园之飞盖。文风丕变，戎索允安。

新居上梁文（嘉定间）

陈元龙卧百尺楼，夙负功名之志；扬子云有一区宅，晚安寂寞之图。尽收湖海之豪，归逐桑榆之暖。定斋主人，遭逢过分，出处随缘。五更三点而入朝，久厌承明之直；八千余里而溯峡，敢辞蜀道之难。初心欲济于艰虞，何意适丁于变故。头头险著，步步危机。病身空想于狐丘，全家几陷于虎口。造物独怜其忠赤，上恩乃许以生还。安行大地之风波，只伏通天之肺腑。陈力就列，不能者止。投闲置散，乃分之宜。归去来兮，只欲安身于容膝；聊复尔耳，可能无地以晒裈。旋作鹪鹩巢林之谋，庶同燕雀贺厦之喜。栖图书以娱老景，艺花木以印岁寒。灭匈奴何以家为，须还好手；营菟裘吾将请老，宁复遐心。聊题六伟之词，以资一笑之噱。

（中缺）

伏愿身心安泰，骨肉康宁。肯堂收教子之功，含饴逐弄孙之乐。良辰美景，邂逅四并，乐岁丰年，均沾一饱。游山之脚力常健，对客之酒量日增。鬼神诃禁不祥，门户兴起未艾。

东宅上梁文

结庐南向，甘归隐于菟裘；规地东荣，更诒谋于燕翼。为乃翁行乐之所，作诸儿栖息之区。若个圆成，吾事满足。定斋主人，不才宜弃，未老得闲。万兵立帐而里吏绕前，曾作元龙之梦；一水护田而两山排闼，每羡野人之居。天施斥去之恩，神相归来之福。一枝定卜，百指具宜，尚恨无燕坐以接亲朋，无鹭地以种花木。规模悉悉，只可为奉礼太祝之听；童稚骎骎，便当得参军新妇之配。载谋新筑，庶可奠居。聚国族于斯，何须轮奂；定男位乎外，靡限藩篱。往来可当行窝，褊迫难论别墅。展名画于四壁，列怪石于两厢。暴法帖则多漫字之碑，蓄古琴则学无弦之谱。有客吃常堂之饭，无事读来世之书。只尔便了吾生，舍此宁复多事。婆娑正坐君辈，敢怀责子之心；辛勤有此屋庐，肯忘束书之力。聊题韵语，以相工歌。

（中缺）

伏愿心地清宁，脚跟强健，饱饭安眠而日日，村歌社鼓以年年。老景团栾，日富贵而与饮食；阿奴跄跄，无灾难而至公卿。子舍发祥，孙枝衍庆。下泽车，款段马，到处闲嬉；赤脚婢，长须奴，勿来相恼。鬼无阚室，人尽逊耕。

岁寒堂上梁文

结庐在人境，幸逃火劫之灾；艺木印岁寒，添创草庵之景。聊取后凋之意，以为晚对之宜。定斋主人，勇退急流，愿为老圃。饱尝世味，掩鼻腐鼠之场；识破幻尘，留眼归鸿之外。顷回禄之为变，幸灵光之偶存。东里西邻，无复栋甍之接；南贫北富，率为瓦砾之场。扩地得十亩之余，诛茅开三径之所。夭桃曼李，只得意于春风；苍桧绿筠，愿定交于晚节。茶梅擢秀于雪里，橘柚垂实于霜前。凡此同盟之人，允谓忘年之友。十年之计种以木，培植成阴；一日不可无此君，弹压俗气。修梁载举，韵语前陈。

（中缺）

伏愿饱饭长闲，挂冠得请。胸中丘壑，具山高水长之风；笔下波澜，得霜降水涸之妙。因孤竹君而识玉版老，约赤松子而交黄石公。遍参柏树之禅，频醉梅花之梦。淡交莫逆，俗客不来。共园公而睹玉尘，相将橘隐；会麻姑而劈麟脯，重说桑田。

水月观上梁文

神仙好楼居，聊欲逍遥于物外；水月通禅观，又将证悟于胸中。合心迹于双清，融道释于一致。定斋主人，在家羽士，有发衲僧。跳出呿篮，始觉昨非而今是；爱穿翻袜，肯教人重而已轻。手持种树之书，身抱灌园之翁。无复万间广厦，庇寒士之欢颜；且图百尺高楼，敛少年之豪气。不为行藏而独倚，将随深浅以见机。玉京十二阑干，分明可到；金地三千世界，倏忽见前。个中落成，吾生愿足。暂停工

斫,齐听相歌:

(中缺)

伏愿境静长春,人闲不老。居[1]轮神马,遍从尘外遨游;心印法灯,尽向眼前了彻。知有之非无,无之非有;悟空即是色,色即是空。挽浮丘袂,拍洪崖肩,相与共游方之内;遭临济喝,吃德山棓,熟如参不语之禅。纵未能白日升仙,也终解立地成佛。

杰阁上梁文(嘉熙庚子岁四年)

五百尊石桥大士,化身久驻于净方;三千年劫火弥天,余烬未还于旧观。花甲已经于十稔,檀那莫辨于众缘。水到渠成,山鸣谷应。定斋老人,来佛果位,见宰官身,久厌尘缘,求出世法。无我相,无人相,天开方便之门;学小乘,学大乘,愿求解脱之路。不惮有为之功德,要成无上之因缘。阿堵物聚少成多,运斤手将勤补拙。采山而木客泣,伐石而土丁愁。伻图告成,卜筮协吉。开法筵看第一义,从净土入不二门。轮奂九霄,龙象为之欢喜;翚飞万瓦,燕雀贺其崇成。于以祝当今皇帝之寿龄,于以镇南赡部州之世界。聊题六律,以相百工:

(中缺)

伏愿佛日光明,僧宝坚固。为一大事,续如来无尽之灯;于万斯年,增主上在躬之历。病居士消身口意之业,善知识结去来今之因。阿阇黎朝朝去应缘道场;小沙弥个个作承家法嗣。风调雨顺,从今都是大有年;贯朽粟陈,到处尽成极乐国。护持劫运,镇压邪魔。

《矩山存稿》卷三〔宋〕徐经孙 撰

新堂梁文

伏以!倦游爱吾庐,偶得东源一区之胜;辛勤有此屋,粗适中堂四时之宜。日月维良,风雨攸除。恭惟矩山主人,一生侥幸,百事迂

---

1 原文为尻。

疏。壮岁词场，误成蝇于点墨；比年客路，旅振鹭于光庭。书殿极儒生之荣，宪府滥言官之责。不能者止，盍归乎来。顾老屋以弗支，势须改筑；去先庐之未远，地适可安。三江交流，有朝有护；四山回抱，如拜如迎。是为觉溪之中，旧袭孔园之号。傍罗古木，若预封培；前衍平畴，最宜眺望。贤哉宗党，成此庙宫。爰集栋梁楹桷之材，以为亲宾冠婚之所。地势颇隘，于我有余。自此息影林间，得依美荫；学耕谷口，惟愿丰年。得为太平之民，兹实老来之福。千万间庇寒士，赖有时贤；三十年携束书，聊逸吾老。试题吟笔，助举修梁。

东，丹阙巍巍照眼中，晓望扶桑秋日表，葵心如拜朵云红；

西，罗浮峻极与云齐，水演龙门清且近，此堂新枕此山溪；

南，梅峰对面蔚晴岚，方正不移天所作，欲知洁矩个中参；

北，幢节分龙来石壁，勇如渴骥欲奔泉，水口此山天与力；

上，水绕山围更平旷，良天好月赏心时，密迩鸰原互来往；

下，自古箕裘学弓冶，诗书门户要支持，须是肯堂仍肯架；

伏愿上梁之后，百年偕老，亿世奠安。泉甘土肥，渐遂山林之乐；风调雨顺，益知栋宇之安。书脉其昌，福基以壮。

吴塘勉仲建厅梁文

伏以！中堂落成，已竦飞翚之势；前荣高敞，复恢旋马之规。展矣高明，美哉轮奂。恭惟勉仲主人，精神秋水，笑语春风。心逸而休，克守过庭之训；面势必审，更深肯架之思。爰自旧年，迄成新筑。望先庐之未远，觉胜概之弥多。塘瞰大宁，泓然可鉴；冈连石釜，岿若具瞻。青山当户，流水入池。白云为藩，宝气在闼。况有前人之命，是为安宅之基。状与目谋，屋兼身润；又念亲宾冠婚之所，当有东西阶序之分。乃诏工师，乃宣哲匠。厚栋大梁，以御寒暑。广居正位，以备周旋。揖逊其间，登降有数。屏开孔雀，未数李监之豪家；瑞应麒麟，会庆徐卿之有子。修虹斯举，贺燕聿来。

东，主人胸次妙春融，门前又报高轩过，坐我光风霁月中；

西，山头宝气喜朝隮，客来柱笏闲相对，笑指浮云自有梯；

南，不宽不隘笑潭潭，我门居第传孙子，文靖当时有美谈；

北，华堂相值真安宅，方寸心田万卷书，个是君子无穷泽；

上，举首先庐盈一望，好天乐事赏心时，棣萼相辉互来往；

下，家塾旁开文字社，阶庭兰玉香诜诜，鸾鹤书声连昼夜。

伏愿上梁之后，家庭睦肃，门户光辉。智以谋之，仁以居之，敬修其可愿；禄尔康矣，嘏尔常矣，亦维适之安。

《柳塘外集》卷三〔宋〕释道璨　撰

荐福法堂上梁文

伏虎师受戴叔伦之施，奄有湖山；古塔主为范文正而来，大兴禅学。如洪钟巨镛，声满天地；如景星霁月，光照古今。怀哉若人，慨焉孤闷。起百年之已废，岂一饭之可忘？无文长老，为母还乡，信缘住持。平日不谈世故，或谓其疏；随分略振丛林，姑试所学。一日必葺，三年于兹。顾瞻数仞之危堂，曾经诸老之说法。应庵万庵不可作矣，松源曹源其谁嗣之。尚论祖室之兴衰，大惧宗门之颠覆。寥寥千载，耿耿寸心。花雨诸天，笑空生执之失度；草深一丈，惜长沙散去太奢。用扫[1]除建立之机，为开示悟入之本。孰曰修造，而非提持，是用作歌，未能免俗。

东，诸老难追两眼空，活意生机无恙在，一堤杨柳万丝风。[2]

西，一印无文手自提，不住语言文字相，佛来也放一头低；

南，东风十里市声酣，未入门来相见了，灯王座上不须参；[3]

北，垂手不能空费力，颇怪春风多事生，梅子飞来花五色；

上，面力全无难近傍，客来探水有乌藤，与伊坳折归方丈；

下，春染湖波绿如画，岸花汀草长精神，伏虎门庭非昔者。

伏愿上梁之后，国家闲暇，佛法兴隆。有太原见雪峰底作略，乃登此堂；有赵州验茱萸底眼目，乃升此座。举头数屋桷，山僧不敢放憨；背身着草鞋，衲子尽教逗俊。

1　原文为"埽"，两字同。
2　原文"东"字在"万丝风"之后，现调到句首，以下同。
3　四库全书版缺，此处根据《路成文版》补充。

感山依云阁上梁文

展开窗下之溪山,地谁云狭;放出眼前之境界,楼不在高。收天涯万里于一览之中,卧世界小儿于百尺之下。此举出人意表,何为合住其中。花外日长,明千圣不传之事;茶边夜永,看一沤未发之机。同经异论者,揖之使行;演雅使骚者,麾之使去。盍维摩室中无非大士,而曹溪门下不许俗谈。作四方上下之歌,颂北道主人之意。

东,一片闲云卧此中,语客兴隆乾道士,月明楼上有疏钟;[1]

南,案上遗书有纪谈,只作语言传诵去,悬知老子不能甘;

西,碧桃丹杏已成蹊,一笻海上横行去,回首方知剑气低;

北,雪径樵归能领客,共倚春风十二阑,眼中各自看山色;

上,我欲借楼看万象,说与堂堂云卧翁,莫道丈人无辈行;

下,举世炎炎苦长夏,清风树下有高风,卖与时人谁着价。

伏愿上梁之后,主宾皆一时名胜,笑谭极千载风流。云散月明,弄画阑之花影;泉香火活,候汤鼎之松声。入此门来,莫作境会。

《雪坡集》卷四十三〔宋〕姚勉 撰

西涧书院换新梁文(壬子)

伏以!习先圣之术,当为道阃之栋梁;育天下之英,要作明堂之柱石。惟是扶颠持危之日,则知致远任重之材。平时学校之规模,一旦庙堂之力量,作新气象,耸动观瞻。仰乡国之三刘,凛风标于百世。诵涪翁清颖尾之句,天畀节之独全;读欧公庐山高之诗,地以人而愈重。或对面而攻介甫,或褰裳而去蔡京。钟鼎一邦,冠冕四海。所以北山之名子,创为西涧之书堂。欲后学之得师,企前修而接武。自兴此地,益振斯文。道学立己之要端,士皆知本;科目进身之余事,岁不乏人。联翩登天府之书,陆续擢太常之第。以至贤关之俊士,竞辈帝学之英声。前者既着鞭而争先,后者又积薪之居上,而况地灵标异,

---

[1] 此段方位词东字放在疏钟之后,以下方位词南、西、北、上、下皆放在段落后,此次全部调整在段落前。

天秀发祥。凤沼波澄，春色动墨池之水；雁塔云立，晴霄峥文笔之峰。中间一水之横栋，南北万山之雄峙。气类聿新于感召，英髦皆萃于游歌。诵诗读书，吾伊之声相接；进德修业，挑达之习不萌。黾勉乎学问思辨之功，讲明乎修齐治平之事。有资涵养，必大发挥。矧居多修泮之鲁侯，且代有教湖之安定。儒林风动，黉舍日新，欲增贺燕之欢声，乃易修虹于杰宇。使工师求大木，喜得四十围溜雨之根柯；立馆下招诸生，便有千万间连云之气概。异前此挠柔之无力，知其中负荷之有人。栋榱无将厌之形，松栢屹后凋之操。作兴如是，证应有开。时当诏岁之肇端，士与王春而更始。陋者昔而今于壮，此泰亨刚长之符；舍其旧而新是谋，乃革变文蔚之象。必有胜仁重器，扶世长才，骧龙首而奋九天，沛滂霖雨；断鳌足而立四极，撑柱乾坤。仰挹乡先生之流风，益厉大丈夫之壮节。不虚此应，会见若人。匠石告成，儿郎替伟。

东，东上天京路喜通，昨日飞仙桥已建，连河谶属采芹宫；

西，西涧高风要与齐，利禄毫轻名节重，凤凰宁作饱虫鸡；

南，南有荷山翠泼蓝，云际塔尖文笔耸，棘闱枫陛占魁三；

北，北斗魁躔堪手摘，瑞阳人要瑞朝廷，太史预占云五色；

上，上彻文章光万丈，个中人有栋梁材，须信书堂真隐相；

下，下为生灵上宗社，道非小用岂谋身，普与万方为广厦。

伏愿上梁之后，学颜志尹，家稷人皋。由德行之科而冠国家进士之科，修仁义之爵而得公卿大夫之爵。先觉觉后，已立立人。与贤师良友以切磋，皆由体达用之学；得明王圣主而辅相，收致君泽民之功。大节终身，香名万古。

惠政桥上梁文

伏以！造舟为梁，已阅数百年之古；横江立石，又为千万世之规。奠惊涛骇浪之冲，屹砥柱中流之势。一新壮观，复掩前闻。州曰瑞阳，江如濯锦。人卧船流，露团鹤起，供名笔之画图；溪从城过，山到市平，入当家之诗句。接通衢之聚市，列横舰于浮津。在南唐时，画鹓蠹灵祠之下；至东都日，彩霓飞道院之前。严公之志刻尚存，苏仙之诗史可考。然当春夏久雨之积,适为川谷百流之交。巨浸稽天,小舟断渡,河既难于填鹊,民或至于为鱼。居人病之,仁者念此。于是前判府、宫讲、编修经其始,今判府、寺丞、吏部遂其成。立非常之功,必待非常之人,伟哉器宇;建无穷之基,亦有无穷之闻,深矣恩波。广郑子产济人之心,见蔡端明利民之志。既仍旧贯,复就新规。费博而民不知,工巨而役则简。神人驱石,丁士凿山,不日成之,如天造此。遏汹涌奔流之注,负瑰伟绝特之称。鳌头擎玉阆之峰,镇临波上;龙脊截银河之水,来下人间。力障倒澜而东之,势若运溟而南适。海藏忽呈于贝阙,沙洲骤拥于鼍城。利涉大川,卓为巨镇。二千石治理效,于此可观;十二月舆梁成,方兹更劣。岂特永往来之利,又将增形胜之雄。据彩凤之上游,挺苍龙之左角。回山若抱,界水不流,而况津号飞仙,宫联贡士,既作新于地脉,必奋发于天荒。谶协河连,即验状元之出;象如堤筑,预符宰相之行。此役之兴,所关者大。金言太守,凿石而立三犀;必有丈夫,题柱而立驷马。载涓谷旦,肇建中亭。式举修梁,敢陈善颂。

东,稳驾横天万丈虹,市与河连佳谶合,抡魁应在锦城中;
西,远过秦人凿石犀,桥立富平元凯力,坡仙遗爱满苏堤;
南,天笔峰高碧玉篸,桥与棘闱相映带,龙头跃出浪层三;
北,西市相通红紫陌,任渠风雨撼波涛,鳌足拄天常不仄;
上,玉脊鲸鲵横翠浪,高车驷马锦还乡,自有相如题笔壮;
下,铁锁长开灯火夜,往来人喜就桥安,镇定此邦如泰华。

伏愿上梁之后,迅流中立,实地上行,山负夸娥之灵,水锁支祁之怪。民安磐石,士奋亨衢。居是邦者,化鲲鹏而问天津;仕兹土者,驾虬螭而上霄汉。新栽官柳,一条大路朝天;勿翦甘棠,千古长桥枕水。

桂殿上梁文(乙卯)

伏以!魁三台之呈象,比比相承;山七曲之妥灵,洋洋如在。创英祠而徼福,擢峻第以联芳。恭惟元皇仙帝,造化大钧,儒流司命。扪参历井,肇开真王爵土之封;络壁联奎,独秉天下文章之柄。权衡才德,剂量功名,自选举以至于公卿,凡禄位皆归于工宰。无往不在,水脉行乎地中；有开必先，云彩呈于日下。眷[1]言新瑞，秀比潼川。爰凤山锦水之皆同，飞鸾驾云，軿而来降。式开异梦，爰卜真栖。我同志用协群工，肇兴祀宇。适际宾兴之岁，聿资主倡之功。拔鲸牙而酌天浆，发挥壮气；骧龙首而集雾雨，超轶先驱。桂籍浮香，柳君染汁，共登金马，同趣黄扉，十年三度之状元，初何难事；四海九州之宰相，总在吾邦。鼎建修虹，豫欢贺燕。

东，文气高横万丈虹，昨夜凤山高处望，魁星又现五云中；

西，千佛联名桂籍题，足下青云生步武，不妨携手共登梯；

南，七曲神仙此驻骖，桂殿岧峣云表立，锦江相望府潭潭；

北，映日重开云五色，君恩增贡例新成，从此浑花剩增额；

上，好事鼎来乘气旺，伦魁出了又伦魁，宰相后来重宰相；

下，燕雀欢呼万间厦，阳和一点散人怀，收拾洪纤归造化。

伏愿上梁之后，异人间出，盛事交辉。琳宫之香火绵长，甲科之衣钵传续。父子则梁颢梁固，兄弟则尧叟尧咨。师友则如张之汪，朋侪则若胡于吕。以高科第，立大功名。姚姒致君，伊周佐治。重赵九鼎，作米一经。破西贼者，天圣之廷元；平淮蔡者，元和之进士。有光于昔，其在斯今。自岷峨来古筇，已窥帝意；为国家清蜀道，方契神谋。吾党勉旃，斯文幸甚！格天事业，盖世功名。

天香阁上梁文

伏以！冠天北阙之立班，曾叨误渥；就屋东偏而建阁，庸贮浓[2]颂。永兹家世之传，期我子孙之继。眷惟吾祖，肇建此堂。于廷尉之门闾，要容驷马；王晋公之第宅，久种三槐。昔先人期望之甚深，我小子绍承之敢怠。谬膺独对，幸足三魁。九万里扶摇，已快徙溟南之运；千万间突兀，方为庇天下之图。敢期先志之已酬，尚冀后人之相续。家传龙种，池有凤毛。俾学于斯，庶齐厥美。紫帽檐垂，雪鞭丝袅，先沾天陛之香；绿袍恩重，黄榜墨鲜，更看烟楼之过。相承忠孝，上报君亲，式举修梁，交腾善颂。

---

1 原文为"睠"。
2 原文为"醲"。

东，皎日[1]朝升万丈红，日与长安天正近，心驰魏阙五云中；

西，桂娥犹记梦中题，龙头信有亲传种，前是严君后是儿；

南，雁塔霄峥碧玉簪[2]，书在城南符可读，犁锄中有府潭潭；

北，吾家已有张师德，读书正要济时艰，出与明堂为柱石；

上，阿囝须如郎罢样，状元还是状元儿，更要相门重出相；

下，燕雀交欢知贺厦，吾宁无地起楼台，一念常思庇天下。

伏愿上梁之后，安于仁宅，出自礼门，与点唯参，相传圣道，前周后鲁，俱拜君恩，世科首龙虎之登，勋业侈麒麟之纪。一家功业，万古声名。

赋梅楼上梁文

伏以！无地起楼台，固愿学莱公之事；有园秀花木，亦当希涑水之贤。未甘走朝市之红尘，共要饱溪山之清兴。稍堪寓目，庶早抽身。雪坡主人，鸥鹭旧游，麋鹿真性。初赐集英第，也曾看杭州十里之花；不上光范书，未忍抛锦江一丝之竹。惟童子之钓所，有先人之敝庐。占山水窟宅之中，足泉石膏肓之趣。隐者盘旋于幽阻，虽得于天；君子眺望乎高明，尚虚其地。恰有坡而宜雪，聊锄月以种梅，中建一楼，下临万象。云屏洗雨，纳层巘于檐楹；水镜涵天，挹明湖于樽俎。锦千花之步障，碧万竹之油幢。吟红药、对紫薇，静纶阁文书之意思；抚苍松、摩翠柏，屹明堂梁栋之观瞻。虽无轮奂之翚飞，是亦园池之要会。然命意不轻于取物，而扁名独美于赋梅。见贤思齐，论世尚友，若广平之显唐室，至文正之名我朝，卓然英概之不群，皆以此花而寄兴。语虽婉媚，何害为铁石心肠；志不饱温，已预占钧轴事业。俨相望而玉立，均不辱于冰姿。凛若犹生，希之则是。愿坚持于劲操，初不尚于浮荣。先天下春，储万斛香。本为盛事，开雪里枝；回孤根暖，方见清标。古人实获我心，天下莫非吾事。登斯楼也，初无贮妓女藏歌舞之奢；适我愿兮，端有砥节行厉廉隅之益。穷达俱存生意，荣华不趁春风。白玉堂如茅舍竹篱，黄金铉在霜崖冰谷。巡檐索笑，谁知先忧后乐之心；看影忍寒，

---

1 原文为月，现根据豫章丛书《姚勉集》修改。
2 原文为"篸"。

不动炙热趋炎之想。庶倚栏而无愧,堪把酒以相看。而况阴尽阳生,机融剥复。仰观俯察,中有乾坤。觉仁意之默存,爱生香之不断。坐中客满,应有能同饮冰餐雪之盟;门外人看,未必不作齐云落星之诮。木斫而已,人谓斯何。聊复上梁,不妨赞伟。

东,海外连云万丈松,嘉味尽堪和傅鼎,清标元不浼秦封;

西,野色团云万竹齐,中有雪坡精舍在,读书声到晓窗鸡;

南,钓月横舟在碧潭,小样西湖共宴赏,荷花晚日照红酣;

北,栝柏豫章森黛色,个中有柱可擎天,尽日凭栏为忧国;

上,俯看园林春万象,夜深引手抉天河,欲洗人间腥海浪;

下,踏月看花乘雪夜,政令天上玉为堂,只似水边茅作舍。

伏愿上梁之后,癯仙长健,俗客不来。卧人豪百尺楼,平吞湖海;劝梅花一杯酒,共保山林。断不连甲第于云霄,且预占午桥之风月。贤者乐此,何妨为横水孤舟;时则为之,也会作撑霄巨栋。称天此景,重地以人。希文已做,尧夫更为。尚期子以继承之事,韩公所无,乐天则有,记请身于强健之时。倘负此梅,有如皦日。

秋山上梁文　为谢飞卿作

云霄万里,未甘为求田问舍之谋;风雨数椽,聊以遂作室肯堂之志。讵敢谓千万间之突兀,亦幸免三十年之辛勤。此屋无华,其人或可。秋山主人,胸中丘壑,笔底葍畚。卧百尺楼,少亦有元龙之豪气;筑一区宅,吾将草子云之玄文。种孤梅于荆棘之丛,餐晚菊于烟霞之表。以浮云视不义之富,岂夸地上之流钱;谓黄金劣教子之经,自信书中之有屋。虽先人之庐,犹足以庇;然旧宅之嚣,不可以居。经之营之,不日成之;合矣完矣,曰苟美矣。暑轩凉而冬室燠,昼窗明而夜堂深,砌宜芝兰,园可花竹。绿水护田,青山排闼,地无一点之尘埃;碧桃种露,红杏栽云,春占四时之富贵。暇则整安石东山之屐,时乎得灵运西堂之诗。旁联花萼之新,不出枌榆之旧。插三万轴签于邺侯之架,且要有子读书;种五十亩秫于渊明之田,未尝无客饮酒。固已自滋兰九畹,也不妨植橘千头。烹羊炮羔以供岁时,弹琴著书以娱朝夕。境与人而俱胜,屋于我而有余。时未可为,姑且抱卧龙草庐之膝;

志如得遂，亦能容驷马高盖之车，修梁肇举于长虹，吉语式殚于贺燕。

东，宅枕秋山第一峰，安石会稽非素隐，苍生都寄此山中；

西，门外车多听马嘶，要识主人心地处，晚凉新月浸潭溪；

南，四里名冈意可探，自有睎颜真乐在，籯金积玉不渠贪；

北，万仞荷山呈翠色，夜深斗柄揭天寒，魁第一星光可摘；

上，从此肯堂基址壮，等闲跂翼接云飞，振起家声天所相；

下，玉树芝兰相照射，吾伊日听读书声，文脉要如前后谢。

上梁之后，萃一家之和气，衍五福之庆源。丹桂浮香，日熟义方之训；三槐骛荫，天开世德之符。姑少俟之，必有兴者。

《文山集》卷十七〔宋〕文天祥　撰

山中堂屋上梁文

戴符寻隐，久矣买山；潘岳奉亲，眆兹筑室。未说胸中之全屋，姑营面北之一堂。凡私计之绸缪，皆上恩之旁薄。自昔园林台馆之胜，难乎溪山泉石之全。琅琊两峰，似太行之盘谷；建阳九曲，类武陵之桃源。然而有窈而深者，无旷而夷；有清而厉者，无堆[1]而峭。所在罕并于四美，其间各擅于一长。而况索之于杖屦之余，去人远甚；未有纳之于户庭之近，奉亲居之。主人白发重闱，彩衣四世。出随园鹄，付轩冕于何心；归对林乌，觉箪瓢之有味。顷辟上游之丛翳，偶逢小隐之坡陀。江村八九家，得重洲小溪、澄潭浅渚之胜；山行六七里，有诡石怪木、奇卉美箭之饶。攀飞雪而窥空谾，度修芜而陟穹巇。云奔虎斗，根穴相呀；斗折蛇行，嵁岩差互。看辋川画，如登南垞，过华子冈；读黄溪诗，如上西山，至袁家渴[2]。其遐诡足以骋怀而游目，其深靓足以养道而栖真。自天作之，非人力也。未为仙翁释子之所物色，惟有樵童牧竖之相往来。偶然幻出种竹斋、见山堂，尚欲敞为拂云亭、澄虚阁。先生酒壶钓具，无日不来；夫人步舆轻轩，有时而至。

---

1 《路成文版》改为"雄"字。
2 《全宋文》作"渚"。

乃若波涛汹欸[1]，雪月纷披，烟雨吐吞，虹霞变现。将使山间四时之乐，尽为堂上百岁之娱。啜菽水尽其欢，先庐固在；得谖草植之背，别墅何妨。乃相南隅，乃规中奥。有护田一水，排闼两山之势；得栽芋百区，种鱼千里之基；问之阴阳，天与我时，地与我所；若有神物，水增而广，山增而高。不管相如四壁之萧条，且作乐天三间之潇洒。窗中列岫，庭际俯林。舍北生云，篱东出日。或积土室、编蓬户，或通竹溜、缚柴门。宛然林壑坻岛之中，更有花木楼台之意。眼前突兀见此屋，人生富贵须何时。苟美苟完，爱居爱处。讴吟月露，供燕喜之诗；判断烟霞，博平反之笑。何必瑶池、昆仑、阆风、玄圃，方是神仙；不须终南、太华、天台、赤城，亦云山水。被褐而环堵，却轨而杜门。弹琴以咏先王之风，高卧自谓羲皇之上。不知老将至，聊复得此生。今日幽居，便可号为秘书外监；他年全宅，亦无华于昌黎先生。小住郢斤，齐听巴唱。

东，红日照我茅屋东，绕尽湖阴桥上看，世间无水不流东；
南，说与山人住水南，江上梅花都自好，莫分枝北与枝南；
西，堤东千顷到堤西，往来各任行人意，湖水东流江水西；
北，浊酒一杯北窗北，白云去住总何心，或在山南或山北；
上，莫道青山在屋上，青山一叠又青山，有钱连屋青山上；
下，试看流水在屋下，他时戏彩画堂前，福禄来崇更来下。

伏愿上梁之后，千山欢喜，万竹平安。举寿觞，和慈颜，儿童稚齿，昆弟斑白；濯清泉，坐茂木，虎豹远迹，蛟龙遁藏。阴阳调而风雨时，神祇安而祖考乐。一新门户，永镇江山。

山中厅屋上梁文

舍一亩之白云，已开别业；屋四围之流水，更启前荣。发挥已定之规模，展拓方来之阀阅。有相之道，乃绩于成。主人未了书痴，颇有山癖。先人之敝庐在，苟安风雨之余；慈母以轻轩来，亦爱园林之近。顷属苍苔之地，昉营谖草之堂。虽环堵之间，粗云具体；然阎庐

---

[1] 原文为"欸"。

之制，未毕全功。相协厥居，聿来胥宇。阶阤所以行僎价，屏着所以肃宾嘉。不日成之，以时可矣。是用戒良梓，筮吉辰，萬蝀蝃于水端，架蜿蜒于云表。然后翼之以庑，承之以门，移石而立庭皋，通泉而周户外。清湍峻岭，为不断之藩垣；野草幽花，作自然之丹雘。老之将至，迄可小休，昔晦翁爱武夷而不能家，欧公卜颍水而非吾土。余何为者，乃幸得之。未问君王，便比赐鉴湖之宅；何须将相，方谋归绿野之堂。凡与同工，齐听善颂。

东，日光穿竹翠玲珑（坡）¹，茅屋柴门在半峰（荆），风袂欲挹浮丘翁（谷）；

南，水面沙边绿正涵（荆）²，道人为作小蒲庵（坡）³，山上仙风舞桧杉（坡）；

西，雨过横塘水满堤（丰⁴），渔蓑背雨向前溪（荆），水声秋碎入帘帏（丰）；

北，澄碧泓渟涵玉色（欧），夜深山月吐半璧（谷⁵），谁来共枕溪中石（坡⁶）；

上，乱峰深处开方丈（欧），风雨户牖当塞向（谷）⁷，五更晓色来书幌（坡）；

下，门前白练长江泻（坡⁸），鼓吹却入农桑社⁹（坡），翠浪舞翻红

1　此句源自苏舜钦诗《沧浪亭怀贯之》：秋色入林红黯淡，日光穿竹翠玲珑。非苏东坡句。苏舜钦（1008—1048年），北宋词人。
2　四库全书《临川文集》卷二十四、《王荆公诗注》卷三十六、《宋元诗会》卷二十八均载此句为"水向沙边绿半涵"。
3　无此诗句，仅查得"道人为作小圆庵"，见宋秦观《淮海集》卷十。
4　曾巩（1019—1083年），字子固，汉族，建昌军南丰（今江西省南丰县）人，后居临川，北宋散文家、史学家、政治家，世称南丰先生。
5　黄庭坚无此完整诗句。《山谷集外集》卷十二有"坐须山月吐半璧"诗句。查黄庶（1019—1058年），宋代，字亚夫，晚号青社。洪州分宁（今江西修水）人，黄庭坚父。北宋庆历二年（1042年）进士。其《伐檀集》卷上载"山月吐半璧"，疑山谷习而化之。
6　此句源于苏辙诗《郭祥正国博醉吟庵》：作诗饮酒聊复同，谁来共枕溪中石。见《栾城集》卷十。
7　"风雨户牖当塞向"，经核实为"风雪牖户当塞向"，出自黄庭坚《山谷内集诗注》卷十七。
8　此诗源于苏辙诗《次子瞻夜字韵作中秋对月二篇一以赠王郎二以寄子瞻》：城上青鬟四山合，门前白练长江泻。见《栾城集》卷十。
9　此句来自苏轼词《前调 - 密州上元》寂寞山城人老也，击鼓吹箫，乍入农桑社。见《御选历代诗余》卷三十九。

穮稄（坡）。

伏愿上梁之后，山辉川媚，神比天同。俾耆俾艾，俾炽俾昌，寿母多祉；爰居爰处，爰笑爰语，君子攸宁。自此定居，永为安宅。

代曾衢教秀峰上梁文

（居香城，初任衢教日，永新欧阳楚芳自其邑买见屋，除拆浮江而来）

儿郎伟！香城拔地，为庐陵之名山；大厦连云，新广文之甲第。结庐在人境，幽居近物情。窃以买宅买邻，元号千百万之价；有庐有屋，或待三十年之勤。未有不崇朝之间，而能使二美之具。谁为之地，乃有此奇。一片乾坤，澹庵先生之里；隔墙钟鼎，文昌兄弟之家。况方其何蕃之在齐，已有为戴公而起宅。至今日归之斯受，亦有数行乎其间。川浮陆运以无遗，水到渠成而甚易。移彼置此，换旧添新。疑半天之飞来。忽平地而卓起。寻引绳墨规矩，日用旧人丹臒；涂塈垣墉，特其余事。多助之至，不日而成。彼有室筑而道谋，此则事半而功倍。我府博才高一柱，胸洞八窗。太学馆中，飞黄腾去；大成殿下，释褐归来。安能郁郁居乎？是以汲汲如也。向时茶垒，曾写千万间之心，此日规模，便作十二楼之样。由柯山而径上，溯水[1]天而横飞。何官不为，余地甚绰。青山如许，聊且号工部草堂，绿野后来，以此为太祝厅事。辄陈韵语，共举修梁。

东，穹秀峥嵘华盖峰，卓笔云霄天下独，曹刘班马避词锋；
南，翡翠英中碧玉篸，一抹罘罳生画色，府中气象已潭潭；
西，邻有文昌瑞色齐，乃祖绍兴光价在，重嘘真气磔鲸鲵；
北，山腰带曳清江曲，沧江历历现双鱼，彷佛黄金系横玉；
上，一朵红云只寻大[2]，琼楼高处不胜寒，镠轳乾坤凌万象；
下，不是求田并问舍，要令突兀在眼前，俯拾八荒归广厦。

伏愿上梁之后，阀阅增高，室家向用。堂前龟鹤，亲见金桃。天上麒麟，联辉玉树。大耐官职，自立门庭。以无愧于前修，用永传于佳话。

---

1 《路成文版》为"水"字，四库版为"木"字。
2 《路成文版》为"丈"字。

《景定建康志》卷三十一〔宋〕周应合　撰

上梁文

伏以！此地百五十年，有两福星之临照；后天数十万载，同一北斗之瞻依。可无松桷之新，以寓俎豆之荐。矧踞虎蟠龙之形胜，有伟故都；而服牛乘马之转输，寔为重寄。于皇昭代，间生大儒。在治平则忠宣范公持籥节而来；于嘉定则文忠真公奉板舆而至。咨诹一道，先后同心。倚柳吟诗，念念群黎之休戚；发棠赈歉，熙熙九郡之歌谣。虽异时天下苍生，均蒙利泽；至今日江东遗老，尤慕高风。趾其堂则如见其人，怀其道不独祠其像。奉使总领提领运使大卿，礼乐肤使文章正宗。一则遐想于范模，一则亲传于衣钵。每于退食自公之暇，辄哦景行行止之诗，摩挲壁记之未漫，仿佛梧姿之如在。苍苔绿水，叹逼仄于旧祠；青户红窗，爰恢张于新址。式昭所敬，用妥厥灵。未须迎送有歌，如罗池之祀柳子厚；庶几饮食必祝，若潮人之事韩昌黎。肇举修梁，敬陈韵语。

东，日拥金盘上碧空，咫尺甘棠踪迹在，如亲霁月与春风；

西，贯索星沉太白低，廪廪胸中兵甲在，唤回前哲扫鲸鲵；

南，薰风昼永度晴岚，二老九京如可作，杯茶演易到芝函；

北，沙漠茫茫云似墨，风云天险界长江，千古丹忠思报国；

上，台斗森森罗一望，对越苍穹无愧心，仰止前贤皆好样；

下，燕雀争先来贺厦，东南学子皆瓣芗，如水朝宗长不舍。

伏愿上梁以后，道脉之寿无穷，人心之趋益正，须知参政宰相，元自此而推之。个般好样监司，深有望于来者。

《云峰集》卷六〔元〕胡炳文　撰

明经书院大成殿上梁文（至大庚戌十一月八日）

伏以！经从易画而后，百千世赖夫子之功时。自春秋至今三十二周庚戌之岁，塾序宫墙之有建，诗书礼乐以无穷，恭惟大道弥纶，至诚化育。有亲、有义、有别、有朋友，亭亭当当六经之中；合德、合明、合序、合鬼神，本本原原一贯之妙。无极两仪立，不言百物生。夏之时、韶之乐，独以语克己之贤；社之土、稷之谷，合无逾上丁之祭。盖出乎类，拔乎萃，自生民以来，未有盛者也。必有若能知圣人之为高；况过者化，存者神，与天地同流。岂小补之哉？非孟子谁发王道之为大，新渥颁九重之诏，大成加二字之封。海宇咸振文风，山林亦承德化。辟兹精舍，务在明经。堂殿巍巍，日瞻燕居之像；佩衿济济，人无鹄至之心。道体鸢鱼，文章虎凤。凡异日有成之造，皆昊天罔极之恩。兹因六伟歌，各述一经训。

东，《易》更四圣妙无穷，六爻定位分三极，万物先天起一中；

西，《书》从夫子摄其机，未说道中有升降，先从心上认危微；

南，《诗》是宣尼手自删，声气元从情性出，文章不落语言间；

北，《礼》书须要寻端的，《仪礼》为经《戴礼》传，节文之中有仪则；

上，《乐》在人心非绝响，无容桑濮侈音声，可复箫韶真气象；

下，《春秋》要在尊王者，王所为即天所为，身之也非假之也。

伏愿上梁之后，斯文之运天开，穷则变，变则通，通则久；为学之功日进，士希贤，贤希圣，圣希天。善治聿兴，真儒辈出。灏灏尔，噩噩尔，岂止用商周之书；荡荡乎，巍巍乎，皆可行尧舜之世。

《吾汶稿》卷七〔元〕王炎午　撰

延佑乙卯八月为族孙智则修居梁文

辋川之别墅成，既安大隐；河汾有先庐在，尚念初基。继述超乎常情，完美特其余事。兹惟某静安辞寡，敏练才多。综剧务而不见其劳，勤小物而非流于屑。直宜用世，而重出山。因辟地为城郭之依，乃随处成室家之美。声名日起，基业川增。门前车辙多公侯，堂上樽俎勤皂隶。家有俊子，馆有快婿，庭有佳客，塾有严师。倚竹而听弦歌，折花而共觞咏。平泉石、永宁画，胜兴何多；兰亭帖、善和书，传家如昨。顾方恸吹箎之无后，乃载歌弄璋之有诗。事之期于人不皆齐，贶之必於天独何审。是可占余庆之积，其能忘前人之勤？买宋季雅之新邻，虽费钱已百万计；荒苏子瞻之旧宅，盖去乡亦三十年。将以庇赖其后人，何可蹉跎于吾世。于是索筳篿而历吉，于是召梓匠而抡材。一念初回，百堵皆作。东阶之梁木无恙，物得其先；西楼之棣萼重辉，情深所寄。馔宾亲而前荣秩秩，庇寒畯而代舍重重。先祠之神气有归，群从之辉光相映。行登显仕，拥朱章而遂归荣；定有飞仙，歌黄竹以倡成相。群工并手，六伟齐声。

东，楼阁空明受两峰，一涧清泉流不尽，直须到海快朝宗；
南，古木千章雨露酣，长日熏风琴一操，时分吟思到晴岚；
西，邻墙万瓦碧参差，相看不但培桑梓，葛藟绵绵是本支；
北，万竹青青还旧色，他年定有凤凰栖，何须海上神仙宅；
上，万里清秋凝远望，白衣苍狗只须臾，阑干依旧环青嶂；
下，白云几度思亲舍，月明清梦绕城西，市声何似枌榆社。

伏愿上梁之后，风雨相安，江山有待，际春回于文运，行毡复于家声，僮仆欢迎，稚子候门，未许敛裳而返栗里；旗旄导前，骑卒拥后，伫看怀绥而归会稽。福禄绵绵，子孙世世。

本宅泸边起居梁文

天将兴王氏欤？宅气又一初之起；吾必在汶上矣，族居合三从之归。虽小人犹有阖庐，可吾世而忘故宇。缅惟先伯父讷斋先生，先父槐坡先生，派司空系，世长者称。文学为众之师，孝友成乡之族。爨同三世，将寻张公艺之风；裘敝四方，早慕陈龙川之志。时既乖乎分表，隐遂卜于泸边。相馈给则母力居多，董工役则儿痴是训。谓峻宇雕墙者国且戒，而荜门圭窦者儒之常。陈太守台已高，前修薄其夸世之见；杜少陵屋安在？后世修其庇寒之心。每念族里之无家，悉俾骈橑之有托。各得其所，乃葺吾庐。内严祖考之祠，外秩宾师之位。堂寝眠食计，必俭无华；庭荣揖让区，必宽无陋。斋听雨而二老语夜，楼待月而众宾谈秋。浓墨大书，弹压山川；长篇短咏，衣被花柳。乃崇先志，惟恐不时。不程中人之资，每取常收之半。寒者饥者病者逝者济涉者，当厄难居；衣之食之药之殡之方舟之，惟力是视。亦曰义而已矣，岂为天可必乎？巢等莺迁，运如蛰启。所欠孙嗣，于此而卜弄之璋，……于此而连荐之剡。不先不后，如种如收。怅……过之滨，乃一旦失肯堂之旧。充耳参元之阙才；惊心柴桑之灾，而守其里。既遇否斯有……乃因革而成鼎峙之规。栋楹藉宿种之余，……初营之底法。丈夫虽无事一室，然不能……宗子乃得承先祠。若不有先祠，何以子敢……废经营。惟阖门抚螽羽之蕃，故因地成兔窟之……侄而南道北道，兄弟而东头西头。或有委而去之，此则末如何已。尚期诸少，共听一言。裴楷营新居，揣伯氏意，奉之而不靳；卜式成先宅，悯少者狂，畀之而不休。此事吾情，他年古道。惟良辰之不早协，于暮景亦自怀疑。大方家见怜，昔恐舍一蜗而无措，小儿辈妄举，今乃梁六虹以齐升。众听无哗，我歌有伟。[1]

东，故宇秋风念我翁，气数后先如有约，桂花香里举双虹；
南，青嶂连云露湿蓝，山下泉流长绕舍，为添吾汶涨寒潭；
西，渔洲时共客留题，独倚西楼斜日外，书灯夜对月痕低；
北，白云空对参天柏，月明孤鹤夜归来，一笑儿孙今第宅；
上，风云催起龙门浪，功名老去付儿孙，好传宫锦新花样；
下，三更比屋书声亚，长年风雨安如山，却笑辋川图入画。

伏愿上梁之后，江山有相，祖考来宁。车同轨，书同文，行同伦，早观光于上国；子有亲，臣有义，幼有序，尚济美于一门。于前人光，自今日始。

《新安文献志》卷四十三〔元〕戴焴

明经书院上梁文

伏以！圣经如行天之日月，亘万古以光明；书堂辟胜地之山川，来群英而教育。此大学也，岂小补哉。盖吾儒之一脉，自羲农来；而斯文之元气，与天地并。或异端，或百家众技，匪仁义正大之涂；如功利，如记诵词章，乏道德深长之味。恐入于彼出于此，合揣其本澄

---

[1] ……为文字遗失。

其源,九流儒之最高;其书用之不弊,取之不竭,万物理之最大。惟经统之有宗,会之有原,浚昆仑之河而流长,垂中天之极而星拱。子史集皆其余耳,后今昔何以加诸。稽古圣贤之传,上下三千余载,惟兹文献之盛,本支四五百年,初中大唐取士之科,已扫西汉专门之习。功名几叶,必有先也;道义深根,惟其有之。亦既茂诗书之林,益将丽朋友之泽。当天下之混一,车同轨、书同文、行同伦;宜学者之众多,家有塾,党有庠,术有序。爰从两山之间创此,亦岂六艺之外求之。往哲有待于来今,春花须敛于秋实。天光半亩,源头之活水自来;云出太虚,雨后之青山更好。倘皆明胡氏体用之学,真不负文公父母之邦。立志要高,穷理要密。要屏除客气,要收敛放心;要通今而不流,要博古而不腐。要以醇古悫实之风而镇浮薄,要自高明正大之域而入奥深。要知之行之不在多言,要始是终是常如一日。必如是明经之志,幸有此读书之人。惟我提学,知州朝列;野水横舟,巨川作楫。朝行三十载,如今皂盖朱轓;人物六一翁,独未苍颜白发。极知簿书期会之末,无如礼乐教化之深。一念惟在斯民,真是拊我、畜我、顾我、复我;大书以集群彦,于焉饮之、食之、教之、诲之。而我书堂主人,安国材猷,传家诗礼。大丈夫肯为寻常事业,新精舍能立悠久规模。诚心自捐于膏田,扁额不忘于鼻祖。尊经为尚,诸子百家之不书,义学宏开,一株五桂之齐美。训养无远无近,经营必躬必亲。涉其流,探其原,采其实,咀其膏,传李氏读书之脉;中为堂,旁为斋,高为亭,深为室,仿武夷筑室之规。溪演迤以瀰澄,山回环而秀拔。千万间广厦能容多士,第一等好事肯让他人。方当云集于青衿,相与日研于黄卷。岂独抱遗经而究终始,俱期继绝学而开太平。气象一新,歌声六伟。

　　东,拓开芳躅旧家风,理义我心四书里,乾坤元气六经中;
　　西,须认明经是本题,历历群书探阃奥,明明万象问端倪;
　　南,六经实学匪虚谈,知仁勇须行者一,天地人可立为三;
　　北,六经毕竟先周易,至前梅放悟先天,水底月圆参太极;
　　上,诗文为末经为尚,周程道统接千龄,李杜文章光万丈;
　　下,玉归磨琢金归冶,造极其如古圣贤,明经方是真儒者。

伏愿上梁之后，人材日富，道化春长。集深衣大带以徐趋，言准绳，行规矩；明经义诸子之急务，小榱桷，大栋梁。收学问之奇功而归一原，提文章之正印以贻万世。于以彰六经四书有用之学，于以佐万国一统无穷之基。

（书院经至正壬辰兵火，国朝成化庚子云峰八世孙乡贡进士睿重建）

《傅与砺文集》卷十一〔元〕傅若金　撰

湖南郡学造大成殿上梁文

集大成而为圣人，经纶不朽；作前殿以居王者，构架维新。屹上栋下宇之规，仿左墉右平之制。潇湘改色，洙泗增波。恭惟大成至圣文宣王，道继三王，教垂万世。我闻在昔，修诗书礼乐之文；民到于今，识父子君臣之懿。惟其不见而章，不动而变；是以所过者化，所存者神。与天地以同流，沛江河其谁御？道之行，道之废，如用我其为东周；圣之清，圣之和，自生民未有夫子。在当时固隆于观感，迨后世益致其尊崇。矧庠序学校之兴，及闾巷宫都之广。维王国克生多士，允赖神休；故天子以至庶人，咸亲祀事。眷此邦，当鹑尾之次；原其先，始熊绎之封。自北而南，化者有如于时雨；瞻前忽后，皓乎莫尚于秋阳。因庙藏衣冠琴书，升堂闻金石丝竹。周邦虽旧，鲁殿独存。顿栋挠于震凌，寻土焦于煨烬。爰究爰度，宜新改作之图；来游来歌，毕相经营之力。故能百工具作，庶绩用成。阖户谓坤，辟户谓乾，取则合变通之妙；大木为㮨，细木为桷，抡材适位置之宜。于以称日星山龙藻火黼黻之文；于以容钟鼓管磬簠簋豆笾之器。墙高数仞，焕乎鸟革以翚飞，律正五音，展也金声而玉振。爰效閟宫之颂，用歌泮水之章。

梁之东，湘水攸同，如道斯行，其流靡穷；

梁之南，维岳岩岩，下民仰止，高明是监；

梁之西，有烨者奎，为天之章，式旋于题；

梁之北，星环于极，如彼众人，怀于有德；

梁之上，惟天荡荡，惟圣伊合，孰知其两[1]；

梁之下，有彝有罍，笾豆孔修，陈常时夏。

伏愿上梁之后，风雨攸除，神人以和。奕奕圣门，有百官之富、宗庙之美；洋洋吾道，如四时之行、日月之明。文教永昭，彝伦益厚。

《岘泉集》[2] 卷四〔明〕张宇初　撰

三清殿上梁文

伏以！三境神洲，珠黍现虚无之上界；五陵福地，宗坛开龙虎之名山。昨逢尘劫之推移，复睹龙虎之壮观。帝恩罔极，道化无方。钦惟皇帝陛下，乾坤同大，日月并明。经纶正始于万方，文轨会归于四海。丰功盛德，大成至治之基；圣子神孙，益广皇猷之永。玄门推重，华构维新。仰惟三清三境天尊虚无至真上帝，位三界之元尊，为万天之主宰。玄元始成文而有象，梵清景结气于无穷。紫检丹书，阐十极九霄之内典；金科玉律，衍七经八纬之文章。是龙文凤篆之彰，致虎卫鸾骖之会。象贝阙琳宫之邃仰，笋旋台蕊阁之雄瞻。不日而成，于斯为盛。再惟神乐观仙官，本宫住持提点傅，蓬阆仙姿，烟霞仪表。振青琐紫宸之步，领云门大濩之音。多贵达之经营，实山林之柱石。再惟道录司主领提点左演法尊师曹，黼黻文章，宰玄纲之枢辖，嘘呵风雨，握秘籍之机衡。日承宠锡之繁，深竭谋为之力。又惟住山提举李，玉韫山辉，珠藏渊润，探玄科于法海，辅教席于清都。暨总务之

1　《路成文版》记为"量"。
2　本文内容据《岘泉集》四卷采用。该文集由张宇初撰。四库全书全文载，同时《中华道藏》第二十六册道学论著第218—220页同载，正本出处《正统道藏——正一部》《岘泉集》卷六——青词斋意。
　　张宇初，字子璿，贵溪人，张道陵四十三世孙，洪武十年袭掌道教，永乐八年卒。《明史·方技传》附见其父《正常传》中，称其建文时尝坐不法夺印诰，成祖即位复之；又称其尝受道法于长春真人刘渊然，后与渊然不协，互相诋讦。其人品颇不纯粹，然其文章乃斐然可观。其中若《太极释》《先天图论》《河图原辨》《荀子辨》《阴符经》诸篇，皆有合于儒者之言。《问神》一篇，悉本程朱之理，未尝以云师、风伯荒怪之说张大其教。以视诵周、孔之书而混淆儒、墨之界者，实转为胜之。韩愈《送浮屠文畅序》称："人有儒名而墨行者，问其名则是。校其行则非。有墨名而儒行者，问其名则非，校其行则是。"

群才，及施金之多士。佳声俊望，尝光霁于明时；美誉芳馨，共清扬于化日。斯神道之设教，而风霆以流形。焕然绣柱雕甍，凌空耀日；伟矣彩楹绮户，拥雾回风。高明合景于始青，空洞混真于大赤。奇峰灵岫，俨蛟腾凤翥之仪；叠毂高幢，耸霞绕云蒸之势。宜万灵之环拱，实千载之宏规。爰举修梁，敬陈善颂。

　　梁之东，五云瑞气霭空蒙，日华烜耀金银阙，山岳交辉万寿崇；

　　梁之南，千峰万岫翠堆蓝，霓旌羽节浮空下，一黍高悬北面参；

　　梁之西，琼林瑶草白云齐，灵岩列秀青城表，万劫丹光接太微；

　　梁之北，象麓圆高天一色，汉坛玉局万灵尊，福著皇鳌朝万国；

　　梁之上，雾辇霞车鸾鹄仗，玉京缥缈太清家，神明区奥非无象；

　　梁之下，洞诀神经遵妙化，虚皇坛上月华圆，灵璈四拥真仙驾。

　　伏愿上梁之后，皇图益广，玄教增辉，四宇八荒均被涵濡之泽，群黎万姓，咸资清静之风。道域无穷，仙宗有永。

勅建祖师殿上梁文

　　伏以！炎汉教兴，龙虎乃神仙之官府；留侯系出，圭璋为世胄之典仪。凤崇天道之归，宁拒劫尘之换。人谋注久，帝力维新。钦惟皇帝陛下，九五开图，一元正统。宏模巨智，立皇极以建中；盛德丰功，总天官而授历。汤武之鸿基益振，汉唐之茂绩斯彰。怀禹贡以来庭，集虞韶而制礼。而储器正元良之望，兼亲王隆国社之安。宜华夷咸乐于雍熙，而道域特沾于殊渥。谋猷日广，柱石天开。恭惟祖师正一冲玄神化静应显祐真君，道尊玄省，教阐清都。神气风霆，实冠冕三山之重；簪裾剑佩，著源流奕世之宗。累敛福于邦民，是培芳于嗣胤。矧际天朝之优眷，顿宏神宇之雄瞻。千载洪规，一时壮观。再惟将相良才，阃垣英质，及四方之硕德，同一代之休光。斯道其有在焉，至神而无方也。六合天经而地纬，五城日烜以云从。尝驱龙吏，以运伟材；旋捧鹤书，而求碧瓦。奇木既成于月府，南金时至于云庭。紫府十二天，幻成蓬阆。瑶京三万户，移自方瀛。宛然贝阙丹台，廓矣蕊阶琼殿。凤麟洲渚，春融三岛而回；鸾鹄旌幢，乐彻九清而下。骈虹驾雾，耀电摩霄。非山川壮丽，无以表师相之尊；由地位高明，足冠人天之仰。故灵祇拱卫，风雷长挟于仙都；而珠璧鲜张，星汉上通于帝所。琼书琳札，惟许葛之可方。璧薤金茎，或茅丘之足拟。当披承四十三传，复建于千五百世。虽神运之有孚，亦地灵之所至。因时而就，不日而成。六伟敬陈，双梁用举。

梁之东，气分光岳道犹龙，春回历象朝暾丽，尽在春风长养中；

梁之南，尘湖高与华衡参，云旌雾节排¹空翠，日护长生白玉函；

梁之西，仙台岩岫与云齐，碧池琼树烟霞表，时有天书降紫泥；

梁之北，道祖飞神超莫测，缝衣鱼鬣俨层霄，汉家自古神明宅；

梁之上，列帝高居千仞广，灵璈时谒太清游，玉府枢机传世掌；

梁之下，虎卫龙翔罗凤驾，玉书光照五云中，亿劫空同非昼夜；

伏愿上梁之后，圣寿天长，皇图鼎盛。辅东储之光大，济寰宇之谧宁。勋名期将相于萧曹，家业冀士民于杨郭。福弥川海，玄风克振于丕基；德著璠玙，教脉益隆于震器。宗坛有永，道化无方。

三门上梁文

伏以！龙虎名山，着清虚之福地；凤麟别岛，开广大之法门。昨经离焰之灾，是复鼎新之建，道摸克显，神化用昭。仰惟三境高尊十方列圣祖师正一冲玄神化静应显祐真君，启正一之宗风，阐玄元之妙化。得山峙川流之形胜，弘天经地纬之规绳。宝诀琼文，衍千五百年之仙胄，珠宫贝阙，崇二十四治之神功。门通日月之往来，户象乾坤之阖辟。奂轮斯美，陟降是临。再惟住持提点神乐观仙官傅，北阙归来，领烟霞之旧席；东山燕息，衣雨露之殊恩。嘉焕号之显荣，实玄门之仪表。再惟住山提举尊师，玉质金声。上谒龙章之黼黻，明珠完璧，俨居鹤署之经纶。其赞画于大成，尚谋猷于有永。又惟道录提点尊师左演法曹，文史清襟，风霆伟度，宠锡金镛之重，恩覃宝阁之尊。尤匡赞于山林，是相成于栋宇。暨神宝之职司，及良工之才辖。丰功伟迹，宜光辅于玄枢；美擢佳声，共大赓于清选。惟人有物而有则，盖神无体以无方。赫然绮阁雕楹，排云拥雾；倐尔璇题壁绘，飞电腾

---

1 《四库全书》为"非才"二字，现根据《全宋文》改为排字。

空。琅璈协驾于霓旌，阁道降灵于羽节。琳峰琪树，蔼龙翔豹跃之姿；云珮霞裾，俨鹤伫鸾趍之步。斯百灵之拱卫，乃万姓之瞻依。快举双虹，特陈六律。

梁之东，日华朝耸海曒红，灵坛俨有风雷护，紫气浮关曙彩中；

梁之南，丹舆缝节下鸾骖，明庭远锡天香降，帝阙纶音耀宝缄；

梁之西，琼林爽气蔼岩霏，瑶坛夜烛丹光彻，金井灵泉咽紫微；

梁之北，蕊殿朱楹开瑞色，虚皇真境耸中天，琅函遍度群灵格；

梁之上，云汉昭回来彩仗，玉京缥缈五云浮，邦国鸿釐符有象；

梁之下，羽佩朝珂须并驾，玄风四海启民瞻，五福咸歌均圣化；

伏愿上梁之后，皇猷天广，玄德春辉。百福千祥，均戴陶镕之泽；五风十雨，悉皈覆育之中。道化丕彰，真风益振。

正堂上梁文

伏以！周穆建草楼，仙品位尊于上爵；汉高赐大第，邑封显著于列侯。由大教之始彰，得兹山之最胜，代思伟观，继作维新，耆山高士，早振玄纲，浡蒙天眘，演济世神明之化，袭传家静谧之宗。紫禁枫宸，累际天颜之优渥；琼函蕊笈，尝披秘典之精微。宿志有符，高风足挹，脱颖谓出群之骥，处锥犹履薄于冰。念报国之在躬，职勤颂祷；顾匡家之是任，意必恢弘。涵泳沧溟，究性命本源之学；菑畬渊海，探古今子史之言。千灯无处非禅，一尘忘言是道。炼已得丹中符火，康时犹掌上风霆。悦古多金石之文词，资学每缙绅之言论。丹青特胸中丘壑，毫墨乃笔下虬龙。居客盈门，家藏充栋。因悚王侯之爱敬，莫辞朝野之声华。词林错比于郑虔，册府敢追于张烈。富贵盖源流相续，谋谟在胸宇所钟。得失与时而盈虚，刚柔视易之终始。此非旷视于高明，是乃怡情于闲雅。言葺其宇，宁无穹檐广厦之足居；有悦乎心，别爱翠水丹崖之可鞠。信可乐也，其有待焉。况为留国之故基，永赖川灵之默相。幸成轮奂，喜就谋谟。仰惟圣丰洪恩，干庭大德，内缄之宠锡岁承。再惟玄门上宰，烈祖休光，殊泽之滋腴日至。惟尘湖峰，若帝座尊。其华山麓，如云屏秀，孰匪千生之庆，允祈百世之昌，清恬有契于辋川，锦绣何惭于金谷。游岩归隐，宁期高帝之招；于頔山居，不吝戴符之价。汀梅雪霁，览重洲远渚之衡湘；檐桂秋高，对绝巘层峦之嵩华。月露清华，云烟吞吐，总是诗情文思；波澜起伏，水木苍森，都存道味天机。送飞鸿、招黄鹄，写怀聊适于冰丝；锵羽佩度瑶笙，洗耳间闻于灵籁。曷儗追周柱下史，敢自谓羲皇上人。孰不云贤配之助多，其勿讶后昆之托晚。山川用回佳运，岁月允协良辰。且美且完，爰居爰处。必效南华经，肆奇言而道大；须如鹖冠子，栖深谷以书成。嘉猷远播于流芳，先范有光于前席。且桓荣藉稽古之力，故陆贽有克家之称。为我嗣焉，必吾志也。今则立柱迎霄，举梁耀日。众陈六伟之章，敢布一言自述。助为巴唱，以发郢欢。

梁之东，象山积翠日华中，此心莹彻如渊鉴，千古无传妙理同；

梁之南，尘湖高耸碧堆蓝，翠峰万叠争朝拱，奕世簪缨与并参；

梁之西，图书万卷照青藜，方瀛只许仙家住，一曲川流即剡溪；

梁之北，上界星河绕枢极，炉燻朝夕耿丹心，百代清芬戴君德；

梁之上，幻出仙都非罔象，云宫天阙望非遥，吾道虚空与同量；

梁之下，弦诵雍熙美朝夜，紫芝瑶草遍崆峒，琴书自足娱清暇。

伏愿上梁之后，皇图鼎盛，萱寿春荣，庆衍宗祧，福祉所绥之有永；寿绵家室，祯祥懋集之天来。瑶华茂兰玉之芳，神构冠宇寰之仰。束书云坞，其乐只于玄珠；授训雪庭，尚资崇于文宪。道隆川岳，德著璠玙。

后堂楼上梁文

伏以！地位清高，留国着仙家之第宅；天基广厚，汉坛开道统之谋谟。偶崇楼阁之瞻，适壮山川之观。皇恩罔极，祖泽弥深。耆山逸士，师友渊源，琴书兴味。风霆气脉，抱一极于黄中；海岳矜情，擅一丘于方内。许葛之玄踪莫继，班杨之儒雅益勤。怀帝握于宽闲，仰先猷于静谧。爰辑奂轮之美构，式符燕处之良辰。马周市宅，来栋宇于瀛洲；徐铉尽赀，易林丘于玄圃。训子尚容于晚节，馆甥允协于明时。言优片玉，何招议于郗超；义重千金，曷足惭于裴楷，松柏色辉于壁府，梗楠焕彩于丹丘，宛然芝馆薇垣，宜此雀屏雁币。花临绮席，阳回鹤圃之春；菊绽瑶阶；雨霁鹅池之月。飞云拥雾，丽日干霄。非溪山胜概，无以尽登览之雄；由图籍骈繁，是足极探研之用。故衣翩鹤氅，招杨许于三神；而曲度鸾笙，候佺期于八表。无偏无党，庶王道之可遵；有德有言其斯文之是重。高兴岂伦于庾亮，宏襟尚美于陈蕃。多懿范之匡维，亦忠诚之赞画。遂吾托矣，不日成之。快举双虹，用陈六伟。

梁之东，日华烜彩五云中，春回川岳和风动，佳气从今长郁葱；

梁之南，溪山列秀翠于蓝，地灵拱卫雄今古，凤翥蛟腾降旆骖；

梁之西，蓬岛瑶华接太微，天禄图书开璧府，神光五夜照青藜；

梁之北，山耸蔷薇戴留国，琪花琼树四时春，气势何须并秋色；

梁之上，烈祖休光垂上相，云霞星汉接空冥，孙枝世世居蓬阆；

梁之下，奎璧文章光照夜，继承端在振家声，清白应殊珠玉价。

伏愿上梁之后，睿算天齐，萱龄日永。家室遂燕安之乐，宗枝蕃嘉庆之祥。真风益振于熙朝，盛业远垂于名代。箕裘奕世，福祉千春。

《念菴文集》卷十八〔明〕罗洪先 撰

橙溪嘉会堂上梁文

伏以！无地起楼台，早慕莱公之事；散金与亲族，深惭疏傅之贤。虽阋门共爨，未能幸九世同居，可乐一新众宇，相与合欢。顾瞻盘谷之中，实据同江之上。橙溪汇碧，拗[1]岭环青。诸峰罗列似儿孙，可登高而作赋；三月烟飞着杨柳，足骋望以怡颜。登舟不减辋川，陟巘如游岳麓。门庭三五步，有田可耕，有水可渔；江村八九家，入山不深，入林不密。虽无嘉禾美卉之景，时闻行歌互答其间。惟兹地之效奇，未为人所物色。昔我祖也，见而悦之，山之下居焉，百有余岁矣。当其开荒三径，不过栖息一枝。瑞竹轩中，常有四时之色；鸣琴堂上，每高千古之心。盖啜菽饮水，亦自欣然。非离世乐道，不宜有此，是以后有兴者，咸谓天必报之。爰自高曾以来，世为清白之吏。银鱼墨绶，曾典边隅。象简金章，屡持宪节。惟念朝无幸位，故皆国尔忘家。

---

1 原文为"圳"。

日益有声，地不改辟。罗君章阶下，兰菊丛生；萧相国归来，垣屋不治。乡里称长者，可以货取乎。居第传子孙，至今存可也。门闾欲大，物数自更。时当革鼎晋升，岁转辛壬癸甲，殷邦嘉靖，惟十有三年春；洪范稽疑，卜三龟一习吉。营宫室先祠堂，已有栖神之所；合族属序昭穆，尚无趋礼之庭。吉日兮辰良，应时而事集。有力如虎，运斤成风。敢云肯构之材，聊毕结茅之愿，堂名嘉会，盖主就东阶，客就西阶，可以退让而成礼。亭匾俨思，必男正位外，女正位内，然后动静之有常。宫墙高不及肩，厅事仅容旋马，后世师吾俭得此亦过矣。先生自此升，于我何有哉。一亩之宫，环堵之室，君子之藏，待价有如此者。八荒为闼，天地为度，圣贤之广居，大道又何加焉？从此卧白云，招黄鹤，尽可徜徉；不待吟红药，对紫薇，始称贵达。古人有空中楼阁，今朝见壶里乾坤。但可避燥湿暑寒，不愿乎外；惟其涂墍茨丹雘，在后之人。凡我同盟，听吾善颂。

  东，同江江水接长空，流沫回澜观道术，他年用此洗群蒙；
  南，南山倒影入澄潭，深夜孤舟弄明月，鱼龙还起听清谈；
  西，橘刺藤梢路不迷，己买青山一片石，不须更问武陵溪；
  北，百丈崆峒攀不得，寄言猿鹤莫移文，山灵自此生颜色；
  上，万里云霄无碍障，凡事皆可对人言，此心本是如天样；
  下，风雨不来君莫讶，能令寒士足欢颜，还有万间之广厦。

伏愿上梁之后，地因人胜，天与我时。儒其躬、儒其子、儒其孙，一经之教，有所试矣；士之义、王之道、王之路，五福之锡，岂欺我哉。富贵福泽，将以厚吾生；长幼尊卑，谁与为不善。以嗣以续，有猷有为。问学者接踵而来，悔过者望庐而返。为子必孝，为臣必忠，不愧[1]居一峰先生之郡；以数则过，以时则可，尚思衍豫章夫子之传。

玄潭雪浪阁上梁文

  隔三千之弱水，空望云霞；拥十二之重楼，忽开雪浪。景非幻现，业以缘成。恭惟旌阳真人，立不易方，生而密契。守专一气，道超无

1　原文为"媿"。

始之先；忧切群蒙，口患有生之后。谓洪水猛兽，实邹轲之痛心；而沉玉负薪，乃汉皇之遗烈。教缘神道，身代天工。不嗟剑术之疏，自撰符命之秘。遂怜南方卑湿之地，蛇蛟结蟠；竟使西晋中衰之年，雨旸时若。仁施无告，功成不居。排阊阖而上征，绝天汉而径度。云窗月户杳，莫知其所之；桂殿竹宫，咸庶几其一遇。睹河洛而思禹，人有同心；迎猫虎以祈年，古多是礼。顾兹捍患，敢缺报章。芳草萋萋，徒悲遗迹。晨星落落，望若待时。偶众欲之乐趋，疑天从乎善愿。财多分有，役不久劳。净扫缁氛，聿兴玄宇。离地三丈许，已显楼台；去天尺五高，可轻谈笑。檐牙倚树，虬角如存。绿绮映山，炉烟未散。员颅方趾，谁非子晋之身；弄月吟风，莫误回公之姓。楼头黄鹤去不返，此日当还；槛外长江空自流，故人安在。尝闻五百名世，岂必尽属龙沙，但得一粒成丹，自合同登凤驭。抚轩槛而拍手，清浊两仪；掩户牖以潜居，升沉三界。破功名则波涛一瓠，识性命则瓦砾千金。朝北越，暮苍梧，吾亦寻真之过客；数落花，听啼鸟，后应吊古于斯文。暂将洞府之清歌，共对江山而答响。

　　东，曾驾飞虹入海空，坐看蓬莱几清浅，故乡桑柘递春风；

　　西，回首青山落日低，铁笛倚楼吹不断，几多尘梦自冥迷；

　　南，月在青天影在潭，记得褰裳曾宿处，夜深无语枕琅函；

　　北，怪石分刚见神力，从此山魈不敢过，年年风雨间荆棘；

　　上，斗牛紫气如龙状，莫道延津剑已飞，手中尚有青藜杖；

　　下，满岸雪花晴自洒，老蛟切莫作人来，神仙原是楼居者。

　　伏愿上梁之后，烟云作护，芝草长春。未须问百和九华之香，方宜作供；且共忆万遍千周之句，何以酬恩。鼎器须防，藩篱无障。杜旁门之他漏，封密室而苟完。南去北来心便休，念长途之何适；今是昨非迷未远，惜半世以空捐。倚栏杆自可点头，望天涯莫多下泪。振衣千仞，飘飘那复羡瀛洲；长啸一声，物物俱令归混沌。道场不动，祀典无穷。

秀川罗氏大时冈重建祠堂上梁文

　　伏以！圣人立庙，易申萃涣之文；大夫继宗，礼重始迁之祖。适丘墓者吊古，矧曰余所自生；得鱼鸟则祭先，可以人而弗逮。恭惟始祖大时府君，唐风末造，楚产先民。怀宝席珍，诸侯不干于闻达；运鹍梦蝶，大年得纵其逍遥。西水浒以聿来，去银塘之二舍。定方中而考室，隐戢村之一区。二世十三府君，里必择仁，家惟尚义。秀川桑梓，抱器犹仅于承祧。淮浦旌旗，朽贯尽倾于佐饷。三世十四府君，珪璋比介，兰茝含馨。壮志出尘，叹割疆于耶律；暮龄安土，笑返斾于陈桥。四世豪川府君，和感分荆，谊存鞾尊。让产收裕昆之益，克家广纳妇之谋。五世南塘府君，生有凤知，富而能训。谓诗书莫先善善，能孝谨故切亲亲。士可无田，捐乌陂岁之常稔；人当祭祖，发伊川心所未言。自兹以还，益昌而炽。即改邑而去，亦比屋可封。潜发启祥，扬右闾之高阀；克开布烈，振空谷之希声。考宣和之钟，久传大雅；入淳熙之谱，尽号良材。三年而大比上有司，一日而童子闻天下。金鱼垂绶，在馆阁为得人；皂盖引车，作郡邑者特众。若家称万石，兼腹笥五经，苦节不惑于仕夷，忠愤每形乎报主。世济厥美，家有其书。虽显晦之难齐，类华腴之足诵。未可更仆而屈指，孰非先人之一身。道与时隆，礼缘义起。正月之吉，国族聚斯，爰申如在之诚，用报无疆之惠。盖宋元明五百余岁，而衰临吉数十大家。鸡鸣咸兴，骏奔恐后。仪文久而大备，户庭至莫能容。群望克谐，更图倏集。美瑕丘其可乐，卜涧水之在东。食墨于龟，有葱其气。遂即九京之地，载新百世之祠。幸乡人归我田，喜工师得大木。练时日，物土方。象生存，为寝门，阶事可容其步武；辨内外，以藩卫，堵观不止于及肩。尊罍在荣，鼓钟于序。神龛祔位，俨乎常若有临；庖次斋庐，退而各得其所。至于世传重器，天锡祕文，各有攸司，存于庋阁。物具而遂苟合，山高为之益增。不日告成，疑降灵之默相；一阳来复，感茂对以反初。洪先窃愧寡闻，实陪末议。顾南山之雾，遗泽犹存；溯东塘之源，结邻甚迩。惟橙溪之开宇，始兰谷之避嚣。苦心已验于庭柯，瑞气尝符于轩竹。南交驰传，谁明匪石之心；广海参筹，不易饮泉之志。铜符入滇邑，丕显人文；象简靖徐戎，克明帝宪。或鼓琴而歌解愠，或挟册以动长安。施及菲才，亦沾余润。归田食力，颇堪版筑之劳；读礼覃思，习闻俎豆之事。爰述祖德，用续工歌。暂代言于梓人，未论相道；共欢谣于族党，且对儿嬉。

东，千峰罗列是崆峒，形似执笏趋晓日，色如弁立春风；

西，千古衣冠地不迷，植树不须王氏祝，遗碑常护宋人题；

南，千折纡萦秀水潭，采涧爱看苹叶翠，酿泉味比蜜脾甘；

北，千畦枫栻新田侧，已能作赋颂椒馨，便可躬耕将黍稷；

上，千年光景昭灵贶，福善从知庆有余，感神端合通无象；

下，千人旧福时当大，多聚图书谈古先，岂徒钟鼓分晨夜。

伏愿上梁之后，世思法祖，人有多男。行不负神明，孝亲敬长乃敢入；教可成子弟，歌诗习礼于其间。推爱己以爱人，欣戚必关于同姓；使享亲如享帝，夙夜无忝乎所生。咸增分篑之光，永善式闾之俗。远垂世范，大慰宗盟。

同江水次仓上梁文

野陈委积，实惟富国之藏；地利舟车，要在裕民之力。事有久而必复，费虽众而不劳。恭逢台省郡邑明公，惠众作新，典惟率旧。谓役民而转运，当权地以均输。稼穑实惟艰难，水陆可无会计。痛端蒙之入市，必诪幻于多门。纵逆挽以奉将，莫半偿其坐耗。继之信宿，益见沉浮。问籴而后时，固虞翔踊；权本于易手，更冒侵牟。对刻木而口期，持囊金而昼攫。欲除羡目，须绝弊源。爰下采于刍荛，肆交腾于剡牍。乃申上命，仍集众思。幸遂欲于天从，敢缓期于岁改。规画考夫古昔，拟议至于旬时。仿国初之成规，从水次之便计。不限以数，惟意所安。俾临流以据高，得豫储而待发。惟同江属六一之东境，在吉水为西北之下流。冠冕诗书，擅风声于半县，讴歌耕凿，受礼教于先民。合邻壤五八五九六十都之间，凡得金六千四百八十铢之重。或捐产以合美，或宣力以要成。剪荆棘而构梓材，接间阎而开邸阁。朴惟垩黝，谢辉映于丹青；尊比署居，俨纡徐于缭曲。赋几万石，人受一廛。虽斗粟其可容，不崇朝而即达。争趋负戴，聚舞旄倪。岂惟得百姓之欢心，实可垂百世之永利。左规右矩，子来咸属于工师；十雨五风，稚语忽传于里巷。暂停运斫，小试唱筹。

东，杨柳阴中尽短篷，旧日米船休借问，岸头已有长年公；

南，墨潭潭水接玄潭，此后长官清似水，市人有米莫相搀；

西，川原林麓互高低，催办不劳人吏下，家家春杵候鸣鸡；

北，司徒驻节章江侧，不兑吉安安福军，帐下黄头任相迫；

上，愿求明府青天样，朝廷恩德已难酬，宽租诏令何须仿；

下，江东米贱原无价，此处民淳官要知，不用笞鞭与呵骂。

伏愿上梁之后，年书大有，国运中兴。山谷不识衙前，粳稻常多垄上。春来江涨，官艘似发海陵潮；岁久林深，舆诵堪评汝南月。有神乡郡，且壮江山。

松原新居上梁文

伏以！仲蔚园居，睹蓬蒿之三径；渊明栗里纪岁月于再迁，岂为士而怀居？聊从吾之所好。石莲主人，才难适用，分甘退藏。尘网三十年，幸迷途之初觉；玉阶方寸地，笑春梦以何凭。请学老农，无逾我里。求田问舍，虽无温饱之心；剩水残山，偶有希奇之遇。思棠棣之室未远，顾桑梓之地可依。从者如归，卜之曰吉。盖南方卑湿，养生者之深虞，而厥土燥刚，堪舆家为称善。安犹置器，徙无出乡。蚁有移封，似欲善乎其后；雀能占岁，可以人而不如。伯夷树钦，伯夷筑钦，敢云廉士；鲍叔知我，鲍叔怜我，赖有故人。盘谷之车马频来，北山之猿鹤何怨。择风气，遗种类，敬遵考亭之言；相阴阳，观流泉，因识《豳风》之业。且人弃而我取，可朝耕而夕归。田家绝四邻，青山真如屋里；江村抱一曲，白鹤长傍人来。小子听沧浪之歌，清斯濯缨，浊斯濯足；白日到羲皇之上，饥来即饭，倦来即眠。门人勿谓墙卑，妇子率入室处。弟劝兄酬，及时为乐。鸡鸣犬吠，接境相闻。他日柳树五株，先生便堪作传；深春桃花夹岸，渔郎休更问津。任呼马与呼牛，能为鼠而为虎。万间寒士，付之奈何？一廛为民，得此亦过。苟饮水曲肱之可遂，即拱璧驷马以何加。占营室在中星，正维今夕；举大木呼邪浒，试听同声。

东，芸馆橙溪一径通，分付溪边旧桃李，春风原在满怀中；

西，楼头骋望众山齐，欲识主人凭几意，浮云更比曲阑低；

南，天畔晴峰染碧岚，莫拟虹桥接霄汉，十年早已谢朝簪；

北，红尘一骑来京国，偃武修文当盛时，直须击壤躬耕食；

上，明月清风任豪放，纵着羊裘把钓竿，江湖谁解干星象；

下，牙签万轴插高架，终岁如今学闭关，问奇载酒姑回驾。

伏愿上梁之后，丰年报国，多福宜家，群居者暗室无欺，外至者得门而入。户开亦开，户阖亦阖，善言无千里之违；道隆而隆，道污而污，正气塞两间之内，让耕让畔，里有仁风；学礼学诗，庭多暇日。空中楼阁，尧夫何意于品题，壁内经书，安国可传其删述。未遗善绪，益显文明。

石莲洞正学堂上梁文

依月岩而悟主静，元公诣无极之先；入云谷以结幽栖，朱子大斯文之绪。在百工术业，尚且贵于专精；矧千古心传，可无资于游息。莲洞主人，质非狂狷，窃慕中行。心泯怨尤，未缘上达。不遑宁处，冀获异闻。三人必求我师，四方不忘有事。徜徉五岳，涉猎百家。启石室之丹书，夜窥海月；挟秋风之白鹿，手抉星河。永托邻于太初，辞凿窍于混沌。思焉若起，近而易求。悔多闻之见欺，屏繁思而自守。地不爱宝，物有当机。偶逢岩洞之奇形，久秘荆榛于僻壤。未论太乙，身寄莲舟。空数三峰，花开玉井；行才逾里，望若层丘。金掌凌霄，沆瀣泫仙标之晴旭；碧涛翻海，珊瑚间鲛室之明珠。疑六丁雷斧之冥搜，俨九首天吴之呵卫。颇投夙好，遂罢远游。偕风咏于暮春，除茅塞于山径。辨种而艺木，已过十年；环堵以为宫，因周一亩。梅关待月，恍清明之在躬；竹披风，倏烦嚣之去体。始知枯槁寂寞，自与道谋；欲为砥砺切磋，当先默识。终焉之计，遂决于斯。乐矣何求，不知将老。愧逃名而未得，时好音之见怀。车辙频来，至无可避。户屦常满，多不能容。问俗使君，嗟其为异境；劝农明府，助之以结庐。捐俸为倡，累书相促，谓可借以养士，且有契于乐山。朴斫梓材，岂望工师之木；旁求版筑，敢云夫子之墙。不出户庭，可窥天地。皋比久撤，非好为师；盘辟远来，皆能助我。诗可言，礼可立，趋而过庭者咸有闻；念则圣，罔则狂，譬如覆篑也吾自往。睹浮云之出岫，今复何心；甘饮水以乐饥，于焉卒岁。过我门幸入我室，涂人谁非尧舜之归。读其书想见其人，此身如在羲皇之上。业传乎不朽，古之配两间者无多；道传于无言，事有旷百世而相感。适宗族乡邻之骈集，率门人小子以浩歌。暂息郢人之运斤，且听尧夫之《击壤》。

东，千峰深处号崆峒，若向广成求道脉，定教思虑莫憧憧；

南，秀岭层峦静与参，但愿文明启天下，岂妨高枕卧晴岚；

西，僻坞深林汇碧溪，爱惜涓涓常不舍，始知四海即涔蹄；

北，松杉影里藏阡陌，从此躬耕不出山，却向官租酬帝力；

上，秋阳皜皜无遮障，此是千年孔孟传，不用山天观易象；

下，六经诸子存高架，升堂欲辨异同间，只在此心诚与诈。

伏愿上梁之后，尘嚣不入，道气常存。答问向初平，一语胜十年之诵读；端坐如明道，四时对万物以静观。求州里蛮貊为可行，必视听动息之皆理。敬以修己，仁不让师。检名节以固藩篱，当使烟霞增气色；即辞章而为羔雉，莫教猿鹤漫移文。木石居，鹿豕游，终身与深山之野人无异；江湖身，庙廊志，诸生以名世之豪杰自期。世教少裨，山灵何幸。

大安重建祠堂上梁文

有开必先，得饮食犹当报本；凡性本善，履霜露谁无怆心。念银塘之丘木，枝柯实繁；顾马冻之风泉，派流益衍。情深追远，事合更新。虽卿以下必有圭田，久湮周制；然士之上皆可立庙，咸祖文公。恭惟大安新祠族尊主人，夙好诗书，孝先百行。素敦礼让，义重五宗。谨奠献以修诚，守祊祧而著代。君章擅湘中之誉，早播琳琅；仲素续道南之传，尚多逢掖。当二十九世之后，溯七百余年之间。凡继高、继曾、继祖、继祢之亲，其先后皆本乎一体；总历唐、历宋、历元、历明之久，合隐显而祔者几人。旧贯尚仍，丰仪曷称，谓据司马考图而陈设，何以执笾豆、谨周旋。乃召梓人画堵而纪纲，为之物土方、议远迩。盖大时冈之主，世世不迁；而延府君之神，洋洋作配。列楹非九筵之广，在其上在其左右者，但见廓其有容。陈庭无百物之将，交乎阶交乎堂室者，有以接而行事。秀川并美，自成韦曲之家；戡村未遥，实共高阳之里。凡居比屋，已快观瞻。矧在同宗，实均休戚。

睹骏奔之济济，咸思祖德之绳；歌麟趾之振振，益广孙谋之善。遗秉滞穗，千仓万箱，自此可赓周颂；四世三魁，九科七第，从兹丕振文风。春秋不忒于烝尝，月旦可评其人物。出必告，反必面，事死有如事生。敬所尊，爱所亲，善继而又善述。嘉靖三十岁，恭遇皇帝之真元，长幼数千人，同唱儿郎之六伟。

东，富田春水正溶溶，涓滴要知酬世泽，源流本自秀川中；
南，含风乔木影毵毵，爱惜当年培植意，奇材应与栋梁参；
西，官道翩翩信马蹄，指日高车来昼锦，更看阀阅古人齐；
北，马冻高坟兔山侧，歌声千里定相闻，且听嘏辞传祖德；
上，积善之家百祥降，夙夜毋令忝所生，此身要作将来样；
下，硕牲旨酒罗尊罍，须信有诚斯有神，由来一气相通也。

伏愿上梁之后，世承德泽，人有道容。衣冠满对越之庭，昭穆咸秉文之士。有苾其香，有椒其馨，燕享来崇于景福，如竹之苞，如松之茂，室家永协于祯祥。令闻斯皇，孝思无斁。

谌冈里社上梁文

衣食本三农，周室严岁蜡之礼；幽明同一理，高皇动里社之文。幸土物之顺成，敢怠豫于坛壝。恭惟谌冈里社，地因人胜，神以物灵。礼乐衣冠，振休闻于六族；雨旸寒燠，鼓生气于百昌。睹秀实之屡登，徯威惠于不替。一百八十余岁，弼成我朝之深仁；六十一都六图，窃擅吾邑之壮观。疆场无警，婚宦有成。一饭不忘恩，矧受瀼瀼之多福；箪食必斋祭，咸依奕奕之閟宫。虽奉守之至虔，顾居诸之云迈。天之将雨，土偶生嗟；日之方中，屋漏含愧。酬金助庙，尝闻汉帝之通诚；择豚祝田，每耻齐生之讥俭。祀必迎尸，像设适符于古礼；田为同井，禬禳因聚夫群情。栋梁再举，暂停郢凿之妙挥；少长聚观，共听幽歌之接响。

东，橙溪晓映海霞红，更道神童书院近，年年灯火竞春风；
南，烟火枫江似碧岚，趁墟日日闻市语，太平时日老还堪；
西，抡魁坊扁照谌陂，道上枫林足憩客，忠襄儒行尽题诗；
北，郁郁青松护仙国，登临遥望两山高，秧坑水绕谌冈侧；
上，福善由来天可谅，五农十雨报丰年，歌颂吾皇德难状；

下，仓中米贱常无价，瓦盆岁岁长儿孙，柳车竹炬来迎社。

伏愿上梁之后，稼穑惟宝，鸡犬不惊。五福锡民，饮食纵讴歌于日月；四时成岁，阴阳鲜愆伏于天和。乾鯸消鹬蚌之争，品藻起凤麟之望。

塘东一经堂上梁文

一经教子，韦贤嗣续多昌；万石名家，石奋声华益振。天心无改，物数当还。相作室之无难，知大贤之有后。恭惟主人，印山嫡裔，涧谷余风，昔日田园，已著半州之号。（是时秀川众盛，东西十里，仅容罗氏溪园。公稻租六十六万有奇，总罗氏百万有余，公当其半。时吉州供米不及三百万。其曰半州者，言罗氏租税有吉州民间岁入之半也。）同年科第，俱为连气之亲。三魁七第，累见蝉联；千里万家，独推贯朽。拥朱旛，张皂盖，光回梅岭之春；酌玉斝，贴金花，醉满琼林之宴。道津源启，亲接双峰；池草梦醒，相辉三谢。吴舫门前曾载月，京尘溪上几攒眉。世转沧桑，名流清简。最喜逍遥之后，仍为韦曲之家。虽业箕裘，无心轩冕。要观南海，岂因万贯缠腰；独占春风，不羡一枝寄足。挥金为乐，击鼓程功。看江上之万重，一新门户；卧人豪，于百尺，更起楼台。眼前突兀，唾手可成。窗外画图，从天而下。凭栏杆而咏白雪，是谁共和郢人歌；屹栋梁而干青霄，从此陋看扬子宅。野花闲草，莫笑乌衣；明月清风，还随绿酒。万桃原上春如许，燕雀归来；秀川桥下水仍流，蛟蛇蟠结。膏车兮秣马，从子何时；吉日兮良辰，同声善颂。

东，乳峰原识主人翁，寄语溪边旧桃李，好将颜色趁东风；
南，昔年旧馆竹毵毵，诗赋至今谁敌手，荡台犹自倚晴岚；
西，谁家鸡犬隔芳溪，尽道旧时歌舞地，闲云飞入画梁栖；
北，衣冠曾起同忧国，只今幸遇太平年，凤凰台上歌皇极；
上，阴晴反覆谁能量，福泽从来厚善人，云霄应满儿孙望；
下，满目桑麻迷蔓野，田蛙莫更乱啯啯，此地千年还燠下。

伏愿上梁之后，出门无碍，满屋皆春。饮食寿康，常似盘中乐土；岁时伏腊，何妨酒后高歌。牙签三万轴，衮衮公侯；玉京十二楼，堂堂人物。里仁成俗，野吠不惊。水增深，山增高，重睹溪园生色；天吾覆，地吾载，平吞湖海为家。

7.2 江西文集上梁文

本节主要收录《四库全书》未记录的部分江西文人所作上梁文，以及《四库全书》已载非江西籍却在江西工作或生活的部分文人上梁文。

延福宫修盖神御上梁文[1] 〔宋〕王安礼

儿郎伟！我国家膺期抚运，拓统开基。龟鼎受万年之符，图书膺上帝之佑。累朝继治，列圣重光，掩全盛于方初，享丕平于天下。今皇帝山河承祚，日月齐明。仁绍服以无疆，孝因心而不匮。修严时祀，祗事宗祧。嘉筵妥食于几筵，法曲象功于大乐。复兴原庙，环始祖之灵宫；仍奉睟容，馆禁庭之别殿。式瞻朔望，俨觌衣冠。兹择令辰，妥新宝构。宫占献吉，梓匠致勤。金钱悉出于水衡，工筑弗烦于外府。升虹梁之夭矫，攒藻棁之轮囷。宜罄欢谣，以资盛事。

儿郎伟！抛梁东，复道逶迤接汉宫。云出岱山农亩翠，日升旸谷海波红。

儿郎伟！抛梁西，洛水晴光饮彩霓。拂麻紫珠呈宝贡，交河文马献霜蹄。

儿郎伟！抛梁南，遥瞻双观郁耽耽。庆云来映重门九，灵岳闻呼万岁三。

儿郎伟！抛梁北，玉垒嵯峨邻北极。荣光遥起隔津河，威声远彻单于国。

儿郎伟！抛梁上，天宇澄明浮万象。灵车时顾閟宫来，霏香迎得云间仗。

儿郎伟！抛梁下，圣孝驰神动神化。宝地时瞻七佛光，瑶庭每候三清贺。

伏愿上梁之后，纷纶景贶，杂沓珍祥。社稷无疆，蒙祖宗之祐；圣明受祉，同天地之长。本支蕃衍，基祚隆昌。风雨弗愆，歆百神于

---

[1] 依据《全宋文》第83册，第171—172页，并根据《豫章丛书》集部一之《王魏公集》卷七校对。

玉币；粢盛无害，驾万室于仓箱。

筠州新堂上梁文[1]〔宋〕崔德符

郡城幽邃，介居吴楚之乡；台府深严，迥处江湖之胜。鼓角鸣于天上，幢盖出于云中。岂非阆苑之峰，恐是蓬山之岛。昔营道院，名擅江西。属屡易于岁时，莽空余于瓦砾。自我某官肃驱隼旆，雄绾虎符，下车而德洽化孚，期年而人和物遂。丹凤栖连枝之瑞，灵芝发甘露之祥。圜土一空，燕居多暇。爰瞻旧趾，大作新堂，焕然丹碧之开，宛若神仙之第。簪缨接袂，士女骈肩。不知经始之勤，愿助落成之喜。

抛梁东，人在丹霄紫府中，知有玉皇香案吏，诏书时下紫微宫；
抛梁西，层檐飞栱与云齐，犹恐双旌留不住，去骑骄马踏沙堤；
抛梁南，南山采翠入疏帘，公堂白日浑无事，但觉莲花漏水添；
抛梁北，一片连空烟瓦碧，幅巾道服上云林，使君自是浮丘伯；
抛梁上，万里锦联供一望，不须烟景入春风，自有云山开步障；
抛梁下，下看鹏骞与龙挂，水气昏昏浪贴空，云容淡淡天垂野。

伏愿上梁之后，官曹无事，上下相安，农亩有秋，公私皆足。遂革带刀之俗，永凝尽戟之香。犴狱无人，鞭笞不试。某官琴樽高兴，聊同方外之游；富贵长年，备享人间之福。与四民而共乐，均千里以同欢。

九江新居上梁文[2]〔宋〕周紫芝[3]

蓬壶三岛，无路能通；湓浦一江，携家可老。望庐山之面目，接富水之郊圻。漫盖三重之茅，聊作一区之宅。陵阳老子，泛然无定，老矣何为？似屋角之拙鸠，无枝栖宿；随沙头之乘雁，任意去留。念

---

1 依据四库全书本《五百家播芳大全文粹》卷九十二校对。
2 依据四库全书本《太仓稊米集》卷六十二校对。
3 周紫芝（1082—1155年），字少隐，号竹坡居士，宣城（今安徽宣城市）人，南宋文学家。宋高宗绍兴十二年，中进士。绍兴十七年（1147年），为右迪功郎敕令所删定官，历任枢密院编修官、右司员外郎。绍兴二十一年（1151年），出知兴国军（治今湖北阳新县），后退隐庐山。交游人物主要有李之仪、吕好问、吕本中、葛立方以及秦桧等，曾向秦桧父子献谀诗。约卒于绍兴末年。著有《太仓稊米集》《竹坡诗话》《竹坡词》。

人生初无几何，况吾年今已如此。烦君龟策，占我兔裘。得濂溪先生之故基，访香山居士之遗迹。黥布之英雄何在，梁公之忠义犹传。浇酒酹江，哦诗吊古。虽乘兴有时而出，亦倦游无事而归。玉轴临窗，邺侯之书可校；洼樽近席，漫郎之客宜招。已结云庵，犹怀旧国。昔因焚巢之旅，今作在家之僧。未尽百年，尚可遍游于岩壑；顺流五日，何妨归拜于松楸。不谓天心，偶如人意。当生生世世永无萍梗流转之忧，令子子孙孙常享国家平治之福。乃因令日，爰举修梁：

抛梁东，山气初分晓色中。我亦春来常早起，看花迎日弄新红。

抛梁南，门外疏帘卷翠岚。莫遣儿童来报客，老夫一枕睡方酣。

抛梁西，落日衔山稳杖藜。试问草堂寻去路，夕阳斜处是濂溪。

抛梁北，万里长江纪南国。使君肯借庾公楼，饱看两淮山一色。

抛梁上，庐阜山头聊北望。醉来几度落乌纱，目送飞鸿阅千嶂。

抛梁下，乐岁中田有庐舍。裹盐聊伴趁虚人，相逐官仓纳禾稼。

右，伏愿上梁之后，粟如水火，奴亦诗书。邻瓮酒香，知君家之可去；短檠灯暗，喜吾句之又成。孔丸兄不至绝交，管城子时求人室。洛凫飞鹭，同为笠泽之游；稚子老妻，共作鹿门之隐。

二妙堂上梁文[1] 〔宋〕周紫芝

西来千里，本是随缘；南畔一峰，偶然人意。爰因绝顶，旋结新亭。收翠阜于几席之间，把银涛于烟云之外。陵阳老子，静无他好，老见真情。自从童稚以来，便有山林之趣。临江卜宅，以遂安居；背郭成堂，更求胜地。大禹道九江而东下，匡君依五老以飞升。白练横江，青岑削玉。梦回枕上，卧听波声。醉后杯中，时浮山影；地兼二妙，世有几人？岂力所能，实天是与。既占星而作室，乃蠲日以架梁：

抛梁东，东望麻姑香霭中。辽海千年却归去，谁知去鹤是衰翁。

抛梁南，南斗傍边是翠岚。可怪暮鸦飞不到，直穿云汉上相参。

抛梁西，不见清涟落日低。却忆风流泉似玉，使君几度醉如泥。

抛梁北，雨暗波翻暮江黑。须臾风定月如钱，月共江光去无极。

---

1 依据四库全书本《太仓稊米集》卷六十二校对。

抛梁上，目送飞鸿依藤杖。望云归去宿空岩，看雪飞来没青嶂。

抛梁下，草色青青春可藉。趁花未落酒须携，莫待浓阴满桑柘。

伏愿上梁之后，国永休兵，家常有酒。骑款段马，渡水穿云；著接篱巾，栽花种竹。年年强健，事事清幽。但能粗了平生，不可更求分外。耄而学佛，仅同临老出家；穷且哦诗，岂忍因咽废食。

州治上梁文〔宋〕[1] 王洋

七闽粤壤，八郡名区，推樵水之上游，限长江之东境。连樯物货，引煮海之千艘；比屋诗书，列鸣弦之万室。独谯楼之未立，在体势以非宜。工不告劳，盖缵前修之绪；财非外取，尽掊经用之余。欲叙芳词，愿停鼙鼓：

抛梁东，焙土风烟杳霭中，邑入沧溟含瑞雪，声随雷鼓转春风；

抛梁西，峭石高峰耸碧梯，肠断行人山路滑，飞猿犹傍岭边啼；

抛梁南，路入长汀远翠岚，古佛千年常住世，喧轰钟鼓奉伽蓝；

抛梁北，路入圣朝无限域，莫夸宿处是江南，云际参天分黛色；

抛梁上，斗牛瑞气呈乾象，一卿二相更同时，可验台星分两两；

（原注：李纲、黄潜善同日拜相，黄潜善为户部尚书）

抛梁下，水接延津光照夜，春溪夹岸下长腰，秋日平田观穧稏。

伏愿上梁之后，兵戈永息，疫疠潜消。年年庆五谷丰登，日日闻满城欢笑。尔无虞而我无诈，邻邦之恶客相忘。田逊畔而渔逊隈，一境之善人是富。成上州之誉望，平尺水之风波。石辖中台，昭武兼昭文之盛；龙头榜眼，红榴呈红桂之祥。镇千里之生民，成一方之雅俗。

府第新居上梁文〔宋〕[2] 辛弃疾

百万买宅，千万买邻，人生孰若安居之乐。一年种谷，十年种木，君子常有静退之心。久矣倦游，于焉卜筑。稼轩居士，生长西北，仕宦东南；顷到郎星，继联卿月。两分帅阃，三驾使轺。不特风霜之手欲龟，

---

1 依据四库全书本《五百家播芳大全文粹》卷九十二校对。
2 依据四库全书本《五百家播芳大全文粹》卷九十三校对。

亦恐名利之发将鹤。欲得置锥之地，遂营环堵之宫。虽在城邑阛阓之中，实出车马嚣尘之外。青山居上，古木千章；白水田头，新河十顷。亦将东阡西陌，混渔樵以交欢；稚子家人，共团栾而一笑。梦寐少年之鞍马，沉酣古人之诗书。虽云富贵逼人，自觉林泉邀我。望物外逍遥之趣，吾亦爱吾庐；语人间奔竞之流，卿自用卿法。如扶修栋，庸庆抛梁。

抛梁东，坐看朝暾万丈红，直使便为江海客，也应忧国愿年丰；
抛梁西，万里江湖路欲迷，家本秦人真将种，不妨卖剑买锄犁；
抛梁南，小山排闼送晴岚，绕林乌鹊安枝后，一枕薰风睡正酣；
抛梁北，京路尘昏断消息，人生直合在长沙，欲击单于老无力；
抛梁上，虎豹九关名莫向，且须天女散天花，时至维摩小方丈；
抛梁下，鸡酒何时入邻舍，只今居士有新巢，要葺轩窗看多稼。

伏愿上梁之后，早收尘迹，自乐余年。鬼神呵禁不祥，伏腊倍承日给。坐多嘉客，日悦芳樽。

田心大宅上梁文[1]〔宋〕罗椅[2]

子云有宅，幸嗣守于一区；工艺同居，更远期于九世。惟方寸地，赖吾翁之积累；故三数椽，遂今日之经营。乃画其界限，以尊遗训之严；乃敞我室庐，以处同堂之众。将新燕厦，式举虹梁。恭维苍崖主人，少尝相作室之劳，晚薄遂题桥之愿。尊前巴月，照人甫上于金闺；门外无船，乘兴偶游于雪棹。未去了鱼凫之公案，且归访麟凤于家山。念先庐方四十年，而阖室今三百指，顾栋楹之腐墨者挠折者，乃纲纪而盈缩焉整顿焉。虽潭潭固非韩子之诗，而朗朗或似晋人之语。垝篾鼎立，阶砌星环。能为赋之，左顾吾之大弟；可言诗矣，右昭我之少

---

1 校对依据参考陶福覆，胡思敬原编《豫章丛书》集部六《涧谷集》三卷，P550-551．江西教育出版社，2004年11月第一版。
2 罗椅（1214—1277）字子远，庐陵（今江西古安）人。周密《癸辛杂识》续集卷上称他少年以诗名，高自标致，常以诗投后村（刘克庄），有"华裾客子袖文过"之句，知其为巨富家子。壮年留意功名，借径勇爵，捐金结客，尊饶双峰（鲁）为师，为饶氏高弟。以李之格荐，登贾似道门。久之，贾恶其不情，薄之，遂往维扬依赵月山（日起）。登丙辰（宝祐四年，1256年）第，以秉义郎换文林郎，为江陵教，又改潭州教。及宰赣之信丰，登籍为提辖榷货务。贾似道知其平生素诡诈，久而不迁。至度宗升遐，为台谏论罢而去。

公。儿趋学礼之庭，孙有读书之塾。仰高坚之卓，夫子之墙，毋赐之墙；察善利之间，伯夷所筑，非跖所筑。于以大溪园老子之门户，于以继印山世学之箕裘。自云孙而至耳孙，全家孝友；修天爵以从人爵，余事功名。合吾长幼之欢，助尔儿郎之伟：

东，云外青山是乳峰。拟向溪翁泉畔过，门庭依旧对金钟。

南，南邻宅舍倚晴岚。静听夜深弦诵处，吾伊声过竹毵毵。

西，三两亭台瞰小溪。莫话瞿塘并滟，叶舟方自险中归。

北，眉间边事谁知得？见说华明出蜀来，早去江头问消息。

上，一段义轮如火样。先生拟办徙居诗，好把雨来苏万象。

下，未说高门容驷马。室如或暗可欺乎，屋还有漏须知也。

伏愿上梁之后，心心仁宅，步步义门。龙光俨对于九重，鹏运齐看于万里。杂楠构栌根居楔，材惟宰相之登；桂椒梗梀枫柞樟，世有异人之出。当善居室，毋负肯堂。

郴州建学上梁文[1]〔宋〕吴镒[2]

国家右文，既同风于三代；郡邑建学，以流化于四方。洋洋弦诵之声，赫赫衣冠之治。维郴古郡，居楚上游，中州淑气之所钟，前辈巨公之继出，而泮宫陋甚，旁值城隅，穿堤临之，如在井底。文风为之不竞，士气勇于图新。爰有浮屠之宫，废于回禄之祸，溪山画列，栋宇烟消。天冥相于此邦，地乃归于吾党。弗疑弗卜，是度是迁。一毫靡赖于公家，众力自供十悉后。经营伊始，气象顿殊。郴州增道德之波，南斗避文星之焰。新田有苣，本邦家乐育之仁；泮水采芹，亦师帅承流之泽。诚诹吉旦，用举修梁。相是新宫，申之善颂。

上梁东，万国文明日丽空，圣泽也随皇化远，郴州日月舞雩风；

上梁西，此道真传绝径蹊，度索何年来异教，炎天今日破群迷；

---

1 依据《全宋文》第 257 册第 30—31 页校对。
2 吴镒（1174 年前后在世），字仲权。临川人，吴曾从弟。生卒年均不详，约宋孝宗淳熙初前后在世。隆兴（1164 年左右）进士。知义章县及武冈军，均有惠政。累官司封郎中，极言罢归。镒著有云岩集。又工词，有敬斋词一卷，《文献通考》传于世。

上梁南，荆楚多材自古谭，雾豹文章宜岭麓，风鹏程路略江潭；

上梁北，济济观光宾上国，文星环极尚贤时，瀚海无波稽古力；

上梁上，天衢头角桃花浪，此邦不是破天荒，曾出成通名宰相；

上梁下，山作剑攒江镜泻，等闲收拾入毫端，万顷波澜浮屈贾。

伏愿上梁之后，斯文大振，吾道有光，青衿无佻达之思，春风尽咏归之乐。藏修游息，唯圣人之门；切磋琢磨，皆君子之器。文章余事，造作者之户庭；富贵傥来，接亨衢之步武。

象山书院上梁文[1]〔宋〕袁甫

尽其心，知其性，见先生存养之在天；在则人，亡则天，岂后学讲明之无地。

郡庠三门上梁文[2]〔元〕刘埙[3]

州建南丰，教分东鲁。凝旒被衮，甫新礼殿容仪；列戟垂帘，未备庙门制度。今朝廷大兴于儒道，我郡国钦奉于德音。乃伉高闳，式严崇陛。军峰之山秀万仞，是开人文；泮宫之门辟三途，盖用王礼。璇题巍揭于绣刻，金铺奂映于朱扉。咨尔衿佩之英，勉旃庠序之教。升其堂，伏其几，徒以文言；由是路，入是门，须到圣处。请歌六韵，爰举双梁。

儿郎伟！抱梁东，檐映扶桑晓日红，万代帝王师圣道，际天薄海盛儒宫；

儿郎伟！抱梁西，笔架三峰碧汉齐，秀毓巨儒提正印，文章星斗至今辉；

儿郎伟！抱梁南，门当离位势尊严，巍巍衮冕王仪肃，岂比瞿昙

1　王立斌，吴国富，金来恩.象山书院志[M].江西人民出版社，2017年。依据《象山书院志》第30—31页校对。

2　李修生.全元文[M].江苏古籍出版社，1999年。依据《全元文》第10册第457~458页校对。根据内容初步判断该文写于元仁宗皇庆二年（1313年）重开科举考试之后，此时刘埙已有74岁，六年后，也即元仁宗延祐六年卒，享年80岁。

3　刘埙（1240—1319年），字起潜，号水云村。学者称水村先生。江西南丰人。南丰著名文人隐士刘镗之侄。宋末元初学者、诗人、评论家。

与老聃；

儿郎伟！抱梁北，九五飞龙新御极，紫霄丹诏下人间，吾道回春添气色；

儿郎伟！抱梁上，鳞瓦参差鸱尾壮，仲尼日月焕中天，照破群迷开治象；

儿郎伟！抱梁下，翠楣文砌光相射，宫墙环拱圣人尊，更看列棨森如画。

伏愿章缝星聚，弦诵春熙。进用则以尧舜君民为心，退隐则求孔颜师友之乐。六经之道垂世，天地长留；八柱之势如山，风雨不动。共惟元圣，大福斯文。

儒学藏书阁上梁文[1]〔元〕刘埙

我南丰天昌儒道，郡遇贤侯。每升堂想丝竹之音，聿尊至圣；爰建阁敞图书之府，永宝斯文。云近栋梁，星回签度。洪惟圣天子崇儒之世，适在明师帅流化之区。三年莅州，一意兴学。昔持宪按部，号活神明；今奉诏牧民，如慈父母。将还归于台阁，益崇饰于横宫。于是构元龙百尺之楼，于以聚邺侯三万之轴。郡博士竭蹶而董役，都料匠踊跃以告成。风露入窗，幻出广寒清都之境；云涛四面，宛在瀛洲方丈之间。盖将高藏群圣六籍之文，横陈诸子百家之作。可以滴露研朱而点勘，可以焚香闭合而绅思。读其书乎，事事遵先王之法；登斯楼也，人人称太守之功。敬颂虹梁，请停鼍鼓。

儿郎伟！抱梁东，海涌金轮晓色红，吾道方初如日出，倚需停午看当中；

儿郎伟！抱梁西，一山峭拔众山低，飞檐杰栋侵云碧，似与军峰秀色齐；

儿郎伟！抱梁南，芸香缃帙列牙签，自有泮宫才有此，金光夜夜照南潭；

---

1 依据《全元文》第10册第458页校对。根据内容初步判断该文写于元仁宗皇庆二年（1313年）重开科举考试之后，此时刘埙已有74岁。

儿郎伟！抱梁北，五色云中瞻紫极，太平天子正崇儒，诗书满架新南国；

儿郎伟！抱梁上，文章太守声名响，三年课最玺书来，一骑红尘催入相；

儿郎伟！抱梁下，楼头柳色森如画，楼中只著读书人，春游不比闲台榭。

伏愿经籍与日星齐寿，柱石如山岳不瑶。后学躋前辈以同升，各悟高明之趣；使君偕群僚而直上，早登清峻之班。一郡美谈，千年伟事。

安禅寺法堂上梁文[1]〔元〕刘埙

嘉禾大邦，禅邱古刹。诸天听法，龙象焕乎鼎新；群将抡材，虹霓偃然雄跨。与佛殿同时并建，看讲席即日宏开。繇鲁翁竖起铁脊梁，故地神涌出宝楼阁。善知识布施忼慨，七十年前壮观复还；禅和子赞叹喜欢，八百劫中福报无尽。好是五间七架，塔容万圣千贤。于此演大乘演上乘，令人识法眼识佛眼。临济喝德山棒，入门不怖不惊；迦叶笑阿难悲，上堂大彻大悟。敷扬六偈，传播十方。

儿郎伟！抱梁东，梵宫咫尺近槐宫，槐宫东去琳宫近，三教分张地势雄；

儿郎伟！抱梁西，云水村中路不迷，寿文堂畔一回首，见前诸佛证菩提；

儿郎伟！抱梁南，渺渺西江涌碧蓝，一口吸教江水尽，便将密意与君参；

儿郎伟！抱梁北，鲁山老子真奇特，虚空喝得殿堂成，笑倒释迦与弥勒；

儿郎伟！抱梁上，佛法原无多伎俩，上堂先认主人公，来底与他挥一棒；

儿郎伟！抱梁下，禅家不打光光乍，击大法鼓吹大蠃，看有何人来说话。

---

1 依据《全元文》第10册第459页校对。

大龙翔集庆寺正殿小上梁文[1]〔元〕虞集

伏以！龙光有赫，象教方兴。式严前殿之崇，祇奉祇园之胜。上栋下宇，方缔构于良工；细桷大宋，并具材于桢干。成规斯在，愿力维弘。伏愿天相圣心，佛加神运。百重阑楯，移来天上之慈云；万岁山河，永镇人间之福地。

大龙翔集庆寺正殿上梁文[2]〔元〕虞集

伏以！虎踞龙蟠，即渊潜之佳地；云兴雾瀚，建梵释之新宫。巍巍中正之居，赫赫大雄之座。钦惟钦天统圣至德诚功大文孝皇帝，惟天为大，如日之升。经纶既正于洪规，崇信不忘于愿力。美矣善矣，大成舜帝之箫韶；经之营之，匪为文王之台沼。我佛有护国救民之助，吾皇示报功崇德之心。黄金满布于祇园，华构上移于兜率。式崇大殿，爰举修梁。相我工人，陈兹善颂。

抛梁东，日上扶桑散曙红，鹿苑珠玑涵晓露，钟山草木动春风；
抛梁西，石城突兀护江堤，旧游曾见群龙舞，望幸犹闻六马嘶；
抛梁南，苍龙曾此卧江潭，风云会合千峰一，山谷传呼万岁三；
抛梁北，瞻望帝星临万国，山川谁为地东南，形势只如天咫尺；
抛梁上，白玉毫光千万丈，吾皇还似觉皇尊，龙象人天皆拱向；
抛梁下，亦有骈罗千万厦，弥天法雨本无私，满月明珠宁有价。

伏愿上梁之后，皇基巩固，绀宇尊高。纪亿万年，共祝圣神之寿；遍大千界，同沾殊妙之恩。万岁万岁万万岁。

吾殿小上梁文[3]〔元〕虞集

兜率化宫，移来地上。梵天新刹，示现人间。坐延众佛之临，殿有四阿之制。钩心斗角，先崇缔构之宜；审面饬材，已具经营之素。

---

1 依据《道园学古录》卷二十六校对。
2 依据《道园学古录》卷二十六校对。
3 依据《道园学古录》卷二十六校对。

式观地架，俨若天成。伏愿龙象翊扶，凤皇翔绕。丹青金碧，赫然佛日之辉，黼黻文章，永着皇风之盛。

吾殿上梁文[1]〔元〕虞集

伏以！浴日九渊，现祯符于钟阜；承天八柱，建名刹于冶城。爰开方广之筵，用祝周阿之殿。钦惟钦天统圣至德诚功大文孝皇帝，清明有铄，故旧不遗。鹭起星河，万斛彩舟之容与；凤归天阙，七重宝树之檀栾。凡辙迹之所临，宜珠光之共护。修梁肇举，善颂斯陈。

抛梁东，万丈红光接宝宫，古佛昔来龙绕座，高僧时谒锡飞空；

抛梁西，长安日近碧云齐，但依贝阙瞻龙象，即是鸾舆慰耄倪；

抛梁南，千年王气现优昙，浴龙池水皆功德，拥日山峰尽翠岚；

抛梁北，上意每怜江树碧，绀宫留镇国南门，华盖瞻依天北极；

抛梁上，紫盖红云春荡漾，举头见日庶民心，思佛思君同一想；

抛梁下，慈云恩雨均沾洒，三年以至万斯年，长乐升平承福嘏。

伏愿上梁之后，皇风远播，佛日同辉。四宇八荒，总被觉慈之化；亿灵万载，永歌帝力之加。万岁万岁万万岁。

吉水重建州治上梁文[2]〔元〕周闻孙[3]

文水澄清，见扶舆之钟毓；公堂高峙，耸大邑之观瞻。信朝国委寄之得人，知气数循环之有待。百年久废，一日重新。恭惟枢相副史大人，功在旂常，心存社稷。察院督事相公，谋参军国，道济经纶。兼文武之全才，政皆独决；操钧轴之大柄，勋与同升。雍容两府之间，凌厉九霄之上。集嘉谋于省院，禀成算于庙堂。当四方无虞之时，正庶务更张之日。况吉安之有吉水，素咏文献之邦；而州治之与州城，犹愧子男之国。必复旧署，以从民望。宜慎封守，以壮国威。厥今院曹长之临，皆体副相君之德。而

1　依据《道园学古录》卷二十六校对。
2　依据《全元文》第51册第156页校对。
3　周闻孙，字以立，庐陵（今江西吉安）人。元朝（1341年前后在世），举进士，会试中乙榜。

我二守州侯，祗承不怠，劳瘁居多。谓州不可以无城，而至于用民之力；谓民不可以重威，而至于竭己财。倡率及乎同僚，趋走偕乎橼属。吏知法守，民若子来。量事期而计徒庸，建城市而营宫室。三时不害，百堵皆兴。常怀忠于事上之心，深得悦以使人之道。黄帘缘幕，恍惊旧贯之复还；画戟清香，更觉宏规之相称。堂皇巩固，门庑端严。昔也六鳌，戴山灵而特出；今焉五凤，抗云表以齐飞。即看楼橹之排空，行见间阁之扑地。声扬阃外，喜动日边。楚宫之制得其时，大春秋之复古；梓人之道类于相，仰日月之如新。暂停馨鼓之声，共效儿觚之祝。群工有相，六伟俱成：

梁之东，巨镇巍峨百代宗。山号太平人共喜，台星今在五云中。

梁之西，鹭州一水接清溪。一道恩波枢相福，府中相望筑沙堤。

梁之南，山如文笔墨为潭。官府有人承密旨，中精耿耿要相参。

梁之北，此邦多士人中杰。风行水上水成文，五色判花书政绩。

梁之上，六龙整驾回天仗。上阶夜夜候星垣，大乙勾陈屹相向。

梁之下，百里雄洲有名社。车书六合愿清平，黎庶讴歌乐田野。

伏愿上梁之后，金汤益固，桴鼓不惊，居官者政简而刑清，在民者风淳而俗美。擎天八柱，有麒麟阁上之人；对日丹墀，皆龙虎榜中之士。民安国泰，海晏河清。

重建白鹭洲书院上梁文[1] 吉安知府罗京

伏以！心法肇唐虞，炳炳中天十六字；渊源溯洙泗，彬彬鲁国三千人。道启杏坛，宣微言于六籍，经传桂令，嗣巨业于千秋。爰有乾道祠官，本宏词而探濂洛。长沙酒政，受大易而澄宓姬。然宗风实辟于月岩，而化雨又博于徽国。由是西方美事，居然东鲁传人。吉安溯自理宗筑儒宫于鹭洲，时维山长抗讲席于鹅湖，用以声振鼓锺，薪传阙里，光凝典册，灯映华林。加之二水中分，玉笋临于江面，双江遥列，文笔峙于峰头。间气钟而材蔚鸾凤，共学多而理研龙马。斋庐秩秩，相将夏诵春弦；衿袪翩翩，恍入东胶西序。与狮峰鹿洞，竞鼓

---

[1] 依据高立人主编《白鹭书院志》，江西人民出版社，2008年9月，第172—173页校对，此篇断句笔者略有改动。

风声,当金竹墨池,历沿时代。不图寇寻戈戟,郡满荆榛,雷奔铜马之师,雨散石麟之彦。地非周道,而泉浸苞稂,路岂芜城,而塗胃野葛。碑横玉版,苔蠹籀文。人去吟溪,草余书带。昨年被命,忝守兹土之臣;暇日来游,临昔育才之地。白沙浪卷,客心增万古之悲;丹帙烽销,圣域晦三贤之绪。爰从今日,倍忆曩徽。自夫《易》传秘金凤之乡,《经》解进铜龙之殿。一峰两峰之教,直采灵诠,整庵念庵之宗,并传绝学。东廓发虔台之笥,雅会以惜阴名;南皋达心谷之函,宏文以慎独示。云霞馆里,校琅函而羽翼六经;雪浪阁中,珥彩笔而搜扬百代。先型遥集,六一与三五同揆;后觉咸宗,石屋共梅坡竞爽。且高山在仰,逝水不停。渺渺予僾,道何湮于芝检;郁郁兹土,化未达于崀陵。曷由治奏鸣弦,端在教先鼓箧。然而横经无地,怅群屐如晨星,复古何期,怖诗书为河汉。渚遵章水,本前太守之遗模,源溯姚江,又乡先生之过化。爰寻坠绪,慨慕久之,迨览名区,寂寥实甚。士安归矣,余之责夫?彼其浮慕仙璈,希聆梵唱。金布青鸳之座,聚支许而谈经;银铺黄鹤之楼,延偓佺而煮石。莫不花拈白社,芒跷云从,席拥朱陵,箨冠星聚。况复依然槐市,讵付劫灰,犹览松原,曷堪蔓草?与为二氏莲城丹灶宠之营,曷奉一编芝兰绛帷之设?即万竹宫之故地,拟负郭以一枝,对三峰之旧庐,复缘江而十亩。瑞烟山碧,开倬汉之朱堂;文縠江青,照陵虚之画栋。翚飞翼跂,拟咏斯干,白露苍葭,真成宛在。将升香以奉六君子,亦展翰而谱六先生。伏愿灵爽长凭,祯符效吉。士堪栖托,编玉字于兰函;学得师资,校竹书于松窗。尔乃彬彬儒行,蔚朴械之光风,总总民生,安轩臆之化日。型方训俗,兆端多士,弦歌待后守先,不坠斯文弓冶。谨告。

　　上梁东,地在螺川鹭渚中,东廓先生依霁月,西江弟子沐春风;
　　上梁西,天子曾将御笔题,螭角丹墙山雾合,虹楣彩柱水云齐;
　　上梁南,名齐鹿洞寿苍严,一枝江馆临芝盖,万轴云章储石函;
　　上梁北,干城吾道名儒力,录辑传心希圣贤,书成经世端皇极;
　　上梁上,晚月中天佳气象,直登尼父杏红坛,岂止元公春风帐;
　　上梁中,当今圣主振儒风,太平天子朝元日,五色云车驾六龙。

新修仁山白鹭书院上梁文 [1] 副贡萧兆柄庐陵

伏以！奎璧联辉，天耀文明之彩；贡章拱秀，地传钟毓之奇。萃兹十属英才，庇以千间广厦。缅维鹭院，久著螺川。江故相讲堂，文擅选青之胜；宋理宗御赐，额颁飞白之荣。六君子祠中，周邵张程朱合祀；诸大儒座上，欧罗杨邹聂并称。阁焕云章，凉燠冬炉夏扇；院勤月课，畋渔秋实春华。向因二水中分，遂以鹭洲为号；既乃一斋移建，在乎鹿苑之场。今昔是征，后先相合。兹者道脉启昌明之会，如日中天；人心兴鼓舞之机，望风此地。从隆庆寺基，而经营仍旧，视景贤书院，而恢复较先。谨诹龟吉于冬时，用告鸠工于夏屋。望雕梁而映日，凤起蛟腾；看画栋以连云，翚飞鸟革。爰仿美奂美轮之颂，偕吉人吉士以赓。

梁之上，星分翼轸昭明象，精芒直射斗牛墟，一道文光腾万丈；

梁之下，吉州风土多彬雅，堂盈结绶与弹冠，门列高车容驷马；

梁之东，青望青原在眼中，五贤会讲良知后，一郡蒸然道学风；

梁之西，相山书社有标题，诗人堂上公卿满，文节文忠名与齐；

梁之南，澄江堪驻使君骖，前贤心事明如月，往往循良此地谈；

梁之北，文山祠宇螺山侧，状元宰相更名贤，后起当师文信国。

伏愿上梁之后，德曜有辉，文星常焕。六一乡邦之盛，蓄道能文；三千讲席之徒，履仁通艺。公门桃李，翩翩金马署中；人镜芙蓉，在在玉蟾宫上。凌云攀月，验显达于连科；捧日擎天，卜端揆于硕辅。

濂溪书院上梁文　桑调元 [2]

桑调元，字伊佐，号弢甫，浙江钱塘人。从学于余姚人劳史（余山先生）。雍正十一年进士。授工部主事，旋引疾归。《清史稿》："调元主九江濂溪书院，构须友堂，祠余山先生，以著渊源有自。余山，史自号也。"

莲花峰下，文光映南斗之旁；枫叶江头，教泽播浔阳之派。盈虚有数，逢人杰以地灵；风月无边，宜夏弦而春诵。心乎书院事，等诸

1　依据高立人主编《白鹭书院志》，江西人民出版社，2008年9月，第174页校对，此篇断句略有改动。
2　李宁宁，黄林燕.《九江濂溪志》.江西人民出版社，2016年10月，第119页。

建学为。先手厥易通道，乃可立人之极。必根源之研究，惟光霁之昭临。溯昔贤程邵张朱，并衍元公之脉；相此地阴阳动静，浑如太极之岩。气毓扶舆，地当爽垲。山重水复，用择名区。月吉辰良，爰升高栋。喜藏修之得所，睹开继之有因。一为文人无足观，非美斯爱，爰斯传乃艺而已；行有余力则以学，惟直则公，公则溥其庶矣乎。云霞遂以蒸蔚，后学从兹兴矣。庭草于焉交翠，先贤实式凭之。

儿郎伟！抛梁东，窗草芊绵生意融。旸谷一轮晴日丽，扶桑万道曙霞红。

儿郎伟！抛梁西，澄潭霁月映玻璃。元辰翠岫云成盖，寒夕璇霄气吐霓。

儿郎伟！抛梁南，美满光风映彩岚。坤轴自应蟠道系，离垣岂止盛朝簪。

儿郎伟！抛梁北，九派文澜动江国。含宏灏气洒襟怀，耀远奎光拱辰极。

儿郎伟！抛梁上，莲峰高峻同瞻仰。眼睇乾坤意转舒，手扪日月神尤王。

儿郎伟！抛梁下，濂溪清沚长涵泻。培士林中大选抡，铸人炉里新陶冶。

伏愿文峰光丽，学海渊澄，万笏钟灵秀，出晞贤之士；千冠萃美醇，摅载道之文。寻旧绪于图书，斯为至矣；发新知于师友，不亦重乎！期浚导乎蒙泉，共昭宣夫圣蕴。

濂溪书院上梁文　郡斋士

伏以！道待人而后行，当明正统；党有庠而孙业，宜在西郊。侈轮奂之鼎新，觉宫室之益壮。用涓吉旦，肇举修梁。洪惟我宋文明之朝，实生濂溪贤哲之士。不由师授，探先天太极之精微；得自心传，蕴霁月光风之气象。弗除庭草，独爱池莲。明道得师，有吾与点也之意；伊川苦卓，犹子曰参乎之时。对羌君之名山，存先生之旧址。祠堂虽有，书院未兴。幸逢粉省之望郎，来作碧油之贤牧。主盟吾道，知化民成俗之方；振起斯文，建亲友隆师之地。垣墉作堵，匠石鸠工。

堂备七寻，应许渊骞之在寝；墙高数仞，肯使韩庄之倚门。顿还洙泗之遗风，永作浔阳之胜事。上栋下宇，方观不日而成；春涌夏弦，更喜如云之盛。好相儿郎之伟，同赓孺子之歌。

东，楼观岩峣气象雄。知是黉宫今创始，暮春同咏舞雩风。

南，《大学》《中庸》要饱参。悠久诚明存至理，须知太极自函三。

西，性学渊源赖指迷。从此四方承学士，道原正统属濂溪。

北，厦栋渠渠仍翼翼。来游衿佩得师资，端自贤侯谆诲力

上，宫室广居犹大壮。吟风弄月诵《通书》，此乐元来无尽藏。

下，负郭百间新学舍。文风济济士彬彬，服我史君能教化。

伏愿上梁之后，景行前哲，启迪后人。诗书礼乐之克勤，孝弟忠信之是讲。穷居里闬，悟正心诚意之端；达在朝廷，尽尊王庇民之业。无忘训诲，永戴循良。

按：文中有"对羌君之名山，存先生之旧址"，可知为江州濂溪书堂。"羌君"，即"匡君"，宋人避太祖赵匡胤讳而名匡山曰"羌山"。"幸逢粉省之望郎，来作碧油之贤牧"，亦与赵崇宪先任太府监丞、秘书郎、著作佐郎兼权考功郎官等职而知江州之仕履吻合。楼钥《答赵郎中崇意宪书》："蒙示谕濂溪书院，尤见政最之余，儒术润饰，甚休甚体。"亦称赵崇宪为郎中。"祠堂虽有，书院未兴"，亦与陈孔硕《濂溪书院记》"筑宫其上，为讲堂、塾序，庖厩咸备"之语合，故知此文为江州郡学之士因赵崇宪建濂溪书堂而作。[1]

御书门屋上梁文　　陈纬

伏以！剑佩铿锵，萃见濂溪之学；门闾高大，益昭云汉之章。非徒耀于众观，盖欲彰于君赐。于皇圣世，丕阐斯文。在新安则锡以紫阳之名，于南康则赐以白鹿之扁。于以觉人心而开天理，于以继绝学而兴太平。矧我元公，最先诸老，得抽关启钥之妙，斥同门异户之非。动而阳，静而阴，理明阖辟；及则贤，过则圣，人识指归。濯缨乎溢浦之滨，筑堂于莲峰之下。宛存旧址，独欠高闳。幸逢皇上之右文，

---

[1] 李宁宁，黄林燕《九江濂溪志》，江西人民出版社，2016年10月，第76页。此次引用断句略有改动。

每睹儒先之卫道。谏大夫为天启齿,庸新凤翥之华;明师帅兴学厉贤,特侈鸠工之助。鼎新轮奂,观改规模。御书揭而《通书》有光,屋极建而太极并立。巍巍乎宫墙数仞,洋洋乎宗庙百官。紫烟峰屹若在前,惟仁者静;景星湖泓然居左,乃圣之清。物与思以俱新,地因人而越胜。爱莲堂上,各求所学之精。翠草亭前,尽得其门而入。辄陈韵语,同举修梁。

儿郎伟！抛梁东,龙章新渥为元公。卜吉筑虹得天助,云开晴日上帘栊。

西,考亭伊洛出濂溪。诸贤会得图书意,孰谓斯文不在兹。

南,雨后前山觉胜蓝。寒雁又成书塔字,行观山色著青衫。

北,入门杰阁云霄逼。静中万物倚栏看,生意周流满三极。

上,此香一瓣谁皈向。乡坡郡帅有功多,会使斯堂成大壮。

下,朋来仰止如嵩华。入门志学便伊颜,尽为先生增道价。

伏愿上梁之后,皇猷天广,名教日尊。冠峨峨而圜门,屦沓沓而满户。伊颜志学,人皆入自得焉;尧舜君民,谁能出不由此！[1]

重建玉隆万寿宫上梁文〔明〕张位[2]

天作丹成,日月启三台之亮;地宏鼎构,乾坤大六合之春。万寿重隆,四方来贺。仰惟江西福主九州都仙神功妙济真君宝殿下:道高九御,德配三清。为古今民物之宗,作天地山川之主,宰宣异政,世立奇勋。鼎理阴阳,养就阳和之气,炉开造化,炼成化育之功。乃净乃明,丹点处岂但千金？惟忠惟孝,教思馀总皆八宝。伐蛟鼍而泯其迹,驱蛇孽而放之菹。剑上带锋,喷出龙泉飞白雪;柱头铸铁,镇宁洪省凛青霜。稳奠堪舆,坚同磐石。历代崇报功之典,英灵懋显绩之微。三十六宫,都是一盘春色;百千亿祀,期瞻万寿恩光。神应参三,运羁于数,宫墙菱旧,楼观靡新。虽拔宅以遐升,幸遗踪于故址。会丁鸿运,城拥龙沙;岁值千馀,谶符八百。志存恢复,幸有感于诸公;

---

[1] 李宁宁,黄林燕《九江濂溪志》,江西人民出版社,2016年10月,第96页。此次引用断句略有改动。

[2] 〔清〕金桂馨,漆逢源.万寿宫通志[M].江西人民出版社,2008年1月,第273~275页。

材展经纶；喜重新于三老。相土定方，爰考中天之日景；因时举事，载宣上苑之阳和。神契有归，仙宫再造。集公家之宝树以作栋梁，决宦海之洪涛而归材木。神力协于人力，化工纠作群工。不日观成，自天其佑。两廊拱斗，盛符台阁之资；四柱擎天，卓耸栋梁之望。宇揭翩翩鹤翼，玉色辉扬；瓦缝叠叠龙鳞，金光拌现。仰瞻红日，俯瞰清流。文明而紫凤呈祥，蔼著九苞瑞气；武靖而扬鹰献爪，凛张八索威风。气象改观，规模振旧。钟亮数声狮子吼，雷轰四海衮朝。陟降在兹，依然天上神仙府；福履绥只，允矣人间宰相家。桂斧暂停，且丽歌声于六纬；葵丹用献，愿符袷合于千祥。

梁之东，桃香浪暖起潜龙，春满皇都花绚锦，文明胜簇状元红；
梁之西，鸣岐彩凤复来仪，月桂秋香传万里，昆仑稳作上天梯；
梁之南，坎离既济露垂甘，虞弦两洽薰风调，万国咸熙舜日酣；
梁之北，炳耀斗牛光帝德，天枢稳奠圣明兴，柱石岩岩擎日月；
梁之上，飞龙在天垂古象，光连万国彩云腾，霖雨苍生符众望；
梁之下，玉烛长调春不夜，神功永奠物凝成，万里熙熙罩圣化。

伏愿上梁之后，八荒皆晓，万历长春。双凤来仪，重建九楼八阁；六鳌稳载，盛传奕叶万年。地维经络于南维，天柱高擎于砥柱。北宸飞渥，南海献潮。苍虬捧出宝珠来，星光灿灿；白鹤祥呈丹顶现，春色融融。翠柏甘棠后先一致，红桃紫李远近相辉。麒麟殿上烛高明，快啫西江福主，鸾凤坡前花拥道，咸瞻上界神仙，焕乎文物一新，锡尔麻祥百集。盈止宁止，大焉久焉。三辅表光，飞兆衔环之报；四民喜助，同膺种玉之荣。万寿万年，凯奏丰年之庆，而禾抽九穗，谶先白水；真人三清三宝，位崇大宝之隆，而槐植数株，颂美黄扉。元宰仁推麟趾，化广驺虞。良干有资，巩护厉北门之锁钥；维藩永固，森严肃南国之干城。从教金阙朝真，不必铜盘捧露。大展调元之手，而鼎构重华；宏宣济世之才，而丹台桦建。远有望，近有宗，胜越泰山荣巨镇；仰可观，俯可视，攸同嵩岳奠贞元。灵允柏台，香传桂子。

7.3　江西地方志上梁文

（1）嘉靖《南康县志》载《南康鼓楼上梁文》

南康鼓楼上梁文[1]〔宋〕王元渤

　　官府升平，重见规模之整顿；谯楼鼎创，共闻更点之分明。事系观瞻，人胥鼓舞。眷惟南野[2]小邑，实[3]据西江上流。衣冠文物之名区，财赋舟车之都会。四围川麓，涌为翠浪，流作玉虹；万户农桑，翻尽黄云，缲成白雪。地灵所属，人杰尤多。诗书接周濂溪、张横渠道学之源流，人物经苏翰林、陆学士名公之题品。九经堂有凤毛九子，簪缨代代流芳；八桂树应鹗荐八人，旗铃举举奏捷。嵩降衮衣之上相，胪传金榜之亚魁。较以他邦，盛哉兹邑。况驭宇据浮龟之势，而鼓楼真气象之雄。奈邻凶妄肆鸱张，致旧观转为乌有。物无终晦，有废则有兴；时既再来，不容于不举。翕若众工之集，依然百尺之高。吏民观听之如初，诏令颁宣之有地。历历山城更漏永，敢侔萍乡是好官员；沉沉村落鼓桴息，要使洛阳全无寇盗。虹梁上举，燕贺前陈。

　　东，独秀峰前杲日红，江谷穷阴皆铄退，苍生尽在照临中；
　　西，西山一塔与云齐，顶头谁挽天河水，尽洗兵尘无点飞；
　　南，章江之水碧于蓝，太守一从今去后，朝天愿早入台三；
　　北，九日山墟寄佳迹，百年之运一番新，此后岂无公衮出；
　　上，头边听得天鸡唱，诸贤攀桂不须梯，此去蟾宫无几丈；
　　下，万顷桑麻夹禾稼。十朝一雨五日[4]风，岁岁丰登乐闲暇。

　　伏愿上梁之后，朝清道泰，时和岁丰。公庭惟一日两衙，邻境无四郊多垒。日长漏永，千室鸣弦；夜静更明，五乡奠枕。水火盗贼之无作，士农工商之相安。欢声所在一同，好事于今沓至。一琴对一鹤，不妨傍人笑马骨之高；双剑夹双鱼，且为此邦应龙图之谶。时熙帝载，

1　依据明嘉靖三十四年《南康县志》，校以《南康县志》（康熙四十九年、乾隆十八年、同治十一年）三个版本。
2　此处野字原文为埜字，【集韵】野古作埜。以下同。
3　康熙版、乾隆版、同治版均为"寔"，意相通。
4　嘉靖版为"日"字，康熙版为"一"字。

敬亮天工。

（2）乾隆《南康县志》载《南康县学重建上梁文》

南康县学重建上梁文[1] 〔明〕倪民望　黄梅

叙人伦而建皇极，道在圣经；兴来学而崇先师，礼严王祀。庙貌状一方之行势，俎豆通万国之冠裳。运起人文，政关治体。鼎新革故，未须多士之请求；起废兴颓，斯固有司之首务。长吉山人，学非用世，误厕贤科；材不通时，谬膺民牧。顾兹冲邑，惟急簿书。尝惭俗衷[2]以自居，窃于化民而有意。思乐泮水，愿扬东鲁之休风；有俶閟宫，令约南州之佳气。实繁料理，为构材良。幸俞久[3]于当涂，更协恭于寮寀。财经公帑，事本人情。愧未信而劳民，喜不日而就绪。江山化日，属瘴疠之全消；桃李春风，正阳和之方泰。耸雕梁而柱国，捧画栋以擎天。文史生辉，士民有庆。敢谓斯文之有待，是为气化之当还。爰效三祝，以兆三元，载偿六丁而发六伟。修词爰笔，抛果上梁：

东，文水朝东万脉同，春浪碧桃花正煖[4]，一天雷雨起蛟龙；

西，无数青山作画围，庾岭喜传香信早，江南梅是百花魁；

南，崱嶷山涘月色含，风送鹔鹴怀好韵，半林桑子为分甘；

北，遥望三台云五色，熙宁相业发佳祥，九日山神招可得；

上，天边太乙分藜杖，文光透入广寒宫，嫦[5]娥更剪祥云样。

下，吟弄周台瞻过化，乾坤利器出锤炉，陶镕为起千金价。

伏愿[6]上梁之后，伦从制叙，道与时亨。鸟革翚飞，万里风云归吐纳；鹏抟豹变，千年豪杰际奇逢。士心竞化，文运丕隆。山增高而水增广，久惟数仞宫墙；远弥光而久弥章，具见一方文物。气郁鸿磐，

1　辑自清乾隆三十三年（1768年）《南康县志》卷十四艺文三十三，校以上海图书馆藏康熙四十九年（1710年）刻本《南康县志》，以下简称康熙版；并校以《路成文版》。
2　衷字在康熙版为"吏"。
3　久字在康熙版、《路成文版》为"允"。
4　煖字在康熙版、《路成文版》为"暖"。
5　嫦字在康熙四十九年刻本《南康县志》为"姮"。
6　伏愿在康熙版为伏以。

亿世钟簧歌帝德；名题雁塔，千秋桂子发天香。名世崛生，真儒间出。希圣希贤之接武，报功报德以无疆。万姓同欢，百禧锡极。

（3）乾隆《南康县志》卷十五艺文载《明伦堂上梁文》

明伦堂上梁文[1] 〔清〕黄志浩　司训雩水

洛水发天地之藏，彝伦叙而九畴演；历山赴风云之会，人伦察而五典惇。是以三代敷教，爰首伦常。汉唐论道，厥重学校。殿辟大成，衍帝师王佐之绪，犹水行地。堂开明伦，绎圣经贤传之训，如日中天。粤稽往哲，启迪来学。田师孟之义方，流光史册；蔡来仪之忠鲠，特祀庙廷。盖嶙峋之英，因时而发；抑磅礴之气，俟人而兴。为理学为经济，代不乏人；若鼎甲若元魁，今兹有待。

上梁东，独秀峰高[2]映日红，绣虎雕龙标锦灿，班班济济亮天工；
上梁南，南山耸翠碧天参，彩云遥悒[3]花生笔，策对胪传第及三；
上梁西，苍龙鼓浪奋云霓，才高倚马文名盛，翰苑争看御笔题；
上梁北，九日巍峨环翠黛，万仞宫墙起凤麟，直腾汉表嫦娥爱[4]；
上梁上，宝马腾骧高万丈，紫气凌霄横北斗，人文蔚起燕京朗；
上梁下，观澜东渡银河泻，黉宫钟鼓奏新声，一钓而连六鳌者。

伏愿上梁之后，多士胸韬龙豹，手握璇玑。处囊出颖，发挥皆济世丹铭；探骊得珠，剸割尽补天文石。云横雁翅，抟潦园九万之鹏；风健翎披，腾北海凌空之鹗。豫章之奎璧煌煌，鹿鸣秋晓；御府之花簪烨烨，马首春风。明伦即昼锦之堂，墀下接天丹桂；较书即石渠之阁，杖头入[5]夜青藜。茅茹连升扶泰运，金瓯应卜佐兴朝。天章云构，五色霞标。

1　辑自乾隆三十三年（1768年）《南康县志》卷十四艺文三十三，并校以《路成文版》。
2　康熙版为"高"字。乾隆版模糊不清。
3　原乾隆版比较模糊，参考《路成文版》修订。
4　原乾隆版比较模糊，参考《路成文版》修订。
5　"入"字在康熙四十九年刻本《南康县志》为"一"。

（4）乾隆《南康县志》卷十五艺文二十九载《重修大成殿上梁文》

重修大成殿上梁文[1]〔清〕宋玉朗　岁贡生　永丰

峻德开天，木铎弘宣乎盛代；执中绍圣，辟雍鼎建于清时。惟尼山启万世鸿蒙，久矣日星并丽；而洙泗为千秋海岱，壮哉云汉为昭。轮奂聿兴，人文蔚起。兹惟南野[2]奥区，实作西江都会。襟粤峤而带七闽，潮回千顷壮文澜。控荆楚而领豫章，水汇双江秀学海。山漫翠浪，环宝马以腾云；流作玉虹，并苍龙而喷雪。桃花春暖，偕芹藻以生香；芙蓉镜开，联璧水而绚彩。睹兹人杰，爰钟地灵。堂陈九经，合东壁图书而并焕；树珍八桂，集南宫冠履以咸升。当年闱苑名高，揽辔夹御堤之柳；他日鸾坡并占，联镳看上苑之花。远溯前代之隆，益兆熙朝之盛。巍科蚕掇于多士，风云偕奋夫群英。仰圣泽之丕光，蛟腾凤起；沾[3]神功之煦育，霞蔚云蒸。虽灵光岿然，馨香频荐于俎豆；而洪基弗展，缔造更扩其规模。乃筵金图，授梓虔诹以良日；载提玉斧，定位爰考夫中星。虹梁上升，邑士胥庆：

上梁东！翼翼双宫并岳嵩，千秋云汉同瞻仰，人文盛[4]在化成中；
上梁西！秀峰上与白云齐，文笔直挥天汉表，姓字争看雁塔题；
上梁南！至诚原与天地参，手辟鸿蒙分太极，阴阳合德并兼三；
上梁北！学海文山深莫测，章流万古碧悠悠，光涵日月照颜色；
上梁上！旭岭红轮高万丈，九天阊阖烂卿云，一代文明征有象；
上梁下！霓虹夭矫凭空驾，百尺层楼磐石巩，斗牛高映龙光射。[5]

伏愿上梁之后，山岳呈秀，川渎效灵。揽竹茂而松苞，榱桷常新；瞻鸟革而翚飞，栋梁如古。恍天梯自瑶空拥出，声谐礼乐三千；看鳌头从瀛海飞来，势壮河山百二。倘临雍而听雅奏，一新钟鼓之音；若

1　乾隆三十三年（1768年）《南康县志》，校以康熙四十九年《南康县志》、清道光三年刊本《南康县志》《路成文版》。
2　此处野字原文为埜字，【集韵】野古作埜。
3　沾字在康熙四十九年版《南康县志》为"沽"。
4　盛字在康熙四十九年版《南康县志》为"尽"。
5　乾隆版有遗漏，现据康熙版补充"上梁北"句至"斗牛高映龙光射"句。

入泮而扬休誉，久¹焕旗²鸾之色。遘兹奎缠烺耀，偕昆璧以腾辉；紫极峥嵘，同华嵩而并峙。自此华敷朴樕，导文光于四境八埏；秀发菁莪，敷雅化于千秋亿祀。升平忻遘，泰运益亨。³

（5）乾隆《南康县志》卷十六艺文二载《城隍庙上梁文》

城隍庙上梁文⁴〔清〕钱颀（庠士）

邑有城隍，主社稷山川之祀；神称显佑，操善恶彰瘅之权。故治世无间于幽明，而有司必虔于朔望。繄兹神庙，峙在东郊。创建者实惟郑尹，鼎新者厥有陈侯。然以规制未闳，观瞻弗壮。宰官慷慨而率先，士民踊跃而恐后。遂乃召司空，召司徒，大启尔宇；庶几雍在宫，肃在庙，寝成孔安。谨诹吉日，敢告上梁：

上梁东，章水潆回一望中，渡有蓝田人共济，迎恩车马快相逢；

上梁南，一点青峰透蔚蓝，最是薰风堪解愠，康衢华祝自今三；

上梁西，万家烟火与云齐，满城一派河阳色，知是梧桐借凤栖；

上梁北，羊岭嵯峨踞阨塞，巍巍古塔系苞桑，于万斯年真乐国；

上梁上，寒食清明春气爽，举头舜日际重华，一天膏露从空降；

上梁下，饶地春风吹绿野，年年方社报土功，永奠坤舆惟大厦。

伏愿上梁之后，镇抚一方，保釐万姓。箕风毕雨，均荷参天赞地之庥；称阜民安，潜消疫疠灾祲之变。瞻寝庙之巍峨，长乐太平胥安枕；望歌台之绰约，同游熙皡听吹《豳》。于是⁵虬檐现瑞，鸱尾效灵。烛影辉煌，炉烟缭绕。殿角钟铃宣畅遂，楼头弦管贺升平⁶。腾宝马兮跃苍龙，地灵人杰；襟蓉江兮枕旭岭，山高水长。

---

1 康熙版为"允"字。
2 康熙版为"旂"字。
3 乾隆版有遗漏，现据康熙版补充"伏愿上梁之后"句至"泰运益亨"句。另伏愿段文字位置据《路成文版》调整至上梁下文字后。
4 辑自乾隆三十三年（1768年）《南康县志》，校以康熙四十九年版《南康县志》。
5 乾隆版遗漏，现据康熙版补充"于是"。
6 乾隆版遗漏，现据康熙版补充"烛影辉煌"至"遂楼头弦管贺升平"句后二十二字。

（6）乾隆《南康县志》卷十六艺文三十二载《旭升书院上梁文》

旭升书院上梁文[1]〔清〕游绍安

书院之中，如石鼓、如岳麓、如鹿洞、如应天，亭亭天下者，固未可骤几；文章之士，如大士、如千子、如大力、如文止，轩轩人表者，岂不容更出。兹地山峦耸秀，水木含辉。爰构讲堂，爰推山长。巍峨门阙，造其庭然后升其阶；高峻垣墉，非斯人未易入斯室。豁达户牖，春可诵而夏可弦；冶铸英才，刚用仁而柔用义。隆文盛事，乐育宏规。选胜卜期，上梁喝彩：

抛梁东，秀山尖耸一枝[2]峰，笔高醮得天河水，翻起文澜百丈雄；
抛梁西，西偏地胍更希奇，千山万山来拱揖，定有国士造于斯；
抛梁南，南屏尊重尊潭潭，理学名儒大器识，相看此地出差参；
抛梁北，旭山一带寒铁色，夜气腾腾贯斗魁，状元他日常常得；
抛梁上，穷经穷到玄冥上，二十二史罗心胸，举头天外时一望；
抛梁下，章水纵横经北泻，中有文人如飞龙，随流直到章门化；
抛梁中，群英济济坐春风，冰壶玉衡悬西序，金钟大镛列罄宗。

伏愿上梁之后，倚天拔地，士皆梁栋之材；日异月新，文有堂星之气。自卑自迩，如切如磋。仁看御翰宸章，追踪四大书院；王宫帝宇，绍衣五代名家。按字酬金，问名纳赏。

（7）同治《大庾县志》卷二十艺文十六载《横浦桥上梁文》

横浦桥上梁文[3]〔清〕刘宽

伏以！通东西广名藩，大庾岭自来有路；当南北京孔道，横浦江岂可无桥？喜前张丞相之大功，至后张郡侯之悉备。所兴者利，况覆以亭。历世代而始万全，信非常事；亘古今而仅两见，夫岂偶然。

---

1 辑自乾隆三十三年（1768年）《南康县志》。
2 《路成文版》中"枝"为"棱"字。
3 辑自同治十三年（1874年）《大庾县志》卷二十艺文十六，同治七年（1868年）《南安府志》卷二十五艺文八。

日月增辉，乾坤改观。何幸南安小郡，遭逢东海大人。自圣贤门户中来，政皆王道；尽守令名分内事，德在人心。政以十一月十二月之余功，建此百千年百万年之永利。阻一水而隔越千里，人皆叹以为难；固两涯而高大五墩，公独视之若易。财非外取，虽税商实乃便商；力不能支，凡用役亦皆雇役。是以民不劳而官不费，信乎山增高而水增深。且自成化壬寅之前，至开元丙辰之后。石有逃当时之斧凿，悉就底平；路无碍今日之轮蹄，更何险阻。盛矣哉商贾番贡，诚然乎国计民庸。若济巨川，即商元老之舟楫；彼为小惠，匪郑大夫之乘舆。岂无神物护持，自有帝心简在。且看梁栋，俨然霄汉之飞腾；愿此恩波，永矣乾坤之悠久。暂停邪许，齐听伟歌。

　　东，东山山下水流通，神明太守恩波阔，浸灌人心一样同；
　　西，西华高与白云齐，凭谁磨取山头石，为把丰功次第题；
　　南，路当庾岭石岩岩，古人开凿今人继，宇宙流传作美谈；
　　北，金莲玉枕遥相接，金鳌祀典自年年，从此护持有神物；
　　上，大明日月文明象，岂无题柱汉相如，驷马高车恩旷荡；
　　下，一水滔滔无昼夜，谁识宣尼川上心，道源书院流余化。

伏愿上梁之后，鸿图巩固，鳌极奠安。皇帝恩光，跻尧舜雍熙之治；圣贤道学，壮周程过化之邦。此路此桥，亘今亘古。

（8）乾隆《会昌县志》卷二十五艺文十九载《重建丽谯楼上梁文》

重建丽谯楼上梁文[1]〔明〕欧阳德[2]

伏以！美轮美奂，会昌壮百里之规模；可兴可观，丽谯具四民之瞻仰。虽曰革故鼎新，亦际泰来否往。是用建楼，永安兹土。魏巍乎柱石之高，济济乎廊庙之具。檐楹耸目，假龙骨以为梁；榱桷垂红，僭鱼鳞而作瓦。启窗扉而四山排闼，开户牖而一水当门。天地位，万

---

[1] 辑自清乾隆十四年《会昌县志》。
[2] 欧阳德，字崇一，礼部尚书，谥文庄。明代江西泰和人。

物育,固系乎国家参赞之功;人心和,四时序,亦在乎守令抚养之善。祝雨顺风调于一邑,祈时雍岁稔于万年。聊为短引之申,用助抛梁之庆。六□[1]既举,四韵偶成。

梁之东,瑞金一水远朝宗,啼彻金鸡银漏永,扶桑树杪日头红;
梁之西,王母瑶池路不迷,闲卷朱帘看山色,无端诗景入新题;
梁之南,冠岭孤高拥翠岚,四壁弦歌勤夜诵,频听楼上鼓过三;
梁之北,明山高耸凝寒碧,居官但愿岁时丰,要使吾民沾德泽;
梁之上,列宿森罗应天象,乡间处处诵诗书,路道人人敦礼让;
梁之下,地位丰隆六鳌驾,居人藉此奠邦康,千载升平蒙德化。

伏愿上梁之后,城郭山林,男慕耕而女慕织;乡间里巷,老者安而少者怀。际偃武修文之世,喜歌衢击壤之年。更鼓分明,岂但居民知昼夜;漏筹伶俐,仅教商旅识天时。千载不磨,群黎有庆。

(9)同治《星子县志》卷十三艺文下八载《星子儒学上梁文》

星子儒学上梁文[2] 〔清〕彭梦祖

孔子为万世仁义道德之宗师,学校乃昭代造育英贤之重地。邑惟星渚,名著南疆。考卜启先,朝凤正离明之位;经纶恢此,日金谋震出之方。爰测土圭,遂获灵址。工师求大木,悉收梗楠杞梓之才;匠石削方员,上千台斗奎躔之象。敬涓吉旦,峻架首梁。五凤翼以周翔,双虹蟜而欲奋。宫墙数仞,俨尼山鸟革翚飞,弦诵千门应泗水。蛟腾龙起,二百年待开之奥壤;倏焉鼎重,斯文亿万载始构之宏基。伟矣泰光吾道,式陈嘉颂,久叶贞符。

梁之东,雉堞排云绕辰宫,奎聚辉辉迎晓日,文章东壁气如虹;
梁之西,金风飘拂桂花枝,庐峰兀兀联册府,飞腾便作月宫梯;
梁之南,朱明浮曜日光涵,玉涧盈盈作泮水,图南九万天风寒;
梁之北,五老岩嵘回地脉,黄堂耿耿德星明,直拱天枢分五色;

---

1 □为缺一字,疑为"伟"字。
2 辑自中国国家数字图书馆数字方志,清同治十年《星子县志》。

梁之上，牛女分躔悬纬象，多士衮衮闾阖开，气吐虹霓三万丈；

梁之下，山川攒结森图画，彭蠡汪汪光接天，多少蛟龙长鳞甲。

伏愿上梁之后，圣灵永奠，道脉增长。陶冶人文，冠裳鳞萃；结蟠秀气，佩组蝉联。储桢干宇宙之真材，作柱础明堂之大用。等乾坤而覆载，并庐蠡以高深。

（10）同治《玉山县志》卷九中艺文六十五载《上梁文》

上梁文[1]〔清〕武次韶（知玉山县事）

维皇帝御极之元年秋七月己酉朔越吉日壬申，移建学宫。先师大成殿于县署北，瑶柱星列，彩梁虹举，工役奋兴，士民和会。知玉山县事武次韶，谨以牲帛祇告于神祇而言曰：

伏以！砾镇为城，建学已昔；须江析治，释奠到今。拟上界之娜嬛，卅三天非无福地；寻东隅之瓴甋，五百载莫睹灵光。后既截以浚渠，前又临以睥睨。位置失所，朝代屡更。虽日月莫逾，岂因丘陵始峻。而茆芹攸献，未免堂序太偏。次韶承乏，下车蠲诚谒庙。仰惟至圣之德，安土能迁，俯察多士之情，见义必徙。特亲度址，云其吉焉。臧何事，稽疑得。所归者必大，县与槐根俱古，而千年乔木，留增翠于榱题；源从石罅潜通，而一脉灵滋，仵观澜于泮壁。盖人文无微不显，地气自朔而南，枕太甲之厓，则山能小鲁；面武安之绕带，则练可横吴。圣域即是贤关，门真管钥；道谋讵堪室筑，天辟宫墙。爰具役书，历申大宪。闻风鹄起，诹日鸠工。梗楠杞梓之材，晋无借楚；寝庑殿稬之制，宋不规唐。遂使左仁向圣，右义偕藏。峙中宫于斗极，乃合文川武乡廉泉让水，环正位于坤维。抗百尺之长虹，飞九成之壮彩。敢言善祷，用志景行。

梁之东，十二峰攒晓日中，岩潭神物今难隐，精作蛟螭气作虹；

梁之西，玉琊墩畔唱天鸡，唱彻扶桑观海曙，红光万里照崇墀；

梁之南，千溪奔赴大王潭，自是金沙江彩合，斯文有耀集祥昙；

1　辑自清同治十二年《玉山县志》。

梁之北，龙会山高联斗极，蜿蜒一气接三清，钟毓人文员赑力；

梁之上，此日天门开訦荡，斗垣即在斗山巅，朗朗人行星斗上；

梁之下，柱础云生青欲泻，千秋化雨及时心，触石犹然肤寸者。

伏愿上梁以后，春合舞而秋合声，叶上丁之丝竹；书在庠而礼在瞽，肃庚子之衣冠。入则沂水舞雩，横经可偕□耒；出则夏瑚殷琏，汝器定非凡材。岂但二詹之叔侄忠贞，二韩之兄弟理学。型式桑枌，亦且文定之宜；抚蜀□威，愍之安抚熙河。识达洙泗，川流有本。在性体勿失光明，教思无穷于祀典。尤宜爽垲，每念安身、安家、安国，圣人安自无不安；固知立德、立功、立言，师道立自无不立；毋祚两楹之奠，懋哉圭璧其贞；长依二曜之光，展矣豆笾有爽。[1]

（11）康熙《瑞金县志》载《明伦堂上梁文》

明伦堂上梁文[2] 吕若愚（越新昌知县）

伏以！地灵人杰，厥有明征；时至气从，遂成佳会。矧黉序为兆姓瞻依之地；而教化又有司职□之宜。当多士鼓气以扬眉，故小子承风而转□。

赣有佳邑，名曰瑞金。天锡祯祥，肇异于建名之始；世传版籍，传芳于奕世之余。宝盖峰高，朝日与霞光并丽；陆公泉洁，夜蟾同露气长清。山上读书，岩旧拥陈皇驾驻；台边行道，石时逢罗汉僧来。白简霜寒，曾凛蔡京之胆；穿庐日烈，已并常山之操。在昔有闻，于今何异？岂地脉盛衰之数，致人才今古之殊。若愚性本迂疏，资非特达，冒叨甲第，学愧春秋。出宰名邦，心劳抚字。政成余暇，文教兴思。既承师牧之司，敢委作兴之责。士而好我，举大计以相投；民不弃予，遵役书而自效。轮矣奂矣，经之营之。翼翼新门，雄□□千层而耀日；堂堂硕庙，架檐牙百丈以凌烟。秀水绕城，流翠挹芙蓉之色；奇峰□□，入黛浮石壁之光。非不知时诎而举赢，实所以助灵而毓秀。

---

1 本文中"□"为缺字，其余同。
2 辑自清康熙二十二年《瑞金县志》卷九艺文志十三。

时良日吉,天顺人和。选上虹梁,以待席堂校渠之用;聊倡斲削,用成工师大木之能。[1]

(12) 道光《贵溪县志》艺文志三十一之六载《县堂上梁文》

县堂上梁文[2] 〔明〕王增祐

伏以!洪都会府,乃天下大藩;广信贵溪,实天下名邑。居吴楚之中界,据鄱水之上流。山阜盘旋,真凤翥鸾翔之地;闾阎富庶,皆钟鸣鼎食之家。衣冠文物之繁华,商贾舟车之辐辏。东连江浙,南控瓯闽。千年形势之尊安,万古太平之气象。维地灵之如是,故人杰之尤多。吴武陵为翰林学士,声播唐朝;谢叠山为道学巨儒,名扬宋史。自兹以后,代之不乏人以科甲仕于朝者;布满华要,以文章显于仕者克著勋名。至若虎伏龙蟠,历代出神仙之侣;山鸣谷应,至今祀忠孝之神。慨观他邑之奇,不若此邦之盛。奈县堂之久敝,在体制之非宜。苟不新听治之规,何以为临民之所兹。惟大尹陈令公,天资浑厚,人品高明。翠竹碧梧,外著仪容之盛;冰壶秋月,内涵气宇之清。本为经济之大才,暂守弦歌之小邑。在惟二尹王、三尹王、四尹陆襟怀清雅,识量宽洪,观其为政之心,皆有爱民之实。宜即膺于剡荐,必无待于瓜期。是皆为国为民,故能同心同德。惟经营之有素,宜制度之非常。爰集良材,鼎新大厦。翕若众士之集,依然百尺之高。轮奂美哉,得近水向阳之基址;规模壮矣,竖顶天立地之栋梁。四时景物总堪夸,百里山川咸拱向。后枕峰峦之雄丽,前临溪水之萦回。居天下之广居,乐众人之同乐。德化宣扬之有所,吏民观听之如初。春日布和,堪种河阳之桃李;薰风解愠,宜弹单父之瑶琴。映秋空列宿之辉,心同皓洁;观东岭乔松之秀,节共坚贞。年年庆五谷之丰登,日日闻满城之欢笑。花村月上,不闻犬吠之声;绿野雨馀,常有农耕之喜。如斯佳政,共乐升平,某等恭遇明时,久叨治化。涵养乎政声之

---

[1] 本文中"□"为缺字,其余同。
[2] 辑自清道光四年《贵溪县志》。

下,从容乎仁寿之乡。快睹盛事之临,无任欢忻之至。辄陈喜颂,少助歌谣。

> 梁之东,琴堂新竖耸青空,晓起寅宾天上日,苍生尽在照临中;
> 梁之南,明月前溪照碧潭,要知为治多仁政,常有思波百里覃;
> 梁之西,秋来田野稻梁肥,村北村南无一事,含脯鼓腹乐雍熙;
> 梁之北,天下郎星光上国,贤哉今尹爱民深,到处謌谣颂清德;
> 梁之上,奎璧文星高万丈,儒生来岁擢高科,去作明时卿与相;
> 梁之下,治政琴堂有声价,他时廊庙定高迁,天下苍生蒙德化。

(13)康熙《新城县志》艺文志卷十三载《重修明伦堂上梁文》

重修明伦堂上梁文[1]〔清〕张新(新城县知县江苏太仓)[2]

伏以!奎躔启曜,重开璧水之光;斗极呈祥,式睹□堂之丽。文于兹在,惟饰惟虔;民具尔瞻,必高必广。昔鲁著閟宫之颂,岂旧贯可仍;暨汉侈桥门之观,其弘规足想。盖地灵人杰,机有相因而革故鼎新,事非得已。粤自营□开国,表海多才,以至桓景成台,逸群饶骏。河环西北,远出珠泉。山耸东南,近瞻铁岭。黉宫肇建百年,礼乐由兴,云路弘□。今日科名独盛,顾物久则敝,慨大厦之难支;亦时至当更,会肯堂之有待。岂容首善之地,不为再造之图。忻惟博士先生,席珍济水,振铎桓庠。洒翰神流,雅称□比。自拥横经,颐解何惭。绛帐高施,方开函丈而来;疏附之亲,复睹危墉而。切漂摇之惧,乃谋多士,告之有司,因请赈锾于当道。诸公又捐义赀于缙绅,群彦董作则委之贤慕。度材更选,诸工师陶以□□方圆合范。裁之律尺,巨细中绳,月维庚辰日□乙巳。鬼谋叶吉,人力齐同。栋比明堂,忽睹龙腾霄汉;梁规清庙,恍疑虹见天衢。美哉轮,美哉奂。尧文羲画相宣,弦于斯诵于斯,点瑟回琴交应。儒林生色,借翰墨以摛辞;闾井腾欢,指郢斤而合赞。

---

1 辑自清康熙三十二年《新城县志》卷十三艺文十七。
2 新城县即现在的抚州市黎川县。原有二篇上梁文,其中一篇模糊不清,暂不记录。

东,臣鳌驾海气成虹,晓日曈昽珠捧出,满门桃李笑春风;
西,昆仑高处与天齐,自从星宿归溟渤,银汉遥连直贯霓;
南,月照沧溟珠在颔,由来稷下多才辨,任尔雕龙自剧谈;
北,云护台阶长五色,须知移斗可成文,献上金门好华国;
上,天门高揭黄金榜,大块文章日月悬,胪传静听名三唱;
下,渥洼汗血真龙亚,万里秋风蹀躞轻,一时长尽金台价。

伏愿上梁之后,学与日新,道随时泰。席斯及矣,叩函在兹;堂既升焉,入室何远?步亦步,趋亦趋,均纳于规矩准绳之内;模必模,范必范,同归于礼乐法度之中。师道立,则善人多抠衣而来,奕奕乎壁光珠映;国运昌,而贤才出拔茅以进,跄跄乎凤起蛟腾。式廓是增,文星同福星,并照幅帱,无改道脉,与国脉长存。[1]

(14) 丰城市《杜市镇志》载上梁习俗

随着改革开放农村经济的发展,农民生活改善,很多农民建造新房,多为两三层新式楼房,也有建老式砖木房。老式民房多为木柱和木梁架组合的框架结构,房四周砌砖,房中用木板隔间。这种民房最大的特点是榫卯结合,穿枋联接,能承受地震、大风冲击,墙倒屋不塌。一幢屋一般用16根屋柱组成,一厅四间一拖厨。房屋两边砖墙高出屋脊,叫"'山'字屋防火挡火墙"。民间建造房屋,无不视为一件大喜事。届时,要择好吉日,请风水先生定向,再由石匠按方位破土,木匠锯梁定材。到新房墙和柱架完成时,再选择黄道吉日举行上梁仪式。

上梁之日确定后,房主发出请柬给亲朋好友,请他们来吃"上梁酒"。客人们得到请柬后,多会各备礼品,如镜匾、喜帐、对联、香烟、座钟等,届时赴宴。房主在上梁前要用红纸写好"紫微驾临"四字,新屋柱上要写"竖柱欣逢黄道日,上梁正遇紫微星"。此俗的来源据说还与乾隆皇帝有关:乾隆皇帝巡视江南时,微服来到一户做新房的人家,喝了上梁酒。后来有人偶然间发现这位来客的长衫里显出

---

[1] 本文中"□"为缺字,其余同。

了龙袍一角,才知道是当今皇帝,皇帝是紫微星,从此才有了那副对联,以取吉祥之意。木工还要用朱砂在新梁上画"太极图",用红布包住主梁中腰。

上梁时辰定于上午或下午举行,一般是上午 8 时或傍晚时分。仪式为:先放鞭炮,吹唢呐,敲大锣,接着户主领着儿子,手执焚香去接梁,木工要把梁安放到栋柱顶上,手提雄鸡和酒壶喝彩祭梁。唱词曰:"伏以,手提金鸡毛灿烂,金鸡生在凤凰山,凤凰山上凤朝阳,金造门来银造梁。金门银梁色色新,金光闪闪耀门庭。打开鸡冠取宝血,一祭天,二祭地,三祭师傅鲁班艺,四祭午天分长短,五祭曲尺关四方,六祭凿子铁杆响叮当,七祭泥架泥刀二面光。天地师傅都祭了,鲁班弟子祭门梁:一祭梁头,万里红朝;二祭梁肚,国强家富;三祭梁腰,角带飘飘;四祭中央太极图,太极图上出彭祖;彭祖寿高八百八,贤东人财代代发;彭祖寿高九百九,贤东富裕代代有。门梁都祭了,祭了门梁祭石磉;一祭东,孔明才能显东风;二祭西,屋檐出水有高低;三祭南,东家弟子读书中状元;四祭北,文武状元一齐得。自从祭梁后,福寿延绵降吉祥。脚踏兴隆地,金玉满堂福寿"等,每唱一句彩词,房主要高声应道:"好呀!"杜市一带做屋上梁仪式,木匠要轮手拿公鸡,刺破鸡冠子,滴血"祭梁""祭柱",并唱彩歌,边唱边祭,凡唱到"伏以"二字,房主立即叫好;唱到"天官赐福,打挂爆竹",主人马上应声"好!"并立即鸣放爆竹。祭梁歌云:"伏以,手拿金鸡和凤凰,生得头高尾又长。头高载得千年福,尾长收割万担梁。此鸡不是凡间鸡,人民家中报晓鸡。今日拿来祭栋梁,一祭东,代代儿孙能办公;二祭西,荷花出水有高低;荷花蕾中生莲子,莲子莲孙毕业归;三祭南,文武官员一大团;四祭北,今后结果多喜色;五祭中央戊己土,土中生白玉,地内出黄金"等。

唱完彩词歌后,除女儿外,全家人成双成对跪拜房梁。安排一人拿着"米鼓"或糖果从梁上前后左右抛下来,叫"抛梁",任孩童们在地上抢果子吃。有的地方在上梁的晚间 11 时左右,木匠、石匠要扛着做工的木马,叫"煞马",鲁班五尺、煞棍,打着摇炉、火把,敲锣打鼓捶栋打壁,大喊大喝"出煞",同时由一身强力壮的徒弟头扎红巾，背着"煞马"往外疾跑，众人则打着火把，拿着斧头、煞棍紧追，等"煞马"抛入河水之后，即停息锣鼓，大家静悄悄地返回绕道走，叫"出煞"，为新屋驱邪。这种祭梁习俗至今仍存，但形式较过去已大为简化。

7.4 江西族谱上梁文

（1）德兴市新岗山镇占才村《银阳王氏宗谱》卷首载上梁文

重建拙斋书院上梁文（图7-1）

伏以！景运天开，灿烂祥云飘户牖；文光日丽，昭回瑞色达宫墙。辟爽垲之鸿基，上接台垣紫气；兴巍峨之栋宇，遥分太乙青藜。崇正学而重名儒，传灯益显；敦宗派而隆庙祀，世泽长存。恭惟贤祖拙斋公，望出琅琊，本石公之嫡裔；学尊洙泗，实朱子之高门。性天澄彻于大源，理欲分明于方寸。会伊洛、濂溪之妙义，曩哲共许同心；联蒙斋、盘涧之良朋，近贤乐称知己。为郊庠之矜式，树邦国之楷模。是以自宋迄明，禴祀之尊崇勿替；由郡而县，春秋之礼节尝新。况属后昆，敢忘先德。昔在戊辰之岁，既庭院之重辉；今逢乙未之秋，复门闾之式廓。两庑取九月念六之吉，祥符桂馥槐荣；三门卜十月初八之期，象合阳回春转。子姓鼓舞以襄事，工师踊跃而告成。忻瞻书栋之升，爰效绕梁之唱。

梁之东，文星烂烂照堂中，八卦九畴咸叙位，诗书礼乐振宗风；

梁之西，翚飞直与斗牛齐，天禄石渠如再见，五星灼灼共光奎；

梁之南，徕松甫柏共梗楠，罗列美材成广厦，巍巍耸拔与天参；

梁之北，昭穆咸安成燕翼，蒸尝永享百千秋，祖德流辉添翰墨；

梁之上，高明爽气真难量，坐按鹏山对紫微，星辰手摘群翘仰；

梁之下，青霄紫电遥想射，瑞气佳哉荫院庭，无边天宠从兹迓。

伏愿上梁之后，薪传益远，旧德弥光。绍周室之典型，人知礼让；振岐阳之钟鼓，士重纲常。艺苑著才华，尽是雕龙绣虎；天朝宏伟略，群观隐鹄伏鹰。祖泽大为，孙谋堂构。勤以丹荻，晰微言而昭大义，广树吾道；干城歌明，德而荐馨香克衍，先贤法脉。是所祈也，神其听之。

时清康熙辛未十月谷旦，祠首代梓入撰。江西提督学政王讳式谷具匾——紫阳见知。翰林院五经博士朱讳坤题额——诚正真传。特授德兴县知县韩讳章书匾——拙斋书院。维清康熙五十二年，岁在癸巳闰五月，丁未朔越祭日辛酉。经筵讲官礼部左侍郎兼翰林院学士王思轼、宗人府府丞李涛、詹事府少詹事兼翰林院侍讲学士梅之珩。

清康熙辛未十月谷旦，祠首代梓入撰

（2）吉水县《隐源山口老彭氏续修族谱》载《复整世庆堂上梁文》

复整世庆堂上梁文[1] 周俊

营宫室而先祖庙，孝思无穷；肯堂构而新栋梁，诒谋非小。绳钆是式，克家为隆。恭惟祥发三瑞，派衍五房，为诸派之源流，实各郡之名族。唐官金紫，堆床袍笏，景壬山巽水之高；宋代文章，题名殿祍，居艮峰亥奠之望。羡多伟士，荷领袖玉成之荣；代有哲人，宏光前裕后之泽。既新堂宇，谩赋修梁。

梁之东，万丈青龙双艮峰，代有人文光射闻，世多英雄气贯虹。

梁之西，白虎为山鹤顶飞，腰缠万贯扬州客，名利双高何涯际！

梁之南，横琴钟鼓山外山，亿看后裔勤诗书，功名事业应非凡。

梁之北，开门映雪瑶白光，为学曾经三冬足，应为广寒扳桂客。

梁之上，高曾祖考鉴蒸尝，愿言纯嘏锡遐祝，世代云礽登卿相。

梁之下，琉璃瓦兮牡丹花，惟祝世德更作求，簪瘿济济官帝家。

伏愿上梁之后，长发其祥，永绵厥泽。文武将相，分序爵序事之班；耄耋期颐，在燕毛叙齿之列。书香绵延而克绍，忠孝世笃以无疆。万载鼎平，一门永耀。

钦锡翰林院中书周俊拜撰。

---

1 本文录自吉水县阜田镇下滩村收藏的民国丁亥年（1947年）编修的《隐源山口老彭氏续修族谱》之《上梁文》第20—21页。转引自杨巴金.《江西地方珍稀文献丛刊·吉水卷》，江西高校出版社，2018年2月。

（3）乐平市接渡镇杨子安村《王氏宗谱》载《敕建丞相仲舒公父子书锦荣归堂上梁文》

伏以！敕赐府堂，圣主褒功之盛典；荣叨御墨，君家食报之深恩。事诚旷古之奇逢，礼亦寻常之罕见。恩波雨露，天上攸来；桥梓荣归，世间无比。恭惟丞相父子二大人，天下奇才，胸中包罗星斗；人间杰士，笔端涌出波澜。果然文章之独步，真氏经纶之巨手。文事武备，二者两全；天德王道，一理通贯。金榜联登，声名已挡于郡邑；丑虏咸服，威武复扬于金都。立功天府，位近三台。奉诏掌兵部之权，册籍纪三军之数。敕封柱国上将军，是履盛满，宜知其足；持赐宠光，崇褒冠冕。荣封三代，建一堂特沾帝陛之恩光，且得山川之秀气。龙蟠凤舞，鸟革翚飞。东莳禄槐，暑溽坐来无六月；西栽修竹，清阴常见似三秋。南植杏梅，以传春意；北种松柏，以傲岁寒。金谷崔嵬峙其后，印石嵯峨拱（其）[1]前。玉笏左朝，金箱右献，佳景满前。乃可爱春光，无数实堪夸。御墨清香，垂千古英雄之德；诰花灿烂，著九重褒奖之荣。堂弟告成，鄙词右献。

梁之东，奇峰如削开洪蒙，登高眺望无遮碍，好景分明在目中；
梁之西，屏近金山右傍溪，化工妆点无雕琢，花自成文鸟自啼；
梁之南，双柱擎天烟雾间，豪吟又发登高兴，直上峰头第一山；
梁之北，不说狮山高尺百，当知此物天上来，臣子虔恭常拱北；
梁之上，咫尺天颜真可仰，墨花长带御炉香，君家不是寻常样；
梁之下，御墨熏香生四座，芳名尝见播乡邦，千载威仪镇华夏。

伏愿上梁之后，山川壮色，草木生辉。九天雨露洒恩波，千古乾坤留宠墨。古西山不老，君家盘石。是安门第，长春奕叶，吉祥无既。人才有用似栋梁，世业悠人如冈阜。日之升，月之恒，长祝锦堂千千载；竹之苞，松之茂，敬颂巨室万万年！

大宋乾德五年十月望日吉旦
太守邑人郑冲贺

1　据上下文联系，漏一"其"字。

7.5 江西碑记上梁文

新昌县新建岳鄂王庙上梁文

伏以！张巡尽节，睢扬立庙以褒忠；杜甫善吟，江原建祠以作范。盖功德及民于生前，宜祀典肇，兴于后代。粤自有宋南渡，惟王锐志中原久矣，仁智并施，卓哉！文武全器，知上流之利害；统制江西，愤贼房之凭陵。按兵斯地，一战而俘诸酋长，望风奔窜者，殆若山崩；再战而歼厥渠魁，诣门欸服者，有如星拱。驱腥膻之，渎我冠裳；返士女之，安我家室，御灾捍患，厥功懋焉；崇德报功，礼宜祀矣。庙宇未崇，诚为欠事。

幸值大邑伯熊侯发韧，危科登名黄甲。暂借牛刀之小试，遂令盐邑之生辉。政通人和，刑清讼简。重兴报功之念，乃为经始之规。赫赫乎，庙堂之建；洋洋乎，弦诵之声。鸟斯革，翚斯飞，壮哉一方之庙貌；山其节，藻其棁，久为百姓之瞻依。流出胸中，铺张眼界，由今而来，桂岭因忠义而高；迥出天际，自是以往，翰台以武穆而胜。增重江南，星排彩柱，虹举画梁。恭陈六伟之词，用耸多方之听。

抛梁东，白泽湖光日色红，却与精忠俱彩耀，焕然一邑变民风；

抛梁西，星桥日夜走轮蹄，行人遥望巍巍庙，愧杀当年长脚儿[1]；

抛梁南，梁栋新成燕语喃，十二金牌收号令，中兴事业付谁堪；

抛梁北，山列翠屏相委曲，都来祠下奠英灵，时平为我苍生福；

抛梁上，剑气纵横斗间望，耿光千古亦芒寒，照耀太阶平荡荡；

抛梁下，保障盐城功不亚，八九年来抚字心，留与斯文作凭话。

伏愿上梁之后，神妥其灵，民乐其业；贤侯宠擢，要路声蜚。福庇八乡，纳富庶仁寿之域；庙崇百世，汗奸雄猾贼之人。斯道光华，吾儒侥幸。

大明正德三年岁次戊辰三月三日

乡进士新昌县儒学教谕三山姚世菜撰

---

[1] 字迹较模糊，初步判断为儿字。

7.6　江西工匠手札上梁文

7.6.1　吉安市

1. 新干县莲湖朱家村上梁文

（1）记（系）[1]梁

手提金鸡似凤凰，生得头高尾又长，头戴红冠碧绿水，身穿八卦九龙袍。此鸡本是非还（凡）鸡，皇（王）母娘娘抱小（晓）鸡。往日金鸡红光（天）地，今日金鸡哪得弟子。寄（系）梁时，一系梁头万里封侯；二系梁尾添财又添喜；三系梁腰角带飘飘；四系梁度（肚）金银尚（满）库；五系中央大吉图（太极图），大吉图（太极图）上生盘（彭）子，盘（彭）子寿年高八百，果老二万七千春。天官四（赐）福，打挂爆竹。

（2）车梁[2]

一对金丝棉如棉，车的黄梁在半天。昨日黄梁马上坐，今日黄梁来登仙。自从今日车梁后，你富我贵永天长。

（3）抛饼仔

手拿茶叶盒端起，文武百官来送礼。送的对子挂满堂，送的饼仔来抛梁。饼仔抛往上，上有麒麟并抛相；饼仔抛往下，下有金鸡跳皮花；饼仔抛往左，左有神仙来结果；饼仔抛向右，右有狮子滚绣球。天官赐福，打一封爆竹。

（4）插彩旗

手拿青竹叶浓浓，生在深山头戴白。东家老板连根来拔起，拿得弟子插彩旗，文插东，武插西，一插就插到龙口里。天官赐福，打一封爆竹。

（5）展梁

手提宁（绫）罗富贵长，绫罗出在苏州行，苏州行里出巧女，

1　7.6章节中，工匠上梁文多为口语，多用通假字，括号内的文字乃本书笔者根据原意修改的内容。
2　车梁是指上梁中的吊梁阶段，其读音与扯相似，实际是拉扯的动作。刘敦桢先生在明《鲁般营造正式》钞本校读记中疑车三架为连三架。但本书笔者认为是通假字，非连之误。见《明鲁般营造正式》，上海科学技术出版社，1988年。

筛（梳）装（妆）打扮出绣房。脚踏楠机叮当响，手拿梭子两头忙。一日造起二三丈，织得绫罗下石坑，绫罗变得紫金红，拿得弟子展栋梁。一展黄梁飘大海，二展鲤鱼跳龙门，三展天上十姐妹，四展狮子伴麒麟，五展五龙五男二女，六展六国伴丞相，七展天上七仙女，八展从风漂海来，九展九龙来聚会，十展儿子接班人。

（6）上梁斗船皮

太阳一出通通红，河（贺）喜贤东好来龙，双脚插在来龙抛，牵起篮子抖宝贝，别人抖到无用处，东家老救（舅）抖到买砖抱墙去。天官四（赐）福，打挂爆竹。

（7）上奉林

上奉林个上奉林，泰村头上出功名，人人都求孙胡子，读点文化，三天文官富过七十四，功名贺喜二小生，看来还是八九子，加作林来归天下，全部文章可知理。

（8）敬酒

一步走来二步跟，三步走到栋梁边，手拿现（贤）东一对盆，黄金个万两好造成。茶要说个茶根底，酒要说个酒根苗。茶是深山树木叶，酒是糯米造成香。酒是何人所造，酒是杜康先师所造，杜康，杜康，云南的买米，苏州的买缸，云（寅）时造酒卯时香，刘备打马门前过，闻得贤东米酒香。下马弓三杯，弓得刘备不赶当，男人的可缸（干）不可先吃，女人的可缸（干）不可以后尝。今日厚得弟子系栋梁，一系梁头万里封头，二系梁尾添财又添喜，三系梁腰角带飘飘，四系梁肚金银满库，五系中央大（太）吉（极）图，大（太）吉（极）图上生盘（彭）子，盘（彭）子寿年高八百，果老二万七千春，荣华富贵万年长。

（9）上梁

太阳一出紫星红，贺喜贤东好来龙，来龙头上高万丈，来龙尾上造花堂。花堂两边定起了连（莲）花桑（磉），连（莲）花桑（磉）上树（竖）栋梁。栋梁本是沉香木，角子本是双对双，上面盖起个留留瓦，下有金砖砌花墙，花墙面前个字状元，保安花郎。

(10) 卡字

一字写来一条龙，腾龙马午本英雄，手拿狮子千斤重，不中马午中腾龙。二字写来隔条河，杨家出个杨令婆，令婆本是天生女，宗保挂帅笑哈哈。三字写来顺转身，赵云打马去搬兵，搬的兵来将又多，档次赛过杨令婆。四字写来四个期，各家出了个子女，子女就把福来酒，救（酒）付四来打金枝。五字写来半边西，列国出了天子西，子西就把邹关过，过了邹关现白西。六字写来三点一横长，杨家出了个杨六郎，六郎就把三关征，征守三关杨公英[1]。七字写来在走弯，黄娘带兵去爆关，手拿皮鞭马上行，一行就过凤凰山。八字写来两边挑，梁山有个祝英台，杭州功书三年飞，不及那个女秀才。九字写来金钩卦，朝中出了个李元霸，手拿金锤八百斤，上打昏君下打臣。十字写来一横一直长，列国出了个苏娘娘，手只人金国生太子，十三岁做帝王。

(11) 上梁

十字到转身，如今世界表不清，我就将把十个字表到转身。十字头上加一撇，千里做官远传门；九字弯里加日字，旭日临门早登科；八字下面加刀字，才上分旺大丈夫；七字上面加白字，青红皂白中状元；六字下面加一义，交朋结友正科长；五字下面加口字，吾公颂颂太平年；四字下面加马字，马子马孙把头门；三字中间加一竖，王子王孙富贵长；二字下面加人字，天官财富送吉祥；一字以上加了字，子子孙孙万担粮。

(12) 装师

手拿金鸡似凤凰，生得头高尾又长，头戴红冠碧绿水，身穿八卦子（紫）龙衣。了（此）鸡本是非凡鸡，别人拿到无用处，弟子拿到记事时。记上天，天上记神仙；记地上，地下记子弟，左边记起我师兄，右边记起我师弟，师兄师弟各归原位。

(13) 出刹（煞）

天上金鸡（凤凰）叫，地上凤凰（金鸡）立。鲁班打马云中过，

---

1 杨公英指穆桂英。

弟子正是出煞时，天上三十六煞，地上七十二煞，其中一百零八煞，有年煞月煞日煞，凶神恶煞，各归其位，金鸡头上血淋淋，弟子出煞不留情。

被采访者：朱万庆
采访者：朱祺（15建筑学2班）
指导教师：许飞进
2016年5月1日

2. 青原区文陂镇渼陂古村上梁文

下文源自渼陂古村木匠手写文字。

（1）建筑（祠堂、店屋）庙宇门折赞诗句

天杀、地杀、年杀、月杀、日杀、时杀，凶神恶杀（煞），雄鸡抵杀。

（2）建筑（祠堂、庙宇、店屋、亭阁）楼台破土诗

天无忌，地无忌。年无忌、月无忌、日无忌、时无忌，长生无忌，百无禁忌。

注：倘有闲神山庙，首先香烛火爆。雄鸡杀血，流在神阴身上。四向中间安妥。

（3）落石诗

香烛点在厅，上对宝壁赞诗，可与排榴石共落。

要用石头古神身，每石三皮，杀雄鸡祭放四角。手执金鸡是凤凰，落石之时正相当。东南西北皆利达，年月日时保吉昌。位禄名寿人人得，荣华富贵世世扬。从此今日落石后，立地顶天保吉祥。

（4）行墙诗

（用新砖八口，每角两口放转角，杀鸡祭之。同落西石样）

日吉时良大吉昌，行墙时候果非常。一口金砖行在东，日出东山紫云峰；

二口金砖行在南，常有青龙到此间；三口金砖行在西，门前车马笑嘻嘻；

四口金砖行在北，尽是前人所积德。从此今日行墙后，荣华富贵永远。

（5）起门诗

先石匠赞诗——雄鸡摘小花，后泥水赞。雄鸡或两只或共用。

手执金鸡是凤凰，起门之时正相当，左边起喜生贵子，右边起喜状元坊。

从此我今祝赞后，东君儿孙掌朝岗（纲）。

（6）榻架诗

日出在东方，榻架正相当；文光石斗牛，榻架发祯祥。

山川瑞气蔼，人物皆荣昌；士者登科第，农者谷满仓；

商者乃倍利，老者寿无疆；从此榻架后，富贵天地长。

（7）祠堂起石柱祭梁架诗

（用盘装茶叶米）

手执金鸡是凤凰，祭架之时正相当。贵府今日名扬，赛过金马玉堂。

栋选吉时起柱，请宝柱登高堂。万丈高楼平地起，腾云驾雾保平安。

今祭车木万古纲常，连祭万力大强架柱，永远长发其祥。

（首先四向柱身安妥，后用神力杀鸡祭架，又再口号起石柱。）

（8）木匠发梁来，泥水执雄鸡；迎接梁木。迎梁之时上栋梁。吉日吉时吉人相，贤兄贤弟贤贵子，登科登甲登华堂。状元会元解元榜，四海四方四围扬。

加官加爵加福寿，拜乡拜相拜红梁。新栋新梁新祠堂（屋宇），永福永贵永吉祥。

（9）吊梁诗（木匠左边吊梁，泥水右边吊梁，各一首）

一吊黄龙下江东，后吊鳌鱼先吊龙。一吊黄龙七地锦，我把先师地来成。

成其栋梁登宝位，骑竹马快加鞭。今日请你栋梁来登仙，登仙自有登仙位，镇守华堂万万年。

（10）又吊梁诗

（如果木匠用前首，泥水用第二首。）

一吊黄龙下江东，后吊鳌鱼先吊龙。左边吊起文局（曲）星，右边吊起武局（曲）星。

文局（曲）星武局（曲）星，镇守厅堂万年兴。

（11）插彩旗诗二首（木匠先赞，泥水其后。）

一对彩旗艳艳飞，你插东来我插西；插起四面君子笑嘻嘻。列位君子笑何事，笑你栋来登基。登基自有登基位，镇守华堂万万年。

（12）插彩旗（多备一首）

一对彩旗艳艳飞，你插东来我插西。左边插起文局（曲）星，右边插起武局（曲）星，文局（曲）星武局（曲）星，镇守华堂万年兴。

（13）登位上梁滴酒诗（头晚暖梁的酒或上梁时间的酒可也杀鸡）

东君奉我一支瓶，万两黄金造是成。上面造起金丝宝盖，下面造起黄龙转身。请问东君壶内似何物？乃是杜康仙师造成米酒一瓶。隔壁三间醉，开坛十里香。男人不先吃，女人不可先常（尝）。今日东君奉我师，我师命我的（滴）红梁。一的（滴）酒的（滴）梁头，万事遂如谋。诗书宜讲读，代代出公侯。二的（滴）酒的（滴）梁腰，万人头上夺锦标。东君生下麒麟子，科科金榜争鳌头。三的（滴）酒的（滴）梁尾，万事从此起，园全滚滚来，人财皆鼎盛。朝中举一魁，左一的（滴），右一的（滴）。的（滴）得过往神仙远来吃，壶中还有半瓶酒，余得东君万代有。

（14）又的（滴）酒诗二首（不能与木匠相同，后头加添。）

东君奉我一支瓶，千两黄金造是成。上面造起金丝宝盖，下面造起仙人转身。请问东君壶内似（是）何物？乃是杜康仙师造成兰花香酒一瓶。隔壁三间醉开坛十里香。男人不可先吃，女人不可先尝。东君将来奉我师，我师命我滴红梁。一的（滴）酒的（滴）梁头，万事遂如谋，诗书宜多读，代代出公侯；二的（滴）酒的（滴）梁腰，乃人头上夺锦标，东君生得麒麟子，科科金榜争鳌头。三滴酒的（滴）梁尾，万是（事）从头起，人才皆鼎盛，朝中举一魁。一的（滴）酒的（滴）在东，日出东山紫云峰；二的（滴）酒的（滴）在南，南有金生丽水；三的（滴）酒的（滴）在西，西有果珍李奈（柰）；四的（滴）酒的（滴）在北，北有菜葱芥姜。左一的（滴），右一的（滴），的（滴）得山神土地远来吃，壶中还有半瓶酒，留得东君万代有。

（15）上梁登位，杀鸡祭梁

日吉时良大吉昌，祭梁登位果非常。东南西北皆利远，年月日时保吉祥。位禄名寿人人得，荣华富贵世世扬。左宜右有各君子，出将入相伴君王。龙蟠虎踞平底起，昌丁阜财乐无疆。从此今日登位后，荣华富贵万年长。

（16）上梁诗

栋梁栋梁，光映华堂。竹报（苞）松茂，地久天长。梁生儿孙，儿孙满堂。梁招财宝，金银万两。梁赐福禄，福禄无姜（疆）。梁赐大名，大名显扬。梁赐大位，大位昭彰。梁赐大喜，大喜非常。梁赐大寿，大寿齐强。红梁等位，长发其祥。

（17）上梁诗

双凤朝阳一壁红，二龙起珠造华栋。满门诗书挂梁红，收照倍见诗书隆。风云际会，天地人和皆同。七贤过关庆贺，八仙照求东风。七彩一尺花红，公侯八礼登金榜，高高挂起满堂红。

（18）上梁诗

竹叶菁（青）状元红。奉敬红梁登位龙，圣贤过关定主东。金花玉酒从之正，岁岁享升斗牛冲。文官升上书府，武官一定掌朝中。从此吉日上梁后，高高挂起满堂红。

（19）上梁诗

堂前之余生瑞气，图处曲水上栋梁。时逢年月遇今日，集中工界造华栋。今日会同三才者，天地人和子余堂。仰望贤东三光者，日月星辰照栋梁。但顾儿孙首（守）孝悌，百世人前五霸强。常将礼乐教五子，金殿傅胪名俱扬。对大廷（庭）前魁多士，赛过燕山友义方。自子孙来至玄曾，乃九族人之伦，天地长。

（20）上梁诗

天开文运，地转金轮，龙造一时科甲第，文章魁身点鳌头。子子孙孙登皇客，重重叠叠入朝堂。为巨心则必求大目。今之君子，不日信之，悠也久也，又尽善也，夫然乐也，为可记也。君子有三乐，公一位，伯一位，公侯百礼，自有爵，自有禄，爵禄封侯。德其名，得其禄，得其寿，福禄寿三星齐全。梁之东，日出东山紫云峰；梁之南，好把青龙到此关；梁之西，门前车马笑嘻嘻；梁之北，真是前人所积德；梁之上，上有青天高万丈；梁之下，下有琴棋对书画；梁之中，栋梁前面好文锋。从此今日上梁后，高高挂起满堂红。从此我今祝赞后，代代儿孙掌朝中。

（21）上梁诗

建造栋梁喜气新，招财进宝兴人丁。男在朝中为高官，女在家中为夫人。父子公孙登金榜，人文齐齐坐朝堂。从此我今祝赞后，荣华富贵万年长。

（22）坠梁诗

一匹绫罗坠彩起梁标，黄金万两坠梁腰，金尺玉剪照魔镜，照见天下文局（曲）星，武局（曲）星，永镇华堂万年兴。

（23）缠梁诗

一尺绫罗数丈长，出在南北苏扬行。苏广行中好巧匠，绣出绫罗长又长。凡人谁敢将来用，东君买回来缠梁。左缠三转，老者福禄安康。右缠三转，少者多置田庄。从此今日缠梁后，万载兴隆长发其祥。

（24）端瞒（馒）头包子诗[1]

十指尖尖捧金盘，盘内金粿个个圆。一步行来二步前，三步行到云梯边。脚踏云梯第一层，一品当朝受皇恩；脚踏云梯第二层，二位和合齐登仙。

脚达云梯第三层，三岁孩童入红门；脚达云梯第四层，四海龙王福寿绵；

脚达云梯第五层，五子登科状元郎；脚达云梯第六层，六部尚书在你们；

脚达云梯第七层，七星北斗焕文章；脚达云梯第八层，八十太公遇文王；

脚达云梯第九层，九代张公不分烟；脚达云梯第十层，十全十足万万年；

我在云梯你在楼，请你师傅接馒头。

---

[1] 双手端馒头盘，向梁木作三个揖，然后唱赞。见彩图 7-2. 原图序号为 25，此处经过调整。

（25）楼上接馒头[1]

馒头馒头请问根苗，九冬十月种下籽，十二月土中秧，正月又青，三四月又黄，开花结籽收割进仓。请一位大汉子一挑挑进磨坊，头磨磨的白如雪，小磨磨的白如茫。请一位好做手做馒头，先放减（碱）水，后放糖。做起馒头上笼常，蒸出瞒（馒）头满面光，新科状元在你家，新科状元生得好，赛过江西第一家。

（26）丢馒头

看馒头包子大小各一个，丢到东君楼下毯子内。

第一首：一手馒头四点花，我今奉你东君吃；我今奉你馒头后，积掌儿孙百万家。

第二首：一手瞒（馒）头花茫茫，我今奉你当家娘；当家如果当得好，拿起被毯装元宝。

第三首：一手馒头四点金，我今奉你财锦星；我今奉你瞒（馒）头后，祝贺东君禄位高阶。

第四首：丢馒头（木匠先，泥水第二，木匠第三，泥水第四）

馒头做成是面粉，我今奉你列位先生，列位先生，红榜高登。

（注：下架盘内留四个小包子，祝贺东主红榜高登，长发其祥。）

（27）又端馒头诗

十指尖尖奉金盘，盘内金果个个圆；一步行来两步前，三步行到云梯边；

上一步升一级，正月元宵对雪飞；上两步升两级，二月桃花满出处。

上三步升三级，三月菜花满天飞；上四步四季红，四月柳花笑融融。

上五步五登科，五月荷花对白鹤；上六步六大全，六月禾（荷）花结团圆。

上七步七星贤，七月金花扬台前；上八步八福寿，八月桂花满村香。

---

[1] 接馒头的人赞诗，端馒头的人上去。

上九步九九长,九月菊花到处香;上十步十大全,十全十足万万年。

我在云梯你在楼,请你双手接馒头。

(28)坐地封龙门诗(左手拿雄鸡一只,右手拿泥刀,用神身三皮杀鸡祭神,□并砖封好)一口金砖四角然,吉日吉时封门,文光射斗牛,封龙发祯祥,山川瑞气蔼,人物皆荣昌。从今祝赞后裔繁昌。

做生基封龙门诗(用半口砖放中,□杀鸡血祭神□三皮,并砖封好)一口金砖四角然,吉日吉时封龙门,文光石斗牛,封龙发祯祥(寿康强),山川瑞气蔼,人物皆荣昌。彭祖寿年八百载,东主与他一样长。

(29)保佑神咒

弟子起眠看青天,请神在身边。早请早到,迟请迟到。请到此关,有何事保佑弟子福寿(要念三遍)。手抓住羊子,号洋子诗写五个虎,自己用五个指头抓住羊子四周,再念诗,念完诗就要号完五个虎字,对准羊子号。

诗云口念诗:

此手不是凡之手,乃是五抓羊之手。抓成羊公羊母羊子羊孙。

走夜路念咒:

乾坤透天廷,兑卦锁神兵,艮宫封鬼路,离宫驾火轮。八海兵莫逃,人民海底龙。震雷风逼力,狂风吞山岳。

此诗可治鬼治怪。

被采访人:梁师傅

采访人:许飞进

2014 年 7 月 6 日

3. 吉州区兴桥镇钓源村上梁仪式

一是选梁。要说上梁仪式,那是很复杂的,一句话两句话说不清楚。上梁仪式得从买梁木说起。梁木要用杉木,越粗越好,因为杉木直、木质好,不容易发霉,柔韧性也很好,经久耐用。原先,谁家打算砌屋,都是请我们提前上山去砍,砍回来的木头要晾干才能用。现在也有去木材市场买。买杉木也有讲究,不能买用锯子锯下来的,一定要买用斧头砍下来的。为什么？因为用斧头砍的木桩，中间会有个窝，来年窝的四周就会发出新芽，被砍的树不就多子多孙了！我们在山上剁木头时，一边剁，嘴里还要一边念"多子多孙"。用这样的梁木起的屋，这家人家也会多子多孙的。买回来的梁木不能放在地上，要悬起来，或是用木马把梁架起来，这叫"寄梁"。因为梁木不能让人踩，被人踩了的梁木安上屋顶就会不吉利。

二是祭梁。砌屋上梁要选黄道吉日，如初八、十八、二十八。俗话说：若要发，不离八。日子选好了，还要选个好时辰。举行仪式要趁早，最好在天光前完成，因为要避开生人。上梁当天拂晓，木工、泥工都到齐后，吉时一到，主人装好香（用一个托盘装好三牲：鸡、猪、鱼），走出大门口，朝三个方向敬神（中国的房屋一般是坐北朝南，因而拜的方向一般为东、南、西三个方向），端着托盘朝三个方向分别鞠三个躬。紧接着放爆竹。主人准备好一只红毛大公鸡，把梁木抬至工作的木马上，用刀割破公鸡的喉咙，把鸡血洒到梁木上。木匠们唱起祝赞诗："左边四向把云口，右边金鸡对凤凰。"有的人家还会由父子扛着梁木绕村庄走一圈，以示沾上风水灵气。扛梁木出家门时，放爆竹送，敲锣打鼓吹唢呐，热闹非凡，梁木回来时放爆竹接。

三是裁梁、彩红。木工根据事先量好的尺寸将梁木进行裁截、刮皮、抛光，叫"裁梁"。梁木裁好，木工用红布、红线将文房四宝包裹在梁木中间，以示后人读得书，出人才。一些人家还会包四个方孔铜钱和一些米，以示后人衣食无忧。外面再用青布包裹严实，用青线扎牢。接着，木工在梁木的头尾画好格子，主人请来本村有文化的学者，在梁木的根基一头写上房屋建造年月，另一头写上主人及儿子、孙子的姓名。这些程序完成以后，再给梁木表面刷上红漆，叫"彩红"。旧时，这一环节是在上梁的前一天完成，如今也可在同一天进行。

四是发梁。等红漆干了之后，就开始发梁了。发梁是木工发，接梁是泥工接。泥工早早地爬上屋顶，从屋顶上丢下两根红绳，木工将红绳绑在木头两端，木匠将梁木托起，泥工在上面拉。这时，主人要放爆竹，杀鸡，锣鼓唢呐也要敲打起来，木匠唱起祝赞诗，如："一座房子四角方，能工巧匠修华堂；前有朱雀来戏水，后有凤凰来朝阳。鲁班仙师来发墨，八洞神仙来升梁；左手升来生贵子，右手升来状元郎。"场面很是热闹。

五是上梁。泥工将升上来的梁木固定在梁架上，一边安装一边唱着祝赞诗，如："今日炮火喜洋洋，恭贺主东上正梁；此梁本是天上降，降给主东添吉祥。少者添喜老添寿，后代子孙状元郎；添钱添粮添财宝，荣华富贵万年长。"这时的爆竹声要不断，前来祝贺的亲朋好友也可以燃放爆竹以示庆贺。上梁仪式的祝赞诗没有固定的，有徒弟学师傅一代代传承下来的，也有一些有文化的木匠自己创作的。原先在上梁仪式过程中，每唱一次祝赞，主人就要给木工或泥工发红包。如今，一些小户人家为节省开支，会事先和木匠、泥匠商量好，只在上梁这一刻唱祝赞诗。

六是散包子。中梁安好后，泥工将主人事先准备好的包子从屋顶上往下扔，亲戚朋友在下面兴高采烈地用手接住。屋子里顿时热闹起来。紧接着，主人要去村里各家各户散发包子。包子必须由房东的娘家人或是女婿送来，包子上要点上红点，一般是糖包子，寓意日子甜甜蜜蜜。送的包子多，就每户人家发八个，代表大家发财；带的包子少，就每户人家发四个，寓意四季发财。发包子不能漏了哪一家，本村的人家，家家都要发到。

七是请上梁酒。上梁酒可以在上梁当天举办，也可以在房屋盖瓦的时候再举办。一些家境贫寒的家庭也可以不请上梁酒。上梁酒一般是中午。我们钓源一般请本房房亲族人，地点在本房的祠堂内。富裕的家庭如果想请全村的族人也可以，那就必须在总祠内摆酒。请上梁酒，木工泥工是要坐上席的，木工坐一席，泥工坐二席。喝完酒，上梁仪式就全部结束了。有一句谚语不是说嘛："喝了上梁酒，两脚忙忙走。"

现在大多数人家是建砖头和混凝土结合的二三层楼房，平顶的，无梁可上。但是，在浇筑最高一层楼面时，象征房子主体工程完工，这天也叫上梁，也会办上梁酒席。

(辑自罗杨.中国古村落丛书：钓源村[M].中国文史出版社，2014.)

4. 吉水县上梁文

（1）建房动土赞词

伏以——

好！（每赞一句，另一人答曰：好！以下同。）

我手捉金鸡是凤凰，动手挖墙脚时候正相当。四方平地高屋中，中间平地高万丈。

万丈高楼平地起，请我师傅下凡来。先请吕广大仙师，后请张良大将军。

盘古大地（帝）当中坐，你拿乾坤招寿气，我拿乾坤招县光。

县光主堂高万丈，人人都发几千房。房房生贵子，个个撑朝纲。

一有千年富贵，二有粮满烛长，三有长发其祥，四有四季发财，五有五子登科，六有金玉满堂，七有七星北斗焕文章，八有八仙其（齐）寿，九有九代同居儿孙满华堂，十有十全十足万年长。

自从我今祝赞后，发子发孙万年长！

（2）下石赞词[1]

伏以——

我手捉金鸡是凤凰，下石时候正相当。下起前面八仙其寿，下起后面四海龙王。

下起左边左阁老，下起右边右丞相。下起四方生根石，墩子生根与天长。

自从我今下石后，天长地久地久天长！

（3）上平盘赞词[2]

伏以——

我手捉金鸡是凤凰，上平盘时候正相当。上起左边左阁老，上起右边右丞相。

前面推车来进宝，后有九龙高万丈。左有金鸡来报喜，右有双凤来朝阳。

自从我今祝赞后，富贵荣华与天长！

---

[1] 注："下石"即打墙脚。
[2] 注："上平盘"即出平水。

(4)定磉礅赞词[1]

伏以——

我手捉金鸡是凤凰,定磉时候正相当。定起左边生贵子,定起右边状元郎。

此不是苏州,此石本是莲花石。

莲花石上好宝柱,宝柱本是沉香木,穿枋斗榫武官堂。

上有林(绫)萝(罗)来打盖,下有金砖铺厅堂。

一有千年富贵;二有粮满烛长;三有三六其弟;

四有长发其祥;五有五子登科;六有六国丞相;

七有七星伴月;八有八仙齐寿;九有九代同居儿孙满堂;

十有十全十足万年长。

自从我今定磉后,金马玉堂喜洋洋!

(5)祭师赞词

伏以——

我手捉金鸡是凤凰,祭师时候正相当。

祭我仙师有功劳,师傅头戴九龙长纱帽,

身穿盔甲大龙袍,腾云跨马到台前。

台前三牲盘中有,心转柱尺在贵房。

龙腰凤角来造起,鸣锣敲鼓安天地。

今日弟子来相请,金银财宝样样有。

自从我今祝赞后,荣华富贵与天长!

(6)插彩竹赞词

伏以——

天开文运大吉昌,插竹时候正相当。此竹生来叶青青,长在深山好茂盛。

主东把你连根取,取到此地插红梁。早插东来晚插西,师傅插东龙摆尾,

我插西来凤串梁。

---

1 注:"磉礅"即柱礅。

自从我今插竹后,富贵荣华与天长!

(7) 接梁赞词

伏以——

我手捉金鸡是凤凰,接梁时候正相当。先接红梁游四方,后接红梁坐厅堂。

接进红梁武官堂,金银财宝满厅堂。上有一家之贤主,看见来龙好上梁。

文武官员到此地,中天地斗焕文章。生男者永撑朝纲,生女者定配君王。

自从我今接梁后,万载兴隆,长发其祥!

(8) 缠梁赞词

伏以——

天开文运大吉昌,缠梁时候正相当。一匹绫罗数尺长,绫罗出在苏州行。

苏州行上生得美,皇上取你绣龙袍。绣出金鸡是凤凰,我今取你做栋梁。

左缠三转龙摆尾,右缠三转凤围梁。龙摆尾来凤围梁,永远千秋寿年长。

自从我今缠梁后,富贵荣华与天长!

(9) 红梁登位赞词[1]

伏以——

我手捉金鸡是凤凰,红梁登位正相当。

红梁红梁,今日喜洋洋。你生在何处?你长在何方?

生在九洲外国,长在魁龙山上。有人打马山下经过,看见此木好做栋梁。

主东请了十八壮士,砍下此木。洪水漂漂,白水茫茫。运到××镇××村××户上。

此木生了三千载,四季结子十万年。如今用你做栋梁,红色冠血

---

[1] 内容并非梁登位,反而是祭梁。疑作者误写标题。

7 文献记载中的上梁文

祭红梁。

此鸡生得头又高，尾又长，吕广仙师今日捉你祭红梁。

此梁祭血，万载兴隆，长发其祥！

（赞毕，金鸡落地，喻买田置地。）

（10）滴酒赞词

滴酒赞词一

伏以——

天开文运大吉昌，滴酒时候正相当。东君送我一对瓶，千两黄金来造成。

左边造起美角子，右边造起半月形。上边造起金狮宝盖，下边造起莲花托酒瓶。

茶要问过茶根苗，酒要问过酒来源。茶是深山细嫩叶，酒是糯米造成浆。

造酒仙师是何人？造酒仙师是杜康。杜康生下八九子，朝朝送饭有桥郎。

桥郎吃又吃不尽，高高挂在后门临。有人打马后山过，闻到此地做酒香。

有人下马问酒吃，昏昏醉醉在路旁。有人端酒上金街，各府各县飘酒香。

男人造酒不可先吃，女人造酒不可先尝，主东造酒，真心真意滴红梁。

滴酒赞词二

伏以——

东君天开文运大吉昌，滴酒时候正相当。

一滴酒滴向东，东方甲乙木，金鸡飞到梁上宿。家有读书子，永代造新屋。

二滴酒滴向南，南方丙丁火，代代儿孙穿蓝衫。

三滴酒滴下西，西方庚申金，桶量银子斗量金。

四滴酒滴向北，北方壬癸水，代代儿孙多富贵。

- 279 -

五滴酒滴向中，中央戊己土，彭子八百五，代代儿孙做知府。

滴酒赞词三

一滴酒滴向天，天上祭神仙。二滴酒滴下地，地下祭土地。

我左一滴，右一滴，过往神仙请得吃。

我左一摇，右一摇，过往神仙吃不了。

请问壶中多少酒？壶中有酒满盅盅，我赠送主东来做上梁酒。

（11）端馒头赞词

主东送我三支香，我双手插在馒头上。

一盘馒头满盅盅，今日落在我手中。盘中馒头花希希，我先给我师傅作个揖。

一盘馒头喷喷香，大小师傅来帮腔。我一不慌来二不忙，三步走到云梯旁，

我脚踏云梯第一层，将把十二月花来分明。

正月梨花白露来，在外做官转回来，清清白白归家去，五湖四海天下传。

二月桃花朵朵红，年老做官姜太公，八十二岁将鱼钓，柳义树下遇文王。

三月腾花风吹来，古做文章千笔界，母娘本是刘寺女，将把寺女当广才。

四月荆花绕地拖，年老做官杨令婆，老令婆本是忠臣将，百岁挂帅笑呵呵。

五月禾花满天黄，五男二女闹洋洋，父子公孙共出考，锦绣文章天下扬。

六月莲花开满塘，列开出考苏娘娘，自从甘罗生乱世，一十二岁为丞相。

七月林花叶琳琳，七星八斗下凡尘，观音娘娘送太子，王母娘娘送财来。

八月桂花满天香，八仙其（齐）寿王母娘，手拿扫萝千根索，先发人丁后发科。

九月菊花皆吉蝶，朝中出了张公义，张公义本子孙多，手抱孩子笑呵呵。

十月茶花多富贵，朝中出了个薛仁贵，薛仁贵将把帅来挂，赛过江西李元霸。

十一月湖花笑呵呵，女界有宝沙妥若，沙妥若宝千百万，打马金街状元郎。

十二月梅花照雪开，特元小姐欢过来，来时本是兵马多，贺喜贤东造新屋。我在云梯你在楼，我请伙计接馒头。

（12）接馒头赞词

你在云梯我在楼，我替伙计接馒头。馒头馒头，请上高楼。

放下此地，请问根苗。六七八月坛中坐，九月十月来下籽，

十一月土中生，正月麦又青，二月麦上金，三月开花结子，四月麦子香。

大儿郎小儿郎，将把麦子挑到晒场上。

晒干麦子挑进磨房，一级粉雪雪白，二级粉白白香，三级粉做馒头。

馒头是哪位仙师造？馒头是梅公仙师造。先下三分碱水，后下五香白糖。

师傅造起不肯先吃，徒弟造起不可先尝，留得主东安心安意上红梁。

（13）撒馒头赞词

伏以——

天开文运大吉昌，上梁时候正相当。一手馒头四朵花，皮拍扁，扁拍皮，

又有糖，又好吃。我双手送给当家师吃，当家师捡到吃了，笑哈哈。

泥木两匠捡到吃了，大有商来小有量。

小孩捡到吃了，早进学堂。读书人捡到吃了，早中状元郎。

生意人捡到吃了，生意买卖打拥场。公公婆婆捡到吃了，越老越刚强。

馒头包子七八百，各人捡到各人吃。馒头包子九百九，没有捡到的请吃上梁酒。

(14) 上云梯赞词

登上云梯第一层，一字中间加个了，子子孙孙发万年。

登上云梯第二层，二字中间加个人，夫妻二人结成双。

登上云梯第三层，三字中间加个一，王母娘娘送财来。

登上云梯第四层，四字下面加个维，箩装金来银造屋。

登上云梯第五层，五字下面加个口，吾口吉日降吉祥。

登上云梯第六层，六字下面加交叉，交朋结友日日发。

登上云梯第七层，七字上面加三点，必有福来必有贵。

登上云梯第八层，八字下面加个刀，分清天下第一家。

登上云梯第九层，九字勾中加日字，旭灯挂彩满堂光。

登上云梯第十层，十字上面加一撇，千有富来万有贵。

(15) 上梁赞词

其一：

天开文运大吉昌，上梁时候正相当。东边日出紫云红，望见此地好来龙。

前有金狮把水口，后有来龙作处堂。左有金鸡来报喜，右有双凤来朝阳。

自从我今祝赞后，百子千孙万年长！

其二：

太阳日出紫微开，照见黄龙滚进来。列位主东都在此，看我班师赞红梁。

梁为一家之主，主见人物呈祥。祥人其瑞，瑞见大德文章。

章成天子亲见，见你儿孙满堂。堂上兰桂腾芳。

自有我今祝赞后，富贵荣华万年长！

其三：

一把凉伞二面花，文武百官在你家。兄弟朝中来饮酒，金銮宝殿插凉伞。

状元榜眼在你家，赛过江南第一家。

7 文献记载中的上梁文

其四：

左边上起珍珠府，右边上起凤朝阳。二龙珍珠定太平，双凤朝阳定乾坤。

一有当朝一品，二有朝中宰相，三有三六其弟，四有四品华堂，五有五子登科，六有六国丞相，七有七星伴月，八有金玉满堂，九有九代同居儿孙满华堂，十有十全十足万年长！

其五：

红梁登位正相当，五彩云中飞彩凤。彩起八六龙金榜，气象门前响叮当。

文子科甲文帝王，金马玉堂，兰桂腾芳；老者安之，少者怀之。

必得其寿比南山；必得其禄禄位高，金银满库，事运亨通。

其六：

先上东边进财宝，后上西边置田庄。年年贤东生贵子，个个都是状元郎。

文武百官都来贺，代代儿孙伴君王。

其七：

绣房内中生贵子，书在朝中撑朝纲。左边造起聚宝盆，右边造起万石仓。

男男女女好福寿，子子孙孙与天长！

其八：

吕广造起富贵屋，出入都是助朝郎。添丁发贵，富贵荣华，百世其昌。

家有黄金千万两，人人亲手造新房。

其九：

红日照高堂，日吉并时良。吾今红梁起，门庭新气象。

文武甲及第，儿孙状元郎。三朝尚书府，万世真宰相。

叔侄登金榜，兄弟伴君王。人人生贵子，华堂大兴旺！

其十：

定吉定金定善良，贤兄贤弟贤贵子。四海四马四名扬，新屋新居新气象。

- 283 -

庆富庆贵庆栋梁，加官加禄加福祥，永富永贵永天长！[1]

采集人：许飞进
2018 年 5 月

7.6.2 上饶市

1. 婺源县城上梁文

福以！天地开张，吉日时良，太阳日出金红，照见此地好来龙。此处从何来发脉，昆仑山上发脉来，摇摇摆摆，摆摆摇摇，过了七十二座金桥脉，超了三十七座梅花尖，来至本州本府，贤东来接脉，竖起千年之华堂，发出状元、榜眼、探花郎，神听主子祝木听，匠人言：是我做，听我言，天煞归天去，地煞服地藏中央百皆退避，紫微星到福千祥。

吾今先祝龙神位，后撒梁米叫时方。一要优生贵子，还要老少安康；二要房房发阅，还要福寿延绵；三要三元及第，还要天下名扬；四要财源广进，还要利远山江；五要五京开凿，还要扶佐朝江；六要六合金印，还要金室还乡；七要七子绕腾，还要冠带温荣；八要八仙来泰护，还要寿过泉江；九要九子十尚书，还要远振家星；十要十全齐美，还要万代兴荣。

被采访人：胡文全等
采访人：许飞进
2016 年 8 月

2. 婺源县游山村上梁文

（1）上梁退煞仪式

我做木匠上正梁、退煞所用，顺手拿斧头，反手捉鸡公，割鸡的血，把鸡血涂到大门门外墙下面左右墙上，但不要太高，离地一尺五六寸则可，在屋内上门头方柱、各房门左右两边、后门都要涂上，正梁两头全都涂上鸡血，边涂边念退煞口诀。

在上时，要把（摆）桌案，首先要三牲，猪肉、鲜鱼、豆芽用三

---

[1] 采集于杨毅主编，《千年吉水丛书（五）——村野时闻》，江西人民出版社，2017 年。

盘装进桌盒、一夕（支）酒（壶）、八夕（支）酒壶（杯），一把先朝下，对外后朝上，奉敬祖先再开始割鸡血，退煞上梁。

退煞献好正梁后，还要拿鸡公红米祭梁后在上。

(2) 此篇是退煞所用口诀

伏以！手拿善东一夕（只）鸡，此鸡不是凡家之鸡，是皇母娘娘报晓鸡，别人拿走无用处，鲁班先师用米退煞鸡，天煞归天去，地煞地埋藏，年煞月煞，日煞时煞，前煞后煞，左煞右煞凶神恶煞，如有不去，吾奉太上老君有令，远处逃荒。

(3) 此篇是退煞后再用活鸡公红袋内放米，师父开祭正梁用口诀

伏以！手拿善东一夕（只）鸡，此鸡不是凡家之鸡，是皇母娘娘报晓鸡，生得头高尾又地，头戴金花帽一顶，身穿五色彩毛衣，脚板弹弹，好比龙戏爪。翅膀弹弹好比凤凰飞，万崴听到午鸡啼，正是万崴登龙位。文官听到午鸡啼，正是文官做文章，武官听到午鸡啼，正是武官习本事，善东听到午鸡啼，正是善东挂梁时。

(4) 此篇是正梁已经放撒梁米（即抛梁）使用

伏以！东方一片红、恭喜善东好来隆，前边来龙来满山，后边来龙好比龙。日出东方一片红，恭喜善东造府堂，前边造起多多富，后边造左相堂，左相堂中四个大金字，紫微高照坐当堂。左边造起金银库，金银库里金银无边数。右边造起五谷仓，五谷仓里积存万年粮。请问善东要富要贵，一要荣华富贵、二要富贵双全、三要三元及第、四要四季发财、五要五子登科榜、六要六六大顺、七要七星子下凡送财富、八要八仙下凡送宝、九要九子十三孙满堂红、十要十行全美与大长地久。东要听匠之言，匠要听东谈，恭喜善东荣华富贵、子孙万代兴隆。

被采访人：董秀善
采访人：许飞进
2015 年 10 月 6 日

3. 婺源县庆源村上梁文

(1) 剪鸡

福以！手拿金鸡似凤凰，长得头高尾又长，头戴红冠绿耳，身穿五色出毛衣，一声不乱叫，二声不乱啼，此鸡不是凡间鸡，是何叶二

夫人报晓鸡，一只游过天下去，二只往昆仑山上啼，三只拿来将何用，鲁班弟子用来上栋梁。

(2) 十送十还

龙神回福，老少安康。房房发月（阅），福寿延长。山云及第，天下名扬。财源广进，力大山岗。五金开道，普佑朝纲。六和金郎，金宝还乡。妻子少小，功带私赢。八仙庆寿，福寿无疆。同族就（旧）岁，子神值生，荣华富贵，有代荣昌。

被访木匠：詹灶庆
采访人：奚曼璐（15建筑学2班）
指导教师：许飞进
2016年8月28日

4. 横峰县棕树垱上梁文（图7-3）

(1) 鲁班咒

仰启汉王鲁班将，脚踏云梯下凡尘；头戴一顶青罗帽，身穿黄袍风飘飘；手提五尺通三界，脚踏芒鞋走九州。天下房屋是我造，地下神庙是我兴，天下神佛是我刻，天下木神是我雕，天下泥神是我塑，天下鬼神是我兴，庙前树木是我砍。诸神退位，敢有不顺吾道法，雷公霹雳化灰尘，急急如律令。

(2) 退神咒

九凤破秽，精邪灭亡。天将奇史，金下云罡，斗转星移，炎炎三光，上应九天，下应九地，雷公霹雳，风云际会，奏满十方，乾坤地位，鬼哭神咒，万神朝礼，一准九凤破秽大将军。此符要昼七个，扎在掌内月望东方，脚一敦手一摊，社公即退。

乾元亨利贞，兑泽英雄兵，艮山塞鬼路，离火加焰轮，坎水涌波涛，坤地留人门，震雷霹雳声，巽风吹山岳，吾人中宫立，诸将扶吾身。

(3) 八卦彩语

伏以！太阳一出满天红，照见八卦坐堂中。八卦本是文王造，造起八卦定乾坤，乾坎艮震巽离兑坤，只有乾卦第一高，贤东家下发富豪；震卦生来落在东，后代儿孙在朝中；惟有巽卦真有情，送你贤东文武人；离卦本是落在南，后代求官也不难；坤卦生来原身大，贤东来龙,灵山发脉来;兑卦一宫落在西,后代儿孙穿朝衣;坎卦宫位落在北,后代求官正易得;惟有艮卦真是宝,贤东富贵又寿考。听我嘱听我言,八卦落在堂前。一要长命富贵,二要金玉满堂,三要良田千百亩,四要积谷堆满仓,五要扬名四海,六要打马游金街,七要人丁千百口,八要秀士满堂,九要登科及第,十要万代不离朝。鲁班弟子嘱过后,荣华富贵如天长。

(4) 捲梁彩语[1]

一步行来二步先,三步踏到华堂前。高朋贵客前面立,鲁班弟子站两旁,等东君赐我一疋红,赐我弟子卷金龙,金龙本是南山长,贤东取来造府堂。一卷金龙头,代代儿孙做参谋;二卷金龙角,儿孙出国去留学;三卷金龙鬓,代代儿孙穿朝衣;四卷金龙腰,贤东家中发当豪;五卷金龙尾,后代儿孙做省委;六卷金龙膝,儿孙在朝做主席。鼓乐先师闹扬扬,荣华富贵如天长。

(5) 回东彩语

一对红烛照华堂,照见贤东喜洋洋,高朋贵客来燕贺,恭喜贤东上栋梁。东君摆起鲁班席,满盘肴味香鼻鼻。鲁班弟子酒醉后,恭喜贤东幸福长,喜匆匆,闹匆匆,鲁班弟子来回东。

我回贤东一钟酒,荣华富贵很长久;我回贤东一碗饭,荣华家财涨百万;我回贤东一碗粿,金银财宝用仓锁;我回贤东一碗肉,贤东家下享幸福。手提红烛进厨房,照见厨官两手忙,鲁班酒席办得香,恭喜厨官福寿长。

(6) 出白

伏以!此鸡不是非凡鸡,皇(王)母仙娘报晓鸡,头带紫金冠,身穿凤毛衣,一更松松衣,二更不敢啼,三更也不早,四更也不迟,五更能报晓,正是贤东出煞鸡。

伏以!天阴地阳动真血,点动煞走如风,一点东方甲乙木,煞神退走急速速;二点南方丙丁火,煞神退走无雷躲;三点西方庚辛金,煞神退出远避身;四点北方壬癸水,煞神即退远方处;五点中央戊己

---

[1] 捲梁按彩语内容判断应该是上梁中的缠梁内容。

土，煞神退出归地府。吾奉鲁班先师急急如律令。

伏以！吾神不是非凡神，鲁班先师下凡尘，天地开张，日吉时良，今年今月，今日今时，奉请鲁班先师，佳日请你下凡造房屋，今日请你出白时。夜静更深，弟子表明不清。

伏以！左手拿来金鸡一个，右手提来月斧一张，口有三寸半阔，脑有四角丁方，连柄带斧一尺八寸半长。佳日拿来弟子马上用，今日拿来出白时，左手金鸡，一更不敢堂前呼，二更不敢啼，三更不敢川龙过，四更不敢乱未（来）啼，五更一道正当时，今晚敢请鲁班先师，头带红云遮日月，脚踏青云走九州，世上神煞是我起，今殿楼台是我造。

伏以！前传后教，古今历代老少师天，师白（伯）师叔，师兄师弟，同工所造房屋，上有栋柱正梁，中有壁板穿枋，下有门限地脚，软磉倘有栋料到顺不。一顺到到，到到顺顺。神听处师嘱，水听匠人言，鲁班弟子嘱过后，顺顺利利万代昌。孩童言语，百无禁忌。一年四季，太平清吉。吾奉鲁班先师急急如律令。

伏以！此斧不是非凡斧。鲁班先师赐我一把金刚斧，脑有四角口快，二面光连柄带脑，一尺八寸半长，五尺师父站在中堂，墨斗角尺姊妹姑娘，往日长在手中用，今日拿来出杀神。

伏以！一打天煞归天，二打地煞归地藏，三打神煞归庙宇，四打恶煞转天堂，五打中央戊己土煞神。土煞神君出门庭，屋前屋后煞，屋左屋右煞，红煞黑煞，木马神煞，来龙三杀（煞），一百二十四位凶神恶煞，各转天堂，一二三四五，金木水火土，要你文就文，武就武。煞神煞神，听我鲁班弟号令，你要逢山山头过，逢水水上飘，逢人人长生，逢鬼鬼消藏，若有不听我号令，吾奉鲁班先师月斧飞斩不留停，急急如律令。

收集地点：横峰县棕树塆保信殿
收集人：许飞进
2016 年 12 月

5. 鄱阳县油墩街镇龙尾三房蔡家村喝彩

（1）祭梁彩

伏益：天地开张，酒祭栋梁，栋梁栋梁，听我言章，生在何处，长在何方,生在昆仑山上,长在紫荆路旁,鲁班师傅打马游山过,瞧见此树一字弯弯好做栋梁,带转马,扭转缰,就与贤东做商量,贤东老板出了黄金百两,判买山庄,锯匠师傅请二位,月斧两张,月斧砍来鱼鳞灿灿,奔斧奔得路路成双,千斧万斧,放在平洋,千人不敢抬,万人不敢扛,鲁班师傅腾云驾雾,立山马前,当头来吊钱,众位师傅站两旁,两条做起龙头凤筝,中间做起双凤朝阳,长抛抛光如镜,短抛抛放霞光,龙头凤筝生贵子,双凤朝阳状元郎。神灵出师祝,贤东听我言,我今赐你新登位,万子万孙万万年。

伏益:手执贤东一把瓶,百两黄金造大城,此酒何人所造,杜康所造,杜康造酒有丹方,寅时造酒卯时香,此酒有四喜,一喜朝中饮宴,二喜置买田庄,三喜迎婚嫁娶,四喜起屋上梁。此酒祭梁东,胜似孔明借东风;此酒祭梁西,槐荫树下遇仙机;此酒祭梁南,南方朱雀喜相安;此酒祭梁北,北方玄武是福法;此酒祭梁中,代代儿孙在朝中。神灵出师祝,贤东听我言,我今祝赞后,荣华富贵万万年。

伏益:手执贤东一只鸡,身穿八宝五色衣,此鸡不是凡间鸡,黄(王)母娘娘报晓鸡,一更二更不乱叫,三更四更不乱啼,五更啼得正当时,万岁听得此鸡啼,正是起来上朝时;文官听到此鸡啼,正是上朝习文时;武官听到此鸡啼,正是起来路马射箭时;学生听到此鸡啼,正是起来读书时;小姐听到此鸡啼,正是起来瓢花绣朵时;农夫听到此鸡啼,正是起来牵牛耕犁时;贤东老板听到此鸡啼,正是起屋上梁时。神灵出师祝,贤东听我言,我今祝赞后,富贵与天长。

手执贤东绫罗数万丈,绫罗出在苏州杭,苏州杭内出娇女,手织绫罗缠栋梁,一缠二缠生贵子,三缠四缠是状元郎,南风吹来龙摆尾,北风吹来凤朝阳。神灵出师祝,贤东听我言,我今祝赞后,富贵荣华与天长。

(2) 十发彩

伏益:日起东山九龙坡,顺利发富创山河,一发麒麟来送子,二发两房出四科,三发老者添福寿,四发少年读书高,五发五男并二女,六发七子来团圆,七发八仙来庆寿,八发彭祖寿更高,九发魁星点斗,十发拜相封侯。神灵出师祝，贤东听我言，我今祝赞后，富贵与天长。

（3）十造彩

日起东山喜洋洋，照见贤东造华堂，一造金银满库，二造积谷满仓，三造模砖翠丽，四造景色相当，五造金牛河马，六造六合同春，七造琴棋书画，八造水足草青，九造龙楼凤阁，十造拜相封侯。神灵出师祝，贤东听我言，我今祝赞后，富贵与天长。

伏益：新造楼房一色新，鲁班亲自造圆战，起工架马黄道日，上梁正遇紫微星，人人都喜五男二女，个个都喜七子团圆，大孩儿朝中宰相，二孩儿两国都堂，三孩儿云南布镇，四孩儿马上状元郎，五孩儿年纪须小，带过十三省钱粮，再生二女，大女儿瓢花绣朵，二女儿锦绣鸳鸯，瓢花绣朵生贵子，锦绣鸳鸯状元郎。神灵出师祝，贤东听我言，我今祝赞后，富贵与天长。

伏益：一进门来喜洋洋，观见贤东好厨房，弄得好酒并好菜，碗碗饭菜鲜又鲜，莲花瓜子来开席，贵州茅台香又香，郎酒汾酒喝不尽，蒸肉蒸得海菜样，海菜做成燕窝汤，香菇口味做得好，豆葱好似大猪肠，一碗米糊真有味，做成凡间人生汤。神灵出师祝，贤东听我言，我今祝赞后，贵府世代享荣华。

伏益：正二月百事发芽，三四月撒谷拨秧，五六月收谷进仓，大担担进仓，小担担进磨房，大担磨房白如雪，小担磨房雪如霜，白如雪来雪如霜，做起宝粑抛栋梁。神灵出师祝，贤东听我言，我今祝赞后，贵族儿孙发福万万年。

伏益：一进门来喜洋洋，观见贤东好居室，先出文官并宰相，后出皇姑伴君皇，屋上盖起琉璃瓦，日起东山放霞光，开门日日招财宝，积谷仓内万里粮，各种彩灯表不尽，电灯开关放霞光，诸亲六眷来庆贺，彩旗锣鼓闹洋洋，天赐一根摇钱树，地赐一个聚宝盆，一日不扫三寸厚，三日不扫九寸深，大的小的穿绸缎，荣华富贵与天长。

伏益：财字临门仔细详，外门招得外才良，若在中门常自有，积才需用大门当，中门若合安于上，银帛千箱与万箱，木匠若能以此理，家中祸福自荣昌。

伏益：本字开门大吉昌，尺头尺尾正相当，梁来尺尾虽当吉，此到头来财上梁，福禄及为门上致，子孙必出好几郎，时师依仙岁造样，千仓万库有余粮。从此门庭多吉庆，代代儿孙掌朝纲。

（4）十抛彩

伏益：一抛仙桃满地红，二抛荷花两相交；三抛桃园来结义，四抛刘海戏金钱；五抛百福人丁旺，六抛六合来同春；七抛七子来相会，八抛八仙庆寿；九抛九九重阳，十抛十全其美，冬抛冬去春来，腊抛梅花向阳开；神灵出师祝，贤东听我言，我今祝赞后，富贵与天长。

伏益：正月里牡丹花向阳开，二月兰花送春来；三月桃花红似火，四月梨花夹篱开；五月栀子花心上黄，六月荷花满畈香；七月莲花出水面，八月桂花满园香；九月菊花心上黄，十月荣花小阳春；冬月金针花出土面，腊月梅花斗雪开。

被采访者：蔡奇昌（木匠）

采访者：蔡彩红（14 城乡规划）

指导教师：许飞进

2016 年 8 月

（5）祝梁彩

伏一。（众人叫好！）

天开皇道，日起栋梁！栋梁、栋梁，听我言张，生在何处，长在何方？生在昆仑山上，长在紫荆路旁。鲁班师父打马山下过，瞧见此处弯弯好做栋梁，调转马，待转缰，快与贤东做商量，贤东出了黄金百两，判买山庄，请来两位锯匠，手拿月斧两张，一斧砍米金鸡叫，二斧砍来凤凰啼，锛斧锛得鱼鳞灿灿，月斧砍得路路成霜，将此树放在平原之地，千人抬不动，万人不敢抬，鲁班师傅设一计，腾云驾雾到马前，鲁班师傅当头来吊线，众位师傅站两旁，常刨刨到光如镜，短刨刨到放霞光，晚来不用明灯照，紫荆高照坐中堂。

伏一。神灵出师祝，栋梁听我言，我今祝赞后，发子发孙万万年。

（6）祭酒词

伏一。手拿贤东一只瓶，百两黄金造大城。此酒是何人所造，杜康所造。杜康杜康，酉时造酒卯时香，此酒有四喜，一喜是朝中饮宴，二喜金榜题名，三喜迎红嫁娶，四喜起屋上梁。

伏一。神灵出师祝，贤东听我言，我今祝赞后，荣华富贵万万年。

（7）装彩词

伏一。日出东山是九龙坡，顺水发富是启山河，一发麒麟来送子，二发两房登四科，三发老者多福寿，四发少年读书多，五发文官避宫女，六发七子来团圆，七发八仙来飘海，八发彭祖寿更高，九发魁星来点斗，十发拜相又封侯。

伏一。神灵出师祝，贤东听我言，我今祝赞后，人才定发与天长。

（8）祭鸡

手拿贤东一只鸡，生得头高尾又低，此鸡不是平凡鸡，黄（王）母娘娘报晓鸡，一更二更不乱叫，三更四更不乱啼，五更头中叫一声，皇上听得子鸡啼，正是起来登殿时；文官听得子鸡啼，正是起来修书时；武官听得子鸡啼，正是起来练舞射箭时；学生听得子鸡啼，正是起来读书时；农夫听得子鸡啼，正是起来耕田时；贤东听得子鸡啼，正是起来上梁时。此鸡祭梁头，代代儿孙不离朝；此鸡祭梁尾……（缺）；此鸡祭梁中，子子孙孙在朝中；此鸡祭梁北，胜过前朝刘玄德；此鸡祭梁东，胜似孔明借东风；此鸡祭梁西，槐荫树下遇仙机；此鸡祭下地，地下山神土地；此鸡祭上天，天上有神仙。左一祭，右一祭，我与贤东送恭喜。

伏一。神灵出师祝，栋梁听我言，我今祝赞后，发子发孙万万年。

（9）披红彩

手拿绫罗数丈长，绫罗出在苏州行，苏州行里有个叼巧女，织起绫罗缠栋梁，一缠二缠生贵子，三缠四缠是状元郎。

伏一。神灵出师祝，贤东听我言，我今祝赞后，人才定发与天长。

（10）装彩词

不要慌来不要忙，今天贤东架栋梁，架起栋梁要生五男二女，七子团圆，大孩儿是朝中宰相，二孩儿是两国丞王，三孩儿是云南布镇，四孩儿年幼能管十三省，五孩儿马上是状元郎，大女儿能瓢花绣朵，二女儿能锦绣鸳鸯，瓢花绣朵花色艳，胜过前朝武则天，锦绣鸳鸯样样通，胜过当朝刘延东。

伏一。神灵出师祝,贤东听我言,我今祝赞后,荣华富贵万万年。

（11）撑宝耙

一根湖丝吊半天,宝耙落在花堂前,别人斗耙无用处,贤东斗耙发子发孙万万年,东边斗耙生贵子,西边斗耙是状元郎。伏一。

被采访者：蔡满汉（石匠）
采访者：蔡彩红（14 城乡规划）
指导教师：许飞进
2017 年 2 月 1 日

6. 弋阳县上童村上梁文

滴鸡血"出煞"之后喝彩。

佛也。一步走来二步仙,我今来在画（华）堂前,画（华）堂前来画（华）堂前,文武客官站两边。

仙东赐我一把群,万两黄金巧打成。

酒瓶,酒瓶,先把酒瓶表原因,酒瓶何人来所造？铁板桥头冷功仙师来所造。

冷功仙师造酒瓶有名堂,上打青丝来盖顶,下打莲花塔酒瓶,前面打起金嘴好筛酒,后打半月好抓手。

表了一场又一场,再把美酒表名堂,美酒何人来所造,铁板桥头杜康仙师来所造。杜康造酒有名堂：头等酒,娶亲嫁女；二等酒,做屋买田；三等酒,千人不敢吃,万人不敢尝。今日鲁班弟子醉,万年栋梁,栋梁栋梁,再把栋梁表名堂。

栋梁出在何方,栋梁出在昆仑山上滴水岩前,鲁班弟子打马岩前过,抬头一望,上有青丝盖顶,下有九龙盘根。

鲁班弟子带转缰勒转马,回来与东家老板打商量。

多带现银,少带钱票,一走走十字路口,请来一班龙虎界匠。

头一斧砍金鸡叫,第二斧砍到凤凰啼,第三斧轻轻放下。千人扛不起,万人抬不动。龙王赐我三尺水,轻轻快快一推推到武昌门。

老师父来栽脑,少师父来栽标,长刨刨光如镜,短刨刨来放毫光,架起桁条接接成对,钉起板来绿绿成双,盖起瓦来鱼鳞站站,架起应（印）信双凤朝阳。

酒醉梁头，千里做官，万里封侯；酒碎梁尾，东家涨千担之粮，万担之米；

酒醉中央屋基（无极）土，屋基土上赛彭子，彭子寿高八百八，果老几万二千秋，

弟子喝彩之后，笙箫鼓乐闹洋洋。

采访人：童紫云
采访人：许飞进
2016 年 10 月 23 日

7. 德兴市鹅卵石民居营造上梁文

（1）引子

即开场白，点明祭祀主题，介绍东家情况，邀请各方诸神前来祝福。

伏以！（众喝彩）好啊！

鲁班先师！东家某某某，某省某县某乡某村，某月某日上正梁，造个好厅堂。拜请三江师傅，十方尊神，满天星斗。十二宫神，五方席位，土地香火，里到源头，外到水口，有坛无庙，有庙无坛，诸神请到东家屋中。

（2）祝梁

赞美主梁的出身高贵与粗壮结实，祝愿房屋主人人丁兴旺，财源茂盛。同时，以一丈八尺或二丈八尺长红绸布披挂主梁，以示辟邪吉庆。

伏以！（众喝彩）好啊！

天地开张，日吉时良。我问此梁生在何处？长在何方？生在昆仑山上，长在卧龙山岗。大树长了数千年如对，小树长了数千年如双。八洞神仙从此过，眼观此木深丈长。特请东家做主梁，有请鲁班下天堂。此梁此梁，不同寻常，栋梁上屋，稳稳当当，红星高照，金碧辉煌。合家吉庆，人丁兴旺。老者长寿，寿比山岗。少者添喜，兰桂腾芳。仕者荣升，鹏鸟高翔。学者荣发，青云直上。万事如意，大吉大昌。

（3）祭梁

取一只活雄鸡，割破鸡冠，木匠师傅喝彩，先以鸡血祭主梁，再

以鸡血祭正厅东南西北四个方位。

伏以！（众喝彩）好啊！

我左手接金鸡，右手接金斧。此斧是把非凡斧，鲁班先师造此斧。此鸡是只非凡鸡，王母娘娘跟前报晓鸡。此鸡头上戴起紫金冠帽，身上穿起五色紫毛衣。脚踏阴阳八卦，更报寅卯二时。打开鸡冠取宝血，鲁班弟子祭栋梁。鸡血点在东，代代儿孙在朝中。鸡血点在南，代代儿孙做高官。鸡血点在西，代代儿孙穿朝衣。鸡血点在北，代代儿孙做贵客。鸡血点在梁中央，荣华富贵万年长！

（4）升梁歌

其一

伏以：（众喝彩）好啊！

双手举起一对瓶，千两黄金好打成。

上打狮子来开顶，下打莲花托酒瓶。

伏以。（众喝彩）好啊！

我一步行来二步行，三步来到楼梯边。

伏以。（众喝彩）好啊！

梁米梁米在哪里？在金丝箩里。

挑是挑不动啊，驮又驮不起，鲁班弟子提上去。

脚踩一层梯，步步高升啊。

脚踩二层梯，二字隔开一条河，杨家出了杨令婆。

脚踩三层梯，桃园结拜三兄弟。结拜兄弟哪三个？刘备关公小张飞。

脚踩四层梯，四川刘备为王。

脚踩五层梯，乾坤八卦吞五行。

脚踩六层梯，六六大顺，三十六岁行大运，三十九岁出大官。

脚踩七层梯，七仙女下凡保府堂。

脚踩八层梯，八大神仙来漂海。

脚踩九层梯，九子十三孙呐。

脚踩十层梯，十子满堂。

左手攀到十二穿枋，右手托到紫金梁，荣华富贵万年长，吹打先生闹洋洋。

其二

伏以：（众喝彩）好啊！

脚踏楼梯步步高，荣华富贵起今朝。

脚踏一层梯，一代子孙踏金阶。

脚踏二层梯，二代子孙出宰相。

脚踏三层梯，三神送上福禄寿。

脚踏四层梯，黄金白玉落华堂。

脚踏五层梯，五神盈门家吉祥。

脚踏六层梯，六六大顺人丁旺。

脚踏七层梯，七位仙女配令郎。

脚踏八层梯，八仙过海来捧场。

脚踏九层梯，九亲六眷福寿长呀！

伏以：（众喝彩）好啊！

手持金绳提金龙，金龙挂在半空中。

摇头摆尾真威风，我问金龙归何处？

金龙奔向紫微宫。龙子龙孙万代官。

（5）遣煞歌

天地开张喜洋洋，手拿金鸡玉啼，万年府堂。

伏以：（众喝彩）好啊。

此鸡是只非凡鸡，王母娘娘送我一只报晓鸡。

别人拿去无用处，鲁班先师拿来除煞鸡。

伏以：（众喝彩）好啊！

鲁班先师送我一把精钢玉斧，

口有两寸半，脑有四角见方。

打起成功七寸强，连脑带柄一尺半寸半长。

斧头拿来开鸡冠，（木匠杀鸡）打开鸡冠取宝血，百子千孙几万兆。

伏以：（众喝彩）好啊！

一点五尺大将军，二点杖杆天长地久星，三点墨斗一副，四点墨签一枝。木签三分三厘宽，剖起九十九条丝，画龙龙戏水，画凤凤朝阳。一点东方甲乙木，二点南方丙丁火，三点西方庚辛金，四点西方

壬癸水，五点中央戊己土。（鸣爆竹）

天煞归天地，地煞落地钻。

各煞各位，前前后后，大大小小，一切不要阻碍。

各煞各位，角尺圆圆，扎马向天，快马加鞭。

（6）浇梁

其一

伏以：

（众喝彩）好啊！

东家良辰上金梁，浇好金梁万代祥。东家送我一对瓶，黄金千两巧打成。

瓶上金顶和宝盖，瓶下莲花托金身。若问此瓶装何物？高粱米酒内中藏。

这酒不是凡人造，杜康神仙造酒浆。主人匠人总不尝，我现用它来浇梁。

先敬天堂上玉帝，二敬地府地藏王。三敬三位公侯爷，四敬四方土地王。

五敬五路财神灵，六敬福禄寿喜相。七敬七子大团圆，八敬八洞各神仙。

九敬九天众仙女，十敬张鲁二班师。十杯酒敬十神仙，十位神仙到堂前。

金瓶收起，木龙请起。恭喜恭喜，发财到底。

其二

伏以：（众喝彩）好啊！

一把酒壶是白洋洋，酒壶里面真是好酒酿。

别人拿去无用处，鲁班弟子拿来敬正梁。

浇梁浇在东，代代儿孙在朝中。浇梁浇在南，状元富贵万年长。

浇梁浇在西，代代儿孙穿朝衣。浇梁浇在北，代代朝中代代发。

浇梁浇在中央戊己土，代代朝中百万户。

年年四季，大吉大利。川流不息，五谷丰登。

风调雨顺，国泰民安。吹打先生是闹洋洋。

（7）抛梁

主梁安好位后，工匠师傅在屋顶开始边喝彩边抛梁，俗称"抛八仙馒头"。抛梁所用物品主要为的梁粽、梁米、公鸡、糖、饼、干果等。浇梁完毕，木匠从梁上垂下绳索，房东将抛梁物品用箩筐装好，粗工以将其吊上房梁，绑在正柱上。木匠师傅与石匠师傅分坐梁两头，开始抛梁。东家于梁下安排四位家人分头紧扯红单一角，张开，迎接抛下的物品。木匠于梁上依次将梁米、梁粽、公鸡抛下，房东家人以红被单接好后包起带走，名为"接宝"。二位匠师分头从梁上按东西南北四向再抛下糖、饼、干果、钱币等，任由围观亲友哄抢，寓意丰收吉庆。抛梁完毕后，木匠要留一部分抛梁食品留在箩筐里退给主人十个梁粽，称为"金银归库"。房东将其分给亲朋好友和匠人。表示慰问还礼。

伏以：（众喝彩）好啊！

抛梁先抛中，当中一对紫童红。童红接着千年发，手扶南山不老松。抛梁抛到东，东方日出满堂红。抛梁抛到西，麒麟送子挂双喜。抛梁抛到南，子孙代代做状元。抛梁抛到北，囤囤白米年年满。抛梁抛得处处有，四方邻居带喜归。主家量大福气大，八方美名传佳话。

（8）晒梁

抛梁结束后，木匠师傅喝彩，让众人退出新屋。让太阳晒一下屋梁，称为晒梁。至此，上梁仪式全部完成。

伏以：（众喝彩）好啊！

鲁班先师下金梁，各位神圣回本宫。从此来龙风水应，世世代代永其昌。

采访对象：黄鹤（德兴档案馆）

采访人：许飞进

2016年12月

8. 广丰区民间建房上梁仪式与上梁文[1]

1）上梁前的准备工作。

（1）祭主神。广丰地区传统上梁前，照例要向主神行祭拜之礼。

---

1 广丰民间建房上梁传统仪式 [EB/OL]. http://www.360doc.com/content/24/0428/13/7108612_1121692631.shtml 笔者在引用时，对断句做了些修改。

所祭主神仍为"何叶仙师、鲁班先师、杨公先师"。江西广丰等地以备"斗灯"(木斗装谷，用红纸半围其上，内竖一镜一剪，点上香烛，供些避邪的银纸)及猪头等。通常是5样菜，5样果。另外要备上：鱼、猪头、酒、笔、墨、砚、伞、五色线、胭脂、米筛、镜、香烛、元宝等，还要燃鞭炮。

(2)确定上梁时间。上梁的时辰，各地不一，多是在半夜或黎明前，以"日出卯时"为佳，有的人耽心白天人杂，若撞上孕妇或戴孝者易犯"冲"，甚为不利；且白天人多嘴杂，看热闹者难免说些不吉利话，故选夜里人少可避"冲"。也有选"正晌午时"的，多选在正午12时。上梁时辰既定，东家遍告亲友。到时亲朋均会来帮，并带来贺礼。有的地方称贺礼为"祭庐包"，有肉、面、烛、炮、毛毯等，至亲者还要送红彩绸一条，俗谓"挂红"，另有粽母、粽子、小篮子、灯笼之类。

(3)贴横批竖联。临上梁时，要在梁、檩上贴横批、竖联，用红纸写上"龙甲科凤""吉星高照""上梁大吉""紫微驾到""万年宝盖"等吉语。并高悬灯笼(上书"百子百孙"等)，点香烛，鸣炮"百响。

2)出煞

一些地方还杀猪宰鸡，俗称"打花""公鸡剖红"；称之为"出杀"或"出煞"，目的是驱晦镇邪。

旧时，广丰人"出煞"，请风水先生、木匠、石匠参加，3人共说祝词："日吉时良，天地开张，年通月利，时候正当"；

子夜里以"三牲"(鸡、鱼、猪肉)之血打花，从屋里滴到屋外，由石匠诵道："荷叶(先师)出杀身，左手拿公鸡，右手执宝刀，此鸡不是会犯鸡。王母仙娘，待我压杀鸡，逢山山要过，逢水水漂流。此刀不是会犯刀，荷叶仙师使宝刀，天杀打到天上去，地杀打在地中藏。年杀归年位，日杀归日方，日杀时杀，一百二十四位神仙恶杀，这只雄花朱顶当"。

出煞时须保持肃静，不出声，不鸣炮。上梁时，顶梁两端分别由泥瓦工或木工各掌一头抬起，用绳索或红蓝布做的"背带"将其吊起，放到顶梁上（多从檐前扶梯处缓缓送上）。有些房主还选生肖较好（如属龙、属虎）的抬梁；有的地方由母舅及德高望重、子孙昌盛的长者扶梁。

3) 压梁

民间还有"压梁"习俗。压梁多用娘家亲人、朋友送来的谷子（装入布袋）和红布、豆腐、灰肩糕、碗、盆、红布或红毯、楼梯等。内写上"紫微銮驾"等字，压在梁上。有的地方压梁谷由外甥或小舅子送来，上梁后3日取下，屋主还谷或给谷钱。各地压梁方法各异。广丰人喜在大梁两端压上共计18元8角8分的硬币，分成4叠，名为"镇钱"（意"挣钱"，因"八"与"发"谐音）。有的地方在梁上放置麻、豆、谷、麦、明钱等"七宝"，中央贴"八卦图"，两端悬粽、红酒、谷子、银钱等压梁。

当屋梁两端放正，锤入榫钉后，还要行"抛梁"仪礼，即从梁架上抛撒食物。有的地方多撒丢粽子、包子、爆米花、糖果、花生之类，为"大吉大发"。有的地方由房主扔下水果糖、米粿、甜包等；或把花生（象征出人丁）、龙眼丁（象征子孙当官）、红枣（象征"越过越红火"）及硬币撒下。

4) 喊梁

民间上梁礼中最有趣的当属"喊梁"。喊梁也称"呼龙"（民间传说梁为"龙"的化身，故喊梁也作"呼龙"），即说吉利话。上梁时由工匠喊梁。上面由有声望的师傅喊吉语，下面众工匠齐声应答。广丰人称为"喝彩"，有的地方称为"呼梁出煞"。

(1) 安师请神仪式。一般指在新屋上厅神龛前安置地理、木匠和石匠的先师，地理为杨公先师，木匠为鲁班先师、石匠为何叶先师。神龛前预备三个米斗，各米斗内放置稻谷和油灯：左斗为地理先师，在斗内放置带秤砣的大秤、算盘、镜子、丝线、剪刀和罗盘等。中斗为何叶先师位，在斗内放置泥池、吊砣等泥匠用具。右斗为鲁班先师位，斗内放置角尺、墨斗和凿子等木匠用具，所有用具都用红纸缠绕。安师仪式上进行请师、祭师。

①地理先师喝彩：伏以！此种宝镜不一般，一照金光千万丈，妖邪精怪一扫光，东南西北皆无忌个个长命富贵人。伏以！天地开张，

日吉时良,紫微拱照来上梁,儿孙满堂富贵扬,五世同堂安康寿,千子万孙世代昌。

②石匠先师喝彩:伏以!天地开张,日吉时良。何叶先师应请来,黄道吉日喜洋洋,锣鼓爆竹敬天堂,东家今日屋上梁,钢筋水泥当主梁,上梁正值丰收年,喜逢黄道降吉祥,亲朋好友来庆贺,财源福气满家降,良辰吉日把梁上,荣华富贵万年长!

③木匠先师喝彩:伏以!天地开张,日吉时良。立柱动土黄道日,上梁正逢紫微星。我问此梁生在何处?长在何方?生在昆仑山上,长在卧龙山岗。大树长了数千年如对,小树长了树千年如双。八洞神仙从此过,眼观此木深丈长。特请东家做主梁,有请鲁班下天堂。大树一放,枝桠镏光。有请十八罗汉,搬下山岗,运到码头,飘入长江。运到东家,做一主梁。

④三师共喝彩:日吉时良,天地开张。年通月利,时候正当。

5)上梁祭梁仪式

(1)地理先师宣呼上梁祭文:

日头出来紫金开,我把仙龙请进来。四大财神送宝来,大神送的是一缸金,二神送的是一缸银,三神送的是摇钱树,四神送的是聚宝盆。家有主梁,福寿安康;家有主梁,粮食满仓;家有主梁,钱存银行。上梁大计万事如意。

爰有一泗天下,南瞻部洲,今据*国*省*市*县(区)镇(乡)*居(村)地方界下居住福宅延生弟子*,生于公元*年*月*日*时,今择选于公元*年*月*日*时上梁。

今立案焚香,启建坛场,叩拜苍穹之下,拜请玉皇大帝陛下,无极瑶池王母娘娘、玄天上帝、上元一品赐福天官紫微大帝、大慈大悲观世音菩萨、文昌帝君、关圣帝君、无极神农、皇帝九天、东厨司命真君、日宫太阳星君、月府太阴星君、金木水火土五行星君、值年太岁星君、南北斗星君、主福主禄星君、消灾降福星君、九天玄女、鬼谷仙师、鲁班先师、地藏王菩萨、本保土地、大德龙皇、天地神明。在天者,腾云驾雾;在地者,推车驾马;在水者,摇船驾浆。

揭开云头,含香降临。虔备上界斋疏果品、灯座酒筵、经卷纸锭、上凌玉帝陛下，同时下界备足三牲、礼巽酒筵、斋蔬果品、金银珠宝、香楮清酌之仪，兹逢上梁吉日酬恩，伏望天地菩萨神灵，慈悲受纳。炉中清香，高灯宝烛，香花果品，绿水清茶米酒，庇佑延生福宅弟子。星辰高照，禄马扶持，脚踏四方，方方吉利，身高影大，万事恒通，行在人前，座在人上，保护老幼，老者如青山不老，幼者如江水长流。男添百福，女纳千祥。求福者福如东海，求寿者寿比南山，读书者名标金，事业者、百业者百业兴旺、万事如意。住此福宅，千子万孙，门庭显耀，世代荣昌富贵！（三跪九叩）

(2) 石匠先师上梁呼唱祭文：

今祭主梁三杯酒，何叶仙师下天堂。一杯酒祭梁头，子子孙孙中诸侯。二杯子酒祭梁腰，子子孙孙穿玉袍。三杯酒祭梁尾，子子孙孙留美名。大厦落成人恭喜，诚祝东家富万年。

一把粮巴撒在东，子子孙孙在朝中。二把粮巴撒在南，子子孙孙考状元。三把粮巴撒在西，子子孙孙穿朝衣。四把粮巴撒在北，子子孙孙流传说。

黄道吉日喜洋洋，锣响炮鸣敬天堂，万宝楼中一柱香，一缕香烟升天堂。查司行君抬头望，独有名主造楼房，太白金星本张奏，玉皇天地递文章。

何叶仙师来寄梁，栋梁何处制何方，制在中国大宝钢，钢筋水泥当主梁。良时吉日宅兴旺，万贯财宝进家堂。良时上梁人丁旺，儿孙富贵大吉昌。左有青龙送财宝，右有白虎进田庄。禄到宅前人富贵，马到宅后旺儿孙。一进人丁千万口，二进寿命好延长，三进主家发大财，四进主家乡福禄，五进主家万年兴。进乎进乎大富贵。

(3) 木匠先师上梁唱呼祭文：

抛梁彩：伏以！花梁建造有心机，雕刻玲珑手艺奇，号为丹桂厅堂梁，子孙代代步王基，满载苍松山上栽，今朝移作栋梁柱，他年贵子齐锦绣，定中魁元伴帝亲，今朝喜调紫微星，又值天恩天吉星，太阳拱照增福寿，吉祥如意乐长春。

发锤（打尖）彩：伏以！手捧尖齿在高堂，鲁班台下串扇桁。吉日良辰当发齿，锤开齿发福寿辰。一声锤响透天庭，二声锤响保安宁，三声锤响生贵子,四声锤响福寿齐。今日发锤正当时,鲁班先师叫我来,金锤打山山存案,银锤打水水成冰,铜锤打龙龙滚水,铁锤打虎虎过山,鲁班赐我雄锤打,打去凶神来吉神。

安梁彩:

伏以!吉日良辰安栋梁,手提栋梁发丁祥,此梁乃是深山出,沐浴雨露共太阳。经过良工山崖造,献给您厝做栋梁,先安梁头添财宝,后安梁尾纳千祥。

伏以!良时吉日,天地开张,祭梁万事大吉昌。生在深山万丈长,原来姓芳名金娘,弟子请汝来作正中梁,鲁班仙师亲手做,平安顺序富万年。

伏以!一杯清酒敬梁头,主家代代中状元。一杯清酒敬梁尾,主家代代满家伙。一杯清酒敬梁中,主家代代进田庄。

伏以!今日上梁十要求,一要大丁发万口,二要五谷丰登,三要百生结千生,四要皇皇发福,五要五谷丰登,六要六畜兴旺,七要牛马满山藏,八要荣华多富贵,九要九子状元郎,十要福禄寿延长。

伏以!天地吉祥,日吉时良,先请阴阳,再请鲁班,请到鲁班先师,缔造万年华堂,前面造起都督府,后面造起宰相堂,左边造起金银铺,右面造成囤谷仓。

伏以!中梁中梁,出在何方,出在九龙山上,东家带我一看,上有千叶覆盖,下有九龙盘根。东家请砍下,架在桌码之上,小师傅剥树皮,大师傅量尺寸,前面做起狮子口,后面做起四角方。伏以!天地诸神,任我请求,求福则福如东海,求寿则寿比南山,求禄则禄享千钟,求丁则丁开万族。

(4)地仙、石匠、木匠三人共呼祭梁词:

伏以!上梁欣逢黄道日,立柱巧遇紫微星卜云其吉;奠厥攸居。竖千年柱;架万代梁。吉星高照;福地呈祥。旭日悬顶;紫微绕梁。

伏以!梁起户聚瑞;瓦铺门纳祥。天眼照宅地,阳光撑栋梁。花发立柱日;鸟歌上梁时。金梁光耀日;玉柱力擎天。

伏以!花发立柱日;鸟歌上梁时。肇启文明运;宏开富有基。喜竹苞永茂;庆磐石长安。青龙缠玉柱;白虎架金梁。

伏以！画锦来三凤；奎光聚八龙。地势开华阀；天时焕紫微。埋地奠新业；基实撑大梁。上梁喜鹊叫；竖柱彩霞飞。大竖擎天柱；高加创业梁。吉日开黄道；祥星辉紫微。忠诚作柱石；耿直为栋梁。祥云笼吉地；嘉树拂新轩。

伏以！竖柱遇吉日；上梁逢良辰。玉柱擎红日；金兴入紫微。夯基符地利；上梁合天时。人和大梁正；世盛家业兴。龙腾日有吉；凤舞云呈祥。竖贞瞻柱石；巩固庆苍桑。

伏以！千秋事业原非易；万代根基由来深。吉日立柱凝百瑞；室砌祥辉五色云。鸣花炮声声道喜；起大梁步步登高。旭日朝临新气象；吉星拱照大文章。驾起祥云连北斗；堂开瑞气焕春光。坤正奠定兴家业；基实撑起继世梁。

伏以！花开富贵人开眼；日上中天屋上梁。择地适逢中兴日；上梁正值丰收年。金梁灿灿光耀日；玉柱巍巍国擎天。定磉欣逢大好日；上梁正遇幸运时。宝盖呈祥香结彩；银台报喜烛生花。门闾恢廓容旋马；筑构轩昂绕瑞云。

伏以！玉柱功撑蓬勃丰采；金梁高回潇洒新姿。画栋雕梁大启尔宇；竹苞松茂伟观厥成。平安福地紫微拂栋；椿萱亲茂喜溢高堂。星耀紫微辉生画栋；日占黄道喜建雕梁。吉日甚吉大梁宜举；良辰皆良根基固坚。

6）打煞出煞仪式

广丰传统做房竖屋"打煞"，是一种所谓驱邪逐鬼风俗，一般选在正午时分，认为此时"煞气"最重。先由木匠祭天地，请诸神，木匠抱着一只大红公鸡，用斧头划破鸡冠，将鸡血滴在酒中，涂沫在工具上，边涂边喝彩，众亲友站立各处，每人手持两把薄竹片，随着木匠有节奏的喝彩声，一边大声应和，一边使劲拍打木柱，最后，木匠大喝一声："煞气那里逃？"手握五尺（木匠文量工具）迅速追出门外，众人也跟着木匠一起追出，一直追到村前水口方才罢休，俗称"掠煞"。

（1）石匠掠煞喝彩：

伏以！东家赐我一只鸡，身穿五彩绿毛衣。此鸡不是平凡鸡，王母娘娘抱小鸡。白天昆仑山上放，半夜子时把钟啼。

伏以！皇帝听了金鸡叫，急忙起床穿龙袍。臣子听了金鸡叫，急忙起床把王朝。学生听了金鸡叫，背着书包学堂跑。农夫听了金鸡叫，犁钯锹锄田间跑，婆婆听了金鸡叫，急忙起床纺棉条。

伏以！金鸡祭了梁的头，子子孙孙是王侯。金鸡祭了梁的腰，子子孙孙戴纱帽。金鸡祭了梁尾上，子子孙孙在朝纲。主梁主梁长又长，飘飘荡荡坐中堂。

伏以！东家捉来一只鸡，此鸡不是平凡鸡，身穿五彩绿毛衣。东家端来一瓶酒，荣华富贵代代有。东家拿来一条烟，财源滚滚万万年。

（2）木匠掠煞喝彩：

伏以！金鸡金鸡，出在何方，出在昆仑山上，长城凤凰岭中，宝金鸡，生金蛋，一个金鸡生金蛋，两个金鸡变凤凰。

伏以！金鸡头戴金冠帽，身穿五色凤凰衣，脚踏八卦乾坤图，两翅能飞上天宫。帝听得金鸡啼，坐朝叫；百官听得金鸡啼，上朝时；娘娘听得金鸡啼，做花结朵时；和尚听得金鸡啼，撞钟擂鼓时；鲁班弟子听得金鸡啼，正是出煞时。

伏以！请到鲁班仙，赐我一把金斧头，上不打天，下不打地，专打一百另八种煞，打得恶煞无处藏。伏以！此鸡有名堂，原来在西天，如何到中原？此事问何人？只问西天取经人。唐僧带回六丁蛋，生出金鸡满天飞。飞到稻田变田鸡，飞到家中变家鸡。如今家鸡变金鸡，点梁头金玉满楼。点梁中，子孙受封；点梁尾，儿孙及第。

伏以！煞神煞神，听我号令，不听我令，先斩后奏。不可损坏凉亭房屋，不可伤害男女老小。

伏以！见石石穿，见水水干（念"官"音），桌码一颠，百煞朝天。最后，木匠大喝一声："煞气那里逃？"大众手持竹条追赶木匠到水口止。

7）抛馒头仪式。馒头有两种，一种是大如饭碗的大馒头，叫"子孙馒头"，另一种是小如指头的小馒头，称"菱角馒头"。

石木匠对唱，他们各自提着盛满馒头的大竹篮沿着长梯爬上屋顶，边爬边喝彩：

（石匠喝彩）：伏以！脚踩木梯步步高，手抓馒头代代兴。（木匠喝彩）：伏以！一脚踩在楼梯上，代代富贵寿命长。

（石匠喝彩）：伏以！二脚踩在楼梯上，金玉满堂财丁旺；（木匠喝彩）：伏以！三脚踩在楼梯上，三星高照个个强；

（石匠喝彩）：伏以！四脚踩在楼梯上，四品皇堂做朝官，（木匠喝彩）：伏以！五脚踩在楼梯上，五子登魁福绿高；

（石匠喝彩）：伏以！六脚踩在楼梯上，六谷丰登谷仓盈；（木匠喝彩）：伏以！七脚踩在楼梯上，七姐下凡好姻缘；

（石匠喝彩）：伏以！八脚踩在楼梯上，八仙庆贺五世堂（木匠喝彩）：伏以！九脚踩在楼梯上，门庭显耀运长久；

（石匠喝彩）：伏以！十脚踩在楼梯上，子孙满堂堂堂圆。（当石木匠人爬到屋顶时，东家就会派四人在大厅中间摊开一幅被单，房顶上的匠人这时又高声喝彩）：

（石匠喝彩）：伏以！东家馒头个个甜，子孙发财又买田；（木匠喝彩）：伏以！大馒头，个打个，小馒头，对成对。（边喝彩边将大馒头扔进下面的被单上（这种馒头不能让众人去争抢），有时也有对不准的，将大馒头扔到地上，有的东家便会不高兴，认为"坏了大彩头"。

抛完了子孙馒头后，便开始广撒小馒头，匠人们在屋顶上高声喝彩：

（石匠喝彩）：伏以！馒头落在东，代代子孙做相公；（木匠喝彩）：伏以！馒头落在南，代代子孙福寿长；

（石匠喝彩）：伏以！馒头落在西，代代子孙穿朝衣；（木匠喝彩）：伏以！馒头落在北，代代子孙做官客。

数据来源：网络
文献采集人：许飞进
2024年10月

9. 铅山县石塘镇东祝宗祠上梁仪式与上梁文[1]

2017年5月13日，农历四月十八，穀旦。铅山县石塘镇东祝宗祠戏台上大梁。在铅山民间，喝彩也即发彩、起彩。喝彩不是简单的叫好，而是要说一套祈福的话。不同的喜事有不同的喝彩内容。说一句吉利话，众人齐声喝一声"好哦"。这样一唱一和，场面极其热闹喜庆。

---

[1]【民俗铅山】喝彩，石塘东祝宗祠 http://www.jxyanshan.gov.cn/jxyanshan/wwgj/201708/da74cbfa03f74fb280f9b9f9c19e86ef.shtml

祭品：米酒。糖果糕点，祭祀完毕从大梁洒下来，让大家哄抢。

串堂班子。吉时已到。准备就绪。嘉宾喝彩。

铅山石塘起屋上大梁时要喝彩，喝彩时头一句一定要喊一声"伏以"，这是什么缘故呢？传说伏以是鲁班的第一个徒弟，聪明伶俐，心灵手巧。因为遭鲁班错怪，从屋顶摔下致死。鲁班很内疚，从此做屋上梁喝彩时，总要先喊一声"伏以"，以示纪念。这个规矩，代代相传，一直传到今天。

来宾拿起红布，一边发彩，一边在大梁的前、后、中间三部分象征性地捆绑一下。

喝彩：伏以诶——，

一祭梁头，拜相封侯，（好哦）；

二祭梁尾，加官进喜，（好哦）；

三祭木梁中，中央戊己土（好哦）；

戊己土上出彭祖，彭祖寿高八百八，（好哦）；

一对梨花闹洋洋。（好哦）；

(梨花指吹起喇叭唢呐)

祝祥福，84岁，石塘木工泰斗级人物。石塘通卢志坚的师傅。当年卢志坚正是在他门下学木工。

上梁仪式由祝祥福主持。

伏以诶——，

手攀一川梭柁树，（好哦）；

手攀二川紫檀香，（好哦）；

手攀三川黄连木，（好哦）；

步步登高上天堂。（好哦）；

脚踏云梯步步高，（好哦）；

上得九天摘仙桃，（好哦）；

左手摘得三五个，（好哦）；

右手摘得七八双，（好哦）；

老者吃了添福寿，（好哦）；

少者吃了福寿长，（好哦）；

男人吃了生贵子，（好哦）；

女人吃了配上一个状元郎，（好哦）；

笙箫鼓乐闹洋洋。（好哦）。

众人喝彩完毕，准备上梁。

用绳索将大梁两头绑定，人工斜拉起吊。

要将大梁的榫卯与屋架的榫卯对准，还必须有人挑起大梁。

挑大梁的祝荣林，70岁。

最激动人心时刻到了，糖果糕点都将从天而降。

这个方法好，糖果直接落进围兜里。

爷爷只抢到几颗糖，小女孩有点不开心。

这么热闹的场面，人来了，神来了，煞气也来了。

煞尖，木匠师傅蘸墨画了符，代表鬼怪煞气。

打煞是必须的。

打煞的主持和护法。

鸡冠上的鸡血要靠牙齿咬出来。

驱赶煞气的鞭炮。

打煞的用具有从中间破开的篾片，黄表纸，百子鞭炮。

每人守护一根木柱。

一边呵斥，一边用篾片击打木柱的底部，驱赶煞气。

师傅将鸡冠上的鸡血涂抹在木柱上。

护法师紧跟师傅，在鸡血上用斧头敲一下。

打煞活动结束时，护法男子拿着煞尖跑出，以最快的速度将煞尖扔进水里，手拿蔑片打煞的一众人等，呼喊着赶出，煞气被赶跑，整个上梁仪式结束。

在农村，小孩子在家里疯跑，不耐烦的大人们总会骂一声："出煞啊"。

"出煞"这个骂人的词语从这个仪式中来。

数据来源：网络

文献采集人：许飞进

2024年10月

7.6.3 景德镇市

1. 浮梁县上梁文

(1) 上架梁

其一

脚踏云梯步步高,新造高厅接云霄;上梯一步高一步,下梯步步后来高;小姐要上绣花楼,官官要上读书厅;读得书来识得字,二鼎甲里中头名。

其二

上梁吉日正上梁,主东修座好华堂。门前一对金狮子,门内双凤来朝阳。

左边一棵摇钱树,右边有个聚宝盆。日进财来夜进宝,永振乾坤万世昌。

其三

新造华堂四四方,中间都是鲁班装。上栋造起龙凤角,下栋砌的新花样。

雕花栏杆水磨石,又有龙凤嵌墙上。鲁班弟子上梁后,福禄绵绵万年长。

其四

一座房子四四方,能工巧匠修华堂。前有朱雀来戏水,后有凤凰来朝阳。

鲁班仙师来发墨,八洞神仙来升梁。左手升来生贵子,右手升来状元郎。

其五

今日鞭炮喜洋洋,恭贺主东上正梁。此梁本是天上降,降给主东添吉祥。

少者添喜老添寿,后代子孙状元郎。添钱添粮添财宝,荣华富贵万年长。

其六

一进门来喜洋洋,主东修座好华堂。左青龙来右白虎,又有朱雀并凤凰。

后面有座好靠山，前面风光正朝阳。人财两旺生意好，主东万事都兴旺。

被采访人：吴逢辰等
采访人：许飞进
2016 年 11 月

2. 乐平市涌山镇涌山村上梁文

傅（伏）矣！

天地开张，欲其栋梁。听我开张，你身在哪里，长在哪方。山在昆仑山上，长在紫金路旁。鲁班师傅打马过，瞧见一根好栋梁。带回马，等回家。回去贤东做商量。行行去去，去去行行，一心仍在昆仑山上。抬头一看，上有乌云盖顶，低下一看，下有九龙盘墩。中间一望，一直弯弯好做万年栋梁。

先烧纸，后点香，谢过山神砍栋梁。一斧砍来金鸡叫，二斧砍来凤凰啼。三斧砍来，四斧砍来，千斧万斧砍在平坦之地。大锯当锯树墩，小锯当锯凤凰啼。打切的打切，垮皮的垮皮。上手师傅当头来拉线，中位师傅立两旁，斧头报上鱼鳞片片，奔斧奔去路路成双。鲁班师傅请动天兵天将，将鲁班师傅请动上八路神仙。将梁送去划堂内，打挂炮竹做栋梁。长刨刨来光如柱，短刨刨来放日光。两头造就龙牙凤榫，中间划起双凤朝阳。木听匠人嘱，匠听主人言。我今嘱你四件大事，你要牢记心房。第一件：多福多贵，二一件：多子多孙，三一件：六畜兴旺，四一件：永葆平安。从我今祝以后，百子千孙福寿万年长。

手拿绫罗数丈长，绫罗出在苏州杭。苏州女子真乖巧，织匹绫罗做栋梁。

一缠贤东多富贵，二缠谷米百万仓，三缠儿孙多兴旺。四缠……（缺）

被采访工匠：项发根
采访人：许飞进
地点：乐平市洪岩镇项家庄
2016 年 8 月

7.6.4 南昌市

1. 进贤县上梁文

（1）祝梁：

伏以：

一对金花满天开、有请鲁班先师下凡来。请得高明先生看得年庚月利来，看得前面造起都督府，看后面造起宰相堂，左边造起金银库，右边造起积谷仓，金银库内出财宝，积谷仓出谷王。

伏以：天地开张，日吉随梁，随梁随梁，生在何处？落在何方？生在昆龙（仑）山上，落在九龙梗上。鲁班弟子打马山前而过，左眼看看，右眼望望，看到二根古木，好做栋梁。扭转马头摆转马尾，急急忙忙跑回家乡。有请贤东老板作（做）个商量，多把银钱买回二根古木好做栋梁。一走走到十字街上，请到龙院二位锯匠。茶店吃茶，酒店吃酒，付个茶酒钱，急急忙忙带到昆龙（仑）山上。打一个火，吃一根烟，烟头一丢，衫袖一扭，急急忙忙就动手。头一斧当到金鸡叫、第二斧当到凤凰啼，第三斧放至平坦之地，千人抬不动万人扛不起。年年有个春，二、三月洪水溧溧荡荡，荡到某某码头之上。贤东老板，请到汽车一辆。大家搬的搬，扛得扛，扛上车，一拉拉到某某府上。抬个抬来，扯个扯，扯上木马。大头量到小头，不长不短，小头量到大头，不短不长，刚刚适好做栋梁。老师傅手来吊墨，少师傅站在两旁观望，牛师傅楠皮又打节。斧头一过龙现爪，楠刀一过好像袍玉带，中刨一过光而景，长袍景而光，短跑一过好似朝里象牙骨子样！

伏以：我今喝彩以后，荣华富贵万年长！

（2）致酒

伏以：手提一对瓶，千两黄金好打成，上打金狮来盖顶，下打莲花托酒瓶，酒是酒，茶有茶个分音。茶叶出在何处？出在福建高山岭山。春二三月，茶叶青青，三四月茶叶茂盛，五六月摘回家中。请到木工师傅做个茶箱，运到外国换回银钱，回到家乡。酒是个早落泥，万担归（？）仓。春二三月，禾苗青青，三四月禾苗茂盛，五六月割回家中，大担小担，担进仓房，小担大担担进木桄房，碾到珍珠白米，担进槽房。

度江（杜康）造酒有奇方，寅时造酒卯时香。刘备打马山前过，一阵仙风一阵香，刘备下马喝三杯，醉得刘备笑嘻嘻。酒致东，好似孔明借东风，借到东风哈哈笑，保驾将军赵子龙。酒致西，好似树丫小姐遇贤姬，小姐本是天仙女，还是凡间状元妻。酒致南，好似包公去课堂，三遍文章分左右，笔亲点状元郎。酒到北，北边有个卫其（尉迟）敬得（德），单身匹马去救主，万里江山一起得。酒致天，天上有位活神仙；酒致地，地下有山神并土地。酒致上，上有麒麟并狮象。酒致下，下有神仙来答话。酒致梁头，文官拜相，武官封堂。酒致梁尾，家有千担财粮，万担财米；酒致中央太极图，太极图中出朋（彭）子，朋（彭）子寿高8佰8，我愿贤东快快发。朋（彭）子寿高九百九，我愿贤东世世代代有。

伏以：我今喝彩以后、荣华富贵天地久！

（3）致鸡

伏以：贤东送我一只鸡，生的头高尾又低，

头戴红冠大耳帽，身穿五色紫龙袍。

此鸡不是非凡鸡，王母娘娘报晓鸡

一更时不可乱叫，二更时不可乱啼

三更四更正当时，开金冠、取宝血，

一不致梁头，二不致梁尾，

三要致我鲁班先师起，雄鸡头上血又饱，

致了先师致步稿，雄鸡头上血勾勾，

致了步稿致墨斗，致了墨斗不肖哇，

连带曲尺做一下，雄鸡头上血又糟，

致了曲尺致泥刀，雄鸡头上血又广，

致了泥刀致石磉，雄鸡头上血鼓鼓，

致了石磉致栋柱，雄鸡头上血者者，

致了栋柱再致符老爷。

伏以：一致梁头，文官拜相、武官封堂；

二致稞尾，家有千担黄金，万担粮米；

三致中央太极图，太极图中出朋（彭）子；

朋（彭）子寿高八百八，我愿贤东快快发；

朋（彭）子寿高九百九，我愿贤东世代有。

伏以：我今喝彩以后，又富又贵万年长。

（4）展梁

伏以：

手提红绸无数丈，红绸立在苏州杭。

苏州女子真乖考（巧），手抛梭子两头忙。

脚达（踏）高机丁当响，织击红绸展栋梁。

一展王龙归大海，二展鲤鱼跳龙门；

三展桃园三结拜，四展四郎看母归；

五展五男百二女，六展六男为官职；

七展天上七姐妹，八展八仙飘海来；

九展九子十三孙，十展十全齐美来。

伏以：我今喝彩以后，又富又贵大报香。

（5）吊梁

伏以：

一对金狮（丝）软如棉，拉起王龙在半天；

昨日王龙马上坐，今日王龙成了仙。

王龙落在狮子上，金银财宝堆北斗。

伏以：我今喝彩以后，荣华富贵万万年！

（6）吊宝袋

1）东边

伏以：

我提荷包两面红，先钓鳌鱼后钓龍；

吊起鳌鱼龙摆尾，吊起龙来凤凰啼。

头戴乌纱帽，身穿紫龍袍，

脚穿朝靴达（踏）云梯，手牵兰衫兜宝贝，

别人兜到无用处，贤東兜到买田地；

買田要買坵连坵，做屋要做楼上楼。

2）西边

伏以：

兄站东来弟站西，手牵兰衫兜宝贝，

别人兜到无用处，贤東兜到上棵時，

亲朋好友来恭贺，恭贺贤东福贵来，

我今喝彩以后，年年富贵，世世平安。

(7) 祝福

伏以：

上大人来喜洋洋 孔夫子来造华堂；

化三千来生贵子，七十士来去科堂；

尔小生来兜金榜，佳作仁来加宰相；

可支礼也出人王。

伏以：我今喝彩以后，荣华富贵万年长！

被访谈人：曹德文

采访人：许飞进

地点：进贤县城

2009.10.23

2. 新建区上梁彩词

(贺彩调) 新建县

(1) 上梁

天地开张，日吉辰良，黄道吉日，正时上梁，此木生在何处？长在何处？

生在赣州山上！鲁班先师，打马山前过，观见此木，好做栋梁，带转马头。

摆转马尾，来到贤东家里，与贤东作下商量，多办银钱。

走到大街之上，请有二位铁匠，为办龙头锯一把，月斧两张。

走到赣州山上，一斧砍得金鸡叫，二斧砍得凤凰啼，三斧四斧将树发落。

苑在赣州山，梢在赣州城。

千人不能抬，万人不能移，但等青山绿水，洪水泛长，漂漂荡荡，漂到贤东码头上。

多请少年英雄,扛到鲁班弟子码头上,大锯罗苑,小锯罗梢。

斧头过,路路投降,刀刀过,朝中阁带,长刨过,光而紧,中刨过,紧而光。

短刨过,放毫光,墨斗过,文王访贤,老师傅悬丝吊墨,少师傅各在两旁。

两头造得龙牙二榫,半中造得双凤朝阳,中间造出太极图,太极图上绘彭祖。

彭祖寿高八百八,我贺贤东一千秋,自从今晚喝彩后,大富大贵大吉祥。

(2) 祭酒

伏以!贤东赐我一对瓶,千两黄金好打成,上打金狮来盖顶,下打莲花托酒瓶。

此酒谁人所造?杜康所造!杜康杜康,做酒来酿,寅时造酒,卯时就香,此酒这般好处,听我细说言张,第一资宾待客,第二做屋上梁,第三婚姻喜事,第四置买田庄。

酒祭东,好比孔明借东风,刘备打马关前过,关公饮酒两面红。

酒祭西,槐荫树下遇仙妻,芙蓉花开送子归。八方喜事乐洋洋,十八举子奉科场,黑夜赶上阳光道,状元榜眼探花郎。

酒祭北,好比当朝呼敬德,手提单鞭来救主,后来江山一起得。

祭梁头,代代儿孙封王侯。祭梁尾,代代儿孙在朝里。

酒祭中央太极图,太极图上出彭祖,彭祖寿高八百八,我贺贤东一千秋。

自从今晚喝彩后,大富大贵大吉祥。

(3) 缠梁

伏以!手提绫罗数丈长,绫罗出在苏州杭,苏州女子多乖巧,梳妆打扮进机房。

手提机梭叮当响,织起绫罗缠中梁,左缠三层生贵子,右缠三层状元郎。

自从今晚喝彩后,大富大贵大吉祥。

(4) 敬酒

伏以！贤东赐我一只鸡，生得头高尾又低，头高能栽千担种，尾低栽得万担粮。

头戴红冠绿耳，身穿八宝五色毛衣，脚踩文王八卦，口啄皇上白米。

此鸡不是凡间鸡，王母娘娘报晓鸡，一更不乱叫，二更不乱啼。

但等三更五鼓报晓时，开金冠，借宝血，祭梁头，儿孙代代能封侯。[1]

采录者：陶学湖

3. 南昌县上梁彩词

（上梁调）南昌县

(1) 调梁

调梁，选用做大梁的木头。

一步走来二步跟，三步四步走到栋梁边。

栋梁栋梁啊，生在何处长在何处？生在活龙头上，长在昆仑山上。

桥梁是何人所见？是鲁班弟子。伏以，归来喊得贤东啊，多带银两多化银两，买到直木好做栋梁。抬头一看，树高万丈，低头一望，好做栋梁。栋梁，栋梁，摆在平原地上。放在鲁班弟子马上，碰到两位锯匠。手提龙锯一把，月斧一张。

左眼观观，[2] 右眼瞄瞄，瞄到此木是一根好栋梁。

金锯锯（缺字），银锯锯梢，老师傅擎手摆墨线，师傅站立两旁。

头一斧砍到金鸡叫，二斧砍到凤凰啼。

墨线一打好比弹弦子，斧头一砍好比打檀板。

刨子一削，好比腰儿带，刨子一削，好比光面锦，

长刨一刨，锦更光，光刨一刨，好比玉龙背上放毫光。

自从今日喝彩后，荣华富贵大吉祥。

(2) 祭梁

祭梁是大梁上架前的祭祖仪式，多由木匠主持，或杀鸡沥血，或

---

[1] 见《中国歌谣集成江西卷》。
[2] 左眼观观：即用眼瞄瞄。

洒洒祭祀。

手提鸡拜四方，坐得头高尾又长。头戴红冠绿耳帽，身穿五色八宝衣。

此鸡不是凡间鸡，王母娘娘报晓鸡。一更不能乱叫，二更不能乱啼，三更四更正当时。

一祭梁木，百万飘飘。二祭梁尾，万担柴米。三祭梁中太极图，太极图中出彭祖。

彭祖年纪八百八，我愿贤东早早发。彭祖年纪九百九，我愿贤东早早有。自从今日喝彩后，荣华富贵万年花。

（3）斗屋

斗屋是南昌县方言，即安装屋架。手拿月斧响叮当，提起月斧斗穿方。一斗一穿生贵子，二斗二穿出贵王。三斗三穿黄金屋，四斗地脚紫兰香。五斗五穿千行邦，六斗楼顶一样长。七斗平均当中方，八斗栋柱立两旁。九斗桁条来相造，十斗单子钉满堂。

上面盖起琉璃瓦，琉璃瓦上放毫光。日出黄金夜出银，贤东人财两相旺。

（4）树（竖）屋

树（竖）屋是将安装好的屋架立起来，准备安大梁。日出东边喜洋洋，照见贤东造华堂。

左边竖起摇钱树，右边竖起聚宝盆，摇钱树来聚宝盆，日出金来夜出银。

（5）交地脚

新交地脚色色新，交起地脚好添丁。添丁莫添凡家子，要添天上吕洞宾。

一岁二岁食娘奶，三岁四岁又好玩。五岁六岁进学堂，读书读得好又好。

三年碰到两年考，考又考得很突出，文武状元一起得。

采录者：吴醉，涂花兰[1]

---

1 见《中国歌谣集成江西卷》。

7.6.5 九江市

1. 港口镇港口村上梁文

（1）夫以（福矣、伏矣）

天地开张，日记时良；鸣锣响炮，点烛插香；三生（牲）忌理（祭礼），摆在中央；香火蜡烛，插立两旁；看的好时好日，正是贤东上梁时。

（2）发（伐）梁

此木生长何处，长在何处仙山？此木出在中华湖南地界，长在四川峨眉山中，出土只有针苗大，阳光雨露育成林；一日就长三寸高，上长七尺朝北斗，下长七尺裂土深，上有凤凰来投宿，下有麒麟伴树眠。贤东听说个是真，手拿银钱筷子饼、白银子，等饼交与鲁班造栋梁。鲁班打马此树过，观见此木可做栋梁。千斧万斧砍不断，一阵狂风折双眼。八洞神仙来搬，霹雳大仙搬下山，旱路行乌龙摆尾，水路行乌龙（pèn）江，一行行至南京木马门。南京木匠请一对，北京盖匠请一双，南京木匠是鲁班，北京盖匠是张良，鲁班斧头七斤重，张良盖锯盖锯友二长，鲁班就把尺来应，张良就把巨来财，财来子？桐正好做皮良，皮的在子，财落苗桐正好做皮梁的顺枋，只要中间一字弯弯生得好，正好做贤东的主梁，一路斧头一路搬，一路跑（缺）放光明，长跑路得平平光，短跑跑得放霞光，前头出龙头样，刨后头出个凤尾行。

（3）祭梁

鲁班造梁造得全。叫声贤东听我言：贤东送来一只鸡，头又高来尾又低，此鸡不是本地鸡，这是王母抱晓鸡，头载（戴）凤冠帽，身穿黄袍五色衣，一更不乱叫，二更不乱啼，三更四更来报晓，正是贤东上梁时，手提金鸡见了红，下下搭在在东梁身，一搭梁头朝兆头，二搭（梁腰）玉帝下凡尘，三拱梁尾，子子孙孙在朝中。

（4）敬梁

放落金鸡就是壶，百两黄金俏大同，此酒不是本地酒，杜康造酒到如今，杜康有个杜康娘，日日关饭到山上，七日七夜来烧火，丝毛盖在饭上，五月天气连雨响，在山下做酒香，开天黄帝匆，只得风在长街满地香，酒有四好，一好朝中摆宴，二好做层上梁，三好娶亲嫁女,四好忌理(祭礼)栋梁。酒祭天,天上有神仙;酒祭地,地下有土地;酒祭东,好比刘备关公;酒祭南,好比云长过五关;酒祭西,好比伍子胥;酒祭北,好比当年胡(尉迟)敬德。

(5)抛梁(登云梯、兜宝袋)

夫以!

文站东来,武站西,二人双双上金梯,日出东方自然晓,我请贤东来拾宝。爆(炮)竹一响门洋洋,恭(公)喜贤东造华堂,立起金柱上银梁。

(6)敲梁

夫以!手提斧敲敲几敲,左敲右敲生贵子,右敲三敲状元回,荣华宝贵万万年。

另外,本地也有缠梁一说。

被采访人:桂师傅
采访人:许飞进
2015 年 8 月

2. 都昌县鹤舍村上梁词

其一:天地故意开张,今天老板上栋梁。栋梁栋梁长在何方,长在紫金山旁。

鲁班师你打马路上过,看见此树好栋梁。旱路来腾云驾雾,水路来黄龙奔江。

其二:冲丧[1]

天地故意开张,前面来龙扑虎,后面案山明梁;左边千年被盖,右边珠壁银墙;上面乌纱盖顶,下面黄龙奔江。一把白米撒在东,今后子孙在朝中,一把白米撒在西,子子孙孙穿朝衣;一把白米撒在南,子孙万代中状元;一把白米撒在北,子孙后代中候德;一把白米撒居中,荣华富贵万万年。

采访人:许飞进
2015 年 8 月

---

1 此段内容应该属于下葬呼龙喝彩词。原作者未区分,此处暂记之。

7.6.6 宜春市

1. 丰城市淘沙镇后坊村范家上梁文

伏以！请起鲁班先师，月煞日煞时煞玫起，钟磬金鼓旗罗桥，煞南方神墙社庙，神煞北方神墙社，里左五里右五里，先师到此有煞线，先斩后奏唔奉鲁班。

澄明□山水本是非凡水，五龙吐出净天地，大帝服之以万年。吾今将来除厌机。

谨请汉朝河东山开封府、朝阳县、万金乡、共居里，野武源东平村、鲁班大匠先师。

公输子贤行，师世王子王孙，诸山眷属。普请下降，赵工做场，受今拜礼，再运真香。虔诚拜请，在场博士九十三名，扶匠五百二十五位郎居。车下儿郎，扶车绞揽儿郎，金魂神仙。鲁班门下，先传后教，且本先师上。□谢师父，江头蔡师父，森源朱师父，江头孙师父，森源广师父，榨坑谢师父，森源广师父，紫竹兀师父，池桥徐师父，城上黄师父，池桥傅师父，虹塘鲁师父，竹源黄师父，横阆刘师父，官城曹师父，钱湖丁师父，莲塘朱师父，车上邹师父，场源饶师父，界小溪钟师父，小溪头黄师父，大构范师父，塘上乐师父，流坑董师父，塘上周师父，小和山马□张师父，泰山赵师父，泰山滕师父，曾坊刘师父，曾坊陈师父，溪头吴师父，夏□□进师父，□上人名，涧高陈神仙□□。

一切有感明神，普请下界，赵工做场，受今祭拜，再运真香。虔诚拜请，鲁班门下，后教历代老少先师。普请下界，起工做场，受今祭拜，再运真香，虔诚拜请，鲁班先师带来，前传后教，老少师父，伏望未圣秀门，鹤桥鸾，暂别宫殿之内，登车乘马，来临场屋之下，今祭拜，再奉真香，一心拜请。左青龙，右白虎，前来王南方吉帝龙王，少方里帝王，西方□帝龙公土世。土子土孙，土家春（眷）属。

一切有感明神，普请下赴做场，受吾今祭拜，再运真香，一心拜请，天地水阳，雷神五界高真，三元三吕，三官尊神，普请祭拜，再保东君获福，虔诚拜请。昊天至尊，请下鲁班先师，祖本先师，云焦二位夫人尊神。再运真香，虔诚拜请，福原山上六位佛祖，神圣尊神，四位金刚三位朝王尊神赵一郎，东方起屋，左青龙，赵二郎西方起屋，右白虎，赵三郎南方起屋，前朱雀，赵四郎北方，后玄武。土府神君，再运真香，虔诚拜请，□屋之后，千年稳固，万载鼎新，爵□亨嘉，个个清泰，合室无□，男童妇女永安康。

止拜请再运真香，广贵灏。三官大帝上元一吕，赐福天官，崇微大帝，中元二吕，赦罪地官，清虚大帝，下元三吕，解厄水官，洞险大帝，三元会上，北圣真君，南寻□王。延寿星君，九天应元，雷声普优，合庙威灵，云十里子星君，银河二十八星君，命行禄马尊神。行年照命星君。

再运真香，一心拜请，南泉教主，普请古佛，如来大姑。故难灵感观世音菩萨，北赵玄天。

再运真香，一心奉请尊王，梅花小姐，棚上棚下，老幼宗师，万讼婆全，口官上帝，马赵王温四大元帅，三百六十感应，天元天星辰，南方火德星辰，东方木德星辰，西方金德星君，北方水德星君，中央土德星君。银河二十八宿星君，万象群真，普请下赵做场，受今祭拜。

再运真香，一心拜请，江西福主许仙真君，太扬州上箫公真君，崇云□上斩龙扬四将军名山洞，伏神仙本属京坊，会乐切门太君瞧楼，鼓阁一切有感，伏神水□属□太宰，本祭北山祠吴尚将军巨□大王合祠主宰石上，□地祠丰下祠劝封灵佑尊王桐冈下七宝大王紫云祠佛祖贤慧相公速近宫寿庙貌，一切有感明神。住宅土府禁将龙神九天东厨司命炤神府君门丞户尉之神，值日銮察神员，銮察神香橙使者，六旺长牛十地，齐请来赴做场，香茶奉献，香茶再前省舌两后，□茅祭占江南第一枝，香茶已□三牲祭礼。以为奉献所有净酒在樽。丌壶酌献初奠□斟，圣道降临，已享已祀，鼓瑟鼓琴，布福乾坤之大，受恩洪海之深，仰冯神府銮情。酒酌二奠人神欢乐。大布恩先，人神喜欢，百事亨临，亨来爵神，二奠已毕。福禄绵长，百事降祥，万福无疆，酒酌圣留思庇信家诸务大吉，昌广进田庄，降福诸祥，向来礼毕七献云通，不敢过献，有□意恭对执宣。今遽奉为江南省、府、县，保居住奉神弟于固为屋宇浅峡，特请□择良利月，吉日吉时吉方，上梁大利架选□塘，梁土辰绳范牢固枋尺稳牢近乡者，同心协力在场君，赤胆忠心皆下香□□前虔诚拜请保平安，四时忠煞消减崇，属代富贵老少。

以上内容仅为请神内容，以下内容为起师退煞、谢师、出煞、上梁祭鸡、祭酒、展梁彩、车梁彩、上梁彩、合彩、上梁扔宝彩、上梁下楼梯彩、扇架上梁彩、起工裁梁彩、拜梁彩、抛梁彩、上大门彩、逢床彩、祭鸡、挂寿匾、上门楼彩。各阶段彩词内容丰富，此处略。

被采访人：范师傅

采访人：许飞进

2017 年 9 月

2. 丰城市段潭乡湖茫村李家上梁文

当年老一辈先人留下的珍贵遗产，他们不满足在朝为官或在外经商，都把在家乡建造新房看着是人生最大的一件喜事，而上梁更是慎之又慎。做新房上梁时，亲朋好友都来庆贺，东家要大摆宴席接待。头天晚上"暖梁"时，亲朋好友要"喝彩"，东家随声应"好"，鞭炮齐鸣，奏乐队锣鼓喧天，真是热闹非凡。

（除煞）伏矣：一出日头紫金飞，王母娘娘报小鸡。一更不能乱叫，二更不能乱啼，三更正当鲁班除煞事，除煞出在东，东方押一木，木神木煞出。除煞出在西，西边临贵水，水神水煞出。除煞出在南，南边跟神经，经神经煞出。除煞出在北，北神土煞出，有人行走莫带牲口，逢山过不带动树苗，逢水过可带动桥梁，逢田过可带动禾苗，五尺一指远走千里，曲尺一勾永不回头，而落回头，先斩后奏。

（祭梁）伏矣：手拿金鸡紫五黄，生的头高尾也长，头戴凤冠碧绿耳，此鸡不是平凡鸡，王母娘娘报小鸡，一更不可乱叫，二更不可乱啼，三更鲁班祭梁事，一祭梁头，万里封侯，二祭梁尾，万代富贵，三祭梁腰，各代飘飘，四祭梁肚，千年大户，五祭中央太极图，太极图上出盘（彭）主（祖），盘（彭）主（祖）寿高八百八，我愿房东早早发，九百九，我愿房东代代有。

（接梁）伏矣：一步走来二步先，三步四步走到栋梁边，栋梁栋梁生在何处，生在何方，出在龙头埂上，出在昆仑上上，抬头一望，头高万丈，好做栋梁，左眼观观右眼瞧瞧，此木好做栋梁，上头打一步，下头打一荡荡，碰到两个龙虎锯匠，头一斧砍得金鸡叫，二斧砍得凤凰啼，三斧倒在平原之地，年年有个四五月，洪水飘飘荡荡，一荡荡到码头上，贤东老板请了英雄好汉，拖得拖，扯得扯，把此木头扯上马，金锯撩兜，银锯撩稍，斧头一过，龙现爪，长刨一过，光而锦，中刨一过锦二光。短刨一过放豪光，天官师傅烧纸打炮竹。

被采访人：李师傅

采访人：李巧

指导教师：许飞进

2017 年 8 月

3. 高安市伍桥村上梁文

梁一般是由木工师傅提前测量做好，选上个黄道吉日，披红挂彩，鸡血祭梁。喊上一声"上梁了"，把"梁"架上墙头，稳固于墙上。上梁时多有唱词，一唱一和，热闹不已。

福喜哦！太阳一出紫龙时，正是东家上梁时。左边上起龙凤角，右边上起凤朝阳。朝阳朝到东道边，千里开花万里香。年年开花多结子，月月开花结贵子。我今要把花来开，正月梨花送春来，苏云做官转回来，伴湖銮驾回家转，五湖四海闹洋洋。二月郑花白皑皑，前朝出了个太白垓，父子公孙同去考，状元榜眼探花郎。三月桃花朵朵红，年老做官姜太公，八十二岁把鱼钓，渭水桥下遇文王。四月勒花就地拖，妇人做官杨令婆，令婆本是天生女，宗宝挂帅笑哈哈。五月栀花新又黄，五郎二女闹华堂，兄弟双双同去考，状元榜眼探花郎。六月禾花福满堂，列国出了个苏母娘，万岁殿上生太子，一十八岁做帝王。七月莲花叶又青，七个仙女下凡尘，观音娘娘来送了，贺喜贤东上栋梁。八月桂花满山香，八仙漂海近母娘，韩湘子穿起八宝衣，吕洞宾就把酒来醉。九月菊花该出市，前朝出了个张公义，张公义家里子孙多，手抱孩儿笑哈哈。十月茶花多富贵，唐朝出了个薛平贵，平贵本是好汉子，西南外国做皇帝。十一月无花无人采，顺娘小姐和翻回来，梅良玉看见真欢喜，一笔连她状元女。十二月梅花照雪开，成正事介宝到沙岛，李克用就把文章做，万里江山早登科。

自从我今喝彩后，富贵荣华与天长！天官送福！打封爆竹！

梁上一般都会涂上红漆，写上字迹，以示纪念。如"造屋人名""年月吉日"等等，也可附些家规警言上去。这是对"上梁"这个"重大纪念日"的不忘却，也是留给子孙后代的一种纪念。伍桥有些老房，百年，甚至千年，都在梁上有迹可寻，对房屋来源能够知根求底。也能念及祖恩，溯根追源。

上梁之后，主人家要从高处抛撒些花生、饼干、糖果、麻糍、水果、香烟等小物品，让人蜂拥争夺，增加热闹气氛。亲朋好友，尤其是小孩，都在这热闹的抢夺气氛中，弯腰拾捡寓意拜果。人人都开心快乐，欢声一片，好不热闹！

现在在改盖平房之后，真正意义上的木梁可能很少用到了，不少上梁的习俗却仍在传承。有些人家，就干脆也在石头水泥墙上刻录下来房屋的来历，建造年月，也以此为梁，上梁求吉运，上梁保安宁，上梁给子孙后代留下纪念。

上梁抛撒下来的物品，也随着时代的发展，慢慢地有了创新，也有了更进一步的升华。记得记录人埕上艾家那位大伯，他们家上梁时撒下来的，竟是两大筐一分、二分、五分的分币。那时候，这种分币已经很难收集了。东拼西凑，找了很多家，才好不容易地凑齐了这两大箩筐。一并在上梁时撒了下来，让亲朋好友也图个热闹，沾上些喜气。记录人当时抢到不少分币，有五六个之多，至今都收藏着这难得的"宝贝"，收藏着这有特殊纪念意义的"上梁礼物"。十余年过去，如果现在"上梁"再抛撒硬币，大概至少也是面值一元的硬币了吧。

在一系列活动之后，主人家大摆宴席，请客吃饭。亲朋好友也都送礼道贺，非常热闹。这"上梁"酒席，吃的是喜庆，吃的是吉祥，吃的是对主人家美好的祝福。敬上一碗酒，道出两句好词，充满了对主人家的恭贺之情。"上梁上梁，子孙满堂""建设华厦，乐业安康""上梁新屋，人才辈出""竖千年柱，架万代梁"等等吉祥词语，主人家听着高兴，同座的宾客们也连声叫好。又再多抿上一口酒，相互谢过！

上梁之后，待新屋落成，主人家正式入户之后，还有个"过屋"的习俗，也是伍桥比较特殊的民俗之一。

被采访人：易居白

采访人：许飞进

2019年1月

4. 奉新县上富镇彩文

（1）开山斫砍料祭山文

伏以！一心奉请开天辟地，伏羲神农五谷尊神。

洪州得道上界鲁班，二位仙师墨斗曲尺，寒婆照耳暴斫（qiao）仙师，招财童子进宝郎君，开山童子破石郎君。宏石放毫光，高山大庙，低山小庙，庙庙有感，虚空过往，诸位神祇，器气到此，煞气满山传开，主宾相见，二家喜洋洋，上下过往，当境赐福神祇。

（2）挂彩红

沉香古木最高强，坐在西山万丈长，三十六人来砍斫，四十八人抬到场，鲁班仙师亲手造，吉日将做紫金桅，红罗身上缠三转，好似黄龙永运传。

（3）起门楼

伏以！新造门楼甚堪夸，今科状元是内家，兄弟同朝饮御酒，金銮殿上插金光，时到快把头门起，富过江南第一家，吾今嘱赞喝彩后，儿孙代代享荣华。

（4）大门彩

伏以！东君钉门正及时，状元报捷马如飞，左边开动金鸡叫，右边开动龙凤鸣，日间常进千乡宝，时上广招万里财，但愿高大容驷马，天降紫云满门楣，两旁排列狮子座，前头竖起崇前真。鲁班仙师嘱咐后，荣华富贵天天长。

（5）缠梁上红彩

伏以！手接贤东一疋红，番在栋梁凤凰池，黄龙缠在栋梁头，儿孙代代为公侯，黄龙缠在栋梁尾，代代儿孙穿朝衣，黄龙缠在栋梁中，儿孙代代坐朝中，今日弟子缠梁后，万代兴隆与天齐。

（6）安大门

伏以！新造大门两扇开，紫微大帝照中堂，屋上能消天帝水，家下广积万担粮，今日鲁班安福门，三朝一刻集天祥，门前尚书来挂榜，生子定是状元郎。

（7）断梁彩文

伏以！栋梁栋梁听言章，请神到此大吉大昌，生在何处长在何方？生在孝金崖前，长在八宝山上，上有谁人得见，下有谁人得传？上有张良得见，下有鲁班弟子得传。千根共埚万根共一岑，今日弟子请来砍栋梁。一要千年富贵，二要万代兴隆，三要人丁千百万，四要福寿满长锦，五要五金魁，六要宰相并侯王，七要五谷丰登粮满仓，八要骡马满山岗，九要金银盖百斗，十要荣华富贵与天长。

（8）上大门

伏以！九天玄女降吉祥，今日安门大吉昌，左有青龙把水口，右有白虎进田庄，左手开门文官职，右手开门武官迎，世代荣昌联科甲，步步高升状元郎，吾今在此上门后，荣华富贵以天长。

（9）送煞

伏以！天地开张日吉时良，虔诚拜请三界地主，五方庑神鲁班三郎，十极高真匠师。拜请鲁班仙师，墨斗曲尺师母师娘，玄女门光星尺，五尺大王前传后教。历代宗师请传度师，某姓某名传以弟子，某姓某名一心皈命里，搬请鲁班师收起，东方五里南方北方，西方中方五里全五五廿五里神，尽皆收藏。普庵到此，百无禁忌，请起鲁班到此送煞消藏。

（10）插彩旗

伏以！接到东君一对旗，插在栋梁凤凰池，身披紫袍出金带，乌纱象简拜丹墀，子子孙孙皆荣耀，世世代代皆绵长。阳春化雨沾荣定，赛过江南第一名，左边挂起龙虎榜，右边升起状元旗，三年之申龙虎榜，十年当中凤凰池，马前唱道状元归。

（11）祭梁彩

手拿金鸡似凤凰，生的头高尾又长，闲人捉去无用处，今日提来祭栋梁。一祭梁头，儿孙代代出公侯；二祭梁尾，儿孙代代穿朝衣；三祭梁中，儿孙代代出三公。自从今日祭梁后，荣华富贵与天长。

（12）祭酒

伏以！贤东助我一对瓶，千两黄金巧打成，贤东昨日街上打，今日拿在手中存。上有狮子并宝盖，下有莲花托酒瓶，前面打起思哥叫，后面打起凤凰升。此瓶是何瓶？观音娘娘的净瓶。此酒何人造？瑶池王母上寿酒。

此酒杜康未能尝，今日拿来祭门梁，一祭东方甲乙木，好似孔明祭东风；二祭西方庚辛金，董永行孝遇仙人；三祭丙丁是南方，五虎六部承相家；四祭北方壬癸水，昔日唐王遇敬德；五祭中央戊己土，贤东富贵以天长。

（13）祭梁彩

伏以！手提金鸡似凤凰，脚踏金□取龙王，拨开中堂九曲水，依源流在状元坊。三级浪中龙现爪，九霄云外凤呈祥，朝中屡屡加官爵，面前班列竖牌坊。状元榜眼千百个，翰林学士五十双，文官升到尚书府，武将定封侯伯王。自从今日祭梁后，富贵荣华与天长。

伏以！华堂高架紫金梁，擎天宝柱列两旁，今日紫微皆供照，瑞气腾腾旭日光。鼎建新居展鸿图，经纶华堂科及第，展望山川之秀气，高乘地理之精英。状元名标龙虎榜，菊车毓秀登皇殿，三呼万岁拜丹墀。物化天宝，人杰地灵。

伏以！此鸡生来不寻常，五色羽毛似凤凰，贤东今日来祭梁，一祭梁头经魁首，二祭梁尾状元郎，三祭梁中宰相府，儿孙代代侯伯王，头尾首中俱祭到，荣华富贵与天长。

（14）上梁彩

伏以！天地开张，良辰吉时，梁上金鸡叫，梁下凤凰飞，鲁班仙师来到此，正是东君上梁时，左边做起尚书府，右边造起宰相堂，三年龙虎榜，十年凤凰池。拨开龙门子，登阁马前唱，儿孙代代状元郎。

（15）祭酒斩煞

伏以，贤东助我一只鸡，生的头高尾又低，身穿五色六毛衣，此鸡不是非凡鸡，王母面前报晓鸡，凡人捉去无用处，今日拿来做只斩，杀鸡祭血来斩杀，斩杀天来天上去，斩杀地来地下藏，斩一个天无忌，地无忌年无忌，月无忌日无忌时无忌，大小神祇各归庙堂，鲁班到此万煞锁藏，雄鸡落地，顺顺遂遂。

（16）起工百事

伏以！东君今日起华堂，起迄华堂福寿长，光宗耀祖闻邦国，宝马雕车迄牌坊，早生贵子显华章，儿孙代代坐朝堂，从此今日祝赞后，鲁班到此百无禁忌。

（17）贺新屋彩

伏以！红灯高挂映中堂，新建华厦好风光，前有狮子把水口，后有九龙结屋雉，左有造起尚书府，右有盖起宰相堂，西边房中养凤凰，南边书房状元郎，北边房中生贵子，家中广积万担粮，自从今日龙游，万代兴隆人才，福寿齐眉竖牌坊，儿孙代代享荣华。

被采访人：陈师傅
采访人：许飞进
2022 年 7 月

5. 上高县祭梁彩

福喜哦——好嘞（哦）

一步走来二步行——好嘞，左脚踏上一步金——好嘞；

右脚踏上一步跟；脚踏云梯第三步，金银肩北斗；脚踏云梯第四步，四季大发；脚踏云梯第五步，王子登科，科科入举；脚踏云梯第六步，六国都成祥；脚踏云梯第七步，七仙美女槐阳村，观音老母送子来；脚踏云梯第八步，八仙飘海吕洞宾，贺喜黄屋万年兴；脚踏云梯第九步，九九登高，留下十步十一步，留在悬中买田做屋。

买田买来千百亩，做屋做起万根梁；

自从我今上梁后，荣华富贵与天长。

再添喜，再添丁——好嘞（哦）；此竹生来叶又轻——好嘞

连根连尾在手中——好嘞；你插东来我插西——好嘞

两边喝彩笑嘻嘻，两朵旗子插在龙口里；远看看到龙摆尾，近看看到凤凰飞。

凤凰飞，家中喜，锣鼓唢呐接报举；自在我今上梁后，荣华富贵与天上。

正梁准确地放到预定的位置上，木匠师开始喝彩：

日出东方喜洋洋，宝地上面建华堂；前面砌的状元府，后面造的宰相堂；

东面筑的金银库，西面建的积谷仓；凤凰不落天宝地，诸侯出在你府上；

木匠刚说完，泥水匠也喝到：红的绫，绿的绸；

前檐拉到后檐头，多子多福又多寿；大富大贵度春秋，发糕馒头白如银；

散给前邻共后邻，四邻和睦家道旺，越富越贵越康宁。

被采访人：汪铁亚（上高县汪家村）
采访人：许飞进携学生
2021 年 6 月

6. 宜丰县建房彩词

付喜啊：炮竹落地似盆花，赛过天下第一家，前有狮子把水口，后有九龙伴屋堂，门前一对金狮子，后堂一对紫金梁，紫金梁上几个字，状元、榜眼、探花郎，千（天）官送福，打挂炮竹。

付喜啊：太阳出来喜洋洋，贺喜贤中造华堂，此地本是好基地，一帆风顺、二龙戏珠、三阳开泰、四季平安、五福临门、六畜兴旺、七星伴月、八仙庆寿、九同日月、十全十美、造福重重、富贵双全，自我今日贺彩后，荣华富贵永川顺，清华、北大代代有，千官送福，打挂炮竹。

醉梁

福喜，太阳一出照朱沙，照起五洲第一家；房东银壶交我手，我胡说浪说来几句，一醉梁头，万里章头；二醉梁尾，富贵到底；三醉梁腰，彩带飘飘。

自从今日发彩后，日子越过荣耀。大厦今日来落成，荣华富贵万万年。

天官送福，打挂炮竹

小彩
一步走，二步行，三步走到房上来，
我把麻糍洒一洒，麻糍落地一盆花，
抢过抢来摸过摸，个个抢得笑呵呵，
男人手莫要浪个摸，妹子妇女扎紧裤带呀，
天官送福，打挂炮竹。

贺梁

一贺房东笑西西，二贺金玉来满堂，三贺三元来光第，四贺龙虎来双璧，

五贺五子来登科，六贺六六来大顺，七贺七子穿朝衣，八贺米途来相逢，九贺天长来地久，十贺十全来十美；

九个金杯摆八方，八仙飘海潘会，七星北斗降天曹，六部书上阵宝国，

五只单朱豆绿色，四季平安专家祥，三星高照福满堂，二是好事来成双，来成双，

一家赛过郭凤阳，郭凤阳来郭凤阳，

荣华富贵地久天长，天官送福打挂炮竹。

被采访者：宜丰县新庄镇湖城村黄光荣、黄友根、黄棠华

采访者：许飞进

时间：2024年2月23日

7.6.7 赣州市

1. 赣县上梁文 [1]

（1）上梁起师请神与送神

伏以！香烟渺渺神筵间，谨以心香，虔诚拜请土府、九内、玉皇大帝三家仙师，二十四位神君，前后左右中央，金木水火土，鲁班仙师、杨公仙师、张良仙师、九天玄女、何叶二氏夫人、杨曹郭廖四大神仙，初二十六牙祭，大神土公、土母、徒子徒孙，孙府府都都地名，造栋梁榍加弟子。有请列位仙师到堂座，祈恩保佑万载兴隆，人财两盛，兴家发达，儿孙满堂，六畜兴胞，献有三牲，酒醴稀薄，请神不□□[2]方，弟子别处再来请过，任凭火作利市一堂。

天开文运大吉昌，和遗神煞出外乡，天煞打从天上去，地煞打从地中藏。年中煞神归年位，月中煞神归月位，日中煞神归日位，时中

---

1 此处收集于赣州市古旧书店，文献内有赣州府赣县长兴乡内容，落款为民国廿七年春。

2、2 ……处为原字损。

煞神归时方。煞槌一打天地动，黄□² 一镇煞神还。你有凶神并恶煞，速离此处往地方。天神还天，地神还地，山神还山，水神还水。阴间神祇各回原位。大小神煞各回天宫，拜送神煞爷上天堂。

（2）上梁赞文

伏以！天开黄道大吉昌，上梁时候正相当，梁产出天子位，梁尾举起状元郎，坊本姓东方甲乙木，鲁班仙师取来做栋梁。

栋梁登位，人兴财旺，耕田者风调雨顺、谷满千仓，生意者财源茂盛、利达双江。名标金榜，独占鳌头。

手拿金鸡开祝赞，生得头高尾又长，左边赞起龙罢尾，右边赞起凤朝阳。年年生贵子，岁岁进田庄。从此我今祝赞后，荣华富贵兴天长。

伏以！一发粮财，二发人丁，三进财宝，四富贵。五子登科正魁名，六合同春家门盛，七政言因产麒麟，八节恩因增福寿，九十风争赛古人，十全儿孙登金榜。百子千孙跳龙门，洪（从）此我今祝赞后，富贵荣华兴天长。

（3）上梁

伏以！日吉时良，架起华堂，年通月利，请上金梁。贵人临位，禄马列堂。百子千孙，尽赴科场。借问东君要富要贵，要贵者名标金榜，要富者多进田粮。一要人财两盛，二要禄位高升，三要粮田万顷，四要万福来临，五要联科及第，六要福寿康宁，七要加增福寿，八要金榜题名，九要男为宰相，十要女做夫人。自从今日祝赞后，富贵荣华万载兴。

（4）缠梁文

伏以！天开文运大吉昌，缠梁时候正相当。左缠三转龙摆尾，右缠三转凤朝阳。龙摆尾、凤朝阳，代代儿孙做帝王。从以我今祝赞后，富贵荣华与长天。

一杯酒奉梁头，兴家发达定主谋；二杯酒奉梁腰，捷步青云上九霄；三杯酒奉梁尾，百事遂心任主为。

（5）抛梁赞

伏以！脚踏云梯步步高，好似王母献蟠桃。盒里馒头抛上天，天上奉神仙；盒里馒头抛下地，下谢土地；盒里馒头抛在南，代代儿孙做都堂。盒里馒头抛在西，代代儿孙穿紫衣；盒里馒头抛在北，千两黄金从此得；一手馒头抛在厅，堂上年年产黄金；馒头上面一点红，时逢修造家兴隆；馒头上面一点青，家中岁岁产麒麟。从此我今祝赞后，富贵荣华万载兴。

伏以！一拜栋梁头，代代儿孙出公侯；二拜栋梁尾，代代儿孙穿紫衣；三拜栋梁腰，代代子孙都在朝；四拜栋梁身，荣华富贵万年兴。

（6）抛馒头诗

馒头上面一点红，时逢修造永兴隆。贤东听我祝赞后，世代儿孙富石崇。

馒头上面一点青，家中岁岁产麒麟。金马玉堂三学士，定主三宫并九卿。

馒头上面一点蓝，儿孙日后显文章。三场文字登金榜，联科及第状元郎。

馒头上面一点白，贵子连生绵世泽。状元榜眼探花子，添财进禄加官职。

馒头上面一点黄，紫袍金带掌朝纲。六部尚书皆钦仰，荣华富贵兴天长。

（7）上梁登位

伏以！堂高数仞，仁义居乡，兴梁登位时候相当。巍巍乎，魁光北斗焕文章。居之安，世代儿孙做朝郎，左有紫云腾王树，右有祥光引凤凰。借问贤东要富要贵，要贵者名标金榜，要富者广进田庄。一要兰孙贵子，二要万代荣昌，三要粮田万顷，四要金马玉堂，五要五福耒（来）临，六要钱粮万仓，七要福如东海，八要寿比南山，九要九纹三公，十要富贵联芳，兴隆万代万代荣昌。

（8）排梁

新造华居泽泽新，千里来龙此居兴。八字排来真是美，龙吟虎啸甚分明，美轮正居宅，肯堂肯构有名声，从此我今祝赞后，家财万贯百万金。

（9）敬梁

一杯酒把梁头，代代儿孙全皆来。二杯酒把梁尾，代代儿孙穿紫衣，三杯酒把梁身，代代子孙做公乡，把献祝福人财兴旺万年春。

采集人：许飞进

2016年12月

2. 宁都县上梁文

（1）建房开万年基脚彩语

一开土神百业兴旺（观者喊"有"，以下同），二开土神千年富贵（有），三开土神万寿无疆（有），人财两旺兴千古（有），儿孙代代美名扬（有）。

手拿金斧照四方（有），墨斗曲尺在中央（有）。万能砖石日月长（有）。鲁班弟子来行墙（有），东君某家大富贵（有），儿孙代代座朝堂（有）。用工人等登高墙（有），个个大吉又大昌（有）。

（2）发梁米彩语

一发东方甲乙木（有），儿孙代代食君禄（有）。二发南方丙丁火（有），儿孙代代早登科（有）。三发西方庚辛金（有），儿孙代代斗量金（有）。四发北方壬癸水（有）。

儿孙代代大富贵（有）。五发中央戊己土（有），儿孙代代朝中居（有）。一要千年富贵（有）。二要金玉满堂（有）。三要三元及第（有），四要四海美名扬（有）。五要五子登科（有）。六要六畜都兴旺（有）。七要七星来拱照（有）。八要八仙坐华堂（有）。九要久登龙虎榜（有）。十要十全美名扬（有）。

（3）新屋落成园工彩语

手提雄鸡拱四方（有），积善之家建华堂（有）。华堂建得千年固（有），万代儿孙美名扬（有）。堆金积玉满仓箱（有），连生贵子走科扬（有）。状元榜眼蝉联第（有），荣华富贵天样长（有）。

文献采集人：许飞进等

2015 年 7 月

3. 石城县上梁文

（1）起万年石脚彩语

一开土神百业旺，二开土神富贵长。三开土神万载兴，再开土神寿无疆。

五开土神丁财盛，儿孙代代状元郎。

（2）上墙枷彩语

手拿金斧照四方，墨斗曲尺在中央。万能墙架日月样，鲁班弟子采行墙。

东君谢家大富贵,儿孙代代坐朝堂。房房子孙登金榜,新屋做起宰相房。

用工人等大发财,个个大吉又大昌。墙架行得层层高,方方吉利建华堂。

做起大屋千年盛,添得子孙满祠堂。今日弟子来祝赞,房东工匠大吉昌。

日吉时良大吉昌,今日上墙枊正相当。手提金鸡对凤凰,生得头高尾又长。

头高载得千年富贵,尾长载得万石粮。前面狮子霸水口,万里来龙结到好屋场。

左边青龙进财宝,右边白虎守田庄。一要文官来庆贺,二要武官封侯王。

三要朝中做宰相,代代儿孙下科场。四要金玉积满堂,五要状元榜眼探花郎。

六要东君赛过石崇富,七要文武官员满朝堂。八要儿孙寿高赛彭祖,九要九子八姑丈。十要房房人文起,代代儿孙状元郎。今日弟子祝赞后,发丁发财大吉祥。

(3) 开梁面彩语

日吉时良大吉昌,开梁面时候正相当。一要你金头向上天,敬重占上鲁班仙。

二要你梁面向下地,敬重山神并土地。三要你梁面占中堂,代代儿孙富贵长。

红要你金梁载丁财,代代儿孙在朝堂。五要你五子来登科,代代儿孙状元郎。

六要你六合团圆聚,五世同堂满祠堂。七要七星归八斗,代代儿孙登金榜。

八要八方贵人照,步步高升辅朝堂。九要金梁久久长,荣华富贵福寿长。

今日鲁班弟子来祝赞,满载兴隆天样长。

（4）祭梁彩语

其一

日吉时良大吉昌，祭梁时候正相当。一点血来祭梁头，代代儿孙出公侯。

二点血来祭梁尾，东南西北富贵来。三点血来祭梁中，代代儿孙在朝中。

再点血来祭下地，敬奉山神并土地。五点血来祭上天，敬奉天上鲁班仙。

六点血来祭祖宗，福禄寿长代代红。七点血来祭神灵，房房添财又添丁。

八点血来祭鲁班，子孙建房千万间。九点血来祭朝门，房房代代起人文。

今日弟子来祝赞，荣华富贵与天长。

其二

日吉时良大吉昌，手拿金壶来祭梁。第一杯酒祭梁头，代代儿孙封公侯。

第二杯酒祭梁尾，秀才出门去进考，定得状元归。

第三杯酒祭梁中，代代儿孙出三公，一定是状元榜眼探花公。

其三

（伏维）贤东送我一把瓶，弟子拿来当仙瓶，上有金狮来盖顶，下有莲花托酒瓶，酒是何人所造，酒是杜康所造，杜康造酒有名堂，寅时造酒卯时香，寅时三刻来酒娘，祭醉刘备不可挡，一杯酒来凤凰喜事，二杯酒来买田地山冈，三杯酒来做屋上梁，代代儿孙状元郎。

酒祭梁头，万里封侯，酒祭梁尾，万代富贵，酒祭梁中太极图，太极图上出彭祖，彭祖加寿八百八，恭喜贤东早早发。彭祖加寿九百九，恭喜贤东早早有。

酒祭东，代代儿孙出来姜太公；酒祭南，代代儿孙朝中行；

酒祭西，代代出来郭子仪；酒祭北，万里江山也有得；酒祭天，天上有神仙；酒祭地，地下有山神并土地。左滴滴来右滴滴，过路客官都来吃，过路客人都吃过，鲁班弟子打湿口。今日弟子祝赞后，荣华富贵万年有。

（5）上梁彩语

日吉时良大吉昌，八仙庆贺上高梁。梁头先上千年富贵，梁尾再上万石丁粮。

学而第一天地开昌，手提雄鸡对玉堂。为政第二大吉祥，荣华富贵百世昌。

八佾第三登金榜，李晋第红状元郎。公也长第五生贵子，绒他第六拜朝邦。

拾而第七为臣相，太白第八中文王。子韩第九连科甲，香当第十拜君王。

鲁班弟子祝赞后，发富发贵天地长。

日吉时良大吉昌，今日上梁正相当。手提金鸡对凤凰，生得头高尾又长。

头高载得千年福，尾长载得万石粮。一要千年添富贵，二要儿孙满祠堂。

三要金枪玉印在手中，红要骡马满山岗。五要左边青龙进财宝，六要右边白虎守田庄。

七要丁山重重喜，八要祥云绕华堂。九要东君大富贵，十要东君福寿万年长。

最后祝贺横梁上华堂，好像黄龙腾栋梁。今日弟子祝赞后，荣华富贵天样长。

日吉时良大吉昌，上梁时候正相当。一要你千年富贵，二要你载万石金粮。

三要你三元及第，四要你金玉满堂。五要你房房儿孙登金榜，六要你房房子孙状元郎。

七要你天上七七星，八要你儿孙来贺朝堂，九要文富来拜相，十要你出新科状元郎。

杨公弟子来祝赞，添丁添粮，房房均匀与天长。

(6)缠梁彩语

日吉时良大吉昌,缠红梁时辰正相当。一缠红梁数尺长,红罗出在名苏杭。

闲人卖来做红衫,弟子拿来缠栋梁。左缠三圈丁财发千万,右缠三圈房房代代状元郎。

缠梁缠得圆又长,代代儿孙福寿长。今日弟子祝赞后,荣华富贵与天长。

手拿绫罗无数长,绫罗出在苏州杭。苏州堂里出来金花女,绣龙绣凤缠栋梁。

左缠三圈鳞斑木,右缠三圈状元郎。状元郎来状元郎,打扮黄龙上天堂。

天堂上出来金狮口,金狮口[1]里万年长。

(7)抛梁糍彩语

贤东送我五色旗,摇摇摆摆上楼梯,左手抓得三五个,右手抓得三五双,左抛三尺龙摆尾,右抛三尺状元郎,状元榜眼探花郎,荣华富贵天样长。

(8)贺梁彩语

日吉时良大吉昌,今日上梁贺梁时候正相当。

手提金鸡对凤凰,生得头高尾又长。头高载得千年福,尾长载得万石粮。

做起新屋新华堂,文武官员在两旁。一要文官满朝廷,二要武官满都堂。

三要朝中做都督,再要四季发财郎。五要五子登金榜,六要状元榜眼探花郎。

七要朝朝为丞相,八要太公八十遇文王。

九要寿高彭祖八百岁,十要尾房年小圣上封你管钱粮。

今日贺梁弟子亲祝赞,荣华富贵万年长。

---

1 金狮口即柱头两边的梁槽雅名。

(9) 交地脚彩语

日吉时良大吉昌，交地脚时候正相当。新交地脚四四方，交起地脚造华堂。

造起华堂千年富贵，造起大屋万载荣昌。造起华堂堆金积玉，造起大屋子孙满祠堂。

造起华堂状元及第，造起大屋子孙名扬。造起华堂五福临门，造起大屋房房长祥。

造起华堂文武双全，造起大屋百世其昌。今日弟子来祝赞，兴隆鼎盛万年长。

(10) 十对彩语

日吉时良大吉昌，串起梁架正相当。交起墙梁四四方，串起柱梁造华堂。

一对一串生贵子，二对二串状元郎。三对三串添富贵，红对红串财运旺。

五对五串万载兴，六对彭祖福寿长。七对平吉堂中坐，八对栋梁在上方。

九对屋柱万年固，十对棚条瓦桷盖栋梁。今日弟子来祝赞，荣华富贵万代长。

(11) 立柱彩语

日吉时良大吉昌，今日竖柱正相当。串板地脚长林木，琉璃瓦桷放毫光。

竖起柱头万年兴，平吉柱起宰相堂。今日弟子来祝赞，荣华富贵万年长。

爆竹一响闹洋洋，贤东正在建华堂。两边建起状元府，中间建起宰相堂。

宰相堂来宰相堂，代代儿孙状元郎。今日弟子来祝赞后，做起大屋万年旺。

(12) 出煞彩语

一声"出"响求天官，万里千响震动各间房。天煞回转天中去，地煞回转地府藏。天地开张月出西阳，天上只有七姑星。请你下凡杀邪神，屋前屋后屋左屋右。

逢山山要过，逢石石要穿。逢山过不敢带到树苗，逢路过不敢带到人苗。

逢桥过不敢带到桥梁，逢屋过不敢带到瓦桷。逢田过不敢带到禾苗，逢水过不敢带到鱼苗。煞至东，两脚快如风；煞至南，两脚飞快行；煞至西，两脚快如飞；煞至北，四面八方都出得。天煞地煞，一百二十四位凶神恶煞，请出啊！

（13）进火彩语

年月日时大吉昌，新屋进火正相当。善良人家来过火，添丁添财添吉祥。

发富发贵千年盛，福旺财旺发长祥。人文蔚起家业兴，科甲蝉联世代昌。

进火发烟千万家，开房开族兴家邦。今日弟子来祝赞，荣华富贵天样长。

被采访人：赵立东
采访人：许飞进
2023 年 2 月

3. 兴国县上梁文 [1]

发梁赞

日吉时良大吉昌，发梁时辰正相当；沾大恩，谢君王，满门踊跃迎洪（红）梁；洪（红）梁迎到何处去，今日发到你厅堂；兄为相、弟为帅，兄弟双双进朝堂；从今经俚（我）[2] 祝赞后，荣华富贵与天长。

做新房发粮赞

一粒米，一担粮，发粮时辰正相当；一字中间添一直，合家十全大吉昌。

二粒米，二担粮，时来运转赞吉祥；二字脚下加人字，天官赐福

---

1 姚荣滔.兴国山歌—中华客籍作家丛书，中国文联出版社，2006：219.
2 实际为抛梁阶段行为。

到华堂。

三粒米，三担粮，添人添丁喜洋洋；三字中间加一直，王母送子结成双。

四粒米，四担粮，句句祝赞读书郎；四字脚下添夕字，罗隐才子登科场。

五粒米，五担粮，人才济济出华堂；五字脚下加口字，吾门文武皆栋梁。

六粒米，六担粮，忠孝家风天下扬；六字脚下加乂字，交朋结友情义长。

七粒米，七担粮，点燃香烛拜上苍；七字侧边加人字，佑你全家永繁昌。

八粒米，八担粮，发梁正逢桂花香；八字脚下加刀字，分明华堂现祥光。

九粒米，九担粮，华堂世代有书香；九字钩上加日字，旭日临门登金榜。

十粒米，十担粮，五谷丰登乐洋洋；十字头上加一撇，千石万石谷满仓。

采集人：许飞进

2018年3月

4.信丰县上梁文

第一语

伏曰：吉日时辰，天开地唱。鲁班弟子到此堂，吉清红梁登吉位。(郭)姓九乡名科扬，今日弟子来伏曰，丁财富贵九州扬。

年煞、月煞、日煞、时煞、依其雅煞，共合一百零八煞。我有雄鸡来抵挡。

第二语

伏曰：天望望，地旺旺，鲁班弟子到此堂。鲁班弟子到来此，手抓金鸡当凤凰。

凤凰生的这么好，头又高来尾又长。头高九百余世殿，尾长万载子孙昌。

今日弟子来伏赞，语伏万乡大吉昌。

第三语

伏曰：日吉时辰，天开地昌。鲁班弟子到此堂，手拿粮米到四方。一发东方甲乙木，世代子孙食天禄。二发南方丙丁火，世代子孙全甲登科。三发西方庚辛金，世代子孙都粮金。四发北方壬癸水，世代子孙大富贵。五发戊己属土伟中央。姓氏大富，永发启祥。

第四语

一要子孙大富贵，二要卖马百亿郎；三要世代三元地，四要子孙名海扬；五要子孙甲登科，六要子孙百事祥；七要子孙状元位，八要麒麟配狮象；九要万乡亿户吉，十要子孙发满堂。今日弟子赞语，郭家仿仿富贵长。

被采访人：李师傅

采访人：许飞进及学生

2018 年 4 月

7.6.8 抚州市

1. 东乡县黎墟镇上梁文

（1）上楼梯

伏以！一步走来两步行，三步四步走楼梯。脚踏楼梯步步高，踏上楼梯摘仙桃。左手摘了五个，右手摘了四五双，老羊吃了寿命长。男孩了喝了□□大，女孩子喝了□□大，情人吃了早生贵子。进了前堂后堂，前堂一对金狮子，后堂一对紫金梁，紫金梁上七个字；状元打马探花郎。自从今日喝彩后，儿子代代□□□□。（打封爆竹）

（2）下楼梯

伏以！掌不了的彩。提不了事□，鲁班弟子下楼梯。里边锅里煮肉，外边锅里煮鸡。吃了亲戚朋友笑嘻嘻，（打开爆竹）兜宝贝，金银财宝、茶叶米豆。化龙凤呈祥。风水师坐在果上喝彩。鲁班先师，起手兜家当。仗人太阳一出紫云飞。照见闲东梁下起，文站东来子站西。掀起南山找宝贝，别人封无用处。主家招封做屋时，自从今朝唱过后，儿孙代代坐官轿。推木爆竹，赵师傅国光。祭梁□雄鸡，手提闲东一只鸡,生得头弯尾又低。头带凤来绿带耳,此鸡不是非凡鸡,往抓雄鸡来报喜。今做雄鸡祭栋梁,祭梁头,万里封头。祭梁尾,万担炒米。祭梁中,代代威风。自从祭今日喝过后,儿子代代坐官轿。(打爆竹)

(3) 酒祭

伏以! 闲东送我一对瓶,上打金来下打银。上有狮子来盖顶,下有莲花把酒瓶。酒中酒,瓶中瓶。我把酒来表分明,酒是随人来属火土,杜康先生来守火。杜康先生有先缸,寅时遭(造)酒卯时香。往做遭(造)酒待人客,今做遭(造)酒祭栋梁。一祭梁头,万里封侯。二祭梁尾,万里封□□□□。三祭梁中一朵花,赛过江西第一家。自从今日喝过后,儿孙代代□□□。(打爆竹)

被采访人:熊师傅
采访人:许飞进、陈力锋
2009 年 8 月

2. 崇仁县上梁文

(1) 第一篇

伏以,天地个开张,今日个良辰,东家个上梁,大吉个大吉,天光个四福,打挂爆竹。

伏以,爆竹一大一批烟,惊动天来惊动地,惊动玉帝大王来保子,八路个神仙来助威,葵神财神啊来点梁,保护东家代代都外有。

伏以,小鸡今啼似凤凰,金鸡生得头高尾又长,头高能长千高米,尾高能长万担米,此鸡不是非凡鸡,王母娘娘养的小鸡,昨日半夜来报晓,今日拿来祭上梁,我一不祭天,二不祭地,单单祭我东家上梁起。一祭个梁东,代代个威风,二祭个梁西,代代个富贵。三祭南来四祭北,文武官员东家得。天光(官)四(赐)福,打挂爆竹。

伏以,手提个鸳鸯一对瓶,千两黄金拷打瓶,上打个狮子来盖顶,下打个莲花托酒瓶,茶有茶个源,酒有酒个根。茶西(是)新山树木叶,酒西(是)糯米搞个浆,酒是何人所造?那是杜康(是)所造,杜康啊杜康,银酒保慈祥,周瑜打矛(马)三(山)下过,闻到一阵米酒香,愧得个周瑜不敢当,周瑜说道,酒不可乱用,酒有三用,一西(是)个交朋结友,接亲个嫁女,东家个上梁西正当时啊,天光

(官)四(赐)福,打挂爆竹。

伏以,小小竹竿节节高,装有山东个小羊毛,往日提笔写文章,今日提笔点上梁,一点当朝一品,两点两厅震士,三点三元吉利,四点四季发财,五点五谷丰登,六点六六顺心,七点七星伴月,八点八仙漂海,九点九子登科,十点十全十美。天光(官)四(赐)福,打挂爆竹。

伏以,芝麻节节高,甘蔗酸酸甜,东家个子孙外赚钱,别人赚钱袋子装,东家子孙赚钱拿车装,天光(官)四(赐)福,打挂爆竹。

(2)第二篇

其一

上起一支万年高阁金栋,坐落之处四季平安。上梁时间到,上梁时间到!

对准栋梁三记敲,右手馒头左手糕,脚踏仙梯步步高,手攀丹桂采仙桃,仙桃不是凡人吃,鲁班仙师走一遭。

其二

伏以(鲁班徒弟名)!手接东家一把壶,黄金万两靠得住,上面造起龙凤狮子盖,下面造起莲花托酒盘。茶要说个茶出处,酒要说个酒根苗。茶叶出在深山崖洞中,水酒出在田里糯米香。酒为何人造,杜康仙师造。男人造酒不可先知,女人造酒不可先尝。杜康杜康,寅时造酒,卯时就香。我今将酒祭五方,一祭个梁头,万里诸侯;二祭个梁尾,添财带喜;三祭个梁腰,玉带飘飘;四祭个梁肚,金银满库;五祭个中心太极图,太极图上生彭子。彭子寿高八百载,果老二万七千春。天官赐福,荣华富贵。打一封爆竹。

其三

伏以!贺喜东家,先到吉水去买麦,后到赣州来买糖。买了麦、买了糖就进磨坊,做出糖子饼仔抛栋梁。一个抛东,贺喜东家出相公;二抛个南,贺喜东家出状元;三抛个西,贺喜东家穿朝衣;四抛个北,贺喜东家坐衙门,掌管文武百官权。天官赐福,百子千孙,荣华富贵。打封爆竹。

伏以!天地大喜;天有四角,地有四方;神听主人言,木听匠人话。公元某年某月某日某时某刻,某某先生大厦建成上栋梁。栋梁长在何处,生在何方?栋梁生在北方,长在昆仑山上。走水路,九龙盘江，走旱路，八抬八托。

风光一路，一路风光，到了贵府堂下，大斧子砍来丁当响，小斧子砍来响丁当。大刨子刨，小刨子光。大刨子刨得龙摆尾，小刨子刨得放金光，不长不短，不短不长，正是一根好栋梁。

采集人：许飞进
来源：网络转载

3. 南城县上梁歌（贺彩调）

（1）第一篇

伏以哎！

千子爆竹震天响，贺喜贤东建新房。

一建长命富贵，二建金玉满堂。三建三延吉利，四建四季呈祥。

五建五男二女，六建六六顺畅。七建七夕相会，八建八仙坐上。

九建九子十三孙，十建贤东万年长。

（2）第二篇

新房子，色色新，贺喜贤东早添丁，添个天上文曲星。

爆竹一打响半天，造起房子发千烟。房子造在龙盘地，贤东老板笑嘻嘻。

腊月梅花斗雪开，上梁吃酒正应该。贤东发福造华堂，我向老板要赏赐。

采录者：刘怀明

7.6.9 新余市渝水区水西镇上梁文

公鸡祭梁

手提公鸡似凤凰，生得头高尾又长。头戴红冠并绿羽，身穿紫红八卦衣。此鸡非同一般鸡，观音老母送来定时鸡。一不乱叫，二不乱啼，恰此贤东上梁时。一祭梁头，万里封侯；二祭梁尾，宝贵到底；三祭梁腰，彩带飘飘；四祭梁肚，千年万富。一祭祭上天，祭了鲁班祭神仙。二祭祭下地，祭了观音祭土地。祭得土地咪咪笑，贺喜贤东造幢凑。观音送福，打封爆竹。

绫罗祭梁

手提绫罗万丈长，绫罗出自苏州行。苏州行里生巧女，生得巧女织绫罗。日织绫罗夜纺纱，织得绫罗把梁遮。左一遮，右一遮，此屋赛过村庄任一家。观音送福，打封爆竹。

酒壶祭梁

贤东送我一对瓶，千两金来万两银。上印狮子八宝盖，下塑棉花托酒瓶。美酒谁人酿，美酒杜康造。杜康酒师，祭酒三缸；头一缸，娶亲和嫁女；第二缸，买进田庄；第三缸，开始祭梁。观音送福，打封爆竹。

上梁途中

手提绳索软绵绵，提起梁来在眼前。房梁提在一串边，又发人来又发烟。房梁提在二串上，勤劳致富人有望。房梁升至栋梁口，金银财宝贯满斗。

采集人：许飞进
来源：网络转载

7.6.10 萍乡市上梁文

（1）赞梁彩语

一匹红罗在手中，轻轻贺喜造主东。他日儿孙登金榜，宋远中庭奕世昌，贺喜东君多福禄，代代交中秀才状元郎。

（2）栋安位、梁木登位赞语

日吉时良，天地开张，柴生来天长，地金日将来作栋梁，造主人千百万，房房富贵得久长。杨公汉杨弟子祝赞后，荣华富贵从天长。

（3）屋上安梁、手捉金鸡祭梁语

日吉时良大吉昌，手捉金鸡是凤凰，生得头交尾又长，今日将来祭栋梁。才当初三，兄弟三在朝辅君王，弟朝中为宰相，弟三人间作栋梁。杨汉公杨弟子祝贺后，护佑东君世代昌，福禄寿星齐拱照，荣华富贵以天长。

(4) 行墙赞语

日吉时良大吉昌,行墙时候正相当,左边造起金银屋,右边造起金银墙,中间造起新华堂。手捉金鸡是凤凰,生得头高尾又长。金鸡将来祭墙上,一祭墙头大富贵,二祭墙中千年盛,三祭墙尾万年昌。杨公汉杨弟子祝赞后,荣华富贵世代昌。

(5) 起大门赞语

新起鸿门八字开,左边进宝右进财,金银财宝年年进,月置田庄两送来,见孙代代登金榜。东君书生秀才状元郎,杨公汉杨弟子祝赞后,富贵荣华以天长。

(6) 做门楼赞语

日吉时良大吉昌,起门时候正相当,新造门楼新气象,招财进宝斗量金。门兰瑞蔼责云客,出入往来是公卿,英雄才子多藏内,举个步游行天下,金(今)朝状元朝宗祖,户纳千祥万载兴。

(7) 初次上梁赞语

日吉时良,天地开张。此木生来身金王,生在深山万丈长,黄道为临千年盛,贺喜东君奕世昌。年年降福禄,日日赐祯祥。梁头生桂子,梁尾置田庄。梁指东,千年万载永兴隆;梁指西,左右儿孙皆及第,富贵首登龙虎榜,代代朝中锦绣衣。

采集人:许飞进、陈力锋
采集地点:萍乡市古玩市场
2022年8月

8 附件

8.1 江西府县志上梁文统计

表 8-1 江西府县志上梁文统计表

市	府县志	查询书目	责任者	结果
赣州市	赣州府志	明嘉靖赣州府志	—	无
		同治十二年赣州府志（1873年）	魏瀛等	无
	赣县志（现赣县区）	民国二十年（1931年）	黄德溥	无
		康熙二十三年（1684年）	刘瀚芳	无
		1851年	陈瀛	无
		同治十一年（1872年）	黄德溥	无

续表

市	府县志	查询书目	责任者	结果
赣州市	信丰县志	印年不详	游法珠	无
		康熙五十八年（1719年）	张瀚	无
	南康县志（现南康区）	明嘉靖三十四年（1555年）卷十一之艺文五	刘昭文纂修	《南康鼓楼上梁文》（元·王元渤）、《南康县学重建上梁文》（明·倪民望）、《明伦堂上梁文》（清·黄志浩）
		清乾隆十八年（1753年）卷十四艺文之三十三	邓兰修；陈之兰纂	《重修大成殿上梁文》（清·宋玉朗）、《城隍庙上梁文》（清·钱顼）、《旭升书院上梁文》（清·游绍安）、《横浦桥上梁文》（清·刘宽）
	大余县志	清同治十一年（1872年）《南康县志》	沈恩华修；卢鼎响纂	《南康鼓楼上梁文》（元·王元渤）
		同治七年（1868年）《南安府志》卷二十五之艺文八	黄鸣珂修，石景芬、徐福炘纂	《南康鼓楼上梁文》（元·王元渤）、《横浦桥上梁文》（清·刘宽）
		同治十三年1874年《大庾县志》卷二十艺文十六	陈萼昌修，石景芬纂	《横浦桥上梁文》（清·刘宽）
	上犹县志	光绪十九年（1893年）	叶滋澜	无
		1987年	王廷耀	无
	崇义县志	光绪二十一年（1895年）	廖鼎璋	无
		同治六年（1867年）	汪宝树，冯宝山	无

续表

市	府县志	查询书目	责任者	结果
赣州市	安远县志	乾隆十六年（1751年）	董正	无
		道光三年（1823年）	黄文燮	无
		同治十一年（1872年）	黄瑞图	无
		民国	孙瑞征	无
	龙南县志（现龙南市）	光绪二年（1876年）	孙瑞征	无
		清1644—1911年	永禄	无
		道光六年（1826年）	王所举、石家绍	无
	定南县志	同治十一年（1872年）(1825年)	王大枚	无
		道光五年（1825年）	赖勋	无
	全南县志	无民国以前县志	—	无
	兴国县志	乾隆	孙兴浙	无
		光绪十五年（1889年）	陈光亨	无
		同治十一年（1872年）	崔国榜	无
	宁都县志	乾隆六年（1741年）	郑昌龄	无
		道光四年（1824年）	刘丙	无
	于（雩）都县志	康熙四十七年（1708年）	卢振先修；管奏諴纂	无

- 349 -

续表

市	府县志	查询书目	责任者	结果
赣州市	会昌县志	康熙十四年（1675年）	王凝命	《重建丽谯楼上梁文》（元·王洋）
	寻乌县志	光绪二年（1876年）	—	无
	石城县志	光绪十五年（1889年）	朱一谦	无
	石城县志	顺治十七年（1660年）	郭尧京	无
	石城县志	乾隆十年（1745年）	王仕伜	无
	瑞金县志	清康熙二十二年（1757年）卷九艺文志十三	朱维高修，杨长世篡	《明伦堂上梁文》（清·吕若愚）
	井冈山市（永宁县志）	乾隆十五年（1750年）	赖能发篡修	无
	宁冈县志（现龙市镇）	民国二十六年（1937年）	邓南攘修；邹代藩篡；丁国屏续修；陈家骏等篡	无
吉安市	吉安县志	民国三十年（1941年）	李正谊等修；邹鹄篡	无
	吉安县（庐陵县）志	清乾隆间（1736—1795）	濮应台，陆任新修；彭殿元等篡	无
	峡江县志	同治十年（1871年）	暴大儒等修；廖其观篡	无
	峡江县志	康熙八年（1669年）	佟国才修；谢锡潘等篡	无
	新干（淦）县志	同治十二年（1873年）	王肇赐，徐道昌修；陈锡麟篡	无

续表

市	府县志	查询书目	责任者	结果
吉安市	永丰县志	同治十三年（1874年）	王建中	无
	吉水县志	道光五年（1825年）	周树槐修纂	无
	泰和县志	光绪三年（1877年）	彭际盛等修；胡宗元纂	无
	泰和县志	光绪五年（1879年）	宋瑛等修；彭启端等纂；周之镛续纂修	无
	遂川（龙泉）县志	乾隆十八年（1753年）	冉崇修；沈澜纂	无
	万安县志	同治十三年（1873年）	王肇赐等修；郭崇辉纂	无
	万安县志	光绪三年（1877年）	欧阳骏修；（清）周之镛纂	无
	永新县志	康熙二十八年（1689年）	（清）黄图昌修；（清）刘应举等纂	无
	安福县志	同治十三年（1874年）	萧玉春、陈思浩	无
	上饶县志	同治八年（1869年）	姜大定、褚维垣	无
上饶市	婺源县志	同治十一年（1872年）	姚溶昌	无
	广丰县志	乾隆四十九年（1784年）	程肇丰纂修。现广信区	无
	广丰县志	光绪九年（1883年）	吴鹗修；汪正元纂	无
	广丰县志	光绪元年（1875年）	双全修；顾兰生等纂。现广丰区。	无

续表

市	府县志	查询书目	责任者	结果
上饶市	万年县志	同治十年（1871年）	项珂，刘馥桂修	无
上饶市	兴安县志（现横峰县）	同治十年（1871年）	李宝旸修	无
上饶市	余干县志	同治十一年（1872年）	区作霖纂修	无
上饶市	铅山县志	同治十二年（1873年）	张廷珩等修；华祝三纂	无
上饶市	弋阳县志	同治十年（1871年）	俞致中	无
上饶市	鄱阳县志	道光四年（1824年）	项珂，陈志培	无
上饶市	玉山县志	同治十二年（1873年）卷九中艺文六十五	黄寿祺修；吴华辰等纂	《上梁文》（清·武欣韶撰）
上饶市	德兴县志	同治十一年（1872年）	孟庆云修	无
抚州市	抚州府志	光绪二年（1876年）	许应鑅纂修；朱澄澜修；谢煌等	无
抚州市	东乡县志（现东乡区）	同治八年（1869年）	李士棻，王维新	无
抚州市	东乡县志（现东乡区）	道光元年（1821年）	徐陈谟	无
抚州市	宜黄县志	道光三年（1823年）	周钺，周钟泰	无
抚州市	宜黄县志	道光五年（1825年）	札隆阿等修	无
抚州市	广昌县志	同治六年（1867年）	曾毓璋纂修	无

续表

市	府县志	查询书目	责任者	结果
抚州市	乐安县志	同治十年（1871年）	朱奎章等修	无
	乐安县志	光绪二十一年（1895年）	张丙哲	无
	新城县（黎川县）志	道光十八年（1838年）	李廷棨修；王振钟等纂	无
	新城县（黎川县）志	同治十年（1871年）	刘昌岳	无
	新城县（黎川县）志	康熙三十三年（1694年）卷之十三艺文十七	崔懋	一篇上梁文模糊不清 另一篇《重修明伦堂上梁文》（清·张新撰）
	新城县（黎川县）志	乾隆十六年（1751年）	方懋禄、李珥修；夏之翰等纂	无
	新城县（黎川县）志	康熙十二年（1673年）	张臆修；张戬弓等纂	无
	临川县志（现临川区）	同治九年（1870年）	刘昌岳修，邓家祺纂	无
	临川县志（现临川区）	道光三年（1823年）	刘绳武	无
	临川县志（现临川区）	同治九年（残缺）	童范儼	无
	金溪县志	同治九年（残缺）	程芳	无
	金溪县志	道光六年（1826年）	松安	无
	南城县志	道光三年（1823年）	李云	无
	南城县志	同治十二年（1873年）	李人镜	无
	泸溪（资溪）县志	清雍正九年（1731年）	李如瑶等修；谭先等纂	无

续表

市	府县志	查询书目	责任者	结果
抚州市	南丰县志	同治十年（1871年）	柏春	无
	崇仁县志	同治十二年（1873年）	盛铨等修；黄炳奎等纂	无
新余市	新余（喻）县志	道光五年（1825年）	陆尧春纂修	无
	分宜县志	同治十年（1871年）	李寅清，夏琮鼎	无
	萍乡县志	同治十一年（1872年）	锡荣，王明璠修；熊清河等纂	无
	芦溪县志	无	—	无
萍乡市	莲花县（厅）志	同治四年（1865年）	李其昌纂修；张树瑄续纂修	无
	上栗县志	无	—	无
	府志	无	乔桂	无
景德镇市	浮梁县志	道光十二年（1832年）	乔桂	无
	乐平县志	同治九年（1870年）	董萼荣，梅毓翰	无
	府志	无		无
鹰潭市	安仁（余江）县志	同治十一年（1872年）	朱潼修；徐彦楠，刘兆杰纂	无
		道光四年（1824年）卷三十一之六艺文三十九	胡宗简	《县堂上梁文》（清·王增佑撰）
	贵溪县志	同治十一年（1872年）	杨长杰等修；黄联珏等纂	无

续表

市	府县志	查询书目	责任者	结果
南昌市	南昌府志	道光六年（1826年）	何应麟、徐清选	无
		同治十二年（1873年）	许应鑅、王之藩	无
		同治九年（1870年）	陈纪麟、汪世泽	无
	安义县志	道光二十九年（1849年）	庆云	无
		同治十年（1871年）	杜林	无
	新建县志（现新建区）	道光二十九年（1849年）	承霈	无
		道光十年（1830年）	崔登鳌、彭宗岱	无
	进贤县志	康熙十二年（1673年）	雷金澄	无
		同治十年（1871年）	聂当世修；章兆端、陈时懋纂	无
九江市	九江府志	同治十三年（1874年）	达春布修；黄凤楼、欧阳寿纂	无
	德化县志	同治十一年（1872年）	陈鼐修；吴彬纂	无
	瑞昌县志	同治十年（1871年）	姚暹	无
	德安县志	同治十年（1871年）	沈建勋	无
	星子县志（现庐山市）	同治十年（1871年）	蓝煦、徐鸿鼎	《星子儒学上梁文》（清·彭梦祖）

- 355 -

续表

市	府县志	查询书目	责任者	结果
九江市	都昌县志	同治十一年（1872年）	狄学耕	无
九江市	湖口县志	同治十三年（1874年）	殷礼、张兴言	无
九江市	彭泽县志	同治十二年（1873年）	赵宗耀、陈文庆	无
九江市	永修县志	同治十年（1871年）	（清）陈惟清修；（清）闵芳言，（清）王士彬纂	无
九江市	武宁县志	道光二十九年（1849年）	陈云章	无
九江市	修水县（义宁州）志	同治九年（1870年）	何庆朝	无
宜春市	宜春（袁州）府志	同治十二年（1873年）	王维新；涂家杰纂	无
宜春市	宜春县志	同治十三年（1874年）	骆敏修等修；萧玉铨等纂	无
宜春市	丰城县志	同治十年（1871年）	路青云	无
宜春市	高安县志	道光五年（1825年）	王家杰	无
宜春市	高安县志	同治十年（1871年）	徐清选、李培绪	无
宜春市	樟树市（清江县）志	同治九年（1870年）	潘懿、胡湛修；朱孙诒纂	无

续表

市	府县志	查询书目	责任者	结果
宜春市	靖安县志	同治九年（1870年）	徐家瀛	无
	奉新县志	同治九年（1870年）	徐家瀛	无
	宜丰（新昌）县志	同治十一年（1872年）	吕懋先	无
	上高县志	同治十一年（1872年）	朱庆萼	无
	铜鼓县志	同治九年（1870年）	冯兰森	无
	万载县志	无		无
总计		同治十一年（1872年）	金第、杜绍斌	
	共134部县志，14篇上梁文			

注：以上府志、县志文献主要来自于中国国家数字图书馆数字方志，还有部分来自于已出版的纸质方志。具体出版社及出版时间此处略。

8.2 江西族谱上梁文统计

表8-2 江西族谱上梁文统计表

序号	市	县（区）	族谱名	姓氏	备注
1	南昌	南昌县	《豫章熊氏重修族谱》	熊氏	无
2	南昌	进贤县	艾溪陈家村《义门陈氏宗谱》	陈氏	无
3	南昌	进贤县	进贤县艾溪《樊氏族谱》	樊氏	无
4	南昌	进贤县	《曹氏族谱》	曹氏	无
5	南昌	湾里区	《北旺涂氏湾里支谱》	涂氏	无
6	南昌	新建区	汪山土库《程氏宗族》	程氏	无
7	景德镇	乐平市	车溪村《朱氏安庆族谱》	朱氏	无
8	景德镇	乐平市	横路村《梅林叶氏宗谱》	叶氏	无
9	景德镇	乐平市	下涌山村《程氏宗谱》	程氏	无
10	景德镇	乐平市	杨子安村《王氏宗谱》	王氏	《敕建丞相仲舒公父子书锦荣归堂上梁文》
11	景德镇	乐平市	涌山镇《戴氏宗谱》	戴氏	无
12	景德镇	乐平市	涌山镇枫林村《潘氏宗谱》	潘氏	无
13	景德镇	乐平市	涌山镇石潭村《石潭朱氏家谱》	朱氏	无
14	景德镇	乐平市	涌山村《太原王氏宗谱》	王氏	无
15	景德镇	乐平市	涌山镇沿沟村《杨氏宗谱》	杨氏	无
16	景德镇	乐平市	《南州砚山徐氏宗谱》	徐氏	无
17	景德镇	乐平市	下徐村南州砚山《徐氏宗谱》	徐氏	无
18	景德镇	乐平市	《槎溪彭氏宗谱》	彭氏	无
19	景德镇	乐平市	《南州徐氏宗谱》	徐氏	无
20	景德镇	乐平市	上堡村《董氏家谱》	董氏	无
21	景德镇	乐平市	上堡村《董氏宗谱》（民国）	董氏	无
22	景德镇	乐平市	项家庄槎溪村《汝南项氏宗谱》	项氏	无
23	景德镇	乐平市	涌山石峡村《平阳汪氏宗谱》	汪氏	无
24	景德镇	浮梁县	英溪村《金氏宗谱》	金氏	无
25	吉安	永丰县	沙溪村《李氏族谱》	李氏	无
26	吉安	永丰县	沙溪村五修《李氏族谱》	李氏	无
27	吉安	永丰县	沙溪村《营前李氏五修族谱》	李氏	无
28	吉安	永丰县	沙溪村《沙溪艾氏重修族谱》	艾氏	无

续表

序号	市	县(区)	族谱名	姓氏	备注
29	吉安	永丰县	沙溪村刘氏族谱手抄本	刘氏	无
30	吉安	永丰县	沙溪村《王氏重修族谱》	王氏	无
31	吉安	永丰县	沙溪村《孙氏五修谱》	孙氏	无
32	吉安	峡江县	巴邱镇泗汾村《譙国娄氏石痕派重修族谱》	娄氏	无
33	吉安	峡江县	福明乡《宋氏家史》	宋氏	无
34	吉安	峡江县	戈坪乡《小木戈坪陈氏族谱》	陈氏	无
35	吉安	峡江县	《边氏彭泽派族谱》	边氏	无
36	吉安	峡江县	何君村《玉峡何君龚氏重修族谱》	龚氏	无
37	吉安	峡江县	何君村《吴氏十三修族谱》	吴氏	无
38	吉安	峡江县	何君村《杨氏重修族谱》	杨氏	无
39	吉安	峡江县	《檀溪胡氏族谱》	胡氏	无
40	吉安		《芳溪施氏族谱》	施氏	无
41	吉安		《雩邑澄溪潭氏七修族谱》	潭氏	无
42	吉安		《前程李氏十三修宗谱》	李氏	无
43	吉安	潭溪	陂下村《潭溪胡氏族谱》	胡氏	无
44	吉安		螺滩《张氏族谱》	张氏	无
45	吉安	青原区	渼陂村《芗城梁氏四房族谱》	梁氏	无
46	吉安	吉水县	《隐源山口老彭氏续修族谱》(民国丁亥年1947年)	彭氏	《复整世庆堂上梁文》
47	吉安	遂川县	《南塘雩田彭氏族谱》	彭氏	无
48	吉安	永新县	《刘氏蒙恩堂族谱》	刘氏	无
49	宜春	丰城市	厚板塘村《涂氏大乘宗族族谱》	涂氏	无
50	宜春	丰城市	白马寨村《杨氏六修族谱》	杨氏	无
51	宜春	丰城市	杜市镇邹家村《邹氏族谱》	邹氏	无
52	宜春	丰城市	湖茫村《湖茫李氏三宗谱》	李氏	无
53	宜春	丰城市	曲江镇《王氏家乘》	王氏	无
54	宜春	丰城市	淘沙后坊范家村《范氏家谱》	范氏	无
55	宜春	丰城市	瑾山村《瑾山熊氏九修族谱》	熊氏	无
56	宜春	丰城市	张巷镇大夫桥《揭氏族谱》	揭氏	无
57	宜春	丰城市	天宝村《天宝墨庄阶下三修房谱》	刘氏	无
58	宜春	丰城市	天宝村《墨庄上四房谱》	刘氏	无

续表

序号	市	县（区）	族谱名	姓氏	备注
59	宜春	丰城市	天宝村《墨庄下四房谱》	刘氏	无
60	宜春	丰城市	新坊镇《宜春陇下周氏族谱》	周氏	无
61	宜春	丰城市	彬江镇《宜春吴氏联谱》	吴氏	无
62	九江	都昌县	苏山鹤舍《袁氏宗谱》	袁氏	无
63	九江	修水县	山口镇《徐氏宗谱》	徐氏	无
64	九江	修水县	朱砂村《瞿氏大宗谱修水分谱》	瞿氏	无
65	九江	庐山市	蛟塘镇铁门村《程氏宗谱》	程氏	无
66	赣州	石城县	丹溪村《石城潭溪许氏六修族谱》	许氏	无
67	赣州	石城县	丹溪村《石城潭溪许氏七修族谱》	许氏	无
68	赣州	石城县	丹溪村《石城丰上里就溪许氏五修族谱》	许氏	无
69	赣州	石城县	罗溪温氏十一修族谱	温氏	无
70	赣州	石城县	宁都东龙村《李氏族谱》	李氏	无
71	赣州	瑞金市	《瑞金洋溪刘氏族谱》	刘氏	无
72	上饶	德兴市	海口镇《董氏宗谱》	董氏	无
73	上饶	德兴市	德兴占才村《银阳王氏宗谱》	王氏	《重建拙斋书院上梁文》
74	上饶	婺源县	阳春村《方氏宗谱》	方氏	无
75	上饶	婺源县	庆源村《庆源始祖及五坤宗谱》	詹氏	无
76	上饶	婺源县	婺源游山村《董氏族谱》	董氏	无
77	上饶	弋阳县	齐路畈村《雁门童氏宗谱》	童氏	无
78	上饶	弋阳县	邵家畈村《邵氏宗谱》	邵氏	无
79	上饶	弋阳县	《九川李氏村志》	李氏	无
80	上饶	弋阳县	西童村《童氏宗谱》	童氏	无
81	上饶	弋阳县	上童村《童氏宗谱》	童氏	无
82	上饶	万年县	万年县荷溪村《陇西彭氏族谱》	彭氏	无
83	上饶	广丰区	广丰杉江镇《杉江俞氏族谱》	俞氏	无
84	上饶	横峰县	港西乡《徐氏宗谱》	徐氏	无
85	上饶	鄱阳县	凰岗镇《凰冈徐氏宗谱》	徐氏	无
86	上饶	广信区	安坑村《安源龚氏宗谱》（玑公房）	龚氏	无
87	上饶	广信区	安坑村《安源龚氏宗谱》（叙千房）	龚氏	无

续表

序号	市	县(区)	族谱名	姓氏	备注
88	上饶	玉山县	锦溪《怀玉陈氏宗谱》	陈氏	无
89	上饶	玉山县	《怀玉章氏宗族谱》	章氏	无
90	新余	分宜县	尚睦村《邓氏族谱》	邓氏	无
91	抚州	东乡区	黎圩镇浯溪村《浯溪王氏族谱》	王氏	无
92	抚州	东乡区	上池村《上池王氏宗谱》	王氏	无
93	抚州	金溪县	东源村《中华武城曾氏重修族谱》	曾氏	无
94	抚州	金溪县	潢源村《横渠张氏宗谱》	张氏	无
95	抚州	金溪县	坪上村《徐氏族谱》	徐氏	无
96	抚州	金溪县	疏口村《疏溪吴氏宗谱》	吴氏	无
97	抚州	金溪县	竹桥村《竹桥余氏家谱》	余氏	无
98	抚州	南城县	磁圭村《磁圭罗氏宗谱》	罗氏	无
99	抚州	南城县	里塔镇渔良《石溪刘氏族谱》	刘氏	无
100	抚州	南丰县	古竹村《筠溪刘氏族谱》（里堡）	刘氏	无
101	抚州	乐安县	流坑村《抚乐流坑董氏族谱》	董氏	无
102	抚州	乐安县	流坑村《秘阁校书董文晁公房谱》（民国、同治）	董氏	无
103	抚州	乐安县	流坑村《抚乐流坑董氏直斋公房谱》	董氏	无
104	抚州	乐安县	流坑村《抚乐流坑董坦然公房谱》	董氏	无
105	抚州	乐安县	流坑村《流坑复彦公房谱》	董氏	无
106	抚州	乐安县	流坑村《抚乐流坑董镜山公房谱》	董氏	无
107	抚州	乐安县	流坑村《文晁公族谱》	董氏	无
108	抚州	乐安县	湖坪村《王氏族谱》	王氏	无
109	萍乡	莲花	《研溪刘氏族谱》	刘氏	无

后记

《江右非遗——建筑上梁文与上梁仪式》内容基本涵盖了江西"五河一湖"水系流域与地理分布,是中国第一本以省为单位所做的整体研究著作。该著作由历年来本人的若干小论文组成,这些小论文多数已发表,最终形成了如今的著作。上梁文的调查实际从我在昆明理工大学读研究生的时候就开始了,迄今近 20 年。调研上梁文的重点工作则集中在 2015—2017 年指导学生为参加全国大学生课外学术科技作品竞赛时做的系列准备,我基本走遍了江西大部分县市,同时还主持参与了地方建房仪式与上梁文喝彩彩词的撰写,将理论与实践结合在一起。

整个文稿的正文部分内容得到陈烁逯、蔡彩红、张艳萍、罗亚丽、奚曼璐、朱祺、李昌鹏、张栗之等同学的协助,附件部分内容得到我的学生徐壮壮、吴怡玲、鲍凯、曹路莹的协助,他们利用暑期的空闲时间对我收集工匠手札等内容进行了整理。

与江西各地博物馆馆长的联系得到了江西省博物馆肖发标的帮助;另外跟着我做双创训练的学生还包括历届城乡规划与建筑学专业的学生,在此深表谢意。

调研过程中的论文写作与出版也得到了南昌工程学院城乡规划一流学科项目的支持。

需要说明的是,本书写作得到了国家社科基金艺术学一般项目《汉代陶制建筑构件的标准设计及工艺研究》(项目编号:22BG115)、江西省社会科学"十四五"规划项目《抚河流域传统聚落古戏台的传承保护与发展研究》(23YS09)、江西省高校人文社会科学青年项目《闽浙赣革命根据地江西地域革命旧址建筑调查与保护利用研究》(JC21223)、江西省高校人文社会科学青年项目《鄱阳湖流域古塔建筑的时空分布与保护活化利用研究》（JC21222）、江西省教育厅科技课题一般项目《赣东北地区革命旧址建筑调查与修缮保护研究》（GJJ211908）、江西省高校人文社科重点研究基地项目《信江水文化研究》（JD21096）、江西省高校人文社科青年项目《文化生态学视野下江西万寿宫建筑文化研究》（JC23226）的资助。

原国家自然科学基金项目《赣东北传统村镇聚落古戏台建筑营造技艺研究》（项目批准号：51568047）、江西省社科"十三五"规划重点项目《江西传统聚落上梁文与上梁仪式研究》（17YS02）、江西省社会科学规划项目《江西乐平传统戏台建造的非物质文化遗产研究》（13YS20）、《乐平涌山镇涌山村历史与文化研究》（14CS27），江西省高校人文社科项目《移民视野下婺源游山村历史与文化研究》（LS1509）成果中包含的上梁文内容对本著作也有重要的贡献。

同时，我的爱人谢芳和女儿许清宜多年来一直陪同我到江西省各个古村落考察，并协助我做了大量的调研工作。感谢黄义成和黄红娟父女，因为有他们的帮助，我得以在2023年12月一个有雨有雪的日子，现场考察宜丰县新庄镇一栋祠堂的上梁仪式与喝彩。奇特的是上梁时雨和雪都停了，太阳出来了，真是大吉。还要感谢刘飞华兄，2009年得以一起陪同梁洪生先生到进贤县考察印刷活字非遗传承人，而我则顺便调查了上梁文，获取了一手资料。

受写作时间与篇幅所限，本著作部分内容无法完全展开，如江西乃至中国古代建筑如何从栋柱崇拜转向栋梁崇拜，东西方在栋柱或栋梁崇拜方面有什么特殊性等；另外，由于本人精力所限，附录中地方志与族谱中上梁文的统计资料恐有遗漏。上述《四库全书》的资料来源于相关的电子版数据库。古文除注明处，其余皆为本人断句，不足之处请予批评指正。引用资料都注明出处，如有不足，敬请谅解，并请来信告之，以便今后有机会一并补充。本人的邮箱：175609343@qq.com。

许飞进
2024年11月

插图

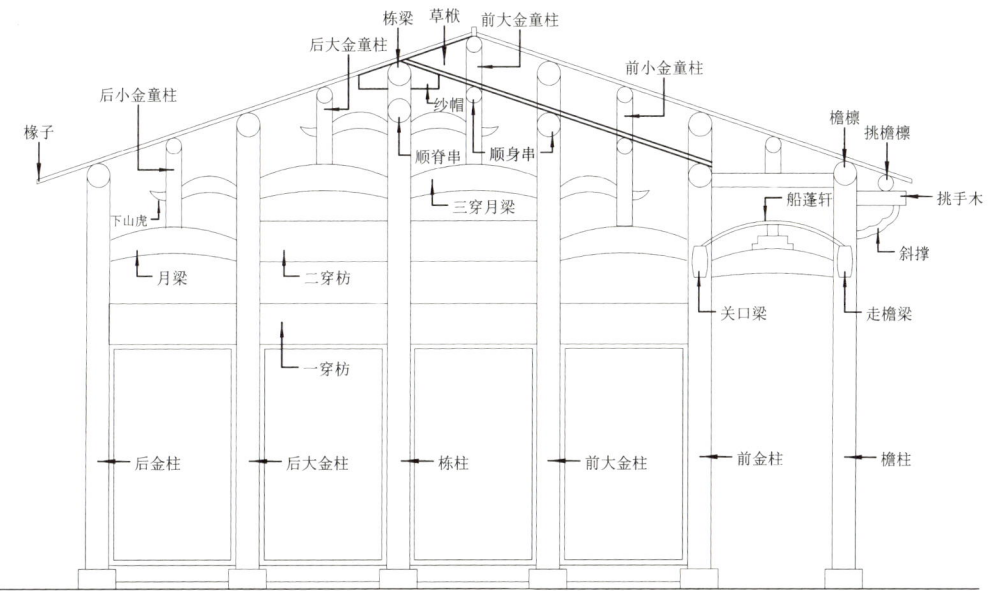

彩图 1-1 穿斗式木构架（根据黄浩《江西民居》修改绘制）

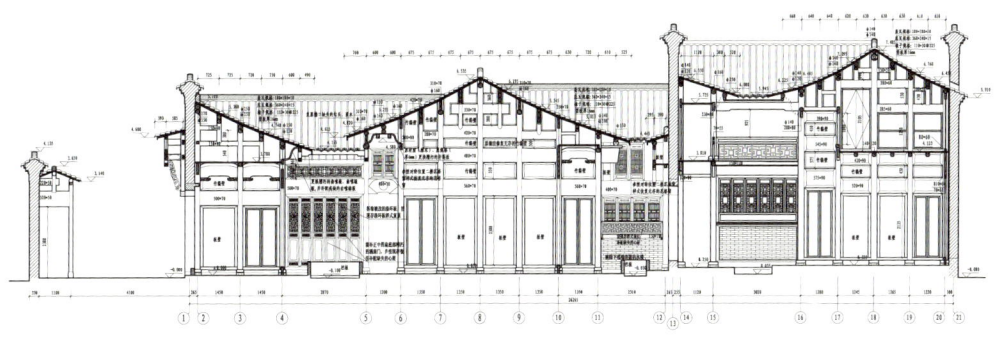

彩图 1-2 环鄱阳湖区安义县民居中轴厅堂栋梁

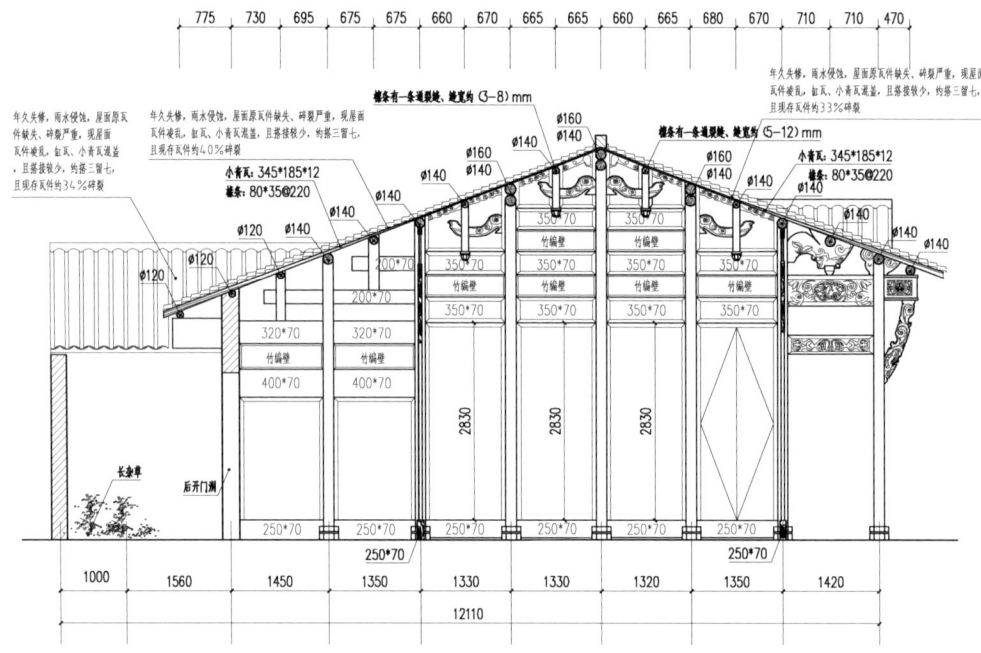

彩图 1-3　赣东北铅山县民居中轴厅堂栋梁

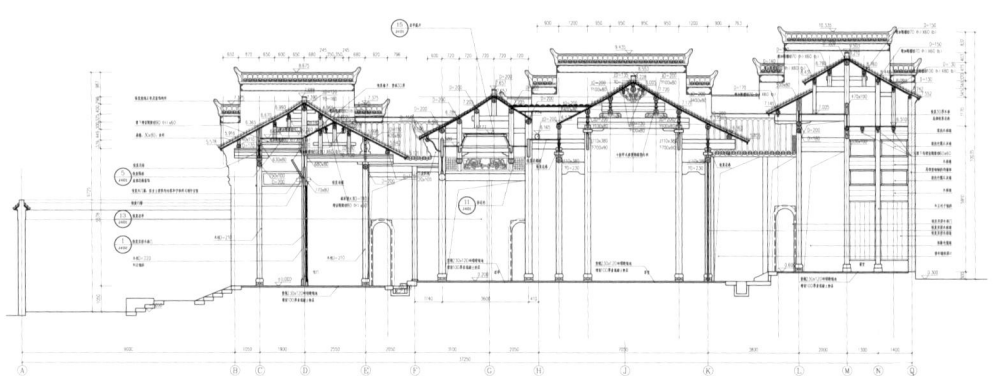

彩图 1-4　赣西北万载县祠堂中轴厅堂栋梁

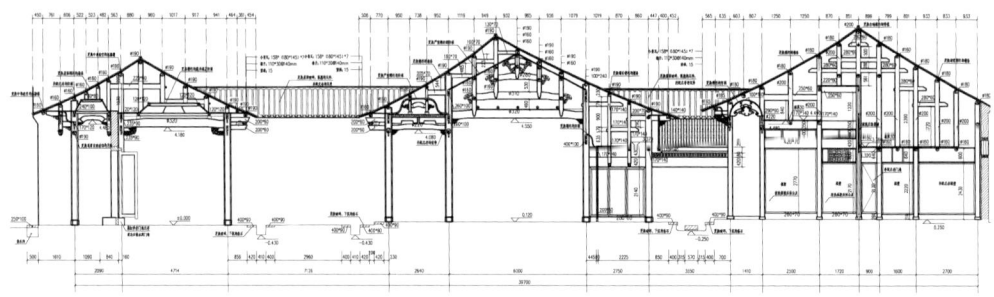

彩图 1-5　赣中吉水县祠堂中轴厅堂栋梁

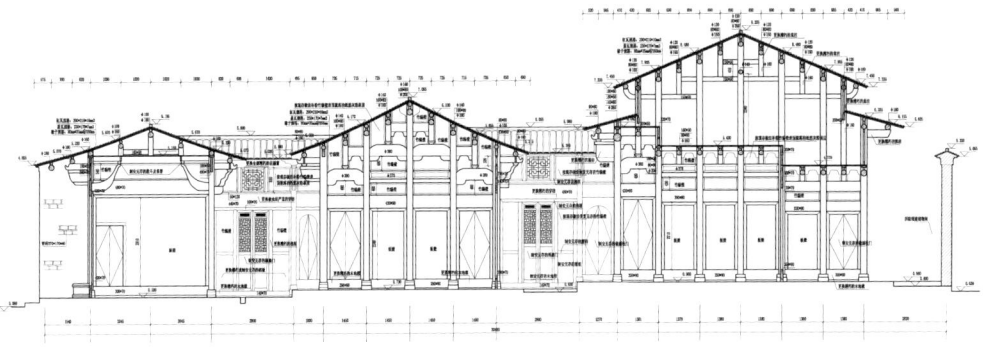

彩图 1-6　赣中宜黄县民居中轴厅堂栋梁

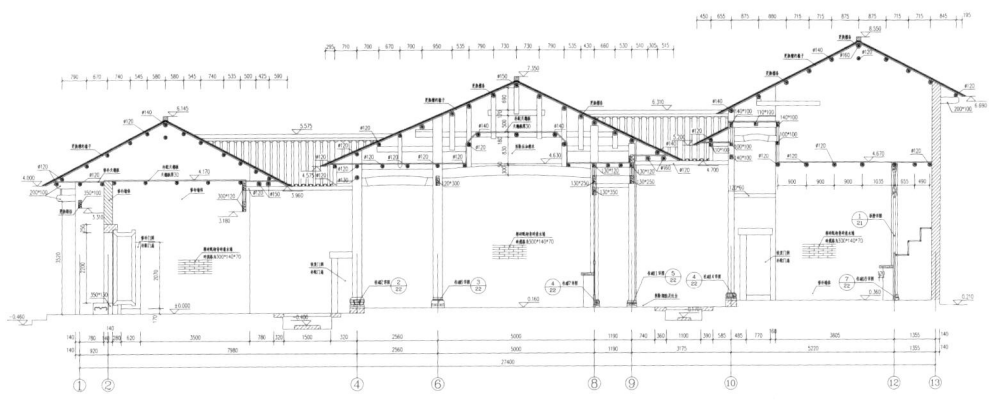

彩图 1-7　赣南崇义县祠堂中轴厅堂栋梁

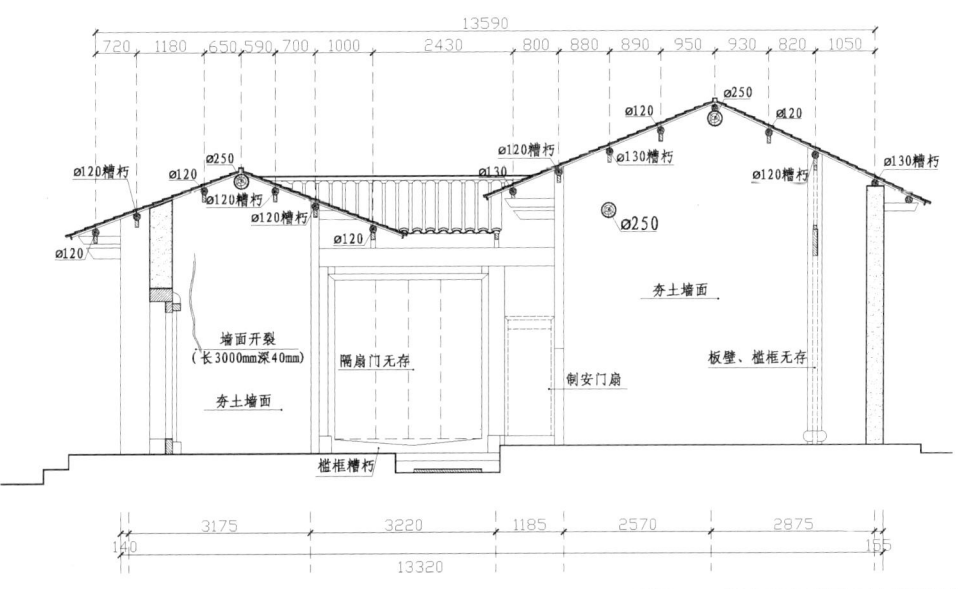

彩图 1-8　赣南寻乌民居中轴厅堂栋梁

彩图 3-1　新昌县新建岳鄂王庙上梁文碑
（邹敏琳摄）

彩图 4-1　德兴木匠陈佐和展示梁喜
（黄鹤摄于 2016 年 3 月）

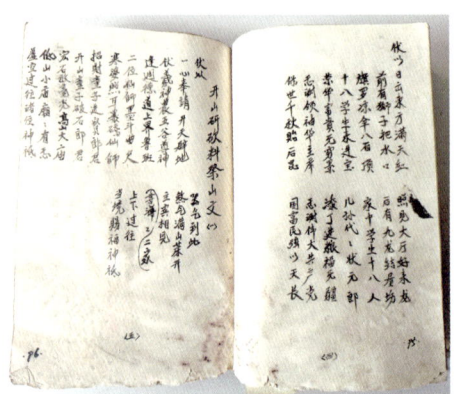

彩图 4-2　奉新《新辑酬世便览》载上梁文（许飞进摄）

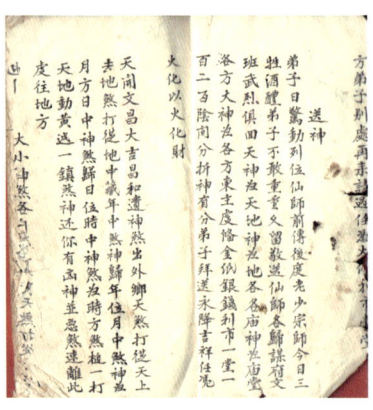

彩图 4-3　民国赣县民居上梁文（许飞进摄）

彩图 4-4　选梁（奚曼璐绘）

彩图 4-5　伐梁（奚曼璐绘）

插图

彩图 4-6　截梁（奚曼璐绘）

彩图 4-7　暖梁（奚曼璐绘）

彩图 4-8　缠梁（奚曼璐绘）

彩图 4-9　画梁（奚曼璐绘）

彩图 4-10　敬梁（奚曼璐绘）

彩图 4-11　祭梁（奚曼璐绘）

彩图 4-12　吊梁（奚曼璐绘）

彩图 4-13　抛梁（奚曼璐绘）

彩图 4-14　兜梁（奚曼璐绘）

彩图 4-15　喝上梁酒（奚曼璐绘）

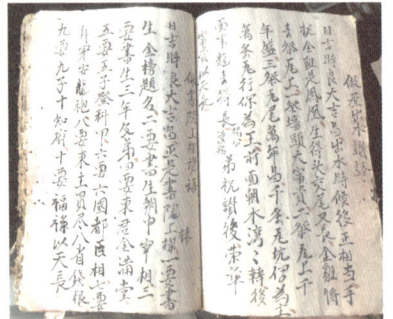
彩图 5-2　萍乡市书院及出水上梁
（许飞进摄）

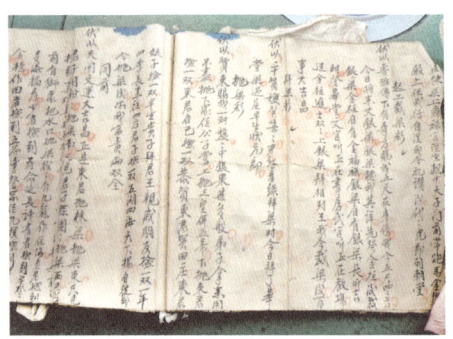
彩图 5-3　丰城市淘沙镇后坊村上梁文
（许飞进摄）

彩图 5-4　江西宜丰新庄镇湖城村游梁（新庄镇政府提供）

插图

彩图 5-5　染红梁（许飞进摄）

彩图 5-6　缠梁（许飞进摄）

彩图 5-7　祭梁（许飞进摄）

彩图 5-8　敬梁（许飞进摄）

彩图 5-9　吊梁（许飞进摄）

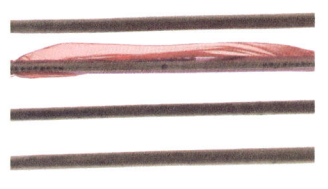
彩图 5-10　梁登位（许飞进摄）

彩图 5-11　抛梁与兜梁（许飞进摄）

- 371 -

彩图 5-12　吃上梁酒（许飞进摄）

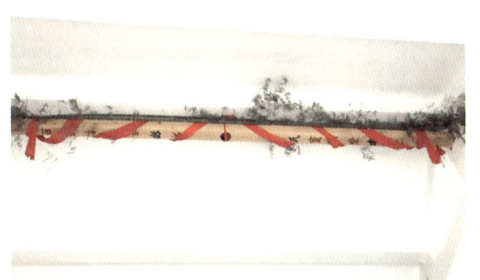

彩图 6-1　宜春市新坊镇新建祠堂上梁
（许飞进摄）

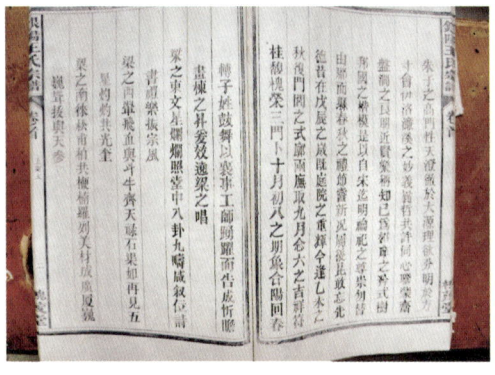

彩图 7-1　德兴占才村王氏宗谱载拙斋书院上梁文
（许飞进摄）

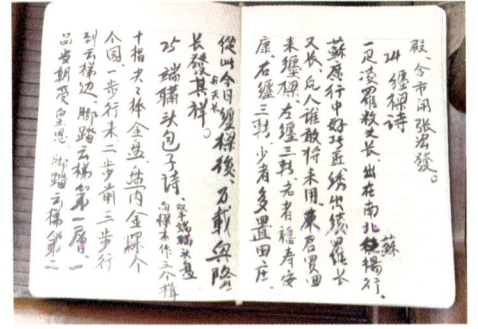

彩图 7-2　吉安市溪陂村上梁文原件
（许飞进摄）

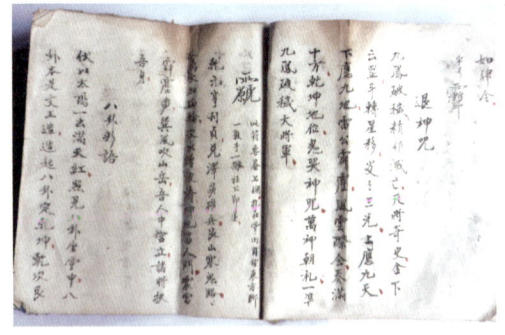

彩图 7-3　上饶横峰棕树塆鲁班咒
（许飞进摄）

《筑苑》丛书

- 001　园林读本
- 002　藏式建筑
- 003　文人花园
- 004　广东围居
- 005　尘满疏窗——中国古代传统建筑文化拾碎
- 006　乡土聚落
- 007　福建客家楼阁
- 008　芙蓉遗珍——江阴市重点文物保护单位巡礼
- 009　田居市井——乡土聚落公共空间
- 010　云南园林
- 011　渭水秋风
- 012　水承杨韵——运河与扬州非遗拾趣
- 013　乡俗祠庙——乡土聚落民间信仰建筑
- 014　章贡聚居
- 015　理想家园
- 016　南岭之归园田居
- 017　上善若水——中国古代城市水系建设理论与当代实践
- 018　园林漫话十二谈
- 019　中国明清会馆
- 020　剑川沙溪古镇
- 021　构件不语——中国古代传统建筑文化拾碎
- ● 022　江右非遗——建筑上梁文与上梁仪式

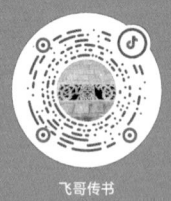